国内外经典教材辅导系列·社会学类

# 郑杭生《社会学概论新修》（第5版）

## 笔记和课后习题（含考研真题）详解

主编：圣才考研网
www.100xuexi.com



中国石化出版社
HTTP://WWW.SINOPEC-PRESS.COM

## 内 容 提 要


本书是教育部普通高等教育精品教材、国家级精品课程教材、新编21世纪社会学系列教材《社会学概论新修》(第5版，郑杭生主编)的学习辅导书。本书遵循该教材第5版的章目编排，共分为20章，每章由三部分组成：第一部分为复习笔记，总结本章的重难点内容，并加以适当拓展；第二部分为课(章)后习题详解，对该教材的习题进行了详细的分析和解答，部分给出了提示；第三部分为考研真题与典型题详解，精选部分名校近年的考研真题，补充了典型习题，并提供了详细的解答。

圣才考研网(www.100xuexi.com)提供郑杭生《社会学概论新修》电子书、题库。购书即可免费享受一年大礼包增值服务【本书电子书+专业咨询】。手机扫码(本书封面)免费领取本书大礼包。



**图书在版编目(CIP)数据**

郑杭生《社会学概论新修》(第5版)笔记和课后习题(含考研真题)详解/圣才考研网主编.—北京：中国石化出版社,2019.7(2022.3重印)
国内外经典教材辅导系列·社会学类
ISBN 978-7-5114-5436-2

Ⅰ.①郑… Ⅱ.①圣… Ⅲ.①社会学-研究生-入学考试-自学参考资料 Ⅳ.①C91

中国版本图书馆CIP数据核字(2019)第144592号





**中国石化出版社出版发行**

地址:北京市东城区安定门外大街58号
邮编:100011　电话:(010)57512500
发行部电话:(010)57512575
http://www.sinopec-press.com
E-mail:press@sinopec.com
武汉市盛宏源印务有限公司印刷
全国各地新华书店经销

*

787×1092毫米16开本22.25印张560千字
2019年10月第1版　2022年3月第2次印刷
定价:68.00元

# 序　言

我国各大院校一般都把国内外通用的权威教科书作为本科生和研究生学习专业课程的参考教材，这些教材甚至被很多考试(特别是硕士和博士研究生入学考试)和培训项目作为指定参考书。为了帮助读者更好地学习专业课，我们有针对性地编写了一套与国内外教材配套的复习资料，并提供了详细的参考答案。

郑杭生主编的《社会学概论新修》是我国高校采用较多的社会学权威教材之一。作为该教材的学习辅导书，本书具有以下几个方面的特点：

**1. 整理名校笔记，归纳考点难点**

本书每章的复习笔记均对该章的考点难点进行了整理，参考了国内名校名师讲授该教材的课堂笔记，并对部分关键词进行了标记，同时对重要知识点加以适当拓展。

**2. 框架图表体系，通俗易懂易记**

本书每章的知识梳理框图，在全方位把握重要考点的同时，提纲挈领地以知识框架思维导图形式，呈现重要的考点、难点，脉络清晰，一目了然，更容易记忆。

**3. 解析课后习题，提供详尽答案**

本书参考大量社会学相关辅导资料，对每章的课(章)后习题都进行了详细的分析和解答，部分给出了提示。

**4. 精选考研真题，补充典型习题**

本书精选了部分名校近年的社会学考研真题，并补充了典型习题。所选习题涵盖的知识点全面，特别注重理论联系实际，凸显当前热点。

**要深深牢记：**考研不同一般考试，概念题(名词解释)要当作简答题来回答，简答题要当作论述题来解答，而论述题的答案要像是论文，多答不扣分。有的论述题的答案简直就是一份优秀的论文(其实很多考研真题就是选自一篇专题论文，完全需要当作论文来回答)！

购书即可免费享受一年大礼包增值服务！手机扫码(本书封面)免费领取本书大礼包。具体包括：①本书电子书；②考研专业课咨询服务。

圣才考研网(www.100xuexi.com)是圣才学习网旗下的考研考博专业网站，提供考研公共课和全国各高校社会学类专业考研辅导班【一对一辅导(面授/网授)、网授精讲班等】、电子书、题库、全套资料(历年真题及答案、笔记讲义等)、国内外经典教材名师讲堂、考研教辅图书等。

**考研辅导：**kaoyan.100xuexi.com(圣才考研网)

**资格考试：**www.100xuexi.com(圣才学习网)

圣才考研网编辑部

# 目　录

## 第一编　社会运行概述


第一章　社会学的研究对象 …… (1)
1.1　复习笔记 …… (1)
1.2　课后习题详解 …… (5)
1.3　考研真题与典型题详解 …… (9)
第二章　社会运行的物质基础 …… (11)
2.1　复习笔记 …… (11)
2.2　课后习题详解 …… (14)
2.3　考研真题与典型题详解 …… (16)
第三章　社会系统与社会运行 …… (22)
3.1　复习笔记 …… (22)
3.2　课后习题详解 …… (25)
3.3　考研真题与典型题详解 …… (28)
第四章　社会运行与社会文化 …… (33)
4.1　复习笔记 …… (33)
4.2　课后习题详解 …… (36)
4.3　考研真题与典型题详解 …… (38)
第五章　社会学的研究方法 …… (49)
5.1　复习笔记 …… (49)
5.2　课后习题详解 …… (55)
5.3　考研真题与典型题详解 …… (56)


## 第二编　社会运行的微观分析


第六章　社会化与个体化 …… (65)
6.1　复习笔记 …… (65)
6.2　课后习题详解 …… (71)
6.3　考研真题与典型题详解 …… (74)
第七章　社会互动 …… (84)
7.1　复习笔记 …… (84)

7.2 课后习题详解 …… (90)
7.3 考研真题与典型题详解 …… (94)
第八章 社会网络与社会群体 …… (110)
8.1 复习笔记 …… (110)
8.2 课后习题详解 …… (114)
8.3 考研真题与典型题详解 …… (117)
第九章 家庭、婚姻、性与社会性别 …… (128)
9.1 复习笔记 …… (128)
9.2 课后习题详解 …… (131)
9.3 考研真题与典型题详解 …… (133)

## 第三编 社会运行的宏观分析

第十章 社会组织 …… (141)
10.1 复习笔记 …… (141)
10.2 课后习题详解 …… (148)
10.3 考研真题与典型题详解 …… (152)
第十一章 社 区 …… (164)
11.1 复习笔记 …… (164)
11.2 课后习题详解 …… (168)
11.3 考研真题与典型题详解 …… (172)
第十二章 社会制度 …… (182)
12.1 复习笔记 …… (182)
12.2 课后习题详解 …… (185)
12.3 考研真题与典型题详解 …… (186)
第十三章 社会分层与社会流动 …… (191)
13.1 复习笔记 …… (191)
13.2 课后习题详解 …… (195)
13.3 考研真题与典型题详解 …… (197)
第十四章 社会变迁与社会现代化 …… (210)
14.1 复习笔记 …… (210)
14.2 课后习题详解 …… (215)
14.3 考研真题与典型题详解 …… (219)
第十五章 城市化 …… (231)
15.1 复习笔记 …… (231)
15.2 课后习题详解 …… (236)
15.3 考研真题与典型题详解 …… (241)

第十六章　集体行为与社会运动 …… (253)
16.1　复习笔记 …… (253)
16.2　课后习题详解 …… (258)
16.3　考研真题与典型题详解 …… (261)

## 第四编　社会运行与社会建设

第十七章　社会问题 …… (271)
17.1　复习笔记 …… (271)
17.2　课后习题详解 …… (274)
17.3　考研真题与典型题详解 …… (276)
第十八章　社会控制 …… (289)
18.1　复习笔记 …… (289)
18.2　课后习题详解 …… (294)
18.3　考研真题与典型题详解 …… (296)
第十九章　社会政策 …… (310)
19.1　复习笔记 …… (310)
19.2　课后习题详解 …… (317)
19.3　考研真题与典型题详解 …… (320)
第二十章　社会建设 …… (326)
20.1　复习笔记 …… (326)
20.2　课后习题详解 …… (333)
20.3　考研真题与典型题详解 …… (335)

# 第一编　社会运行概述

## 第一章　社会学的研究对象

### 1.1　复习笔记

【知识梳理（庖丁解牛）】

- 社会学的研究对象
  - 社会学是关于社会良性运行和协调发展的条件和机制的综合性具体社会科学
    - 社会学的提出
    - 历史时代根据
    - 现实社会根据
    - 中国特色
    - 国内外对社会学研究对象的观点及分类
    - 研究对象与研究领域的区别和联系
    - 社会学研究对象与社会学基本问题
  - 社会学研究对象与社会学其他内容的关系
    - 社会运行微观分析与宏观分析
    - 社会运行的问题与对策分析
    - 社会运行研究方法
    - 分科社会学
  - 社会学的学科地位
    - 历史演变
    - 与其他社会科学的关系
  - 社会学与社会
    - 社会学的社会功能
    - 转型中的中国社会与“理论自觉”中的中国社会学

【考点难点归纳（去粗取精）】

**考点一：社会学概述　★★**

**1. 社会学的提出**

“社会学”一词最早是由孔德在1838年出版的《实证哲学教程》第4卷中正式提出的。社会运行论认为，社会学是关于社会良性运行和协调发展的条件和机制的综合性具体社会科学。社会学的研究对象是社会良性运行和协调发展的条件和机制。

## 2. 社会学研究对象的历史时代根据(见表1-1)

表1-1　社会学研究对象的历史时代根据

| 要点 | | 具体内容 |
| --- | --- | --- |
| 英克尔斯与恩格斯 | 英克尔斯 | ①历史的途径，即创始人说了些什么。<br>②经验的途径，即当代社会学家在做什么。<br>③分析的途径，即理性指示什么 |
| | 恩格斯 | 一切划时代的体系的真正内容都是由于产生这些体系的那个时期的需要而形成起来的 |
| 两次大革命 | 积极影响 | 两次大革命使社会从生产力到生产关系、从经济基础到上层建筑、从思想观念到政治制度都发生了变化 |
| | 消极影响 | 两次大革命确立了资本主义制度，暴露出社会的许多弊病、祸害和恶性循环 |
| 思想来源 | ①历代思想家在其哲学、政治和伦理观点中包含的社会思想。<br>②从康德(Kant)到黑格尔(Hegel)的德国古典哲学，以亚当·斯密(Adam Smith)和大卫·李嘉图(David Ricardo)为代表的英国古典经济学，以傅立叶(Fourier)和圣西门(Saint-Simon)为代表的法国空想社会主义。<br>③自然科学成就及其方法的影响，即自然科学的三大发现(细胞、能量守恒和转化规律、生物进化)。<br>④17~19世纪的早期社会统计调查和定量分析为社会学积累了经验观察材料，推动了社会学调查研究方法的形成 | |

## 3. 社会学研究对象的现实社会根据(见表1-2)

表1-2　社会学研究对象的现实社会根据

| 要点 | 具体内容 |
| --- | --- |
| 社会的良性运行和协调发展 | 我国在20世纪50年代前期，党风优良，政治清明，社会风气正，人民的精神面貌好，生产恢复发展快，社会障碍等因素被控制在很小的范围内。但总的来说，我国生产力发展水平还不高 |
| 社会的中性运行和模糊发展 | 1957—1959年期间、1962—1966年之前的时期，片面强调阶级斗争，导致政治上的障碍和不协调因素；超越生产力发展的现实阶段，造成经济上的障碍和不协调因素；党的实事求是的思想路线日益遭到践踏，又造成思想上的不协调因素 |
| 社会的恶性运行和畸形发展 | 1959—1961年期间，社会运行发生严重障碍、离轨、失控 |

## 4. 社会学研究对象的中国特色(见表1-3)

表1-3　社会学研究对象的中国特色

| 要点 | 具体内容 |
| --- | --- |
| 社会运行论的中国特色 | ①它跟中国历史上的学术传统密切相关。<br>②它与新中国成立以来的现实社会运行密切相关。<br>③它能够有效地为中国特色社会主义建设事业、改革开放服务，为构建和谐社会服务 |

### 5. 社会学研究对象的观点及分类(见表1-4)

表1-4　社会学研究对象的观点及分类

| 要点 | 具体内容 |
|---|---|
| 国外的观点及分类 | ①社会学中的实证主义路线，侧重以社会及社会现象为研究对象。<br>②社会学中的反实证主义路线，侧重以个人及其社会行动为研究对象。<br>③不属于以上两类的其他类别 |
| 国内的观点 | 包括：①侧重以社会为研究对象；②侧重以个人及其社会行为为研究对象；③不属于上述两种类型的观点 |

### 6. 研究对象与研究领域的区别和联系(见表1-5)

表1-5　研究对象与研究领域的区别和联系

| 要点 | 具体内容 |
|---|---|
| 联系 | 不同的研究领域中确实存在着社会学的研究对象。这是别的具体社会科学都涉及但不做专门研究的内容。社会学的研究对象正是对不同领域中存在的规律性的理论概括 |
| 区别 | ①研究对象是一门学科所以成为该学科的本质规定，即规律性。社会学从自己特有的视角揭示其中的社会运行和发展的规律性，特别是良性运行和协调发展的机制和条件。<br>②研究领域是指一门学科研究所涉及的范围。不同的社会学科可以从自己特有的视角研究同一领域、同一现象；没有哪一个领域能为哪一门学科所垄断，成为后者的专有品 |

### 7. 社会学学科的层次结构(见表1-6)

表1-6　社会学学科的层次结构

| 层次结构 | 具体内容 | 关系 |
|---|---|---|
| 社会学基本问题层次 | 学科的“元问题”层次，即作为社会学与哲学联结点的社会哲学层次 | 这三个层次是一般、特殊和个别的关系 |
| 社会学研究对象问题层次 | 学科的“本问题”中的总问题层次，即作为综合性具体科学的社会学层次 | |
| 社会学范畴问题层次 | 学科的“本问题”中的分问题层次，即作为社会学历史地形成的概念内容的层次 | |

拓展：学科的研究对象是它的研究客体，无论学者们从什么角度去研究，无论得出什么结论，即使是相差很大，甚至相反的结论，他们所研究的对象仍是同一个，这个对象是整个学科的对象，而不是某一学派的研究对象。

## 考点二：社会学研究对象与社会学其他内容的关系　★★★

### 1. 社会运行的问题与对策分析(见表1-7)

表 1-7 社会运行的问题与对策分析

| 要点 | 具体内容 | |
|---|---|---|
| 社会问题 | 含义 | 指由于社会关系或社会环境失调，影响全体成员或部分成员的共同生活，并引起社会广泛注意的社会现象 |
| | 研究意义 | ①研究社会问题可以了解问题产生的根源、寻找解决问题的有效方法，从而保证社会的良性运行和协调发展。<br>②应对、减少失调和失控现象 |
| 社会控制 | ①硬控制(强制控制)。即依赖于社会组织的强制力实施的控制。<br>②软控制(舆论控制、心理控制)。即依靠社会舆论、社会心理、社会大众传播工具等进行的控制 | |
| 社会工作<br>社会保障 | 社会工作与社会保障是解决社会问题和控制越轨行为的手段 | |

## 2. 社会运行研究方法概述(见表 1-8)

表 1-8 社会运行研究方法概述

| 要点 | 具体内容 | |
|---|---|---|
| 社会学调查 | 含义 | 在社会学理论指导下，运用社会学的研究程序和方法，进行资料的汇集和整理，从而得出较为科学的认识和具体工作建议的一套实践活动 |
| | 方法 | 包括：客体观察法、典型调查法、统计调查法、文献分析法、问卷法 |
| | 组织实施 | 包括：①研究课题的选择与研究计划的制订；②研究假设的设定和检验；③工作人员的培训与组织；④资料的收集、鉴别、整理和分析 |
| 社会指标 | 指衡量社会运行和发展过程的综合的质量和数量的标准 | |
| 社会指标体系 | 指为综合反映和说明社会或社会某一方面的状况而设计的一组具有内在联系的社会指标 | |

**拓展：**对社会学的知识结构有几种划分方法，常见的有两种。一种是按社会学的课程来划分，可分为一般社会学(或称社会学的一般理论)、部门社会学(或称分支社会学)以及社会学方法。第二种划分是按知识的特征来划分，可分为社会学理论、社会学方法和技术、社会学的经验研究。

## 考点三：社会学与其他社会科学的关系(见表 1-9) ★★★

表 1-9 社会学与其他社会科学的关系

| 要点 | 具体内容 |
|---|---|
| 与历史唯物论的关系 | 具体的社会科学与哲学科学的关系，是特殊与一般的关系 |
| 与单科性社会科学的关系 | 综合性科学与单科性科学的关系，是特殊与个别的关系 |
| 与其他综合性社会科学的关系 | 特殊与特殊的关系 |
| 与科学社会主义的关系 | 研究角度不同，是相互补充、相互促进的 |

**拓展：**历史唯物主义把一些重要的社会现象和社会问题的出现和变化看作是受客观的、不以人的意志为转移的规律支配的。这些规律中最基本的规律是生产力决定生产关系、经济基础决定上层建筑、社会存在决定社会意识。社会的发展和进步归根结底是生产力的发展，是科学技术的进步。

### 考点四：社会学的社会功能(见表 1-10) ★★★

表 1-10 社会学的社会功能

| 要点 | 具体内容 |
|---|---|
| 科学理性功能 | 认识和改造现代社会的有效工具 |
| 人文价值功能 | 包括：①增促社会进步；②减缩社会代价 |
| 服务建设功能 | 社会良性运行和协调发展的社会学角度，在构建和谐社会的背景下，可以使我们更进一步理解改革与和谐的关系 |

拓展：社会学的任务之一是教人们怎样学习做人，至少可以从帮助人们认识清楚个人与社会的关系、帮助人们认识自我、帮助人们扮演好自己的角色、帮助人们选择自己的行动四个方面教人们怎样做人。社会学的任务之二是教人怎样管理社会，可以从帮助建立和完善社会行为规范、帮助提高社会成员参与社会生活的水平、为管理者提供信息和行为模式三个方面给社会管理提供帮助。

## 1.2 课后习题详解

**1. 社会学这门学科是如何产生的?**

答：社会学这门学科的产生有深刻的社会历史、思想及科学发展的背景。

(1)社会历史条件

任何社会科学都是面对现实的，社会现实的发展和变化促进了社会科学学科的产生和发展。在欧洲 11～15 世纪的中世纪被视为黑暗的时代，在该时期，宗教神学处于至高无上的地位，这种对人类精神的禁锢严重地阻碍了人类和社会的发展，而思想启蒙运动解放了人们的思想。同时，工业革命背景下的劳动分工、机器生产代替手工劳动，使得各个国家逐渐从传统的农业社会开始向现代工业社会迈进。但是，机器大生产在推动社会进步的同时，也带来了新的社会矛盾，以及资本主义制度下的其他社会问题，诸如犯罪、自杀、失业等，传统的方法和原有的知识已无法做出令人满意的解释。社会学正是为了回应这种要求而产生的，社会学一开始就是社会转型的产物。

(2)思想条件

社会学的产生是以对以往思想家们关于社会的探索为基础的。社会学产生之前有许多思想家对社会的结构、社会变化的规律和未来图景进行了探索，并形成了丰富的经济思想、政治思想、社会思想、哲学和伦理观念，以及宗教观念。这些思想成果作为基础促进着人们对社会的进一步认识。而对于社会学产生影响最大的还是西方近现代以来的社会思想，比如十七八世纪以来英国及欧洲的思想家(如霍布斯、洛克、卢梭等)的政治思想和社会思想，特别是圣西门、傅里叶、欧文的空想社会主义思想，对社会学思想的形成有着直接的影响。

(3)科学发展的背景

欧洲文艺复兴以来，自然科学得到迅速发展，天文学、地理学、数学等都取得了突破性成果。这些也会启发社会思想家对社会的认识：是否可以用自然科学的方法去研究社会。而孔德正是在这种认识的影响下，产生了用自然科学的精确方法来研究社会的想法，从而创立了社会学。孔德将自己的社会学分为社会静力学和社会动力学的做法，清楚地反映了自然科学方法对他建构社会学的影响。

2. 什么是社会学的研究对象？如何正确加以把握？

答：社会学研究对象问题是一个十分复杂、多方争论的问题。国内外关于社会学研究对象的讨论如下：

(1)国外对社会学研究对象的观点及其分类

①实证主义路线。这种观点在西方社会学传统中的主要代表为孔德、斯宾塞、涂尔干等，侧重以社会及社会现象为研究对象。

②反实证主义路线。这种观点在西方社会学传统中的主要代表为韦伯等，侧重以个人及其社会行动为研究对象。在属于马克思主义社会学传统的学者中，既有主张实证主义路线的观点的，也有赞成反实证主义路线的观点的。但他们都是以社会和个人的统一为指导的，都赞成马克思的下述观点：个人是社会的存在物，应当避免把"社会"当作抽象的东西同个人对立起来；反之，社会又是人们交互作用的产物，是各个人借以生产的社会关系的总和。

③不属于上述两大类的其他社会学定义。其中有些观点影响不小，但都没有成为社会学发展的主流。

(2)国内对社会学研究对象的观点

①侧重以社会为研究对象。其代表性观点有：

a. 认为社会学是用科学方法研究社会的治和乱、兴和衰的原因，揭示社会由以达到治的方法和规律的学问。

b. 认为社会学与历史唯物论一样是研究社会发展普遍规律的学问。

c. 认为社会学是研究社会整体及其规律性的学问。

②侧重以个人及其社会行为为研究对象。其代表性观点有：

a. 新中国成立前主要以孙本文为代表，他从芝加哥互动学派心理行为理论出发，给出了定义："以社会学为研究社会行为的科学"。

b. 中国台湾学者龙冠海也认为社会学的主要旨趣是"研究在社会互动或社会关系中的人"。

c. 1978 年后，有的学者认为"社会学是研究人们的社会性行为规律的科学"(杨心恒等)，有的学者认为"社会学应该着重研究人的社会活动的固定化过程和固定化形式"(庞树奇)。

③不属于上述两种类型的观点，其代表性意见包括剩余说、学群说、调查说、问题说与未定说等。

(3)正确把握社会学的研究对象问题

①社会学有独特研究对象，这一点应该得到肯定。社会学实际上是以别的具体社会科学都涉及但不做专门研究的东西为研究对象的，社会学家们都自觉不自觉地在寻找这个东西，都有意识无意识地在沿着这条路探索。

②社会学研究对象问题上的众说纷纭，正是对那个"别的具体社会科学都涉及但不做专门研究的东西"进行多方面的、积极的探索的表现，是社会学从不成熟走向成熟过程中的必

然现象。

③在对社会学研究对象的理解上不应强求一致。可以根据自己的理解去判断、去比较哪一个或哪一些定义更适合中国国情，能够提供社会学的视角，有利于把握社会学的内容，能够较好地做到理论上前后一贯。

**3. 如何理解社会学与其他社会科学的关系？**

**答：**(1)社会学与历史唯物主义的关系

历史唯物主义是一种社会哲学，社会哲学是从哲学的角度对社会的基本矛盾、社会结构、社会变迁和发展规律进行理论分析的学说。在一些宏观结构、社会发展规律的理论分析方面，历史唯物主义的论述和观点对社会学研究有直接的指导作用。但是，历史唯物主义与社会学之间也存在以下差别：

首先，历史唯物主义与社会学的研究对象有区别。社会学主要研究的是具体的社会现象，如社会群体、社会分层、社会问题等，而历史唯物主义不研究这些具体问题。

其次，历史唯物主义与社会学的研究方法也不同。历史唯物主义主要采用历史比较法、逻辑分析法，而社会学主要采用社会调查、统计分析等方法。

最后，两者的任务也不同，社会学主要面对具体问题，而历史唯物主义要研究的是基本的规律性问题。

(2)社会学与经济学、政治学和法学的关系

在学科分类中，经济学、政治学、法学等与社会学同属于社会科学。这些学科都研究人与人的关系或者某一领域中的社会关系，这是与社会学相类似的方面，因为社会学也会研究例如企业内部的社会关系对效率的影响，政治组织内部的社会关系对政治过程的影响。但是，它们与社会学也存在着明显的区别：这些社会科学只是研究社会生活的某一方面，即经济、政治和法律侧面。而社会学以各种社会现象为对象，综合地研究各种社会现象之间的联系。

(3)社会学与历史学和人类学的关系

历史学、人类学都是从多个层面、综合研究人类和社会现象的学科，综合性、多层面的视角是它们与社会学的相似之处。而它们的差异体现在：

首先，社会学与历史学存在明显不同，历史学是研究人类社会已过去事件与规律的学科，社会学则主要面对现实社会。

其次，社会学与人类学也明显不同，人类学一般以原始民族为对象，社会学以现代社会为对象；人类学主要运用田野工作方法，社会学主要运用定量研究方法，同时也结合定性研究方法。

**4. 社会学如何为社会实践服务？**

**答：**作为认识与改造社会的有效工具，社会学主要通过以下两条途径为社会实践服务：

(1)认识社会

①向人们提供科学的社会知识，告诉人们社会现象是什么(描述)、为什么是这样(解释)、将来怎样变化(预测)。

②社会学不仅提供现成的社会知识，而且通过提供社会学的视角和方法，帮助人们认识新的社会现象、社会问题，获得新的社会知识。

③社会学在认识社会方面的一个特点和优势是，它不仅可以定性地研究社会现象和社会问题，而且能够对社会现象和社会问题可以量化的方面，进行定量的研究。

(2)改造社会

①社会学在帮助人们掌握科学的社会知识的基础上，进而帮助人们在维护和改善现存社会结构和社会制度，改革不利于社会发展的社会体制方面，避免盲目性，增强自觉性，使自己的社会行动更加合理，更加符合规律性。

②社会学以自己的研究成果，对科学地管理社会和制定正确的社会政策提供有根据的、经过论证的实际建议，为改革开放服务，为社会弱势群体共享社会发展成果服务，为多方面促进社会和谐服务，从而促进社会的良性运行和协调发展。

**5. 中国社会学与中国社会向社会主义现代化转型是何关系?**

**答:** 中国社会学和中国社会的转型是相互依赖，相互促进的，二者的具体关系如下:

(1)中国的社会发展是中国社会学发展的源泉

从世界范围看，社会学是西方社会从传统向现代转型的产物。从中国的情况看，近百年前社会学被引入中国，在中国获得较大发展，被取消27年后又不得不重建，归根到底也是适应了中国从传统社会向现代化社会转型的需要。这一事实说明社会发展是社会学发展的源泉，中国社会发展是中国社会学发展的源泉。

(2)中国社会向社会主义现代化转型与中国社会学的发展互相促进

当前中国社会正处在向社会主义现代化转型的加速期，其特点除了速度大大加快外，广度、深度和难度等都空前未有。研究这个转型过程、回答转型过程面临的种种问题，不仅是中国社会学义不容辞的义务，而且是它安身立命的根基。可以说，对中国社会的“转型”认识得越深入、越全面，中国社会学的成长也就越扎实、越迅速，而成长了的社会学又能够为推动转型过程比较顺利、比较健康地发展做出自己应有的贡献。

**6. 中国社会转型与中国社会学“理论自觉”是何关系?**

**答:** 受到费孝通先生“文化自觉”启发而提出的“中国社会学理论自觉”的命题，受到越来越多的认同。这对增强中国社会学界的学术主体性、增强民族自信心起了并且还会继续起巨大的作用。中国社会转型与中国社会学“理论自觉”的关系是相互促进和共同发展的，其主要表现为:

(1)中国社会转型为中国社会学“理论自觉”提供了社会学基础。

我国社会转型加速期的社会现实、我国社会建设的巨大社会需要，为社会学发展提供了前所未有的历史性巨大舞台和现实性宝贵资源。社会转型快速期的种种社会现象、社会事实、社会过程，无疑是我们社会学科和社会学界共同的水之源、木之本。

(2)中国社会学“理论自觉”有利于中国转型社会的认知。

如果没有“理论自觉”，如果还是用西方的观点、西方的理论来解释中国社会的巨变，还是在西方的笼子中跳舞，那么，这种前所未有的历史性巨大舞台和现实性宝贵资源不过是西方的观点、西方的理论的某种案例、某种例证。这是典型的为别人做嫁衣裳。我们应通过这种前所未有的历史性巨大舞台和现实性宝贵资源，创造自己的理论、自己的学术话语，为世界社会学增添我们中国社会学者自己的创造。这也符合中国共产党领导下的中国社会正在从地区性大国转变为全球性大国和强国的趋势。

## 1.3　考研真题与典型题详解

### 一、概念题

**1. 社会事实**

**答：**涂尔干认为，社会事实是社会学的研究对象，它普遍存在于社会各处并具有其固有存在。社会事实对于个人来说是外在的，对个人具有约束力，带有强制性的力量，并因它的集体性而具有普遍性。社会事实分为两种：①属于行为方式的生理学事实，如集体意识；②属于集体存在方式的形态学(或解剖学)事实，如社会基本要素的数量和性质。

**2. 社会行动**(中南财大2022年研)

**答：**韦伯认为，社会的本质是由社会行动者构成的系统。行动是指行动个体将主观意义赋予了他的行为。社会行动是指这样一种行动：它的主观意义将其他人的行动考虑在内，并在进行过程中以此作为定向目标。"社会行动"有两个条件：①行动者赋予行动以目的和意义；②行动必须与他人相关联。韦伯将社会行动分为目的理性行动、价值理性行动、传统行动与情感行动。

### 二、简答题

**简述国内关于社会学研究对象的主要观点。**(华中农大2011年研)

**答：**参见本章课后习题详解第2题答案。

### 三、论述题

**"所谓社会事实，就是所有可能对个体施加一种外在约束的行动方式，而不论这种方式是否限定不变；或者，也可以说是所有可能普遍存在于一个既定的社会，同时又独立于在个体身上的显现而自主存在的行动方式。"如何理解涂尔干的这段话对社会事实的定义，这段话所表达的社会学分析立场是什么？**(中大2018年研)

**答：**涂尔干认为，社会事实是社会学的研究对象，它普遍存在于社会各处并具有其固有存在。社会事实对于个人来说是外在的，对个人具有约束力，带有强制性的力量，并因它的集体性而具有普遍性。可以从以下几个角度来理解涂尔干对社会事实的定义：

(1)社会事实与纯粹个体事实的区别

①社会事实的外在性

社会事实存在于个体身外，因而不同于那些存在于个体身内的生理的和心理的现象。如法律、风俗、道德、语言、宗教和货币制度等现象，它们呈现出存在于个体意识之外的值得注意的特征，这些事实作为某种外部现实，其存在不受个体意识的影响。

②社会事实对个体具有强制性

社会事实不仅存在于个体身外，而且会对个体施加各种形式的影响，如引导、赞赏、规劝、非难、禁止等。某种类型的行为或思想，不仅存在于个人身外施于个人，而且它们用一种强迫及压制的方式使个人服从。如果个体在社会化过程中成功地将相关的社会事实内化为自己的主观意愿，那么他很可能感受不到这种强制作用，但这并不意味着强制作用的消失。一旦人们试图对某些社会事实加以抵制，表现出不服从，这种强制力量就立即以正式的或非正式的方式显示出来，证明自己的存在。

③社会事实的普遍性

社会事实是全社会成员共有的特征，而不是个别人的特征。一类现象是不是社会事实，在某种程度上可以通过考察这一现象在社会中的扩散程度加以确定。社会全体成员共有的某些特征或行为方式，如果不是由于各个人彼此结合而产生的，则不具有超越个体形式的独立性。只有那些建立在社会生活的整体基础上，由社会整体所塑造和形成的一种特殊力量，使人们不得不产生的同样的思想和行动，才可以被称为社会事实。

(2)涂尔干对组成社会事实的现象进行的分类

①社会形态学方面的社会事实。如社会群体的地理环境、人口的分布、数量及密度、人们之间的交往情况、交通状况、住房样式等。这些社会事实属于物质性社会事实，它们共同构成了社会的“解剖结构”。对这类社会事实的研究构成了社会学的一个特有门类：社会形态学。

②社会生理学方面的社会事实。如宗教、道德、法律、习惯、风俗、时尚、舆论、公共情感等制度性或非制度性文化，涂尔干把它们统称为“集体意识”或“集体表象”，属于非物质性社会事实。对它们进行的专门研究构成了社会学的又一个门类：社会生理学。

所有上述社会事实都具有一个共同特点，它们都不可能是单独个体的属性，而只能是一种集体的属性。尽管组成社会的个体可能因生死去留而不断更替，但社会事实却不受个体变化的影响，依旧保持其稳定、独立的性质。只有发生了社会整体层次上的变化，社会事实才有可能发生变化。

(3)社会学分析立场

将社会事实的性质做了上述详细说明和规定的同时，社会学的特定解释层次、研究领域以及它的学科性质也就随之确定了。社会学是对社会事实进行实证研究的一门社会科学。它既不同于孔德所建立的那种包罗万象的带有思辨哲学色彩的宏大理论体系，也不同于那种在个体生理学和心理学基础上对社会现象所作的推演和解释。涂尔干找到了社会学的独特对象，从而使社会学成为具有坚实基础的独立学科。

# 第二章　社会运行的物质基础

## 2.1　复习笔记

### 【知识梳理（庖丁解牛）】

- 社会运行的物质基础
  - 人口与社会运行
    - 人口规模与人口结构
    - 人口分布与人口迁移
    - 人口转变与老龄化
    - 人口健康
  - 环境与社会运行
    - 环境及其社会功能
    - 环境与社会关系的演变
    - 工业社会中的环境问题
    - 环境保护与生态文明
  - 物质资料的生产方式与社会运行
    - 两种生产与物质资料的生产方式
    - 物质资料生产方式的基本特征
    - 物质资料生产方式作为社会的基础

### 【考点难点归纳（去粗取精）】

**考点一：人口与社会运行　★★**

#### 1. 人口规模与人口结构（见表 2-1）

人口是指特定时间、特定地域所存在的人的集合，这样一种集合呈现出一定的数量、质量和构成特征，并由此对社会运行和发展产生基础性影响。

表 2-1　人口规模与人口结构

| 要点 | 具体内容 | |
|---|---|---|
| 人口规模 | 定义 | 指一定时间和地域内的人口总数，在一定的时间和空间范围内，受制于一定的生产力水平，人口规模存在着上限和下限 |
| | 测量指标 | ①人口增长率；②人口倍增时间；③每增加 10 亿人口所需年数 |
| 人口结构 | ①自然构成；②地域构成；③社会经济构成 | |

### 2. 人口分布与人口迁移(见表2-2)

表2-2　人口分布与人口迁移

| 要点 | 具体内容 |
|---|---|
| 人口分布 | 指一定时点人口在地理空间上的分布状态 |
| 人口迁移 | 指人口居住地的永久性(半年或一年以上)改变，包括国际人口迁移和国内人口迁移。有以下影响因素：<br>①客观因素，包括人口环境容量和人口经济容量。<br>②在自愿迁移的条件下，迁移行为的发生与迁移者的个体情况有关。<br>③迁移利益差异比较选择原理 |

### 3. 人口转变与老龄化(见表2-3)

表2-3　人口转变与老龄化

| 要点 | | 具体内容 |
|---|---|---|
| 人口转变论 | 含义 | 人口转变论是阐述在相关的社会经济因素影响下，人口发展从高出生率、高死亡率和低自然增长率转变为低出生率、低死亡率和低自然增长率之过程的一种理论 |
| | 主要观点 | 人口发展一般都经历三个阶段：①高出生率、高死亡率、低增长率阶段；②高出生率、低死亡率、高增长率阶段；③低出生率、低死亡率、低增长率阶段 |
| 人口老龄化 | 含义 | 指总人口中老龄人口的比重相对于年轻人口所占比重而言，呈持续增长的现象 |
| | 影响 | ①影响到劳动就业和社会福利制度安排；<br>②影响相关产业的发展，特别是围绕高龄老人的社会服务业；<br>③有可能导致社会经济活力不足、创新不足；<br>④最终必然导致人口再生产转向静止型甚至是缩减型，由此带来人口发展不可持续的危机，直接威胁到社会的存在 |

### 4. 人口健康(见表2-4)

表2-4　人口健康

| 要点 | 具体内容 |
|---|---|
| 人口平均预期寿命 | 综合反映人口健康水平的基本指标，是指同批人出生后平均每人一生可存活的年数 |
| 死亡率 | ①婴儿和新生儿死亡率是反映人口健康状况的重要指标。死亡率包括粗死亡率和标准化死亡率两个测算口径。<br>②死亡现象受到人口自身以及社会经济和环境因素的影响 |

**拓展：**世界上通行三种统计人口迁移的方法：①以居住地的变化进行的统计，如从农村到城市的迁移。②以居住地改变的时间进行的统计。迁移新居住地6个月或1年以上者为永久性人口迁移。③以常住户口登记地的改变进行的统计。我国是以此种方法进行统计的，它是指人口在省、市、县的行政区划间的户口所在地的变化。

## 考点二：环境与社会运行 ★★★

### 1. 环境及其社会功能（见表 2-5）

表 2-5 环境及其社会功能

| 要点 | 具体内容 |
|---|---|
| 环境 | 指以人类为中心的外部生物物理世界，即人类生存、繁衍所必需的相应的环境，包括自然环境和人工环境两大部分 |
| 自然资源的类型 | 环境中的资源（自然资源）：①在一定意义上取之不尽、用之不竭的资源，例如空气、风力、太阳能等；②在人类开发使用过程中可能枯竭的资源 |
| 环境要素基本功能的两重性 | ①是人类生存与发展的物质基础，是人类可以开发利用的；<br>②是环境系统的重要组成部分，对环境系统自身的良性运行发挥重要作用 |
| 环境的功能 | "供应站""居住地"和"废物库" |

### 2. 工业社会中的环境问题（见表 2-6）

表 2-6 工业社会中的环境问题

| 要点 | 具体内容 |
|---|---|
| 内容 | ①原生环境问题，即由于环境系统自身变动所引发的环境破坏。<br>②次生环境问题，即由人类活动引起的环境问题 |
| 影响 | ①影响到局部人群的生产、生活和生命健康。<br>②对整个人类社会的生存和发展构成了严重威胁 |

拓展：当今世界面临着许多不同的全球环境威胁。以往它们可以被粗略地划分为两种基本类型：排放到环境中的污染物和废弃物；可再生资源的衰竭。威胁人类社会的一向是外部风险，像旱灾、地震、饥荒和暴风雨等来自自然界、与人类行为无关的风险，而如今人类却越来越多地面对各种人为风险，即由于人类自身的知识和技术对自然界的影响而引发的风险。当代社会所面临的许多环境和健康风险就是人为风险的例证，它们是人类行为干预自然的结果。

## 考点三：物质资料的生产方式与社会运行 ★★★

### 1. 物质资料的生产方式及其基本特征（见表 2-7）

表 2-7 物质资料的生产方式及其基本特征

| 要点 | 具体内容 |
|---|---|
| 定义 | 物质资料的生产方式，即人们运用生产资料进行生产以保证自己生活的方式 |
| 基本特征 | ①客观性。生产方式由一定的社会生产力发展水平所客观决定。<br>②社会性。生产方式总是与一定的生产关系，进而与特定的社会形态密切联系、不可分割。<br>③历史性。生产方式总是与一定的经济社会发展阶段相联系 |

**2. 物质资料生产方式作为社会的基础(见表2-8)**

表2-8　物质资料生产方式作为社会的基础

| 要点 | 具体内容 |
| --- | --- |
| 物质资料的生产活动 | 物质资料的生产活动是人类社会最为基本的活动，无论是个体生命的维持，还是他人生命的生产，都取决于一定的物质资料基础 |
| 物质资料生产方式作为社会基础的主要原因 | ①人类生产活动的特殊性。<br>②物质资料的生产方式具有客观性、社会性和历史性，有其自身的发展演变规律。<br>③物质资料的生产方式及其发展变化，也对作为人类社会运行基础条件的人口和资源环境产生重要的影响，并通过这种影响改变社会运行的物质基础 |

拓展：人类进行物质资料生产必须具备三个基本要素：①人的劳动，即劳动力的支出；②劳动资料，即劳动手段；③劳动对象，即劳动者在生产过程中所加工的一切物质资料。这些要素在彼此孤立存在的情况下不能构成生产。

## 2.2　课后习题详解

**1. 试析人口老龄化对社会运行和发展的冲击。**

答：人口老龄化对社会运行和发展的冲击主要包括：

(1)人口老龄化意味着老年抚养系数提高，越来越少的年轻人要养活越来越多的老年人口，影响到劳动就业和社会福利制度安排。

(2)人口老龄化意味着社会需求发生变化，规模庞大的老龄人口有着特定的需求，影响到相关产业的发展，特别是围绕高龄老人的社会服务业。

(3)由于老年人口逐渐成为劳动、投资的重要主体，而老年人本身倾向于保守、储蓄，有可能导致社会经济活力不足、创新不足。

(4)日益严重的老龄化最终必然导致人口再生产转向静止型甚至是缩减型，带来人口发展不可持续的危机，直接威胁到社会的存在。

**2. 试析邓拉普关于环境功能分析的模型的局限。**

答：(1)环境功能分析模型的内容

环境社会学家邓拉普用模型来呈现环境系统对于人类社会运行和发展的功能，指出环境服务于人类的三种总体功能：

①“供应站”。当环境被当成供应站使用时，它是各种可再生和不可再生自然资源的来源。对这些资源的过度使用可能导致短缺和匮乏。

②“居住地”。当环境作为居住地或栖息地时，它可以提供住所、交通系统以及其他日常生活中必需的重要东西。对环境这一功能的过度使用会导致过度拥挤、堵塞以及其他物种栖息地的毁坏。

③“废物库”。当环境被用为废物库时，它就成了堆放生活垃圾或其他垃圾、废水、工业污染以及其他副产品的地方。当这种废物淤积超过生态系统自身的吸纳能力时，就会导致各种有毒废弃物引起的人类健康问题以及生态系统自身的紊乱。

(2)邓拉普模型的局限

邓拉普的模型有助于简明地概括环境的社会功能及其随时间演进而发生的改变。但是，该模型因为忽视了社会行动主体，特别是制约社会行动的价值和权力因素，而受到一些批评。实际上，该模型对于环境在满足人们精神需求和形成社会文化价值方面的作用也有所忽视。

**3. 试比较“人类例外范式”与“新生态范式”的不同观点。**

**答：**(1)“人类例外范式”的观点如下：

①人类不同于其他动物，是独一无二的，因为人类具有文化。

②文化的发展与变迁是无限的，文化的变迁相对于生物特征的变化更为迅速。

③人群的差异是由有文化的社会引起的，并非从来就有，而且这种差异可以通过社会加以改变，甚至被消除。

④文化的积累意味着进步可以无限制继续下去，并使所有的社会问题最终得到解决。

“人类例外范式”的观点导致一种错误的观念，即认为环境的负荷能力可以无限增长，予取予求，从而否定匮乏的可能性。

(2)“新生态范式”的观点如下：

①社会生活是由许多相互依存的生物群落构成的，人类只是众多物种中的一种。

②复杂的因果关系及自然之网中的复杂反馈，常常使有目的的社会行动产生预料不到的后果。

③世界是有限度的，因此，经济增长、社会进步以及其他社会现象，都存在自然的和生物学上的潜在限制。

“新生态范式”不仅在很大程度上揭示了工业社会中人类认识的偏差，而且实际上为开创环境社会学这门分支学科奠定了基础。

**4. 试析生态文明与生态现代化的联系与区别。**

**答：**(1)联系

两者都是针对环境保护而提出的指导思想，将环境保护与社会发展结合起来，为现代化道路提供了一条合理化路径。

(2)区别

环境保护思想的层次不同。生态现代化要么坚持简单的技术观点，要么坚持片面的发展、现代化的合理性。基于这些思想，环境问题还是难以有效解决。而生态文明则代表着环境保护思想的最新趋势，实现了对生态中心主义、人类中心主义以及“以物为本”的发展观的三重超越。

**5. 物质资料生产方式具有哪些基本特征?**

**答：**根据马克思、恩格斯的阐述，可以概括出物质资料生产方式具有以下基本特征：

(1)客观性

无论在何种社会，生产方式作为人们保证自己生活的方式，实际上都并不是人们主观规定和选择的，而是由一定的社会生产力发展水平所客观决定的。生产力对生产方式的决定作用主要表现在生产力状况决定生产方式的性质和生产力的发展必然引起生产方式的变革这两方面。

(2)社会性

生产方式不仅是由一定的生产力水平所客观地规定的，而且总是与一定的生产关系，进而与特定的社会形态密切联系、不可分割。一定的生产方式总是必然产生或形成与之相适应的生产关系。

(3)历史性

生产方式总是与一定的经济社会发展阶段相联系。生产方式之所以具有历史性，是因为它所由产生与存在的生产力基础是不断发展变化的。新的生产力的获得，必然会使生产的技术条件与社会条件发生变革，从而必然会出现新的生产组织形式及新的劳动与生产资料的结合方式，也必然会出现生产者之间新的社会经济联系形式，并使社会生产过程的调节方式不断发生新的变化，由此必然改变人们的生产方式，带来社会的根本变革。

**6. 为什么说物质资料的生产是社会存在和发展的基础?**

**答:** 物质资料的生产是社会存在和发展的基础的原因主要包括:

(1)人类生产活动的特殊性。

在人类生产过程中，不仅要发生人与物之间的关系，而且要发生人与人之间的关系。生活与生产表现为双重关系：一方面是自然关系，另一方面是社会关系。人与人之间在生产中所形成的关系一经产生，就具有了一种特殊的性质，并且成为所有社会关系，进而是社会的起点和基础。

(2)物质资料的生产方式具有客观性、社会性和历史性，有其自身的发展演变规律。

物质资料的生产方式作为社会的直接的、现实的基础，还进一步体现为物质资料生产方式发生变革必然导致社会变革。

(3)物质资料的生产方式及其发展对人类社会产生重要的影响。

物质资料的生产方式及其发展变化，也对作为人类社会运行基础条件的人口和资源环境产生重要的影响，并通过这种影响改变社会运行的物质基础。一定的生产力水平和生产方式，也影响着人类与自然环境之间进行物质交换的方式、规模、速度和后果。

总之，物质资料的生产活动是人类社会最为基本的活动，无论是个体生命的维持，还是他人生命的生产，都取决于一定的物质资料基础。物质生活的生产方式制约着整个社会生活、政治生活和精神生活过程。

## 2.3 考研真题与典型题详解

### 一、概念题

**1. 总和生育率**(人大2010年研)

**答:** 总和生育率，又称总生育率，是指某国家或地区的妇女在育龄期间，每个妇女平均的生育子女数，一般指15~49岁各年龄组妇女生育率之和。总和生育率是度量妇女生育率的指标之一，是在度量分年龄组生育率基础上计算的妇女总体生育水平。它是衡量人口生育水平的标准化指标。

**2. 人口老龄化**(中央财大2011年研)

**答:** 人口老龄化或老化反映的是人口年龄结构的一种动态变迁过程。人口老龄化是指总人口中60岁或65岁以上的老年人所占比例升高，而其他年龄组人口比例相应降低的过程。人口老龄化不仅是老年人的增多，而且也是老年人的老龄化过程，即在老年人中，高龄老人越来越多。人口老龄化将可能带来家庭结构、社会关系、价值观念以及社会生产和消费结构的变化。

**3. 积极老龄化**（人大 2017 年研）

**答：** 积极老龄化是指在老年时为了提高生活质量，使健康、参与和保障三个方向尽可能获得最佳机会的过程，适用于个体和人群，其目的在于使所有年龄组的人们，包括那些体弱者、残疾和需要照料者，延长健康预期寿命和提高生活质量。"积极"意味着老年人除身体健康、具有参加体力活动和劳动队伍的能力之外，还要参加社会、经济、文化、精神和公益事务。

## 二、简答题

**1. 简述影响人口迁移的因素。**

**答：** 影响人口迁移的因素有：

（1）客观因素。包括：①由人口规模和资源环境的相互关系所形成的人口环境容量。②由人口规模和社会经济的相互关系所形成的人口经济容量。

（2）在自愿迁移的条件下，迁移行为的发生与迁移者的个体情况有关，例如受教育程度较高、身体状况较好并富有进取精神的人往往更倾向于发生迁移行为。

（3）是否发生迁移行为一般还取决于人们对于迁入地拉力因素、迁出地推力因素以及中间因素的全面考量，只有从迁移中所能获得的利益大于将会损失的利益时，理性的迁移行为才会发生，这也被称为"迁移利益差异比较选择原理"。

**2. 简述社会运行保障手段。**（南航 2018 年研）

**答：** （1）社会运行保障手段的含义

社会运行保障手段是指运用社会力量对保障对象实施保障的具体方式，这些具体方式有机结合起来就组成保障手段体系。保障手段作用的范围和作用的方式不尽相同，但其总体目标是一致的，即消解危害社会运行安全的因素，阻止、预防社会堕入恶性运行状态。

（2）社会运行保障手段的类型

①社会援助。社会援助是指由社会向那些在生活上处于困境的社会成员提供物质性的救助和支援。社会援助可分为现实性的社会援助和预期性的社会援助。一般意义上的"社会保障"其实就是一种以社会援助为保障手段的社会保障。社会援助的作用对象是社会成员，其功能则是避免这部分社会成员转化为危害社会运行安全的因素。

②社会疏导。社会疏导是指有目的的运用社会力量对业已出现的社会不满情绪予以疏通、引导和排解，抑制这种不满情绪的滋长和累积，从而避免灾难性的冲突出现，保证社会运行安全。从我国目前情况来看，社会疏导的具体形式有人民调解制度和政治协商对话制度。

③社会调节。社会调节是指运用社会力量对社会结构、社会关系、社会制度进行宏观调整，避免产生危害社会运行安全的因素。社会调节的具体内容多且复杂，其特征是强制性，这种强制性是以国家政权和法律权威为保证的。

**3. 简述环境问题成立的前提。**（河北大学 2010 年研）

**答：** 环境问题成立的前提包括：

(1)环境承载力是有限的。环境承载力是指在某一时期、某种状态或条件下，某地区的环境所能承受的人类活动作用的阈值。一定时期，一定地域内的环境承载力是有限的。环境问题一般发生于环境承载超负荷的状况下。

(2)技术的有限性。技术的有限性既指技术种类的有限性，又指技术功能的有限性，更指技术开发的有限性。在特定的社会经济发展阶段，人类难以迅速通过技术进步获得新的生存空间，或取得社会经济发展所必需的替代资源。因此，现有环境遭到破坏就成了一个“问题”。

(3)尊重人类的价值，特别是生命的价值。从极端意义上考虑，地球自身是有生命年限的，甚至太阳也如此，它们最终与人一样，都将面临生命终结的命运，这种规律是不可抗拒的。尊重人类及其后代的生命价值，是关注环境问题的出发点。

(4)通过人类行动改善环境的可能。在提出环境问题，并谈论环境保护时，实际上意味着通过人类的主观努力，环境状况的改善是有可能的。研究表明，环境问题在很大程度上是人类活动不当的结果；同时，现实的经验也表明，只要切实地付出努力，环境状况确实可以得到改善。

**4. 简述人口老龄化对社会经济发展的影响。**(北大2017年研；苏州大学2017年研)

**答：**人口老龄化对社会经济发展有以下几方面的影响：

(1)人口老龄化对劳动力质量和数量的影响

人口老龄化的趋势必将导致劳动年龄人口比重下降，而一定数量和质量劳动力的稳定供应是经济增长的重要保证。但由于我国劳动年龄人口所占比重下降且日趋老化，使得劳动力的质量下降，而经济规模却持续扩大，这最终不仅会导致劳动力供给不足，而且会导致老年抚养系数扩大，给国家经济和社会的发展带来沉重的负担，影响经济和社会的发展。

(2)人口老龄化对社会消费需求的影响

我国消费需求将会随着人口老龄化的加速而进一步萎缩。人口老龄化不仅会影响国民收入中用于消费的比重，还会影响整个社会的消费结构。从长远来看，随着老年人口比例的上升，老年人倾向于消费的商品和服务，例如药品、保健品、医疗设施和休闲娱乐设施等的需求所占的比重就会增大，而一些耐用消费品的需求将相对减小，这最终会导致生产结构乃至整个经济结构的转变。

(3)人口老龄化对储蓄率的影响

人口老龄化影响一个国家的积累和消费的比例。众所周知，经济快速增长的一个重要因素是资本，而资本的一个重要来源就是储蓄。老年人口收入较少，在养老和保健上的花费增加使得老年人无力储蓄，老年人口的增加势必会导致个人储蓄率的降低，导致企业在社会保障方面的负担加重，同时也减少了企业的储蓄，从而影响投资。从长远来看储蓄率的降低对我国经济增长将产生严重的威胁，国民收入中用于消费的比重过大势必会削弱经济和社会持续快速发展的动力。

(4)人口老龄化产生的社会问题

就业困难、收入少、支出大是老年人口面临的普遍问题。目前“四二一”的家庭代际结构使得年轻人负担过重，人们思想意识的转变使老年人同子女的合居率降低，这些现象都使得老年人的生活孤苦无依，同时社会上对老年人的冷落和歧视等也给老年人造成了严重的身心伤害，最终导致一些诸如老年犯罪等社会问题。

## 三、论述题

**1. 联系实际，论述中国人口老龄化的现状、问题及对策。**（浙江工商2014年研）

相关试题：

(1) 人口老龄化对社会经济发展的影响。（简答题，北大2017年研）

(2) 简述中国老龄化的特点和后果。（简答题，苏州大学2017年研；川大2014年研）

(3) 试析在人口老龄化的今天，对社会和文化的发展有了什么变化？我们应该怎么看待这种变化？（南开2016年研）

答：(1) 中国人口老龄化的现状

①老龄化程度加剧

按照常用的指标衡量，中国人口年龄结构已进入老年型。相较于西方发达国家，我国老龄化趋势具有两大显著特征：a. 老龄化速度快于世界老龄化速度；b. 老龄化速度快于经济发展速度，与我国社会经济的发展不相适应，呈现出“未富先老”的特征。

②家庭养老陷于困境

a. 家庭规模趋向小型化

家庭规模的小型化，不仅仅是核心家庭替代大家庭的过程，更是从一种模式演变为另一种模式的过程。核心家庭已成为主流家庭模式，除核心家庭外，其他非核心化的小家庭式样，如空巢家庭、丁克家庭、单身家庭、单亲家庭等，正在构成我国城市家庭结构的重要组成部分。

b. 老年人空巢现象

随着经济社会发展，人们生活观念的转变、住房条件的改善，以及独生子女的父母开始进入老年期，空巢现象将更加普遍，空巢期也将明显延长。目前我国老年人空巢比例持续增加的趋势将是不可逆转的。

(2) 中国人口老龄化存在的问题

①养老观念和养老功能遇到前所未有的冲击。

由于家庭结构与功能的弱化，“家庭养老”的传统正在经历一场前所未有的变革，子女养老和在家养老的结合正在受到冲击，家庭养老的内容和形式出现了分离。同时，家庭养老的功能出现弱化，养老支持力度弱化、养老资源减少越来越普遍。最后，养老功能出现转移，即从家庭转向社会。

②现有城镇老年保障制度与日益增长的养老需求不适应。

随着社会经济体制和价值观的急速变化，老年人的文化心理和价值观也在发生变化。在20世纪六七十年代，中国大多数的老年人恪守传统观念，为儿女操劳一生，老年衣食有着落已感满足。然而，现代社会老年人不仅需要富足的物质生活，还需要健康、长寿、知识、幸福，需要得到精神慰藉，接受来自家庭、社会的尊重和关心。

③养老保险制度因地区差异而显得步履艰难。

中国经济发展的不平衡在区域上体现为：东部地区和沿海地区的经济发展速度和水平高于其他地区，由于指数调节机制的作用，各省的基本养老金待遇不尽相同。人口结构的差异，势必造成不同地区的养老保险负担的不同。随着时间的推移，各地区人口结构的差异可能会被加大。另一方面，随着养老保险的覆盖面不断扩大，养老保险体系的负担系数的变化情况将和人口的老年赡养率的变化呈现相同的趋势。

(3)中国人口老龄化的对策

①完善基本养老保险体制建设

实行基本养老保险制度的目的在于，通过构建政府、单位、企业、个人多元参与的社会(国家)养老模式，取代传统的家庭、单位养老模式，让所有劳动者都享有老年基本生活保障，进而促进社会和谐和人们消费观念的变革，推动社会生产与消费良性互动。

②努力构建全面发展的多元化老年人照料体系

多元保障体系，是指与我国现今社会经济发展形态相适应的居家养老模式，其完成各方面养老功能的资源既来自个人、家庭，也来自社区、政府，因而是多元的。与我国社会发展阶段相适应的养老模式应该是“社会养老为主，家庭养老为辅，社区服务是重要保证，养老保险是物质基础”的社区化老年保障体系。

③着手研究和打造老年人照料需求评估体系

为保证需要照料的老人得到及时帮助，需要建立老年人照料信息管理系统，将老年人的需求、评估与服务机构信息统一纳入数据库。

④健全财力投入机制

逐步建立和完善规范、长效的以公共财政为主导的投入发展机制，并争取将政府对养老福利服务的投入纳入各级政府财政预算。通过老年人福利设施建设补贴和服务补贴，使政府的财力能够发挥托底的作用，满足困难群体的服务要求，逐步实现“费随人走”，形成“补老人、补服务、补项目”的公共财政供给方式。

**2. 用有关社会学原理，分析我国人口红利期与人口老龄化问题的关联性及其带来的社会问题。**(中大2011年研)

**答：**(1)人口红利期

“人口红利”是指一个国家的劳动年龄人口占总人口比重较大，抚养率比较低，为经济发展创造了有利的人口条件，整个国家的经济呈高储蓄、高投资和高增长的局面。

一国人口生育率的迅速下降在造成人口老龄化加速的同时，少儿抚养比亦迅速下降，劳动年龄人口比例上升，在老年人口比例达到较高水平之前，将形成一个劳动力资源相对丰富、抚养负担轻、于经济发展十分有利的“黄金时期”，人口经济学家称之为人口红利期。

(2)人口老龄化

参见本章考研真题与典型题详解概念题第2题答案。

(3)人口红利期与人口老龄化的关联性及其带来的社会问题

从长期看，一国的“人口红利”并非是可持续的。“人口红利”期只是一国人口变迁过程中的一个必经阶段，即人口出生率尚未显著下降，而死亡率明显下降的阶段。

就中国而言，从20世纪70年代开始实施计划生育政策，人口出生率的逐渐下降必将导致总劳动人口的下降。

另外，近年来，中国开始呈现较快的人口老龄化趋势，中国已被认为是目前世界上人口老龄化速度最快的国家之一。因此，从长期看，中国总人口中劳动人口比重将减少，中国经济所享有的“人口红利”的黄金时代正在渐行渐远。人口老龄化可能带来家庭结构、社会关系、价值观念以及社会生产和消费结构的变化。同时，人口的老龄化和青壮年劳动力供给速度的持续下降，将经由劳动力要素供给以及与此相关的社会储蓄和资本积累两方面，制约着中国经济未来的增长。

**3. 在人口转变的过程中，出生率下降和死亡率下降对人口老龄化的影响。**（人大 2011 年研）

答：中国人口老龄化问题的特点不同于发达国家，中国的人口老龄化速度快且老年人口绝对数量大。出生率和死亡率下降对人口老龄化的影响如下：

(1)出生率下降对人口老龄化的影响

只要出生率在持续下降，就会引起少儿人口数量的缩减，此时的老龄化是由生育率下降所导致的，或者说这一时期出生率下降对老龄化的影响作用大于死亡率下降的影响作用，因而这时的老龄化被认为是“生育率主导”的人口老龄化。这种由“生育率主导”的老龄化不是靠增加老年人口的绝对数量，而是通过少儿人口绝对数量的减少来促成老年人口相对数量的上升。这种此消彼长的互动关系体现的是人口年龄结构的“相对老龄化”，反映在人口年龄金字塔上就是底部的收缩，故又有“底部老龄化”之称。

(2)死亡率下降对人口老龄化的影响

对死亡率下降的影响需要做具体分析，在不同时期，死亡率下降水平在不同年龄的人群中会形成相对集中的趋势，一般有三种情况：

①如果死亡率的增减变化在各年龄组间是均衡分布的，则无论死亡率怎么下降也不会引起人口年龄结构的改变，也就不存在人口的“年轻化”和“老龄化”。

②如果死亡率的下降主要集中于少儿人口群组，也即低龄人口的存活率增大，相当于提高了人口的出生率。由此增加的主要是少儿人口，而不是老年人口，结果不是使人口“老龄化”，而是使人口“年轻化”，这所反映的其实正是老龄化初显时期的情况。

③当死亡率下降重心向中老年人口倾斜时，则将直接增加老年人口，结果必将导致人口老龄化，这正是老龄化中后期的情形。

综上，死亡率下降对人口老龄化的影响作用是双向的和分段的，死亡率初期的下降往往导致的是人口年轻化，只有到中后期，死亡率的下降才导致人口老龄化。

# 第三章　社会系统与社会运行

## 3.1　复习笔记

### 【知识梳理(庖丁解牛)】

- 社会系统与社会运行
  - 社会与社会系统
    - 社会与社会系统的概念
    - 社会的特点
    - 社会的功能
      - 整合的功能
      - 交流的功能
      - 导向的功能
      - 继承和发展的功能
  - 社会运行
    - 社会运行的含义
    - 评价社会运行状态的原则
      - 综合性原则
      - 协调性原则
      - 满足需要原则
  - 社会学考察社会的几种角度
    - 宏观社会与微观社会的角度
    - 个人关系、群体关系和社会制度的角度
    - 血缘、地缘和业缘的角度

### 【考点难点归纳(去粗取精)】

**考点一：社会与社会系统　★★**

**1. 社会与社会系统的概念**

(1)社会与社会系统的联系与区别(见表3-1)

表3-1　社会与社会系统的联系与区别

| 要点 | 具体内容 |
|---|---|
| 联系 | 社会是人类生活的共同体。马克思主义认为，社会在本质上是生产关系的总和，是以共同的物质生产活动为基础而相互联系的人们的有机总体，在这个意义上，社会也称作“社会系统” |
| 区别 | 社会是最为本源的概念，它等同于“人类社会”，更侧重于人群的聚集、社会关系的总和；而社会系统更侧重于社会是一个体系，强调社会的“有机体”特点，强调它是一个有机整体 |

(2)西方社会学者对社会的解释的两大主要派别(见表3-2)

表 3-2　西方社会学者对社会的解释的两大主要派别

| 派别 | 具体内容 |
| --- | --- |
| 社会唯实派（实体派） | 以齐美尔、涂尔干为代表人物，认为社会不仅是个人之集合，也是一个客观存在的东西，是真实存在的实体 |
| 社会唯名派 | 以吉丁斯、塔尔德为代表人物，认为社会是代表具有同样特征的许多人的名称，是空名而非实体，真实存在的只是个人 |

(3)我国学者和马克思主义经典作家的基本观点(见表 3-3)

表 3-3　我国学者和马克思主义经典作家的基本观点

| 要点 | 具体内容 |
| --- | --- |
| 我国学者观点 | 社会的本质既不能在整体之中，也不能在个人之中，而只能在人与人的关系、个人与整体的关系中去寻找 |
| 马克思主义经典作家观点 | ①社会是人们的联系或关系，是人们相互交往的产物，是全部社会关系的总和。<br>②在全部社会关系中，生产关系是最为根本的关系。<br>③社会系统思想。社会是一个“有机整体”，构成这个有机整体的不同要素之间相互联系、相互作用。<br>④生产力、生产关系，经济基础、上层建筑的相互作用是社会系统运行的本质 |

## 2. 社会的特点与功能(见表 3-4)

表 3-4　社会的特点与功能

| 要点 | 具体内容 |
| --- | --- |
| 特点 | ①社会是由人群组成的。<br>②社会以人与人的交往为纽带。<br>③社会是有文化、有组织的系统。<br>④社会是以人们的物质生产活动为基础的。<br>⑤社会系统具有心理的、精神的联系。<br>⑥社会系统是一个具有主动性、创造性和改造能力的活的机体 |
| 功能 | ①整合，即指社会将无数单个的人组织起来，形成一股合力，调整种种矛盾、冲突与对立，并将其控制在一定范围内，维护统一的局面。<br>②交流，社会创造了语言、文字、符号等人类交往的工具，为人类的交往提供了多种多样的场所，为人类合理地、得体地互动提供规范。<br>③导向，社会有一整套行为规范，用以维持正常的社会秩序，调整人们之间的关系，规定和指导人们的思想、行为的方向。<br>④继承和发展，人类创造的物质和精神文化通过社会而得以继承和发展 |

**拓展：** 社会是个人以角色的名义与他人互动构成的关系网，这种关系网就是人与社会的全部关系，表现为相互联系的具有层次性的四个体系，包括：①角色人格体系；②价值规范体系；③权力制度体系；④行为交换体系。

## 考点二：社会运行　★★★

### 1. 社会运行的定义与分类（见表3-5）

表3-5　社会运行的定义与分类

<table>
<tr><th>要点</th><th colspan="3">主要内容具体内容</th></tr>
<tr><td>定义</td><td colspan="3">指社会有机体自身的运动、变化和发展，表现为社会多种要素和多层次子系统之间的交互作用以及它们多方面功能的发挥</td></tr>
<tr><td rowspan="4">分类</td><td rowspan="2">纵向运行</td><td>含义</td><td>纵向运行是社会的变迁与发展</td></tr>
<tr><td>表现出的关系</td><td>①继承的关系，即后来的社会接受了过去社会所留下的遗产。<br>②变异的关系。社会纵向运行是随时修改着、变化着的。<br>③中断的关系。在社会纵向运行中，有很多东西为历史发展所抛弃</td></tr>
<tr><td rowspan="2">横向运行</td><td>含义</td><td>横向运行是指在社会发展某一阶段上，社会诸要素、社会诸系统的交互作用</td></tr>
<tr><td>表现出的关系</td><td>①交叉与渗透的关系。社会是一个整体，社会各要素、各系统的区分是相对的，而不是绝对的。<br>②制约的关系，即社会某些要素、子系统的功能的发挥会限制和约束另一些要素与子系统的发展。<br>③促进关系。一个系统功能的发挥对另一个系统起着推波助澜的作用。<br>④转化的关系。即一种要素转变为另一种要素、一个系统的问题转变为另一个系统的问题</td></tr>
</table>

### 2. 评价社会运行状态的原则（见表3-6）

表3-6　评价社会运行状态的原则

| 要点 | 具体内容 |
|---|---|
| 综合性原则 | 综合性指对社会运行评价的全面性，并强调对社会运行评价的整体性。综合性原则的运用有理论综合研究与利用数学、统计学等模型综合研究这两种基本途径 |
| 协调性原则 | 社会运行的协调性，即社会多种要素、社会各部分之间的相互配合状况。社会运行的协调性包括以下三个方面：<br>①结构性协调是指社会要素的联系具有较高的有序性、合理的比例与排列和严密的组织性。<br>②功能性协调是指社会系统在活动和作用上相互配合与相互促进。<br>③结构与功能之间的协调是互相配合、互相促进的 |
| 满足需要原则（根本原则） | “需要”是个人、社会集团和整个社会对于维持和发展其自身活动的条件的各种要求的总和。满足需要的程度是指个人、社会集团与社会实现其生存和发展的条件所达到的水平或状态 |

## 考点三：社会学考察社会的几种角度（见表3-7）　★★★

表3-7　社会学考察社会的几种角度

<table>
<tr><th>要点</th><th colspan="2">具体内容</th></tr>
<tr><td rowspan="2">社会结构</td><td>宏观社会</td><td>指社会的整体结构，是较大范围的社会关系，如人口结构、民族结构、阶级结构、职业结构等</td></tr>
<tr><td>微观社会</td><td>指社会的个体结构，即表现日常生活中人际互动的模式，如民族的或阶级的个别成员之间的互动、职业群体的人员（每一个个人）构成等</td></tr>
</table>

续表

| 要点 | | 具体内容 |
| --- | --- | --- |
| 社会关系 | 个人关系 | 指日常发生的人与人之间的直接联系或互动，是一种较低层次的社会关系，这种关系常常是非正式的、不稳定的和变动不居的 |
| | 群体关系 | 指在社会的群体或组织的层次上所发生的社会关系，是社会关系的中间层次 |
| | 社会制度 | 指在一定历史条件下形成的社会关系及与之相联系的社会活动的规范体系。它是社会关系的综合体系，也是社会关系的最高层次 |
| 关系成因 | 血缘关系 | 指以血统的或生理的联系为基础而形成的社会关系，是一种先天联系，是人类最早形成的社会联系 |
| | 地缘关系 | 指人类社会的区位结构关系或空间与地理位置关系。地缘分为开放型地缘与封闭型地缘 |
| | 业缘关系 | 指以人们广泛的社会分工为基础而形成的复杂的社会关系，是在血缘和地缘关系的基础上发展起来的 |

**拓展：**社会学的研究范围涵盖了人类社会活动的各种领域，这也形成了诸多分支社会学。如：①按人类活动领域而形成的经济社会学、政治社会学、法律社会学、环境社会学、教育社会学、科学社会学、闲暇社会学、宗教社会学等；②按人们活动的组织形式形成的家庭社会学、组织社会学、民族社会学等；③按社会成员的特征有青少年问题、老年社会学、女性问题及社会性别研究、残疾人问题等；④按人们综合活动的地域特征形成的农村社会学、城市社会学。

## 3.2　课后习题详解

**1. 简析“社会”和“社会系统”的概念。**

**答：**参见本章复习笔记考点一相关内容。

**2. 怎样理解社会的特点？**

**答：**参见本章考研真题与典型题详解简答题第1题答案。

**3. 怎样理解社会的功能？**

**答：**人类社会一经形成就要发挥作用，这种作用被称为社会功能。社会功能主要包括：

(1)整合的功能

整合又称社会整合，指社会将无数单个的人组织起来，形成一股合力，调整种种矛盾、冲突与对立，并将其控制在一定范围内，维护统一的局面。当前，我国处于急剧的变迁时期，社会群体、社会关系、社会观念等方面的矛盾、冲突均较为突出。我国发挥社会整合功能的措施主要包括：

①文化方面，要注意解决原来的传统的文化模式与新兴的或外来的文化模式的整合问题。

②社会规范方面，既要注意解决“社会失范”问题，又要注意解决多种规范相互冲突的问题。

③观念方面，要注意解决多元价值观的社会整合问题。

④功能方面，要注意解决改革过程中社会诸种功能不相配合的问题。

(2)交流的功能

社会创造了语言、文字、符号等人类交往的工具，为人类的交往提供了多种多样的场所，为人类合理地、得体地互动提供规范。

(3)导向的功能

社会有一整套行为规范，用以维持正常的社会秩序，调整人们之间的关系，规定和指导人们的思想、行为的方向。导向可以是有形的，也可以是无形的。

(4)继承和发展的功能

人的生命短暂，人类一代代频繁更替，而社会则是长存的。人类创造的物质和精神文化通过社会而得以继承和发展。

**4. 什么是社会运行?**

**答:** 社会运行是指社会有机体自身的运动、变化和发展，表现为社会多种要素和多层次子系统之间的交互作用以及它们多方面功能的发挥。社会运行大体上包括两个方面:

(1)纵向运行，是指社会的变迁与发展。纵向运行表现出的基本关系包括:

①继承的关系，即后来的社会接受了过去社会所留下的遗产。

②变异的关系。社会纵向运行虽然继承了过去的东西，但不是一成不变地照搬，而是随时修改着、变化着的。

③中断的关系。在社会的纵向运行中，有很多东西为历史发展所抛弃。

(2)横向运行，是指在社会发展某一阶段上，社会诸要素、社会诸系统的交互作用。横向运行所表现出的基本关系包括:

①交叉与渗透的关系。社会是一个整体，社会各要素、各系统的区分是相对的，而不是绝对的。

②制约的关系，即社会某些要素、子系统的功能的发挥会限制和约束另一些要素与子系统的发展。

③促进关系。与制约关系正相反，它指一个系统功能的发挥对另一个系统起着推波助澜的作用。

④转化的关系，即一种要素转变为另一种要素、一个系统的问题转变为另一个系统的问题。

**5. 怎样对于社会运行的状态做出评价?**

**答:** 对社会运行的状态做出评价需要遵循以下原则:

(1)综合性原则

从社会学的角度看，衡量社会运行与发展不能只从某一个方面或某几个片面的角度出发，而必须用一种全面的、综合性的标准来评价，这个标准应包括社会的各个基本方面。综合性原则的运用有两条基本途径:

①理论综合研究。其一般过程是: a. 通过广泛深入的调查研究占有大量实际材料; b. 通过分析材料说明其内在的联系; c. 从中找出最重要的联系，最后得出科学的结论。

②利用数学、统计学等模型的综合研究。这类模型的基本出发点是，社会现象虽复杂，但总可以通过一定的方法加以计量。计量化的社会现象具有准确、严格、客观性强和容易比较的特点。

(2)协调性原则

社会运行的协调性即社会多种要素、社会各部分之间的相互配合状况，包括结构性协调、功能性协调和结构与功能之间的协调三个方面。

①结构性协调是指社会要素的联系具有较高的有序性、合理的比例与排列和严密的组织性。

②功能性协调是指社会系统在活动和作用上相互配合与相互促进。功能上的协调有两种情况：

a. 在结构协调基础上的功能协调，这时，功能上的协调有牢固、可靠的基础，是一种比较稳定和持久的协调。

b. 结构不协调，但由于人们主观上的努力，在结构发挥的作用上做了尽可能的调整，功能上也可能实现暂时的协调。

③结构与功能之间的协调是指结构的协调与功能的协调是互相配合、互相促进的。

(3)满足需要原则

“需要”是个人、社会集团和整个社会对于维持和发展其自身活动的条件和各种要求的总和。满足需要的程度是指个人、社会集团与社会实现其生存和发展的条件所达到的水平或状态，是一个具有一定确定性的、可以量度的范畴。将满足需要的程度作为衡量社会运行状态的根本原则的原因在于：

①人是社会的主体，人是社会活动的承担者和社会运行的推动者。

②客观事物本身如果不与人类相联系，就无所谓好坏。衡量社会运行状态必须与作为主体的人的要求相联系。

③满足需要的程度是前面两个原则的落脚点：a. 综合性原则追求的是社会各个系统的最佳状态；b. 协调性原则寻求系统之间的协调。

**6. 我国改革与发展的新时期，在血缘、地缘与业缘关系上面临哪些新问题？**

**答：**社会学根据联系人际关系的纽带，将社会关系分为三个方面：血缘关系、地缘关系和业缘关系。在我国改革与发展的新时期，这三类关系面临着一些新的问题。

(1)血缘关系层面

血缘关系是指以血统的或生理的联系为基础而形成的社会关系，是一种先天联系，是人类最早形成的社会联系。血缘关系具有正功能和反功能，正功能表现在血缘关系联系社会与群体，使之增强内聚力，反功能表现在其对个人的影响是终身性的。社会资本的代际传递，如“富二代”“官二代”现象，暗含着改革开放以来社会阶层固化的新问题。

(2)地缘关系层面

地缘关系是指人类社会的区位结构关系或空间与地理位置关系。在不同的国家和地区，对地缘关系的划分有所不同。地缘分为开放型地缘与封闭型地缘。改革开放以来，人口跨省市流动越来越频繁，之前的户籍制度约束了机会的均等。要取消城镇户籍的隐性福利，推动地区之间的公关服务资源均等化。

(3)业缘关系层面

业缘关系是指社会成员之间以职业为纽带结成的社会关系。如同事关系、师生关系等。在商品经济高度发达的现代社会，由社会分工发展而产生的职业活动成为人际关系的主要媒介，从而使业缘关系取代了血缘关系和地缘关系，占据了人际关系的主导地位。

改革开放以来，我国就业呈现多元化，雇佣主体包括私营企业、个体经营、外商投资、有限责任公司、股份有限公司、合资企业、港澳台商人投资企业等。当前，面临着劳动纠纷、劳资纠纷频发、上访上告、信访告状等现象，大多属于业缘关系方面的问题。

## 3.3　考研真题与典型题详解

### 一、概念题

**1. 社会运行**(浙江工商 2017 年研；宁夏大学 2017 年研；中央财大 2011 年研)

**答：**参见本章课后习题详解第 4 题答案。

**2. 社会唯名派**(上海师大 2017 年研；南航 2014 年研)

**答：**社会唯名派是相对于社会唯实派的一大派别，这一派的代表人物有法国的卢梭和塔尔德、英国的洛克、美国的吉丁斯和德国的韦伯。社会唯名派认为，社会是代表具有同样特征的许多人的名称，是空名，而非实体，真实存在的只是个人，主张个人行为及其细节是社会学的研究对象。

**3. 社会整合**(安徽师大 2018 年研；川大 2016 年研；西北师大 2015 年研；沈阳师大 2014 年研)

**答：**社会整合，又称“社会一体化”，是指社会将无数单个的人组织起来，形成一股合力，调整种种矛盾、冲突与对立，并将其控制在一定范围内，维护统一的局面。也指社会不同因素、部分结合成为一个协调统一的社会整体的过程。社会整合的常见类型包括文化整合、制度整合、规范整合与功能整合。

**4. 社会制度**(安徽师大 2018 年研；中大 2013 年研)

**答：**社会制度是指在一定历史条件下形成的社会关系及与之相联系的社会活动的规范体系。在社会关系中，社会制度占据最重要的地位。因为，社会制度是社会关系的综合体系，也是社会关系的最高层次。社会制度是一种固定化的较为持久的社会关系。

### 二、简答题

**1. 简述社会的特点。**(华南理工大学 2022 年研)

**答：**社会的特点主要包括：

(1)社会是由人群组成的。人是社会系统最基本的要素，没有人也就无社会可言。人是社会生活的开拓者，是社会活动的发起者，是社会关系的承担者，是社会过程的推动者。这里所说的人指“人群”。

(2)社会以人与人的交往为纽带。人与人的多方面的联系，形成了整个社会系统。这些联系概括起来分为横向与纵向两个方面：①横向联系，即同一时代人们之间的联系。社会分工越发达，这种联系的发展程度就越高。②纵向联系，即历史联系，表现为人类文明前后相继的无止境的发展过程。

(3)社会是有文化、有组织的系统。人类社会与动物结群不同，社会创造出了原来自然界中所没有的文化与文化体系。文化形成后，又成为社会的最主要的构成要素之一，这样社会便按照一定的文化模式而组织起来。

(4)社会是以人们的物质生产活动为基础的。马克思主义指出，人类社会的联系尽管复杂，但却是有规律可循的。由于物质资料的生产活动是社会系统的基本活动，所以人们在这一活动中所结成的生产关系是社会系统的基础和本质。

(5)社会系统具有心理的、精神的联系。人类具有高级神经活动，这是任何其他动物、电脑的活动所无法比拟的。在高级神经活动的基础上，人类社会创造出了一系列的语言、文字、符号及多种非本能的通信方法。这些符号及通信方法，反过来又大大加强了人们之间精神上的互动与联系。

(6)社会系统是一个具有主动性、创造性和改造能力的活的机体。社会的主体——人，能够主动地发现社会自身以及社会与自然之间的不平衡，并主动地进行调整使之实现平衡。不仅如此，社会还不断创造着维持自身生存和发展的物质条件。在这种创造性活动中，社会自身也得到了发展，因此，社会具有自我再创造的能力。除社会以外，其他系统都只能适应自然，而社会却具有改造自然与社会的能力。

**2. 血缘、地缘和业缘的功能与相互关系是怎样的?**(华中农大2010年研)

**相关试题：简述地缘关系的特点与功能。**(中央财大2017年研)

**答：**(1)血缘、地缘和业缘关系的含义

参见本章课后习题详解第6题答案。

(2)血缘关系、地缘关系和业缘关系的功能

①血缘关系的功能

a. 正功能。血缘关系起着联系社会与群体，使之增强内聚力，从而形成牢固的整体的作用。这种功能在古代交往不发达的情况下尤为重要。而近代开始，这种功能的地位和作用有下降与减弱的趋势，但家庭这一血缘关系仍然发挥着重要的正功能。

b. 反功能。由于血缘关系是人们的一种先天的联系，因而一个人在他刚出生时就已被置于一定的血缘联系之中，直到死也未必能完全退出这种联系。这样，血缘关系实际上使人们处在一种相当被动的地位上。

②地缘关系的功能

a. 正功能。地缘关系能维系社会的稳定。例如在我国目前的情况下，随着农业劳动生产率的提高，农村出现大量剩余劳动力，而城市又一时无能力容纳剩余的农业人口，这时，相对稳定和封闭的地缘关系就发挥着维护社会安定的正功能。

b. 反功能。地缘关系束缚人们的发展。例如在我国，长期的封建社会传统使得地缘关系的封闭性很强，并由此形成了人们很强的地区观念、乡土观念、老乡观念。

③业缘关系的功能

a. 正功能。第一，业缘关系是人类社会发展的一个重要基础。工业革命以来，社会上逐渐发展出一整套极其复杂的分工体系与业缘关系，它们促进了现代经济的发展，并成为现代社会存在与发展的基础。第二，业缘关系反映着社会前进的步伐和整个社会的面貌。

b. 反功能。业缘关系的基础是把人局限在某一种职业上的社会分工，从而限制了人们的发展。

(3)血缘、地缘和业缘的相互关系

①在原始社会中，血缘关系是社会组织的基础。近代以来，随着资本主义的发展，血缘关系的地位和作用有日趋下降的趋势，由于传统和文化的差异，血缘关系在不同国家的地位、作用也不一致。

②我国传统上一向重视血缘关系，目前我国的血缘关系主要是家庭。虽然血缘关系的地位有所下降，但是其在社会上仍然发挥着重要功能。在我国广大农村，家族、宗族关系仍十分浓厚。随着人们走出家门外出务工，地缘关系也处在一个下降的趋势。如今，社会逐渐发展分工体系，在这里业缘关系起着很强的作用。

## 三、论述题

**1. 试述社会学考察社会的主要维度。**（北科大2011年研）

答：社会学考察社会的主要维度包括以下几类：

（1）宏观社会与微观社会的角度

①宏观社会是指社会的整体结构，是较大范围的社会关系。如人口结构、民族结构、阶级结构、职业结构等。社会学历来重视对宏观社会的研究，因为它可以使人们站在较高的位置上看到社会的整个面貌，考察大规模的社会总体现象，而不被繁杂的个别现象所蒙蔽。

②微观社会是指社会的个体结构，即表现日常生活中人际互动的模式。如民族的或阶级的个别成员之间的互动、职业群体的人员（每一个个人）构成等等。社会学对微观社会的考察着重于社会中个人之间的差异与特性，即每个个别人的态度、行为等都受到个人的心理支配，因而有着区别于他人的个别原因。

（2）个人关系、群体关系和社会制度的角度

从社会关系的水平和层次上看，社会系统可以区分为个人关系、群体关系和社会制度三个层次。

①个人关系是指日常发生的人与人之间的直接联系或互动，是一种较低层次的社会关系，这种关系常常是非正式的，没有什么固定的要求，更没有通过法律、法规、规则、规章等形式固定下来，因而它常常是不稳定的、变动不居的。

②群体关系是指在社会的群体或组织的层次上所发生的社会关系。它是社会关系的中间层次。与个人关系相比，群体关系具有一定的稳定性、持久性，受到社会群体的规则、规范的约束。例如，一个社会团体内部的小组与小组、成员与成员之间的关系受到这一团体的规则、规章的约束。

③社会制度是指在一定历史条件下形成的社会关系及与之相联系的社会活动的规范体系。社会制度是社会关系的综合体系，也是社会关系的最高层次。社会制度是一种固定化的较为持久的社会关系。

（3）血缘、地缘和业缘的角度

参见本章课后习题详解第6题答案。

**2. 习近平总书记提出，新时代人民日益增长的美好生活需要和不平衡不充分的发展之间的矛盾是我国社会的主要矛盾。请从社会良性运行的角度谈谈你的理解。**（广西民大2018年研）

答：（1）社会的良性运行

社会的运行和发展大体可以分为三种类型，分别为社会运行的良性运行、中性运行和恶性运行，与之对应的是社会发展的协调发展、模糊发展和畸形发展。社会的良性运行和协调发展，是指特定社会的经济、政治、思想文化和社会生活四大系统之间以及各系统内不同部分、不同层次之间的相互促进，而社会障碍、失调等因素被控制在最小的限度和最小的范围之内。社会良性运行和协调发展是生产力和生产关系、经济基础和上层建筑相互适应的体现，是社会运行和发展的理想模式。

(2)从社会良性运行的角度对新时代主要矛盾的理解

社会主义社会从根本上、总体上是能够良性运行和协调发展的。不仅宏观上如此，而且微观上也如此。因为社会主义经济是以生产资料的公有制为基础的，它与生产的社会化是一致的。但社会主义社会能够良性运行和协调发展还只是一种可能性，而不是现实性。新中国成立以来的经验和教训从正反两个方面告诉我们：如果搞得不好，社会主义社会也会经常处于中性运行和模糊发展之中；如果再不注意，还会陷入恶性运行和畸形发展，甚至达到崩溃的边缘。

①就全社会范围看，经济、政治、思想文化和社会生活各个子系统的改革应当保持同步关系，某一子系统的改革过分超前或过分滞后都会对改革产生不利影响。现在，我国经济与社会发展不平衡，社会结构落后于经济结构很多年，从而产生了种种社会问题，引发了多种多样的社会矛盾，把中国社会推入了社会矛盾的多发期。在现实生活中，可以处处感受到非经济的社会因素对经济改革和经济因素的制约，这里存在着经济与社会协调发展的问题。

②个人与社会的关系问题是社会学的基本问题。实际的社会生活归根到底是每个社会成员如何从社会获得资源和机会的问题；或者反过来说，是社会如何将社会资源和机会分配给每个社会成员的问题。一个社会要正常运行，个人利益与社会利益、个人自由与社会秩序、个性发展与社会需求，必须保持适度平衡。过分强调个人，或者过分强调社会，不是引起社会无序，便是造成社会缺乏生机，引发种种社会问题与不协调。个人与社会关系的问题处理得正确，社会的动力机制、整合机制、激励机制、控制机制、保障机制才能良性运转，个人才能对社会做出更大的贡献，个人也才能真正获得幸福。

③习近平总书记提出，新时代人民日益增长的美好生活需要和不平衡不充分的发展之间的矛盾是我国社会的主要矛盾。因此，要想保证社会良性运行，就必须充分重视这一矛盾。在全社会范围来看，要保障经济发展和人民社会生活的子系统之间的同步；从个人与社会的关系看，应该保证人民日益增长的生活需要与社会的发展保持在适度的平衡阶段，否则就会妨碍社会的良性运行。

**3. 试述迪尔凯姆关于社会整合的论述。**(南航 2018 年研)

**答：**在一般情况下，人们通常用社会整合这一术语来概括关于如何增强社会联系、缓解社会冲突的问题。迪尔凯姆与众不同，他在讨论这方面问题时提出社会团结。这不仅仅是名词术语的选用，同时也反映了迪尔凯姆(即涂尔干)社会学理论基本观点、方法原则和价值追求的独到之处。

(1)社会团结的含义

社会团结的基本含义是指人与人、人与群体以及群体与群体之间的联结关系，这种联结关系既可以建立在共有情感体验、共有道德情操和共同理想信念之上，也可以建立在因为生活需求、功能依赖而形成的相互依存关系之上。迪尔凯姆认为，这种以情感、道德、信念和需求与依赖为基础的社会联结关系，比斯宾塞和卢梭等人阐述的契约关系更为基本，并且自在的感性层面的社会团结是自觉的理性层面的契约关系的基础。

(2)社会团结的形式

①机械团结，以社会成员共有的宗教取向作为社会整合或群体联系的纽带，它的根本特征是社会成员在情感、意愿和信仰上的高度同质性，它存在于分工不够发达的传统社会，实质是农业社会的产物。

②有机团结，是在现代工业社会中形成的社会团结，它以社会高度分化、社会成员充分分工为基础。在有机团结中，维系社会成员的纽带是由社会分工和社会专业化造成的他们不可超越的相互依赖关系，这种关系表现在经济、政治和文化各个方面，以物质利益为根本内容的经济关系是最基本的方面。

(3)用社会团结理论分析自杀现象

迪尔凯姆还运用社会团结理论分析了自杀现象，在他看来，利他型自杀是社会整合力度过强的结果，而利己型自杀则是社会整合力度趋弱的结果，并且利己型自杀的频率与社会整合力度衰弱成正比关系。无论利他型自杀还是利己型自杀，都是社会整合不适度、社会团结关系不正常的表现。

# 第四章　社会运行与社会文化

## 4.1　复习笔记

### 【知识梳理(庖丁解牛)】

- 社会运行与社会文化
  - 文化的含义及特性
    - 文化的含义
    - 文化的特征
  - 文化的类型
    - 物质文化与非物质文化
    - 主文化与亚文化
    - 主文化与反文化
    - 评比性文化与非评比性文化
  - 文化构成与文化分析
    - 从文化要素角度理解文化构成
      - 象征符号
      - 价值观
      - 社会规范
      - 物质文化
    - 从文化分层角度理解文化构成
      - 文化特质
      - 文化丛
      - 文化区域
      - 文化模式
    - 文化中心主义与文化相对主义
    - 文化震惊与边际文化
  - 文化的功能
    - 认同功能
    - 规范功能
    - 整合功能
    - 教育与教化的功能

### 【考点难点归纳(去粗取精)】

**考点一：文化的含义与特征**(见表4-1)　★★

表4-1　文化的含义与特征

| 要点 | 具体内容 |
| --- | --- |
| 含义 | 文化是与自然现象不同的人类社会活动的全部成果，它包括人类所创造的一切物质的与非物质的成果。文化是人类社会区别于动物界的根本标志。社会文化是人类社会所独有的，是人类智慧的集中体现，人类社会的生活方式和行为方式是按照一定的文化逻辑来进行的 |

续表

| 要点 | | 具体内容 |
|---|---|---|
| 特征 | 超生理性 | 指文化不是依赖生理的、生物的特性而获得的。任何文化都是人们后天习得的或创造的，而不是通过生物遗传获得的 |
| | 超个人性 | 又称文化的共享性，个体、个人虽具有接受文化或创造文化的能力，但只有在与他人的互动中才需要文化，才能接受文化，才能影响文化。文化为所有社会成员所共享 |
| | 象征性 | 指文化现象总是具有广泛的意义，文化的意义要远远超出文化现象所直接表现的那个窄小的范围。文化的象征性为价值观的确立和秩序的建构奠定了基础 |
| | 全括性 | 指文化不是单一的现象，而是涵盖社会生活的各个方面。同时，文化既抽象又具体，抽象即它体现在所有的社会行动或现象之中；具体即可以将狭义文化看作各种具体行动或现象 |
| | 整体性 | 指文化是一个有机系统和整体，由不同的要素构成，各构成要素之间按照一定的规则或规律形成一个综合的整体 |
| | 传递性 | 指文化一经产生就要被他人模仿、效法、利用。文化传递分为纵向文化传承与横向文化传播 |
| | 变迁性 | 指在文化传递的过程中会发生文化的变迁。文化不是静止不动的，而是时刻处于变化之中。大规模的文化变迁都可归结到自然条件的变化、不同文化之间的接触、发明与发现这三种因素上 |

拓展：文化的要素是指文化的基本表现形式。由于广义的文化涵盖整个社会生活，所以社会生活中每一个事物与现象都是文化要素的具体表现形式，这是不可计数的。用合并同类项的方法，可以将文化要素归纳为以下几种：①物质与精神；②语言与符号；③行为规范与文化模式；④社会关系和组织。

## 考点二：文化的类型(见表4-2) ★★★

表4-2 文化的类型

| 要点 | 具体内容 |
|---|---|
| 物质文化与非物质文化 | 物质文化指物质世界中，一切经过人的加工、体现了人的思想的东西 |
| | 非物质文化，又称精神文化，指制度、规范、观念等。精神文化可分为两种：<br>①理念文化。指还处在思想、观念状态的文化，还没有变为社会规范。<br>②制度文化。指已为多数人所遵循的规范，它对人们的行为具有约束力 |
| 主文化与亚文化 | 主文化是在社会上占主导地位的，为社会上多数人所接受的文化 |
| | 亚文化指仅为社会上一部分成员所接受的或为某一社会群体特有的文化。亚文化可分为三种：<br>①民族亚文化。指为社会中少数民族群体所特有的文化。<br>②职业亚文化。指为各种职业群体所特有的文化。<br>③越轨亚文化。指为一些反社会集团所特有的文化 |
| 主文化与反文化 | 主文化指在社会上占主导地位，对现存社会秩序起着维护、支持作用的文化 |
| | 反文化是对现存秩序的背离和否定，是对现存主文化的抵制和对抗 |
| 评比性文化与非评比性文化 | 评比性文化指有好坏、高下之分的文化，即在两种文化的比较中，可以评出孰优孰劣的文化。一般说来，评比性文化都是比较容易鉴别其价值的文化 |
| | 非评比性文化，又称中性文化，是指在文化比较中没有明显的优劣、高下之分的文化。这类文化多与人们的行为方式、习惯、习俗相联系 |

拓展：社会学家林顿将文化归结为社会全部的生活方式，既包括高雅、令人心旷神怡的类型，也包括简单、世俗、现实的类型。据此，可以将文化分为精致文化、精英文化、大众文化、低俗文化。按照不同的标准还可以将文化分为不同类型，如按文化内部层次结构可以分为表层的器物文化、中层的制度文化、深层的精神文化。

## 考点三：文化构成与文化分析 ★★★

### 1. 文化构成

任何一个社会的文化均有其特定的文化体系或结构，而不是一盘散沙。社会学从不同的角度理解文化的构成，主要包括文化要素的角度与文化分层的角度。具体内容如表4-3所示。

表4-3 文化构成

| 角度 | 具体内容 | |
|---|---|---|
| 文化要素 | 象征符号 | 象征符号是人类创造的文化象征体系的基本构成要素，包括语言、文字、艺术、宗教、科学技术、姿态和行动等。象征符号是动态的、发展的 |
| | 价值观 | 价值观是以理念形式出现的文化要素，是指社会成员对人或事物价值的判断，即对于人或事物的意义、重要性的总体评价，它也是人们判断是非曲直的基本标准 |
| | 社会规范 | 社会规范是指在既定社会背景下指导、制约人们行动的标准或准则，为社会秩序奠定了基础。社会规范包括正式规范和非正式规范 |
| | 物质文化 | 物质文化是人类创造的一切物质产品，以及这些产品的文化形式。物质文化与语言、艺术、价值观、规范等非物质文化之间有着相互影响、相互作用的关系 |
| 文化分层 | 文化特质 | 文化特质是组成文化的最小单位。一个社会的文化内容就是各种文化特质的总和。文化特质的特点是，每种特质都可以独自成为一个单位，有它的特殊历史和特殊形式，不会与其他特质相混淆 |
| | 文化丛 | 文化丛又称文化特质丛，指因功能上相互联系而组合成的一组文化特质。它往往与人们的某种特定活动有关，而且往往是物质文化与非物质文化的特殊结合 |
| | 文化区域 | 文化区域是指在地理空间上不同区域中分布的特定的文化现象。区域文化的核心意义是用地理区域来区分文化分布 |
| | 文化模式 | 文化模式是一个社会中所有文化内容（包括文化特质与文化丛）组合在一起的特殊形式和结构。这种形式往往表现了一种社会文化的特殊性。在文化模式的研究中，有特殊的文化模式与普遍的文化模式之分 |

### 2. 文化分析

对文化模式的评价上存在着“文化中心主义”与“文化相对主义”两种倾向。在文化分析中，比较不同文化是重要内容。关于比较不同文化，社会学提出的文化震惊与边际文化两个分析视角比较重要。具体内容如表4-4所示。

表 4-4 文化分析

| 要点 | | 具体内容 |
|---|---|---|
| 文化评价 | 文化中心主义 | 指将本民族、本群体的文化模式当作中心和标准，以此衡量和评价其他文化，常常敌视和怀疑为自己所不熟悉的文化模式 |
| | 文化相对主义 | 认为各种不同的文化模式是不能评价和比较的，每一种文化模式都有其存在的合理性，它们之间没有优劣之分 |
| 文化交流 | 文化震惊 | 指生活在某一种文化中的人初次接触到另一种文化模式时所产生的思想上的混乱与心理上的压力 |
| | 边际文化 | 指文化的边缘地带，或两种文化的交界地带。主要有两种情况：<br>①该地带本民族的文化特征大大减弱，外来文化的影响较中心文化增强，常表现为两种以上文化的混合区域；<br>②该地带虽远离中心文化，但并不能密切接触到其他的发达文化，边际文化处于一种不太发达的状态 |

**拓展：**文化的空间结构是指文化的空间分布，即文化的各部分在空间上是怎样结合在一起而形成一个文化区域，以及不同的文化区域之间的关系。文化的空间结构主要包括文化区与文化圈。

### 考点四：文化的功能（见表 4-5） ★★★

表 4-5 文化的功能

| 要点 | 具体内容 |
|---|---|
| 认同功能 | 文化使得社会群体、社会成员有了共同的可以交流的符号基础、心理基础，他们相互认可，认定自己属于同一种文化 |
| 规范功能 | 文化使社会有了系统的行为规范，影响、指导、规定着社会成员的社会生活与行为方式，并给社会提供了基础、范本与原始材料使社会秩序得以维持，社会运行得以持续 |
| 整合功能 | 文化使社会形成一个整体。从文化整合的观点出发，一个社会的各种文化机构都从不同侧面维持着社会的团结 |
| 教育与教化功能 | 文化对于人的教化，即一个人能适应文化、接受文化，可称作"文化涵化"。只有通过"文化涵化"，一个人才能成为社会的人 |

**拓展：**对于社会学家而言，文化是人类生存的一种机制。文化的功能可以从不同层面观察。从个人的层面看，文化起着塑造个人人格、实现社会化的功能；从团体的层面看，文化起着目标、规范、意见和行动整合的功能；从整个社会的层面看，文化起着社会整合、促进社会稳定的作用。以上三个层面的功能是互相联系的，而不是互相对立的。

## 4.2 课后习题详解

**1. 什么是文化？文化有哪些类型？**

**答：**（1）文化的含义

参见本章考研真题与典型题详解概念题第 1 题答案。

(2)文化的类型

按照不同的分类标准，可以将文化分为以下不同的类型：

①物质文化与非物质文化

a. 物质文化是指物质世界中一切经过人的加工、体现了人的思想的东西。因自然规律的作用，物质文化在使用过程中会不断被损耗。

b. 非物质文化，又称精神文化，是指制度、规范、观念等。精神文化可区分为理念文化与制度文化。理念文化是还处在思想、观念状态的文化，还没有变为社会规范。制度文化则是已为多数人所遵循的规范，它对人们的行为具有约束力。非物质文化可以反复被使用而不损耗。

②主文化与亚文化

a. 主文化是在社会上占主导地位的，为社会上多数人所接受的文化。

b. 亚文化是指仅为社会上一部分成员所接受的或为某一社会群体特有的文化。

③主文化与反文化

根据文化在社会中的地位、作用，从对立、冲突的角度可将文化分为主文化与反文化。

a. 主文化是指在社会上占主导地位，对现存社会秩序起着维护、支持作用的文化。

b. 反文化是对现存秩序的背离和否定，是对现存主文化的抵制和对抗。

④评比性文化与非评比性文化

根据不同民族文化比较，可将文化分为评比性文化和非评比性文化。

a. 评比性文化是指有好坏、高下之分的文化，即在两种文化的比较中，可以评出孰优孰劣的文化。

b. 非评比性文化，又称中性文化，是指在文化比较中没有明显的优劣、高下之分的文化。这类文化多与人们的行为方式、习惯、习俗相联系。中性文化是民族分野的重要标志，有助于维系社会的团结与稳定，有助于增强社会的内聚力。

**2. 什么是文化的基本特性？**

**答：**参见本章考研真题与典型题详解简答题第1题答案。

**3. 怎样理解文化的构成？**

**答：**任何一个社会的文化均有其特定的文化体系或结构，而不是一盘散沙。社会学主要从文化要素的角度与文化分层的角度来理解文化的构成。

(1)从文化要素角度理解文化构成

参见本章考研真题与典型题详解简答题第2题答案。

(2)从文化分层角度理解文化构成

①文化特质。文化特质是组成文化的最小单位，可以表现为物质文化的形式，也可以表现为非物质文化的形式。其特点是，每种特质都可以独自成一个单位，有它的特殊历史和特殊形式，不会与其他特质相混淆。

②文化丛。

参见本章考研真题与典型题详解概念题第2题答案。

③文化区域。文化区域是指在地理空间上不同区域中分布的特定的文化现象。区域文化的核心意义是用地理区域来区分文化分布。

④文化模式。文化模式是一个社会中所有文化内容(包括文化特质与文化丛)组合在一起的特殊形式和结构。这种形式往往表现了一种社会文化的特殊性。在文化模式的研究中，有特殊的文化模式与普遍的文化模式之分。

**4. 文化分析有哪些视角?**

**答:** 对文化模式的评价上存在着“文化中心主义”与“文化相对主义”两种倾向。在文化分析中，社会学提出的文化震惊与边际文化两个分析视角比较重要。因此，文化分析的视角如下:

(1)文化中心主义与文化相对主义

①文化中心主义

又称种族中心主义，是指各个国家、各个民族都常有一种倾向，即易于将自己的生活方式、信仰、价值观、行为规范看成是最好的、是优于其他人的。

②文化相对主义

参见本章考研真题与典型题详解概念题第5题答案。

(2)文化震惊与边际文化

参见本章考研真题与典型题详解概念题第8题和第9题答案。

**5. 怎样理解文化的社会功能?**

**答:** 参见本章考研真题与典型题详解简答题第2题答案。

## 4.3 考研真题与典型题详解

### 一、填空题

亚文化可以分为______、______、______等类别。(中国青年政治学院2008年研)

【答案】民族亚文化;职业亚文化;越轨亚文化。

### 二、选择题

文化现象总是具有广泛的意义，其意义要远远超出文化现象所直接表现的那个窄小的范围。此点突出表明文化的下述哪种特点?(　　)(中国青年政治学院2007年研)

A. 超生理性和超个人性
B. 复合性
C. 象征性
D. 传递性
E. 变迁性

【解析】文化具有象征性。象征性是指文化现象总是具有广泛的意义，文化的意义要远远超出文化现象所直接表现的那个窄小的范围。人类正是在不断建构象征意义的过程中不断创造文化的，人类社会的发展也体现为文化象征性的发展。此外，文化象征性为价值观的确立和秩序的建构奠定了基础。人类信仰、信念、思想、道德、价值观以及各种社会规则的形成，都离不开象征意义的建构。

【答案】C

### 三、概念题

**1. 文化**(浙江理工2018年研;山东大学2017年研;北科大2014年研;华中农大2011

年研；中央财大 2008 年研）

答：文化是指与自然现象不同的人类社会活动的全部成果，它包括人类所创造的一切物质的与非物质的东西；文化是人类社会区别于动物界的根本标志。社会文化是人类社会所独有的，是人类智慧的集中体现，人类社会的生活方式和行为方式是按照一定的文化逻辑来进行的。

2. 文化丛（南航 2018 年研；中央财大 2014 年研；河北大学 2014 年研）

答：文化丛，又称文化特质丛，是指因功能上相互联系而组合成的一组文化特质。它往往与人们的某种特定活动有关，而且往往是物质文化与非物质文化的特殊结合。文化丛是相关文化元素按照内在的功能逻辑进行整合的产物，相关的文化元素之间的联系是有一定逻辑的，不符合逻辑的文化元素的堆放并不能形成文化丛，也不能发挥作用。

3. 文化堕距（华南师大 2022 年研；复旦 2018 年研；中大 2016 年研；中央财大 2012 年研）

答："文化堕距"又称"文化滞后"，是美国社会学家威廉·奥格本在研究文化变迁的特性时提出的。该理论认为，由相互依赖的各部分所组成的文化在发生变迁时，各部分变迁的速度是不一致的，有的部分变化快，有的部分变化慢，结果就会造成各部分之间的不平衡、差距、错位，由此造成社会问题。一般说来，物质文化的变迁速度快于非物质文化。就非物质文化的变迁来看，它的各构成部分的变化速度也不一致，一般首先是制度变迁，或变迁速度较快，其次是风俗、民德变迁，最后才是价值观念变迁。

4. 主文化与亚文化（华中农大 2018 年研）

相关试题：

（1）亚文化（山东大学 2022 年研；河北大学 2018 年研；北大 2017 年研；南京理工 2011 年研）

（2）主文化（浙江工商 2017 年研）

答：主文化是指在社会上占主导地位的，为社会上多数人所接受的文化。主文化对社会上大多数成员的价值观、行为方式、思维方式影响极大。亚文化是指仅为社会上一部分成员所接受的或为某一社会群体特有的文化。亚文化一般并不与主文化相抵触或对抗。亚文化可以分为民族亚文化、职业亚文化与越轨亚文化等。从发展变迁的角度看，主文化与亚文化的区分不是绝对的，两者都在发生变化，也可能互相转化。对于主文化与亚文化的性质或是非曲直，只能具体问题具体分析。

5. 文化相对主义（北大 2016 年研；山东大学 2016 年研）

答：文化相对主义，又称文化相对论，是与文化中心主义相对应的一种文化分析视角。文化相对论认为，文化没有高低优劣之分，文化之间的差异是相对的，因此不能站在本民族文化的立场上、用本民族文化的价值观念去评判其他民族的文化。要判断或解释他人的行为就应该遵循他群（对方所属的族群、社会）的文化逻辑或文化模式，并以此为标准。从民族文化的角度来看，文化相对主义反对强势民族对于弱势民族的歧视，强调民族文化之间的平等，这对保护弱小民族的利益，抵消我族中心主义的消极的东西有一定意义。但是在强调文化的相对性时也不能走向极端，用文化的相对性来保护落后的东西。

**6. 评比性文化**（南航 2015 年研）

**答：** 评比性文化是就不同民族文化比较而进行的分类，与之对应的是非评比性文化。其中，评比性文化是指有好坏、高下之分的文化，即在两种文化的比较中，可以评出孰优孰劣的文化。一般说来，评比性文化都是比较容易鉴别其价值的文化。诸如科学技术、教育、良好的服务、完善的医疗以及公平、正义、民主等，都可以作为可评比性的文化类型进行比较，而对于一些风俗、仪式、生活习惯，因民族的差异而表现的差别没有优劣之分，自然也就缺乏可比性。

**7. 文化的传递性**（南航 2014 年研）

**答：** 文化的传递性是指文化一经产生就要被他人模仿、效法、利用。文化不是静止不动的，而是时刻处于变化之中的，它在时间与空间维度上通过各种方式向周围辐射。在时间维度上，文化的传递性表现为代际传承，即子代通过社会化学习生活技能、谋生技巧、价值观念、行为规范，将社会的文化内化于己。文化的内容不能通过遗传方式来获得，只有以人为载体，通过人的基本社会化，才能一代接一代地向下传递。

**8. 文化震惊**（宁夏大学 2018 年研；中央财大 2017 年研）

**答：** 文化震惊是指生活在某一文化中的人，初次接触到另一种文化模式时所产生的思想上的混乱和心理上的压力。文化震惊显示的是，有着巨大差异的不同文化，在相互接触时发生的冲突和碰撞现象。文化震惊不仅发生在民族之间，在不同的社会群体、地区之间也会发生。文化震惊是一种客观现象，无善恶之分，但对文化震惊的处理却可能产生两种不同的后果：处理不当可能发生盲目排外，得当的话则可以吸收外来文化为我所用。

**9. 边际文化**（吉大 2017 年研；复旦 2016 年研）

**答：** 边际文化是指文化的边缘地带，或两种文化的交界地带。一般说来，一种文化的中心地带，往往位于该文化的起源地域附近，具有比较稳定的、最能代表本文化特色的文化特征。然而在文化模式的边缘地带，本民族的文化特征大大减弱，外来文化的影响较中心文化增强。边际文化也常出现两种以上文化的混合区域。边际文化还有另一种情况，就是虽远离中心文化，但并不能密切接触到其他的发达文化，因而这类边际文化处于一种不太发达的状态。

**10. 文化冲突**（南航 2018 年研；中央民大 2016 年研）

**答：** 文化冲突是两种文化接触时在价值观念、行为规范、行为方式等方面发生互相反对的情况。它常表现为某种文化的拥有者排斥、抵触另一种文化。当一个族群刻意要抵制另一种文化时，他们或采取封闭的策略，或对异文化进行否定性的批判。文化冲突可能发生在根本的价值领域，也可能发生于日常生活的表层，前者更为激烈，由此导致的文化变迁也更加深刻。

**11. 象征符号**（南航 2017 年研）

**答：** 象征符号是人类创造的文化象征体系的基本构成要素。象征符号要素是人类文化的重要基础，人类的所有社会行为均依赖于象征符号的使用。象征符号有：语言、文字、艺术、宗教、科学技术、姿态和行动等。象征符号的基本特征是意义的建构，人们不仅在创造各种象征符号，同时也在不断赋予各种符号以不同的意义。同时，象征符号是动态的、发展的。随着生活环境的变化，人们可能赋予已有的象征符号以新的意义，或者用新的符号表达某种意义。

12. 文化理性(人大 2017 年研)

答：文化理性概念由美国人类学家马歇尔·萨林斯提出，又称象征理性或者意义理性。萨林斯认为人类的实践行为其实并不一定要依附于物质现实，因为作为社会群体的组成部分，人总是处于一个庞大的文化体系当中，每个人都是这个相互交织的文化网上的一点，所以他的一切行动必须在特定的文化秩序当中进行。这就意味着，在实践之前，实践的意义(或象征)已经决定了他的行为方式和目的。

13. 文化与人格(人大 2017 年研)

答：文化是指与自然现象不同的人类社会活动的全部成果，它包括人类所创造的一切物质的与非物质的东西。人格是指个体内在行为上的倾向性，它表现为一个人在不断变化中的全体和综合，是具有动力一致性和连续性的持久的自我，是人在社会化过程中形成的给予人特色的身心组织。文化与人格研究是人类学的重要研究领域之一，从 20 世纪 20 年代开始兴起，1934 年本尼迪克特的《文化模式》出版，标志着文化与人格学派的正式成立。该学派强调文化因素与个人因素或由个人产生的心理事件存在着密切的联系，重点研究的是因文化而变化的个人。

14. 文化元素(中央财大 2018 年研)

答：文化元素是指文化中最小而有意义的单位，它能独立地反映某种文化意义。在人类社会中，人们常常首先将自己行动的意义用某种器物或符号表示出来，这些器物和符号就是文化元素。文化元素可以独立存在并表明某种意义，但只有将不同的文化元素结合起来才会真正发挥其应有的作用。

## 四、简答题

### 1. 什么是文化？它有哪些特征？

相关试题：

(1) 简述文化的特征和构成要素。(南京师大 2017 年研)

(2) 简述文化的特征。(南京林业大学 2017 年研；南航 2016 年研)

(3) 文化及其特性。(西北师大 2015 年研)

答：文化的含义参见本章考研真题与典型题详解概念题第 1 题答案。

文化的基本特性主要包括：

(1)超生理性

文化的超生理性或超生物性是指文化不是依赖生理的、生物的特性而获得的。任何文化都是人们后天习得的或创造的，而不是通过生物遗传获得的。人类学习文化主要依靠符号性学习和意义性学习，符号化的知识也便于积累和传授。

(2)超个人性

超个人性又称文化的共享性。个体只有在与他人的互动中才需要文化，才能接受文化，才能影响文化。文化为所有社会成员所共享。“个人社会化”的过程，就是在一定文化环境中接受文化熏陶的过程。

(3)象征性

象征性是指文化现象总是具有广泛的意义，文化的意义要远远超出文化现象所直接表现的那个窄小的范围。文化的象征性为价值观的确立和秩序的建构奠定了基础。

(4)全括性

全括性指文化不是单一的现象，而是涵盖社会生活的各个方面的。各种社会行动或社会现象，都包含了文化的因素。在这一意义上，文化既抽象又具体。抽象，即它体现在所有的社会行动或现象之中；具体，即可以将狭义文化看作各种具体行动或现象。

(5)整体性

文化是一个有机系统和整体，由不同的要素构成，各构成要素之间按照一定的规则或规律形成一个综合的整体。每一种文化在生态环境、生计策略、观念、语言、艺术、习俗和制度等要素之间以及要素的内部结构中，都含有一种规则或法则。

(6)传递性与变迁性

传递性是指文化一经产生就要被他人模仿、效法、利用。变迁性是指在文化传递的过程中会发生文化的变迁。文化不是静止不动的，而是时刻处于变化之中。大规模的变迁都可归结到自然条件的变化、不同文化之间接触、发明与发现这三种因素上。

**2. 文化由哪些要素构成？文化有哪些功能？**

**相关试题：**

**(1)简述文化的特征和构成要素。**（南京师大2017年研）

**(2)怎样理解文化的社会功能？**（川大2015年研）

**答：**(1)文化的构成要素

①象征符号，是人类创造的文化象征体系的基本构成要素，也是人类文化的重要基础，人类的所有社会行为均依赖于象征符号的使用。譬如在语言、文字、艺术、宗教、科学技术中，均包含着丰富的象征符号。人类在社会生活中，不断地创造或建构象征符号，因此象征符号是动态的、发展的。随着生活环境的变化，人们可能赋予已有的象征符号以新的意义，或者用新的符号表达某种意义。

②价值观，指社会成员对于人或事物价值的判断，即对于人或事物的意义、重要性的总体评价，它也是人们判断是非曲直的基本标准。价值观对社会成员的社会态度和行动选择起着直接的指导作用。每一个社会的文化都有自己的核心价值观念，不同的价值观是文化模式差异的重要体现。

③社会规范，既是文化的制度要素，也是在既定社会背景下指导、制约人们行动的标准或准则。社会规范为社会秩序奠定了基础，包括正式规范和非正式规范。

④物质文化，指人类创造的一切物质产品，以及这些产品的文化形式，其内容极其广泛。物质文化是文化的物质要素，也是人类生存和生活的物质基础。人类在制造、创造物质产品的过程中，也同时创造了文化。所以，通过对物质文化的考察，可以认识和了解人类社会生活的基本状况以及社会结构、制度和文化观念。

(2)文化的功能

①认同功能

文化使得社会群体、社会成员有了共同的可以交流的符号基础、心理基础，他们相互认可，认定自己属于同一种文化。文化认同具有很强的持久性和稳定性，是一种深层次的认同，或可称之为“心灵认同”，这种认同甚至可以超越一般的群体归属界限。

②规范功能

文化使社会有了系统的行为规范，影响、指导、规定着社会成员的社会生活与行为方式。

a. 文化给一个社会提供了基础，是社会交往的前提条件。文化作为人们相互交往的符号基础，使人们能够沟通，也使人们相互间的行为功能协调和相互配合。

b. 文化给一个社会提供了范本，告诉社会成员做事情的规矩、规则是什么。有了文化，人们便有了行为标准。而且，文化使一个社会的规范、观念更为系统化。

c. 文化给一个社会提供了最为原始的素材、材料，人们从事任何社会活动，都只能取材于文化。

d. 文化使社会秩序得以维持、使社会运行得以持续。

③整合功能

整合功能是指文化使社会形成一个整体。从文化整合的观点出发，一个社会上的各种文化机构都从不同侧面维持着社会的团结；但是，如果文化的某一个部分出现解体，它也可能威胁到整个文化体系，并进而导致社会团结、社会整合的瓦解。

④教育与教化的功能

只有通过“文化涵化”，一个人才能成为社会的人。人从一个生物人演变成一个社会人，最主要的就是一步一步地接受文化熏陶，掌握文化规则，并按这些规则行事，这样才能被社会或他人接纳。

**3. 简述文化模式。**（中央财大2010年研）

**相关试题：文化模式**（概念题，安徽师大2018年研；南航2017年研）

**答：**文化模式是一个社会中所有文化内容组合在一起的特殊形式和结构。这种形式往往表现了一种社会文化的特殊性。文化模式研究是将各个层次上的文化结合起来加以研究，只有研究文化模式，才能认识到一个社会或民族文化的优点与缺点，才能进行文化比较。文化模式的类型主要包括：

（1）特殊的文化模式

特殊的文化模式是指不同国家、不同民族，甚至不同地区、不同社会群体的多样的文化结构与文化内容。各种特殊的文化模式，受到国家、民族、地区、阶层等多种因素的影响。其中有物质环境的影响，如气候、地理条件、资源、人口的影响等；也有社会环境的影响，如科学技术的发展、社会制度的特点、意识形态、外来文化等等。

（2）普遍的文化模式

普遍的文化模式是指各种文化模式虽各具特点，但是就其基本结构看却有着共同的东西。普遍的文化模式主要包含以下几个方面：

①语言，包括文字、符号等；

②科学，包括自然科学知识和社会科学知识；

③习俗，如各种各样的礼仪、礼节等；

④家庭与社会制度，如婚姻制度、继承制度、社会控制、教育制度等；

⑤政府，如政体、司法、法律程序等。

**4. 亚文化的含义和主要类型。**（中央财大2011年研）

**答：**（1）亚文化的含义

亚文化是指仅为社会上一部分成员所接受的或为某一社会群体特有的文化。亚文化一般并不与主文化相抵触或对抗，亚文化也可以转变为占主导地位的主文化。

(2)亚文化的主要类型

①民族亚文化

民族亚文化是为社会中少数民族群体所特有的文化。例如，我国 50 多个民族在参加社会整体生活的同时，也都保留着本民族的语言、文字、生活方式等。

②职业亚文化

职业亚文化是指为各种职业群体特有的文化。各种专业性较强的职业都有一些专门的训练，有专门的职业术语、职业道德、职业习惯等，这样，不同职业就形成了不同的职业亚文化。

③越轨亚文化

越轨亚文化是指为一些反社会集团所特有的文化。反社会集团的行为规范往往偏离主流文化所规定的行为规范，相对于主流文化来说，反社会集团的群体规范是越轨行为。越轨亚文化为犯罪行为提供了容易滋生的环境。

**5. 文化所包含的规范体系是怎样的?**（华中农大 2011 年研）

**答:** 文化使社会有了系统的行为规范，影响、指导、规定着社会成员的社会生活与行为方式。文化使一个社会的规范、观念更为系统化，文化集合着、解释着一个社会的全部价值观和规范体系。文化所包含的规范体系主要包括正式规范和非正式规范。

(1)正式规范

正式规范是以法律、法规形式出现的，违反了会受到惩罚。正式规范主要包括:

①规章规则，是社会团体和组织中的基本行为规范，通常是正式的、明文规定的行为规范;

②法律，是约束力最强的正式行为规范，不仅具有引导和制约社会行为的作用，而且对不良社会行为具有威慑作用。

(2)非正式规范

①社会习俗，指一种无形的规范系统，其引导性或约束力来自大众的压力;

②民风，即民间的风尚或社会风尚，属于倡导型规范，即在社会中流行和倡导的行为模式;

③民德，包含禁止型的规范，即对某些行为加以制止;

④乡规民约，指在特定范围的群体或社会中，人们根据默契达成的多数人所认可和接受的契约或规定。

此外，文化中的价值观是以理念形式出现的文化要素，是指社会成员对人或事物的价值的判断，即对于人或事物的意义、重要性的总体评价，它也是人们判断是非曲直的基本标准，对社会成员的社会态度和行动选择起着直接的指导作用。

## 五、论述题

**1. 试述文化的社会整合和社会导向功能。**（东财 2014 年研）

**答:** (1)文化的社会整合功能

①价值整合

a. 价值整合是文化整合功能中最重要和最基本的功能。只有价值观一致，才能有结构和行为的一致。

b. 在一个群体或社会中，人们之间的价值观是有差别的，但是经过文化的熏陶，就会在社会生活的基本方面形成一致的价值观。

c. 价值观的一致是其他一切社会活动一致的基础，是一个民族凝聚力的根源。

②规范整合

规范整合是将社会规范内化为人们自觉遵守的行为准则。规范本来是价值观的外化、普遍化和标准化，就像国家颁布的法律一样，它反映着国民的意志（即价值观）。但是要想使每个人都自觉遵守，还必须进行普法教育。普法教育就是使法律规范内化为人们自觉遵守的行为准则的过程。

③结构整合

社会是一个多元结构，无论是产业还是人群的结构都是多元的，社会越发达，结构越复杂。社会结构的整合有赖于各部门和各阶层之间互相依赖和功能上的互补，但是也有矛盾和对抗。如何解决这些矛盾和对抗，在通常情况下是依靠共同文化的整合。

综上，文化的整合功能是一个民族团结和社会秩序的基础。一个民族由于享受一份共同的文化，不论他们是否居住在一起，也不论他们是否生活在共同的制度下，都会有民族的认同感，都会在心理上和行为上连接在一起，这是任何力量都不能分离的。

（2）文化的社会导向功能

文化的整合功能维持民族团结和社会秩序，而导向功能则推动社会进步。每个社会都有自己的导向体系，它指导着社会向前发展，如教育、科研和组织管理等就是社会导向体系。文化的导向功能主要表现在两个方面：

①提供知识

社会进步是人的进步，是人的知识、技能和思想道德品质的提高，没有新的知识和技能，没有观念的更新和人道德品质的提高，社会是不可能进步的。而新的知识技能，新的思想观念，是在社会实践和教育与科学研究中学习得来的，实践、教育和科研都是文化，所以文化在社会进步和人类发展中起着引导推动作用。

②积累成果

社会是一份文化遗产，这份遗产是逐步积累起来的，而这种积累是依靠文化来实现的。科学技术的进步、制度的创新，本身既是文化活动，又必须由文化把它们记录下来。人们对历史的了解，对前人创造的成果的继承和发扬都必须通过文化来实现。当然，文化的导向若违背了社会发展的潮流，则会阻碍社会进步。

**2. 试从社会学的文化多样性研究阐述我国社会转型过程对“中国道路”探索的必要性。**（中央财大2008年研）

**答：**文化是与自然现象不同的人类社会活动的全部成果，它包括人类所创造的一切物质的与非物质的东西。也可以说，自然界本无文化，自从有了人类，凡经人“耕耘”的一切均为文化。社会学认为，人类社会生活的一切方面，包括社会化、社会互动、社会群体、社会制度、社会变迁等，都可以归结为各种文化现象。

（1）文化多样性

①文化具有多样性，不同的文化具有不同的文化模式。文化模式是指一个社会中所有文化内容(包括文化特质与文化丛)组合在一起的特殊形式和结构。这种形式往往表现了一种社会文化的特殊性。

②在文化模式的研究中，有特殊的文化模式与普遍的文化模式之分。

a. 特殊的文化模式，指不同国家、不同民族，甚至不同地区、不同社会群体的多样的文化结构与文化内容。各种特殊的文化模式，受到国家、民族、地区、阶层等多种因素的影响。其中有物质环境的影响，如气候、地理条件、资源、人口的影响等。另外也受到社会环境的影响，如科学技术的发展、社会制度的特点、意识形态、外来文化等等。

b. 普遍的文化模式，指各种文化模式虽各具特点，但是就其基本结构和形式看却有着共同的东西。

(2)文化模式在“中国道路”上体现了其特殊性

中国有其独特的文化背景和模式，发展道路也是具有中国特色的。中国特色社会主义道路是中国共产党对现阶段纲领的概括，要求把马克思主义的普遍真理同本国的具体实际结合起来，走适合中国特色的道路，逐步实现工业、农业、国防和科学技术现代化，把中国建设成为富强、民主、文明、和谐的社会主义国家，即一方面要坚持马克思主义的基本原理，走社会主义道路；另一方面必须从中国的实际出发，不照抄、照搬别国经验、模式，而是走自己的路，具有中国特色。所以，文化模式的特殊性和多样性表明了探索“中国模式”的必要性。

## 六、材料题

**1. 请阅读下列材料，然后回答问题。**

材料：吴老太爷为避战乱而来到上海，进上海城时，“机械的噪音，汽车的臭屁，和女人身上的香气，霓虹电管的赤光——一切梦魇似的都市的精怪，毫无怜悯地压到吴老太爷朽弱的心灵上”。这些都市景象使这个足不出户的老朽惊恐不已，一个劲儿地念《太上感应篇》，不久便一命呜呼。(摘录自茅盾的小说《子夜》)(华中农大2010年研)

**请问：《子夜》中吴老太爷的惊恐乃至死亡是一种什么样的文化现象？在出现这种现象时，人们可能会有哪些不当的反应？在你看来，怎么处理才是得当的？**

**答：**(1)茅盾小说《子夜》中，吴老太爷从农村到上海见到一种新的文化模式，心中惊恐不已，一个劲儿地念《太上感应篇》，不久便一命呜呼了，这是一种文化震惊。文化震惊是指生活在某一种文化中的人初次接触到另一种文化模式时所产生的思想上的混乱与心理上的压力。

(2)文化震惊显示的是，有着巨大差异的不同文化，在相互接触时发生的冲突和碰撞现象。文化震惊现象不仅发生在民族之间，在不同的社会群体、地区之间也会发生。农村人到了城市，会对喧闹、快节奏的城市文化不适应。相反，城市人到了农村，也会对农村时间观念不强、做事离不开人情的文化感觉不适应。在文化震惊出现时，人们可能有以下不当的反应：

①可能发生盲目排外现象，如清朝末年，清政府视西方科学技术为“奇技淫巧”；

②可能发生盲目崇拜，对自己的文化丧失信心，认为一切都是外来的好。

文化现象如果处理得当，则可吸收外来文化为我所用。近代以来，在中西文化交流中，中国曾出现几次大的文化震惊，它们都促进了中国社会、文化的发展。

(3)文化震惊是一种客观现象，并没有善恶之分。当出现文化震惊的时候需要客观理性地对待：

①把文化震惊作为一种客观现象来对待，消除认识上的偏见；

②积极学习其他文化中的先进部分，避免盲目排外；

③发掘自身文化精髓，避免对外来文化的盲目崇拜；

④促进自身文化与异文化的交流与融合。

**2. 根据社会文化相关理论，谈谈对文化自信的理解。**（吉大2018年研）

**答：**文化是人类社会区别于动物界的根本标志，是人类智慧的集中体现。它具有超生理性、超个人性、象征性、全括性、整体性、传递性与变迁性等特征。对文化自信可以从以下三个方面进行理解：

(1)文化自信的含义

从文化的构成来看，文化包括物质、制度、行为和精神四个层面。其中，物质层面居于这四个层面所组成的同心圆的外层，文化的制度、行为和精神层面居于同心圆的核心，而价值观则居于核心层的核心。社会主义核心价值观凝结着中国人民共同的价值追求，是在社会主义核心价值体系的基础上进一步凝练而提出的，体现了中国特色社会主义根本的价值理想、原则与规范，体现了社会主义的本质。社会主义核心价值观在价值体系的基础上，在广泛汲取理论界研究成果的基础上，结合我国历史文化和现实状况，概括和表达了文化自信的核心和实质。

中国特色社会主义道路自信、理论自信、制度自信分别在道路、理论、制度三个维度体现着社会主义核心价值观。具体表现为：

①中国特色社会主义道路是围绕着社会主义核心价值观而进行的实践；

②中国特色社会主义理论是围绕着社会主义核心价值观而形成的思想；

③中国特色社会主义制度是其相应的制度安排。

从一般的意义上讲，任何一种文化都是由其内含的核心价值所培育和呈现，并由其规约和引导。中国特色社会主义的文化自信，其实质就是要以社会主义核心价值观及其所体现的世界观和方法论为指导去形成共识和凝聚人心。

(2)文化自信的意义

马克思主义认为，文化是人民群众主体性选择的价值取向，基于此，可以认为价值引领是文化自信的功能定位。中华优秀传统文化、革命文化和社会主义先进文化是文化自信的三个方面，其具体表现为：最深层次的内驱力是优秀传统文化的自信，最直接的引导力是革命文化自信，最持久的认同力是社会主义先进文化。

习近平指出，在宣传和阐释中国特色时，要讲清楚我国独特的历史传统和文化积淀，要讲清楚中华文化是中华民族发展壮大的土壤，是中华民族的特有精神标记，是有其历史渊源和现实基础的。我国人民选择和坚持中国特色社会主义理论、道路和制度，从“根”和“魂”的角度来讲，是源于中华优秀传统文化的价值引领，这体现了优秀传统文化最深层次的内驱力功能。革命文化最直接的引导力功能是在革命、建设、改革开放的实践中形成的，在新时代也要继续发挥其独有的功能。

(3)文化自信自身的逻辑

文化自觉表明的是对文化的一种态度。自觉又可以分为两个层次：一是文化存在的自觉，二是文化价值的自觉。文化自觉发展的逻辑就是从文化存在的自觉走向文化价值的自觉过程。文化自信是一个国家、民族和政党对自身文化的肯定态度，这种态度是文化自觉不断提升的产物。在文化自觉与文化自信的辩证关系上，可以认为，文化自觉是文化自信的基础，文化自信是文化自觉发展的趋势。而相比于文化自强，文化自信又居于基础性地位，文化自强是文化自信的趋势所在。文化的发展演进，在一定意义上可以说是一个民族、一个国家从文化自觉到文化自信再到文化自强不断发展推进的过程，这一过程体现了文化演进的阶段性特征，同时也呈现出文化自信自身的逻辑。

# 第五章　社会学的研究方法

## 5.1　复习笔记

### 【知识梳理（庖丁解牛）】

- 社会学的研究方法
  - 社会学方法论
    - 社会学方法体系
    - 社会学研究方法的特征
    - 社会学研究的范式：实证范式、解释范式、批判范式
  - 社会学研究的过程
    - 研究的逻辑过程
    - 社会学的解释
      - 概念和变量
      - 假设
      - 变量测量和分析
      - 假设检验
    - 研究的基本程序
  - 社会学主要研究方法
    - 问卷调查法
    - 田野调查法
    - 实验法
    - 历史比较法
  - 社会指标
    - 社会指标的类型和功能
    - 社会指标体系的建立
      - 根据规划建立社会指标体系
      - 根据社会目标建立社会指标体系
      - 依据理论建立社会指标体系

### 【考点难点归纳（去粗取精）】

**考点一：社会学方法论　★★**

**1. 社会学方法体系（见表5-1）**

表5-1　社会学方法体系

| 要点 | 具体内容 |
|---|---|
| 方法论原则 | 具有指导研究方向的意义。包括：①哲学世界观和方法论；②逻辑思维方法原则；③社会学的一般化理论 |
| 具体研究方法 | 与研究实践和过程相统一 |
| 技术手段 | 研究过程中所运用的主要工具 |

### 2. 社会学研究方法的特征(见表 5-2)

表 5-2　社会学研究方法的特征

| 特征 | 具体内容 |
|---|---|
| 动态性 | 社会学的立场和视野是动态的，它关心的是变动中的尤其是现实社会的各种事实和关系的动态过程 |
| 整体性 | 社会学对社会的认识和理解，首先是从整体论高度出发的，把社会视为有机统一的整体，然后从静态和动态两个维度来考察和分析社会运行和社会变迁过程 |
| 经验性 | 社会学注重对社会事实和现实的考察，并在此基础上来理解社会行为和社会运行 |

### 3. 社会学研究的范式

(1)定义

范式概念是由库恩首先提出来的，用来表达科学研究活动的一般特征和规律。范式是指一定时期内，科学研究共同体成员在进行常规科学研究过程中所共同遵循的规范和理论与方法论模式。(常规科学研究是指某一时期内科学研究者所积累、传授的知识以及所进行的一般性研究。)

(2)社会学研究的范式类型

社会学的范式大体可概括为实证范式、解释范式和批判范式三大类型，如表 5-3 所示。

表 5-3　社会学主要范式

| 范式类型 | 本体论 | 认识论 | 主要方法 | 例证 |
|---|---|---|---|---|
| 实证范式 | 强调客观实在性和真实现实的存在，以及规律的可获得性 | 二元论、客观主义、科学主义 | 实验、操作化、演绎和定量方法 | 涂尔干及当代美国社会学的定量研究 |
| 解释范式 | 强调相对性，以及意义的有限可理解性 | 调和的二元论、交互主体的客观主义 | 类实验、参与、描述和定性分析 | 韦伯及格尔兹的研究 |
| 批判范式 | 主张历史实在论，即被社会形塑的实质现实 | 反映论、决定论 | 辩证、推论和价值分析 | 马克思主义及法兰克福学派的社会研究 |

拓展：社会学从产生、发展到今天，其间先后出现过三种主要的方法论，即实证主义方法论、理解方法论和唯物史观方法论。

## 考点二：社会学研究的过程 ★★★

研究过程是指研究者从提出问题，到分析问题和提出研究结论的完整的科学活动过程，包括研究的逻辑过程和具体研究的实施过程两种。

### 1. 科学研究的逻辑过程(见表 5-4)

表 5-4　科学研究的逻辑过程

| 要点 | 具体内容 |
|---|---|
| 含义 | 从理论问题出发，经过研究验证，最终回到理论的循环过程，连接这一过程的逻辑方法就是演绎和归纳、经验观察和概括综合 |

续表

| 要点 | 具体内容 |
| --- | --- |
| 过程环节 | ①问题、理论。研究者一般要根据自己的兴趣、理念以及相关理论，寻找、发现和提出与理论相关的问题。<br>②假设。提出理论问题之后，就需要了解和掌握其他相关理论的解释，然后根据相关理论解释，提出自己的理论假设。<br>③操作化。为了证明自己所提出的理论假设，需要针对理论假设所包含的解释模型，设计操作化的变量，并对变量进行测量。<br>④假设检验。在测量或观察结果的基础上，检验理论假设、拟合解释模型，并最终概括出理论结论 |

## 2. 社会学的解释

在社会学的研究中，对社会运行及协调发展理论的解释过程主要包括：概念和变量、假设、变量测量和分析、假设检验，具体内容如表5-5所示。

表5-5　社会学的解释

| 解释过程 | 含义 | 分类/检验方法 |
| --- | --- | --- |
| 概念 | 将社会中的同一类现象和过程以及共同特征抽出来，加以概括的结果 | ①实体性概念，即对具体的事物或人进行的概括性表达。<br>②非实体性概念，即对非具体现象的概括 |
| 变量 | 指含有数值变动的量 | ①因变量，又称依变量，即要解释的现象或过程。<br>②自变量或独立变量，即自己独立发生变化的变量，用来解释现象或过程的原因 |
| 假设 | 指研究者常需要预先设想或猜测判断所要解释的变量之间可能会存在什么样的关系，并运用这种预设关系做尝试性解释 | ①研究假设($H_1$)：研究者所要验证的假设，是研究目的。<br>②虚无假设($H_0$)：和研究假设相对立的假设 |
| 变量测量和分析 | 测量是运用一些指标来衡量某类现象或过程的特征和变动情况 | 变量测量的四个层次，由低向高分别是：①定类测量；②定序测量；③定距测量；④定比测量 |
| 假设检验 | 根据抽样分布的原理，运用抽样调查的样本统计值来对研究假设加以验证 | 在社会学定量研究中，检验假设一般可以用显著度 $p \leq 0.05$ 作为准则，有些研究也运用 $p \leq 0.01$ 或 $p \leq 0.001$。检验方法主要是非参数检验，包括卡方($\chi^2$)检验和方差(F)检验 |

## 3. 研究的基本程序(见表5-6)

表5-6　研究的基本程序

| 程序 | 具体内容 |
| --- | --- |
| 提出和界定问题 | ①基本原则：a. 问题必须具有理论导向；b. 问题最好具有一定现实意义；c. 提出的问题必须具有研究可行性。<br>②衡量问题的可研究性标准：a. 问题具有明确的范围；b. 问题能切合实际；c. 问题与研究者自身条件相符合 |

续表

| 程序 | 具体内容 |
|---|---|
| 回顾别人的相关研究 | 针对所提出的问题，回顾别人是如何研究的。既有利于理论和知识创新，又能拓展视野 |
| 进行研究设计 | 指为了解答所提出的问题，实现研究目的，对研究中所涉及的资料进行收集、整理、分析和检验所做的具体计划 |
| 收集资料 | 需要注意的问题有：①资料必须具有可信性；②资料必须具有针对性；③收集资料要注意时效性；④所收集的资料必须具有系统性 |
| 整理和分析资料 | ①整理资料主要是对收集起来的资料加以汇总、分类、补充完善和加工清理，以便为分析工作做好准备。<br>②资料整理完毕之后，就需要对资料进行分析，从中探寻新的发现 |
| 解释从资料中获得的新发现 | 在资料分析中发现新问题之后，就需要对这些新的发现寻找理论解释，即对所看到的变量之间的关系，从理论和实际的角度去加以解释 |
| 得出结论 | 研究者根据各种解释的有效性和完备性，最后提出解答问题的最终结论。一般来说，研究的结论具有概括性、完备性和有效性 |
| 发表或出版研究成果 | 意义：①公布研究结论以便于其他研究者加以检验和评估；②促进学术研究成果的传播和应用；③有利于知识积累；④帮助研究者确立学术地位 |

**拓展：** 社会研究一般过程主要有四个特征：①研究过程的每一个步骤都是相互依赖的，每一个步骤都必须在前一步骤完成之后才能进行。②研究过程是一个不断循环的过程。③研究过程保证了研究结论的可验证性。研究结论是否科学，一个重要的判断标准就是研究结论是否可以验证。④无论是量化研究还是质性研究，它们的研究过程基本上是一致的，但是每个具体步骤还是有很大的差别。

## 考点三：社会学主要研究方法 ★ ★★★

在社会科学研究中，通常运用的具体方法基本上可分为两大类，如表5-7所示。

**表5-7 社会学研究方法分类**

| 分类 | 含义 |
|---|---|
| 定量研究方法 | 指通过对变量的数量特征和数量变化的测量，以及对数量关系的分析，来解释社会现象或过程的方法 |
| 定性研究方法 | 指注重描述、剖析和揭示现象或过程的特性和本质的研究方法 |

### 1. 问卷调查法概述（见表5-8）

**表5-8 问卷调查法概述**

| 要点 | 具体内容 |
|---|---|
| 含义 | 问卷调查法是向研究对象系统询问社会背景、态度和行为，以发现社会现象和过程的原因或影响因素 |
| 类型 | ①全面调查。对所要研究对象的每一个个体都进行调查。<br>②抽样调查。根据一定抽样原则，从所要研究的对象中选取一些个体作为样本进行调查 |

续表

| 要点 | 具体内容 |
| --- | --- |
| 问题的分类 | ①根据问答形式的不同，可分为封闭式问题和开放式问题。<br>②根据问题内容的不同，可分为事实性问题、行为性问题和态度性问题 |
| 整理分析 | ①调查问卷回收起来之后，需要将这些资料汇总，并将结果录入数据库以便进行分析。<br>②数据库整理完毕后，要根据研究目标，运用合适的数据分析的统计方法，对资料进行分析，以此来验证或证明自己的研究假设，并根据资料分析的结果，来对所研究的问题加以解释 |

## 2. 田野调查法概述（见表 5-9）

**表 5-9 田野调查法概述**

| 要点 | | | 具体内容 |
| --- | --- | --- | --- |
| 含义 | | | 田野调查是指研究者深入研究对象所生活的场域，在与研究对象一起生活的过程中，进行细致观察和深度访谈，以求达到对研究对象及其文化的全貌性研究和深刻理解 |
| 类型 | 参与观察法 | 含义 | 指观察者进入观察对象的生活或工作场所，参与他们的生活和工作活动，在参与过程中观察研究对象的各种行为及其变化情况 |
| | | 特点 | 参与观察法常常在探寻研究对象的深层思想意识和内部相互关系方面具有较大的优势，能让研究者在理解被研究者的社会情境的基础上，认识他们的思想意识发展的轨迹 |
| | 深度访谈法 | 含义 | 田野调查中获得信息和资料的重要途径，只有与当地人进行交流和沟通，才能了解他们的内心世界，才能真正理解当地文化的内在意义 |
| | | 特点 | 深度访谈一般要有选择地进行，要根据研究的主题选择有典型意义的对象来与之交流、建立感情，以达到深刻谈心 |
| 主客位取向 | | | ①主位取向。指研究对象所倾向于认为的观念或态度。<br>②客位取向。指研究者或局外人所倾向于认为的原因或动机 |

## 3. 实验法概述（见表 5-10）

**表 5-10 实验法概述**

| 要点 | 具体内容 |
| --- | --- |
| 含义 | ①指在控制某些条件的情况下研究变量之间因果关系的方法。<br>②为了控制某些自变量可能对因变量产生的影响，实验法常常在实验中将被试或实验对象分为两个组：一组是实验组，另一组是控制组。通过对两组实验结果的比较，检验某些变量之间是否存在因果关系 |
| 建立方法 | ①随机分组法，即将实验对象随机地分配到实验组和控制组中。<br>②配对法，即根据变量相对应的原则，分别将实验对象一一分配在实验组和控制组 |
| 分类 | ①自然实验法。利用社会情境的自然状态，将其中的一种情境作为实验组，将另一种情境作为控制组，然后观察和比较它们的异同，以解释变量之间的关系。社会科学研究通常采用自然实验法。<br>②实验室实验法。科学研究典型的实验法，即通过设置实验室环境，将想要控制的变量加以控制，以便观察和发现某些变量之间的关系 |

### 4. 历史比较法概述(见表5-11)

表5-11　历史比较法概述

| 要点 | 具体内容 |
|---|---|
| 资料来源 | ①政府文献资料。包括政府和机构文件档案材料、统计资料和保存下来的其他历史资料。<br>②民间历史资料。包括民间流传下来的地方史志材料，以及民间口述史资料 |
| 资料分析方法 | ①类比分析法。指在分类的基础上对某类现象或事件在不同阶段的表现和特征进行对比，并由此类推出现象产生的原因和变化规律。<br>②理想类型分析法。由韦伯创立并运用，是一种分析概念或逻辑工具，是经过高度抽象出来的、反映事物本质特征的分类概念 |
| 适用性 | ①社会运行与社会变迁的纵向比较研究；②社会结构与社会运行的横向比较研究；③社会意识和社会事实成因的比较研究 |
| 局限性 | 历史资料或历史事实的不可证实性。由于资料的不可证实性，历史比较和推理常常建立在想象和类比的基础上，从而使得其结论可能带有主观性和选择性 |

**拓展：**社会学研究中常用的收集和分析经验资料的几种主要技术有：①收集经验资料的技术，包含测量技术、访谈技术、问卷设计技术；②整理和分析经验资料的技术，包括经验资料的整理技术和经验资料的统计技术。

## 考点四：社会指标 ★★★

社会指标是对受规范约束的直接利害关系所做的一种统计，它便于人们对社会主要方面的状况做出简明的、综合的和公平的判断。

### 1. 社会指标的类型和功能(见表5-12)

表5-12　社会指标的类型和功能

| 要点 | 具体内容 | |
|---|---|---|
| 类型 | 描述与评价 | ①描述性指标是对社会客观现象的描述。<br>②评价性指标(分析性或诊断性指标)是指能反映出社会发展、社会效果、社会影响在某些方面的利弊得失的指标 |
| | 观察与计划 | ①观察性指标(信息性指标)是指人们对于现状或已经发生了的社会现象的描述或评价。<br>②计划性指标(预测性指标)是指人们在了解过去和现在的基础上对未来的预测 |
| | 投入、生产量与产出 | ①投入指标是指在某一社会过程中发挥作用的“可供资源”。<br>②生产量指标通常是指工作量或承担的次数。<br>③产出指标(结果性指标)主要用以评价社会政策或措施的结果 |
| | 肯定、否定与中性 | ①肯定指标(社会进步或发展指标)反映了社会的好的一面，是人们所希望发展的指标。<br>②否定指标(问题性指标)是人们不希望发展的，它们的上升标志着社会否定因素的增加。<br>③中性指标是指与人们的价值取向、人们的愿望没有直接利害关系的指标 |

续表

| 要点 | | 具体内容 |
| --- | --- | --- |
| 类型 | 客观与主观 | ①客观指标(非感觉指标)是指反映客观社会现象的指标。<br>②主观指标(感觉指标)是人们对客观社会现象的感受，它表现为人们的心理状态、情绪、愿望和满意程度等 |
| | 经济与非经济 | 一般认为，社会指标在结构上是由经济指标和非经济指标两部分构成的。从理论上看，社会指标是相对于自然指标而言的，因此它应包括经济指标。从实践上看，越来越多的国家已经把经济指标与非经济指标结合起来作为社会指标的两个基本部分 |
| 功能 | 反映社会状态功能 | 社会指标集中了最重要和最具典型意义的现象，并使之具有一定条理，从而将社会或某一方面的状况清楚地再现出来，使人们易于了解和把握 |
| | 社会监测功能 | 包括：①对社会状况的监测；②对社会目标的监测 |
| | 预测功能 | 包括：①预测发展；②预测问题 |
| | 比较和评价功能 | ①横向比较。指时间序列上同一时期的社会指标的比较。<br>②纵向比较。指对社会不同发展时期的历史比较 |

### 2. 社会指标体系的建立(见表5-13)

表5-13 社会指标体系的建立

| 要点 | 具体内容 |
| --- | --- |
| 含义 | 社会指标体系是指为综合反映与说明社会或社会某方面状况而设计的一组具有内在联系的社会指标 |
| 方式 | ①根据规划建立社会指标体系。这是政府利用公共机构的相应分类而建立起来的。<br>②根据社会目标建立社会指标体系。即从一个总的或一系列社会目标出发，逐级发展子目标，最终确定各项社会指标。<br>③依据理论建立社会指标体系。这是非官方建立社会指标体系的基本途径 |

拓展：社会指标的特点包括：①具体性。社会指标在再现社会现象、社会规律时，不能是一般化的、含混不清的，而必须是具体的、明确的。②定量性。人们创造社会指标的基本目的，就是要把复杂的社会现象变为可以量度、计算、比较的数字、数据、符号等。③易于解释性。社会指标在反映社会现象时，注重于解释和说明。④时间性。社会指标的数据都是暂时的，都只是对社会某一个时期，甚至某一时点的状况的反映。⑤综合性。社会指标表现的是社会或某一方面的总体现象，而不是单个的个体现象。⑥理论与实际的结合性。一方面社会指标常常把一定的理论包含于自身之中，另一方面社会指标是对社会最直接的反映。

## 5.2 课后习题详解

### 1. 社会学研究主要有哪些范式?

答：社会学的范式大体可概括为实证范式、解释范式和批判范式三大类型，具体参见本章复习笔记考点一相关内容。

**2. 田野调查在社会学研究中有何意义？**

答：田野调查在社会学研究中的意义主要包括：

(1)田野调查对于研究一些小型社区、特定群体的文化特征及其变迁来说，具有非常重要的意义。

(2)在田野调查中，观察者进入观察对象的生活或工作场所，参与他们的生活和工作活动，在参与过程中观察研究对象的各种行为及其变化情况。这在探寻研究对象的深层思想意识和内部相互关系方面具有较大的优势，能让研究者在理解被研究者的社会情境的基础上，认识他们的思想意识发展的轨迹。

(3)通过田野调查中的深度访谈，研究者可以与当地人进行交流和沟通，并了解当地人的内心世界，真正理解当地文化的内在意义。这对于保证所获得信息和资料的真实性有重要的意义。

**3. 建立社会指标体系有哪几种方式？**

答：建立社会指标体系主要有三种方式：

(1)根据规划建立社会指标体系

这类指标体系是政府利用公共机构的相应分类而建立起来的，由于能得到政府和各部门的协助，因而按此方式建立指标体系方法简便，成本也不算高。

(2)根据社会目标建立社会指标体系

这类指标体系的建立，是从一个总的或一系列社会目标出发，向下逐级发展子目标，最终确定各项社会指标。这是一种从一般到特殊的方法。这种社会指标体系的最大特点就在于它的建立必须有逻辑上的一致性。

(3)依据理论建立社会指标体系

依据理论建立社会指标体系是非官方建立社会指标体系的基本途径。研究者根据自己的理论假设，将一些抽象的概念转化为可观察的具体指标。一般发展测量指标的方法包括两种：①寻找和利用已有的指标。②先进行探索性研究，再发展指标。

## 5.3　考研真题与典型题详解

### 一、填空题

社会研究的方法论有两种基本的哲学与价值取向，即______的方法论和______的方法论。(中国青年政治学院2007年研)

【答案】人文主义；实证主义。

### 二、概念题

**1. 社会指标**(人大2007年研)

答：社会指标是衡量社会运行和发展过程的综合的质量和数量的标准。社会指标是对受到规范约束的直接利害关系所做的一种统计，它便于人们对社会主要方面的状况做出简明的、综合的和公平的判断。常用的社会指标有：①描述性指标和评价性指标；②观察性指标和计划性指标；③投入指标、生产量指标与产出指标；④肯定指标、否定指标和中性指标；⑤客观指标和主观指标；⑥经济指标和非经济指标。社会指标具有具体性、定量性、易于解释性、时间性、综合性及理论与实际的结合性的特点。

2. 范式(南京林业大学2017年研)

相关试题：解释范式(南航2014年研)

答：范式是指一定时期内，科学研究共同体成员在进行常规科学研究过程中所共同遵循的规范和理论与方法论模式。范式概念是由库恩首先提出来的，用来表达科学研究活动的一般特征和规律。在社会学发展过程中，根据研究的逻辑特征以及所采取模式的不同，社会学的范式大体可概括为实证范式、解释范式和批判范式三种类型。库恩的"范式"理论指出，科学研究的方法和原则是受历史条件制约的，因此，不仅要对研究发现(即理论)进行逻辑检验，而且还要考察影响研究模式的社会历史因素，这与社会学现象学派注重实际的社会环境与个人境遇是一致的。

3. 田野调查(广西民大2018年研)

答：田野调查法，又称田野工作，是人类学、考古学研究中常用的方法。田野调查是指研究者深入研究对象所生活的场域，在与研究对象一起生活的过程中，进行细致观察和深度访谈，以求达到对研究对象及其文化的全貌性研究和深刻理解。田野调查对于研究一些小型社区、特定群体的文化特征及其变迁来说，具有非常重要的意义。

4. 参与观察法

答：参与观察法是指观察者进入观察对象的生活或工作场所，参与他们的生活和工作活动，在参与过程中观察研究对象的各种行为及其变化情况。参与观察法常常在探寻研究对象的深层思想意识和内部相互关系方面具有较大的优势，能让研究者在理解被研究者的社会情境的基础上，认识他们的思想意识发展的轨迹。

5. 理想类型分析法

答：理想类型分析法是韦伯创立并运用的研究方法。理想类型是一种分析概念或逻辑工具，是经过高度抽象出来的、反映事物本质特征的分类概念。对理想类型的分析，主要包括比较不同理想类型的本质特征，分析不同类型之间的结构关系，并根据结构一致性的原则，来理解和解释事物或现象的原因。

## 三、简答题

1. 社会学的三种主要方法论是什么？

相关试题：

(1)述评实证主义方法论。(云南大学2016年研)

(2)实证主义社会学在当代的发展与继承。(川大2014年研)

(3)简要分析社会研究中"理解方法"的研究逻辑。(东财2014年研)

答：社会学的三种主要方法论包括实证主义方法论、理解方法论与唯物史观方法论。具体内容如下：

(1)实证主义方法论

①早期实证主义方法论。主要代表有孔德、斯宾塞和涂尔干。基本原则是：社会学研究对象与自然科学一样，是纯客观的。

②后期实证主义方法论。19世纪末20世纪初，实证主义方法论变成了一套完整的、可

以操作的研究方法。它主要表现为研究理论的模式化、研究过程的程序化和测量的精确化。

③实证主义方法论的意义。它结束了社会研究的思辨和空泛的历史，并建立在经验基础之上。但是，实证主义方法论忽视了社会现象是有关人的意识参与其中的事实。它遭到反实证主义，即“理解”方法论的诘难。

(2)理解方法论

①社会学的研究不能没有理解的方法。社会学经验资料只有经过概念工具理解才会变成有效的知识。韦伯对理解的范围做了限制和规定：社会学的理解是指对行动背后意义的理解，具体地说，是对目标合理行动的理解。

②理解方法论的形成和发展过程是从哲学的认识论的理解向社会学的理解逐步过渡的过程。理解方法论的本质特征是强调自然客体与社会现象的区别，强调社会现象的不可重复性、特殊性，反对将自然科学的方法绝对化。理解方法论反对把人当作非人格的客体进行研究，主张理解人的社会行为的主观意义才是社会研究中占首要地位的东西。

(3)唯物史观方法论

①马克思主义社会学方法论的基础是马克思主义的社会哲学——历史唯物主义。历史唯物主义要求以客观的、唯物主义的观点看待社会现象，明确区分社会存在与社会意识的本质差别并且承认二者的辩证关系。

②历史唯物主义坚决反对将社会看成各种偶然原因的总和或个人有目的的行为的总和。其认为，应当把社会看成一个特殊的有机体，一个由各种社会关系交织起来的客观系统。在这个系统中，产生于生产过程中的生产关系是人类社会生活的基础，也是理解每一个历史地形成的社会结构的决定性因素。

③历史唯物主义认为，研究社会现象必须从它的特定的历史总体出发，这样才能用当时的观点正确地评价社会现象。历史唯物主义在考察社会现象时，总是将社会现象与当时的社会状态联系起来，详细了解在社会过程中该现象是怎样产生的，其自身发展经历了哪些主要阶段，以及该现象在当前是以什么样的状态存在的。

④历史唯物主义最重要的方法论原则之一是阶级的观点。社会科学的客观性与从社会的先进阶级和阶层的立场出发去评价社会现象是相互联系和相互依赖的。

**2. 简述社会学研究方法体系的三个层次。**(华中农大2010年研)

**答：**社会学研究的方法体系可划分为三个不同的层次：

(1)方法论

方法论是研究方法的原理、原则的体系，它所涉及的具体内容包括社会学研究的哲学基础、社会学研究的价值倾向、社会学基本理论范式，以及研究的逻辑体系。社会学研究的方法论有两种基本的哲学与价值倾向，即实证主义的方法论和人文主义的方法论。

(2)研究方式

研究方式是指可以独立完成某项特定的社会学研究任务的具体形式，主要有调查研究、实验研究、实地研究和文献研究四种。

(3)具体方法和技术

具体方法和技术是指在研究过程中所使用的各种资料收集方法、资料分析方法，以及各种特定的操作程序和技术。比如自填问卷的方法、结构访问与无结构访问的方法、局外观察与参与观察的方法、随机抽样的方法、概念操作化的方法、问卷资料的编码方法、数据的统计分析方法，以及量表制作技术、变量测量技术、实验控制技术、计算机应用技术等等。

**3. 试比较定量研究与定性研究。**（华中农大2011年研）

**答：**在社会科学研究中，通常运用的具体方法基本上可分为两大类：定量研究方法和定性研究方法。

（1）定量研究与定性研究的含义

①定量研究方法是指通过对变量的数量特征和数量变化的测量，以及对数量关系的分析，来解释社会现象或过程的方法。

②定性研究方法是指注重描述、剖析和揭示现象或过程的特性和本质的研究方法。

（2）定量研究与定性研究的比较

①方法论取向不同

定量研究是实证主义方法论取向的集中体现，其更多地采用科学主义的研究范式；定性研究则是人文主义取向在研究方法中的表达，其力图对社会生活的自然情景加以整体的理解和解释。

②研究思路不同

定量研究常常是对已有理论的检验，研究一开始便具有明确的理论指导特征。以理论为基础决定了定量研究的逻辑的演绎性特征，研究过程往往按从理论到命题、到概念、到操作变量直至具体策略的顺序进行。

定性研究与理论的建构相关联，并不强调在研究开始便具有某种明确的理论，而是在研究过程中逐渐发现和形成理论，因此定性研究中运动的逻辑方式常常是归纳性的。

③研究侧重点与手段不同

定量研究侧重于对社会事物的精确测量和计算，强调从统计数据来分析变量之间的因果关联。因此，在研究过程中常常采用标准化、系统化和操作化的手段，资料收集多采用结构式访谈、问卷调查表、量表测量以及准确的试验等。

定性研究注重对行为主体的意义以及行为过程的描述和阐释，强调行为背景因素对社会生活的影响，尤其是个人经验与生活经历、社会制度背景、历史条件和环境等因素。其研究手段多具有灵活性，针对不同的情景采用不同的研究手段。资料收集方式大多通过实地研究、深入访谈来获得文字性的描述。

④适用对象不同

定量研究方法适用于从样本推论总体的研究，定性研究方法适用于要揭示研究对象全貌和整体特征的研究。

**4. 孔德认为社会学研究方法主要有哪几种？**（华中农大2011年研）

**答：**孔德认为，社会学可以运用自然科学中卓有成效的研究方法来进行社会学研究。具体地说，这些方法是：观察法、实验法、比较法和历史法。

（1）观察法

孔德认为，观察是社会学的一种重要方法。社会学研究社会规律是建立在对社会事实进行观察的基础上。孔德指出，任何一门科学都离不开观察，自然科学很早就采用了观察的方法，其中天文学就是一个明显的例子。

(2)实验法

实验法是指在控制某些条件的情况下研究变量之间因果关系的方法。为了控制某些自变量可能对因变量产生的影响，实验法常常在实验中将被试或实验对象分为两个组：一组是实验组，另一组是控制组。通过对两组实验结果的比较，检验某些变量之间是否存在因果关系。

(3)比较法

比较法是社会学采用的第三种方法。在孔德看来，比较法在社会学研究中占有核心地位。孔德认为，通过对人类社会和动物社会的比较，可以从中窥探人类社会关系的萌芽，进一步弄清人类与动物界的联系和区别。

(4)历史法

孔德认为，历史的方法是社会学研究的专门方法，它最适合于对社会现象的考察。因为在孔德看来，历史法是从事物的先后和连续性上考察社会现象和状态的一种方法，注重事物的发展过程正是历史方法的基本特点。

**5. 什么是信度？在研究中如何测量信度？**(南航2014年研)

**相关试题：信度**(概念题，赣南师大2014年研)

**答：**信度是设计问卷时需要考虑的重要因素之一。

(1)信度的含义

信度是指同一测量工具重复测量，所得结果的一致性程度。比如，用同一台磅秤去称某一物体的重量，如果称了几次都得到相同的结果，则可以说用磅秤进行测量的信度很高。

(2)研究中测量信度的方法

①再测信度

对同一群对象采用同一种测量，在不同的时间点先后测量两次，根据两次测量的结果计算出相关系数，这种相关系数就称为再测信度。使用再测信度时，两次测量所采用的方法、所使用的工具是完全一样的。

②复本信度

复本信度采取的是另一种思路，如果一套测量可以有两个以上的复本，则可以根据同一群研究对象同时接受这两个复本测量所得的分数来计算其相关系数。比如，学校考试时出的A、B卷就是这种复本的一个近似的例子。复本信度可以避免再测信度的缺点，但是，所使用的复本必须是真正的复本，即两个复本在形式、内容等方面都应该完全一致。

③折半信度

将研究对象在一次测量中所得的结果，按测量项目的单双号分为两组，计算这两组分数之间的相关系数，这种相关系数就称为折半信度。通常，研究者为了采用折半信度来检验测量的一致性，需要在他的测量表中增加一倍的测量项目。这些项目与另一半项目在内容上是重复的，只是表面形式不同而已。如果被研究者在两部分项目上的得分之间高度相关，则可以认为这次测量是可信的。

**6. 常见的定性资料分析法有哪些？**(南航2014年研)

**答：**常见的定性资料分析法包括连续接近法、举例说明法、比较分析法和流程图方法。

(1)连续接近法

连续接近法是指这样一种方法，它不断反复和循环的步骤，使得研究者从开始时一个比较含糊的观念以及杂乱、具体的资料细节，到达一个具有概括性的综合分析的结果。具体操作步骤如下：

①研究者从所研究的问题和一种概念与假设的框架出发，通过阅读和探查资料，寻找各种证据，并分析概念与资料中所发现的证据之间的适合性，以及概念对资料中的特性的揭示程度。

②通过对经验证据进行抽象来创造新的概念，或者修正原来的概念以使其更好的与证据相适合。

③从资料中收集另外的证据，来对第一阶段中所出现的尚未解决的问题进行探讨。研究者不断地重复这一过程。而在每一阶段，证据与理论之间也不断地进行着相互塑造。

(2)举例说明法

举例说明法即是用经验证据来说明某种理论。这是定性资料分析中最为普遍的一种方法。根据这一方法，研究者将理论应用于某种事件或背景中，或者根据先前存在的理论来组织资料。先前存在的理论提供了一只“空盒子”，研究者在资料中将那些可以作为证据的内容集中起来，去填满这只空盒子。经验证据既可以支持理论，也可以否定理论。举例说明法在具体操作上可以分为两种不同的方式：

①表明理论模型是如何说明或解释了某种特定的个案或特定的现象，研究者所列举的主要是一个个案或一种现象的证据。

②对一种理论模型的“平行说明”，即研究者平行列举多个不同的个案，来说明这种理论模型可以应用于多个不同的个案，可以解释或说明多个个案中的情况。

(3)比较分析法

比较分析法是指研究者从先前已有的理论或从归纳中发展出相关的规律或关系模型的思想，然后将注意力集中在少数规律上，用其他替换的解释与之进行比较。在此基础上，研究者进一步考察那些不限于某一特定背景(如某一特定时间、特定地点、特定群体等)的规律性。根据具体的比较方式的不同，定性资料分析中的比较分析法可以分为两种类型：

①一致性比较法

一致性比较法将注意力集中于各个不同个案中所具有的共同的特性上，并通过运用一种排除的过程来进行比较和分析。其基本思想是：研究者先找出不同个案所具有的某种共同的结果特性，然后再比较各种可能的作为原因的特性。如果某种被看作原因的特性不为所有具有共同结果的个案所共有，那么，研究者就将这种特性从可能的原因中排除掉，而所剩下的那种为所有个案所共有的特性则为可能的原因。

②差异性比较法

差异性比较法是一致性比较法的“双倍应用”。差异性比较法的基本思想是：研究者先找出那些在许多方面都十分相同，但在少数方面不同的个案；然后找出那种使这些个案具有相同的原因和结果的那些特性，同时找出另一组在这种结果上与此不同的个案，即找出那些不出现第一组个案中的结果的另一组个案；这样，研究者就可以比较两组个案，查找那些在不出现结果特性的个案中，也没有出现的原因特性。这种没有出现的特性就是结果的原因。

(4)流程图方法

流程图方法是指以历史和现时发展过程为标准，对定性资料所进行的描述。这种方式的最大好处是能够很好地展现事物发展变化的过程。

**7. 理想类型的概念和意义。**(中央民大2016年研)

**答：**(1)理想类型的概念

理想类型分析法是韦伯创立并运用的研究方法。理想类型是一种分析概念或逻辑工具，是经过高度抽象出来的、反映事物本质特征的分类概念，如“资本主义精神”“新教伦理”“天职观”“科层制”等。对理想类型的分析，主要包括比较不同理想类型的本质特征，分析不同类型之间的结构关系，并根据结构一致性的原则，来理解和解释事物或现象的原因。

(2)理想类型的意义

①韦伯建立理想类型的思想动机之一，是为了避免当时流行的历史学派个别化和特殊化的研究方法的缺陷。理想类型摆脱了两种困境：a. 由于概念过于宽泛，使其失掉现象的某些具体特征；b. 由于概念过于狭窄，无法包容相关的现象。

②理想类型是一个主观思维的构建，它不是基于对所有事实进行经验上的概括，也不是作为社会的理想提出来的。理想类型是超越感觉和远离现实的，因而是价值中立的，正是理想类型的这种价值中立性才保证了社会学研究的客观有效性。

③从理想类型的角度来看，现实中的各种事实和过程都可以看作是某种程度上的“偏差”。只有通过这种认识方法，才能更好地获得对现实的认识。正是通过对现实的过程与理想类型的过程之差距的比较，对实际动机的认识才变得更为容易。所以，只有从纯粹类型出发，社会学上的判例法才是可能的。

④韦伯从理想类型的思想出发，对社会行动作了区分。他将社会行动分为以下四种：目的合理的行动、价值合理的行动、情感行动和传统行动。从理想类型出发，韦伯区分出了三种统治类型：传统型统治、魅力型统治以及法理型统治。这些都成为韦伯社会学思想的重要组成部分。

**8. 实证主义的基本观点有哪些？**(浙江理工2018年研)

**答：**(1)实证主义最基本的观点

①经验科学是人类获取知识唯一可靠的形式；

②反对超自然力量和抽象、思辨的原则；

③认为只有实证科学才能发现经验现象之间客观存在的关系，并能预测和控制自然与社会过程；

④社会研究的逻辑方法是假设演绎法，只有被经验事实检验的假设和被经验事实证明的理论才是科学的。

(2)涂尔干实证主义方法论的基本观点

①社会科学和自然科学的研究对象是一样的，都是纯客观的，社会现象的背后存在着必然的因果规律。因此，社会科学可以运用自然科学的方法来研究社会，应通过非常具体、非常客观的观察，通过经验概括得出结论。

②因为社会现象是客观的，是有规律可循的，所以是可以被人们所认识的，是可以发

现其内在本质和规律的；经验是科学知识的唯一来源，并且也是科学知识得到验证的唯一标准。

③社会科学的任务不在于说明社会现象应该是什么，或者必须是什么，社会科学的任务仅在于说明社会现象是什么。因此，社会科学无需对“事实”做出价值判断，而应该采取“价值中立”的原则。

## 四、论述题

试述社会研究的一般程序。（华中农大2011年研）

答：具体研究阶段是进行一项研究的完整过程，包括研究的具体方案和研究的具体实施程序或步骤。要确保一项具体研究达到预期的目标，严格遵循研究设计所计划的具体研究步骤是非常必要的。一般来说，社会研究的一般程序可分为八个主要阶段：

（1）提出和界定问题

①提出问题的基本原则包括：a. 问题必须具有理论导向；b. 问题最好具有一定现实意义；c. 提出的问题必须具有研究可行性等。

②问题的可研究性标准包括：a. 问题具有明确的范围；b. 问题能切合实际；c. 问题与研究者自身条件相符合等。

（2）回顾别人的相关研究

针对所提出的问题，回顾别人是如何研究的。了解和掌握别人的相关研究，一方面可以知道自己的问题是否有了解答，或已经解决到何种程度，这样就可以避免重复劳动，有利于理论和知识创新；另一方面也能够拓展自己的视野，为自己回答问题提供借鉴和参考。

（3）进行研究设计

研究设计是指为了解答所提出的问题，实现研究目的，对研究中所涉及的资料进行收集、整理、分析和检验所做的具体计划。

（4）收集资料

①资料必须具有可信性，即资料来源是可靠的，值得信赖的。

②资料必须具有针对性，即收集的资料应针对所要解答的问题，对证明问题具有有效性。

③收集资料要注意时效性，即所收集的资料应该是新的。

④所收集的资料必须具有系统性，即资料必须是完整的，而不是断章取义的，它能够用来系统证明所研究的问题。

（5）整理和分析资料

①整理资料主要是对收集起来的资料加以汇总、分类、补充完善和加工清理，以便为分析工作做好准备。

②资料整理完毕之后，就需要对资料进行分析，从中探寻新的发现。

（6）解释从资料中获得的新发现

在资料分析中发现新问题之后，就需要对这些新的发现寻找理论解释，即对所看到的变量之间的关系，从理论和实际的角度去加以解释。

（7）得出结论

研究者根据各种解释的有效性和完备性，最后提出解答问题的最终结论。结论的特点有：

①研究的结论具有概括性，能够概括研究所发现的规律。

②结论具有完备性，即所做的结论一般是具有逻辑性的理论解释，其逻辑结构是严密的。

③结论还必须具有有效性，即能够说明所要研究的问题。

（8）发表或出版研究成果

发表或出版研究成果的意义包括：

①公布研究结论以便于其他研究者加以检验和评估；

②促进学术研究成果的传播和应用；

③有利于知识积累；

④帮助研究者确立学术地位。

# 第二编　社会运行的微观分析

## 第六章　社会化与个体化

### 6.1　复习笔记

【知识梳理(庖丁解牛)】

- 社会化与个体化
  - 社会化与个体化概要
    - 集体化社会与人的社会化
    - 个体化社会与人的个体化
    - 社会化与个体化的基本关系
  - 人的社会化
    - 社会化概述
      - 社会化的定义
      - 社会化的类型
        - 基本社会化
        - 预期社会化
        - 发展社会化
        - 逆向社会化
        - 再社会化
      - 社会化的理论视角
        - “镜中我”理论
        - “角色扮演”理论
        - 精神分析理论
        - 人格发展“八阶段”论
        - 生命历程理论
    - 社会化的条件和主体
      - 社会化的生物及社会条件
      - 社会化的主体
    - 社会化的过程和内容
      - 早期社会化
      - 成人继续社会化
      - 代差问题
      - 社会化的内容
  - 人的个体化
    - 个体化的意涵
    - 个体化与人的主体性
    - 个体化的机制
      - 自主机制
      - 能动机制
      - 选择机制
      - 创新机制

## 【考点难点归纳(去粗取精)】

### 考点一：社会化与个体化概要 ★★

#### 1. 集体化社会与人的社会化(见表 6-1)

表 6-1　集体化社会与人的社会化

| 要点 | 具体内容 | |
|---|---|---|
| 集体化社会 | 时期 | 西方现代性约自 17 世纪开始，19 世纪进入高峰期，这一时期也是建构现代社会的关键时期 |
| | 特点 | 社会生活的集合性趋向是着重以大型集体和组织方式来展现的 |
| | 影响 | 集体化社会的发展过程确定了“集体化社会”的重要特征，并对社会学关于“现代社会”的理论预设形成了深刻的影响 |
| 人的社会化 | 涂尔干 | 考察个人人格与社会团结的关系问题 |
| | 齐美尔 | 着重对社会交往如何使个人属性转变为社会现象，并发展出共同体生活做了大量的探讨 |
| | 韦伯 | 深入思考和阐述了现代社会的总体文化趋势，以及这一过程中社会与个人不断增长的工具理性和技术理性 |
| | 库利 | 对个人的早期社会化以及初级群体的特殊作用做出了奠基性的研究 |
| | 米德 | 分析了自我观念在社会互动中的发生和形成过程，强调了符号互动能力在人的自我发展和角色社会化中的不可或缺的作用 |
| | 帕森斯 | 致力于解答“社会系统如何实现自身整合”，他的聚焦点始终为“个体的可整合性”。个体的可整合性是社会系统均衡与稳定的关键，而人的社会化对于这一点具有根本性的意义 |

#### 2. 个体化社会与人的个体化(见表 6-2)

表 6-2　个体化社会与人的个体化

| 要点 | 具体内容 | | |
|---|---|---|---|
| 个体化社会背景 | 包括：①社会生活的信息化、网络化和数字化；②经济活动性质的转变；③社会生产体系的轻型化、小型化和微型化；④社会劳动部门的白领化、年轻化、女性化；⑤劳动方式的自主化和个体化；⑥就业方式的开放性和选择性 | | |
| 人的个体化的当代关注 | 现代主义取向 | 贝克 | 将当代社会称为“第二次现代化社会”，认为“某种制度化的个人主义”是这一时期的标志 |
| | | 吉登斯 | 我们处在“后传统社会”之中，这是一个真正新型的社会世界，因为社会纽带不是从过去继承下来而是被建立起来的，以往的集体现象比如阶级变得具有了个人特性 |
| | | 哈贝马斯 | 社会的边界发生了动摇，并影响了生活世界的时空坐标以及人们在社会结构中的定位 |

续表

| 要点 | 具体内容 | | |
|---|---|---|---|
| 人的个体化的当代关注 | 后现代主义 | 鲍曼 | 个人经过社会化融入社会系统再生产过程的方式已经发生了深刻的变化：个人以往被塑造成生产者或士兵，现在则被组织成消费者或游戏者 |
| | | 福柯 | 人在西方思想中的核心地位仅仅是一个幻觉，被非中心化之后，人被挤向了事物的外围，要接受许多力量的支配 |
| | | 布希亚 | 后现代的世界里是一个虚无的世界，在该世界上不再有肯定的东西，否定性也就不再是一种选择 |

### 3. 社会化与个体化的基本关系(见表6-3)

表6-3 社会化与个体化的基本关系

| 基本关系 | 具体内容 |
|---|---|
| 社会化与个体化是对现代社会和现代人发展的理论刻画 | 人的社会化与人的个体化是同一现代性过程的两个侧面、两个维度，它们体现了现代社会的持续递进和现代人不断成长的实践经历 |
| 社会化与个体化有其各自特定的含义 | ①社会化是每个人都必然经历的基础性发展过程，在这一过程中形成了个性和自我、内化了社会价值标准、获得了角色技能、适应了社会生活。<br>②个体化是对当代人带有普遍意义的经历的概括，也是对当代人独特发展的一种刻画 |
| 个体化在某些方面是对传统社会化的超越 | 当代社会对当代人的社会化提出了新的要求和目标，使得传统意义上的社会化内容势必发生一系列调整和改造，并促使社会化的各种机构以及相应的制度和对策形成转变 |

**拓展：**社会化实际上是两个过程的结合：①个人通过与社会的互动，获得独特的个性和人格，学会适应并参与社会生活的过程；②社会成员、社会结构和社会文化一起行动，共同支持和维护社会生存与运行的过程。

## 考点二：人的社会化 ★★★

### 1. 社会化概述

(1)社会化概述(见表6-4)

表6-4 社会化概述

| 要点 | 具体内容 |
|---|---|
| 不同视角 | ①从文化的角度，社会化是一个文化传递和延续的过程，社会化的实质是社会文化(核心是价值观)的内化。<br>②从个性发展的角度，社会化被视为一个人的个性形成和发展的过程，社会人就是经由社会化过程而形成的有个性的人。<br>③从社会结构的角度，社会化就是要使人变得具有社会性 |
| 含义 | 社会化是指个体在与社会的互动过程中，逐渐养成独特的个性和人格，从生物人转变成社会人，并通过社会文化的内化和角色知识的学习，逐渐适应社会生活的过程。在此过程中，社会文化得以积累和延续，社会结构得以维持和发展，人的个性得以健全和完善。社会化是一个贯穿人生始终的长期过程 |

续表

| 要点 | | 具体内容 |
|---|---|---|
| 类型 | 基本社会化 | 向儿童传授语言和其他认知本领，使其内化社会文化规范和价值标准，能够正确理解社会关于各种角色的期望和要求 |
| | 预期社会化 | 人们在此过程中学习的不是现在要扮演的角色，而是将来要扮演的角色 |
| | 发展社会化 | 成年人为了适应新形势提出的角色要求而进行的学习过程 |
| | 逆向社会化 | 晚辈向长辈传授文化规范和知识的社会化 |
| | 再社会化 | 全面放弃原已习得的价值标准和行为规范，重新确立新的价值标准和行为规范 |

(2)社会化的理论视角(见表6-5)

**表6-5 社会化的理论视角**

| 理论 | 主要观点 |
|---|---|
| “镜中我”理论 | 美国社会学家库利认为：<br>①自我或人格是社会的产物，是通过社会互动而产生的。<br>②将自我意识的形成分为三个阶段，在循环往复的过程中，每个人的自我意识和个性逐渐形成。<br>③将通过观察别人对自己行为的反应而形成的自我概念称为“镜中我”，即每个人的“自我”观念其实是他人这面“镜子”的反射。<br>④“初级群体”在个性发展和个体社会化过程中的重要作用 |
| “角色扮演”理论 | 美国社会学家乔治·米德认为：<br>①自我意识是随着符号使用能力的发展而发展起来的。<br>②将“自我”分为“主我”和“客我”两个部分。“主我”是自发的、能动的，为自我和人格的发展提供动力；“客我”是内化了的社会要求和期待，在社会互动过程中形成和发展起来。“主我”与“客我”是相互建构的。<br>③社会化的实质是“角色扮演”，即学会理解他人对于角色的期待，并按照这种期待从事角色行为的能力。<br>④社会化过程可以分为三个阶段：模仿阶段、嬉戏阶段和博弈阶段 |
| 精神分析理论 | 弗洛伊德认为：<br>①人格的发展在很大程度上是受“无意识”驱动的。<br>②将人格划分为三个部分：本我、自我和超我。在三者中，自我和超我属于意识层次，本我属于潜意识层次。<br>③把人格发展过程分为五个时期，即口腔期、肛门期、性器期、潜伏期、两性期 |
| 人格发展“八阶段”论 | 美国心理学家埃里克森对弗洛伊德的理论做了修正，他认为：<br>①社会文化对于人格发展也有重要影响，并且人格的发展贯穿人的一生。<br>②人在成长的每个阶段，都会遇到某种心理问题，都要对周围环境所提出的特定社会要求做出反应。<br>③将社会化过程划分为八个阶段：a. 信任与不信任；b. 自主与羞怯、怀疑；c. 主动与内疚；d. 勤奋与自卑感；e. 认同与角色混淆；f. 亲密与孤独感；g. 关注后代与关注自我；h. 完善与绝望 |
| 生命历程理论 | ①将个体的生命历程看作是更大的社会力量和社会结构的产物。<br>②基本分析范式是将个体的生命历程理解为一个由多个生命事件构成的序列。<br>③考察宏观的社会结构与个体的生命历程之间的关系时，有以下四个要点：a. 生命发生的时间和空间；b. 生命的相关性；c. 生命的时间安排；d. 人的能动性 |

## 2. 社会化的条件和主体

（1）社会化的生物及社会条件（见表6-6）

表6-6　社会化的生物及社会条件

| 条件 | 具体内容 |
| --- | --- |
| 语言能力 | 人类以高度进化的大脑机能为基础，在长期的进化和劳动活动中，发展了语言的器官和大脑有关语言的机能。一切知识和观念都是靠语言来传达和接受的，而人类也凭借语言进行社会互动 |
| 思维能力 | 人类区别于其他动物的根本特征，是人类个体能够接受社会化、适应社会生活的最重要的生物基础条件 |
| 学习能力 | ①人凭借语言能力和思维能力，可以更迅速、正确和深刻地认识客观事物的本质属性，理解所处社会环境的意义，接受社会文化的熏陶。<br>②人在通过各种途径认识事物的同时，能迅速根据所了解和学习的知识，确立起自己的思想观念、态度、动机和行为模式，以此来指导自己的社会活动，提高自己适应社会的能力。<br>③人类意识活动中的意志能力，可以使人主动地加强自己的学习动机，使个体的社会化成为有目的、有计划、积极主动的活动 |
| 较长的依赖生活期 | 人类个体在出生后由于生理、心理、意识和行为能力尚未发展健全，不能独立生活，因此在生活上、心理上依赖他人，受他人照顾、监护的时期。这段时期大致包括乳儿期、少年期甚至青年期。在这种长达十几年的依赖生活期内，个体会受到所处社会环境风俗、父母或抚养人潜移默化的影响 |

（2）社会化的主体（见表6-7）

表6-7　社会化的主体

| 主体 | 具体内容 |
| --- | --- |
| 家庭 | ①家庭教育和家庭环境的影响是一个人社会化的开端，它为个人一生的社会化奠定了基础，家庭环境因素对个人的观念、心理和行为习惯产生潜移默化的深刻影响，甚至影响个人的终生。<br>②家庭环境对个人社会化的意义主要在于对儿童的感情和爱的培养。<br>③家庭中父母的权威对儿童社会化具有重大影响 |
| 学校 | ①学校是专门为社会化目的而设立的学习机构。它给学生提供了有组织、有目的的系统化受教育的各种条件。学校中的社会化强调专门的学习，带有半强制性。<br>②学校是一个组织机构。学校有一系列的规章制度，学生必须按照规范的要求去扮演自己的社会角色，并理解和把握这种有组织群体中的人际关系 |
| 同龄群体 | 同龄群体是指由那些在年龄、兴趣爱好、家庭背景等方面比较接近的人们所自发结成的社会群体。同龄群体对个人有较强的吸引力和影响力，它的群体规范和价值往往被个人作为社会化过程中的重要参照系，主要表现在：<br>①在同龄群体的大多数活动中，个体可以以一种独立的姿态，在平等的基础上和他人进行交往，建立或中断某种人际关系。<br>②个体在同龄群体中接受大量亚文化的影响 |
| 工作单位 | ①工作单位是个人进行职业社会化的主要场所。<br>②工作单位给人们提供了一个检验和发展家庭及学校社会化成果的场所 |
| 大众传媒 | 大众传媒是指社会组织为在广大社会成员之间传递信息、互通情报所采用的各种通信手段。它为广大社会成员理解和接受社会所倡导的价值观念、奋斗目标、社会规范和行为方式等，提供了一个广泛的社会环境条件 |

### 3. 社会化过程与内容(见表6-8)

表6-8 社会化过程与内容

| 过程 | 具体内容 |
| --- | --- |
| 早期社会化 | 早期社会化包括儿童期和青年期的社会化。儿童期是社会化过程的开端，进行的主要是初级社会化。青年期上承儿童期，下接成年期，青年期的起止时间因个体和社会条件而有差别 |
| 成人继续社会化 | 成年人的社会化主要是初级社会化基础上的发展社会化或继续社会化。在成人期内，个体继续社会化甚至可能再社会化，原因主要有：<br>①个体所处的环境发生根本变化，为了适应新的生活环境，个人必须对早期的社会化内容进行更新。<br>②个人在基本社会化过程中，可能会出现偏差或失败，从而导致个人必须接受强制性的再社会化，以弥补早期社会化的不足 |
| 代差问题 | ①代差是社会发展过程中的正常现象。代差是社会文化在“遗传”过程中的“变异”，是下一代对上一代文化的扬弃。<br>②对代差的性质要做具体分析。不能简单地否定或肯定代差两方中的任何一方，而要具体问题具体分析 |
| 社会化的内容 | 个人社会化的基本内容主要包括生活和劳动技能的学习、道德规范的学习和角色扮演的学习。<br>①在早期社会化阶段，个人首先需要学习的就是独立生活的能力，其次是劳动和文化知识。生活技能学习主要是在初级社会群体中进行的，家庭占主要位置；然后是邻里和伙伴群体。<br>②道德社会化，即社会成员学习文化价值观和道德规范，并用规则和道德规范指导自己行动选择的过程。<br>③道德规范是社会规范体系的一个重要组成部分，具有重要的社会动员、整合和控制功能 |

**拓展：**人的社会化的必要性可以从两个角度来看：①从个人角度来看，无论是人在幼年时期还是在以后的生活中，他必须通过参与群体生活并通过群体来满足自身的需要；②从社会角度来看，社会实在论认为，社会有自我维持和发展的取向，这种取向反映在社会的参与者对于未来期望的向往和为其建构基础的努力之中，这也是成员社会化的过程。

## 考点三：人的个体化(见表6-9) ★★★

表6-9 人的个体化

| 要点 | | 具体内容 |
| --- | --- | --- |
| 个体化的意涵 | | 在当代经济活动、社会生产和劳动、就业方式及社会生活进一步开放和快速流变的条件下，个人作为社会关系体系中的一个基本单元，作为社会行动过程中的一个实体单位，他的独立性、独特性、主体性日益充分地得到显示和表达的过程 |
| 个体化与人的主体性 | 人的主体性及其发展 | ①人的主体性是获得的；<br>②人的主体性是不断发展的 |
| | 人的主体性的发展阶段 | ①从自然界的剥离——人的“人类化”；<br>②从传统向现代的变迁——人的个性化；<br>③现代性的当代发展——人的个体化 |

续表

| 要点 | 具体内容 | |
|---|---|---|
| 个体化的机制 | 自主机制 | 个人作为社会实践的主体具有行动的自主性，在行动过程中能够发挥自觉意识和支配能力，对实践过程形成主导和控制作用，并为自己的自主行动结果承担责任 |
| | 能动机制 | 个人在行动过程中能够主动地对自我意识、心智状态、身体机能等主观内在因素进行调整，从而积极地应对环境、机遇、挑战等迅速变化的客观外界因素 |
| | 选择机制 | 个人在实践中会预先对自己的行动给予意义的预设，制定行动的目标，进行行动方案的策划、手段和方式的比较、步骤和环节的设计，并对可能出现的不确定性做出预测和评估，以达到预期的目标结果。选择机制是与个体的自主性和能动性密切联系在一起的 |
| | 创新机制 | 个人通过对社会实践的积极投入和参与，使得自己的活动以及社会生活能够成为一种创造性和建设性的过程 |

拓展：“个体化”与“个体分化”有着密切的关系。因为人成为独特而生动的个体本身就意味着个体之间的分化。可以说，当代人与人之间的高度分化是个体化的一个基本含义。

## 6.2 课后习题详解

**1. 为什么说人性、自我和社会人都是在社会互动中形成的？**

答：该观点主要来自美国社会学家库利的“镜中我”理论。库利是最早将“自我”概念引入社会化研究并对其做出出色研究的社会学家之一。他认为，自我或人格是社会的产物，是通过社会互动而产生的。库利将自我意识的形成分为三个阶段：

(1)我们设想自己在他人面前的行为方式；

(2)行为之后，我们设想或理解他人对自己行为的评价；

(3)我们根据自己对他人的评价的想象来评价自己的行为，并据此做出下一步反应。

在这样一个循环往复的过程中，每个人的自我意识和个性就逐渐形成了。库利非常形象地将通过观察别人对自己行为的反应而形成的自我概念称为“镜中我”，即每个人的“自我”观念其实是他人这面“镜子”的反射。库利还注意到“初级群体”在个性发展和个体社会化过程中的重要作用。

**2. 社会化有哪些主要类型？社会化过程涉及哪些社会群体和机构？**

答：(1)社会学一共区分了五种类型的社会化：

①基本社会化，其主要任务是向儿童传授语言和其他认知本领，使其内化社会文化规范和价值标准，能够正确理解社会关于各种角色的期望和要求。基本社会化主要发生在儿童时期，是整个社会化过程的基础。

②预期社会化，人们在此过程中学习的不是现在要扮演的角色，而是将来要扮演的角色。预期社会化大量地发生在青年时期。

③发展社会化，又称继续社会化，是指成年人为了适应新形势提出的角色要求而进行的学习过程。它是相对于基本社会化而言的。

④逆向社会化，即晚辈向长辈传授文化规范和知识的社会化。

⑤再社会化，指全面放弃原已习得的价值标准和行为规范，重新确立新的价值标准和行为规范。再社会化与发展社会化有本质的不同，表现为：

a. 发展社会化着眼于人的完善，而再社会化着眼于人的改造。

b. 再社会化的形式一般要比发展社会化剧烈。

(2)社会化过程涉及的社会群体和机构主要包括：

①家庭

在基本社会化的早期，家庭发挥着重要的作用。儿童在家庭中学会基本的生存技能，积累社会经验，建立关于家庭、性别、职业、人际关系等重要问题的基本观念。

②学校

学校与家庭在社会化方面既有共同点，又有明显差异。一般来讲，学校与家庭所传递的都是社会认可的主流价值观。但学校在社会化内容、方式、目标上与家庭又有很大的区别。

a. 内容不同。家庭以教导生活基本技能和行为规范为主，学校则以传授科学知识为主。

b. 方式不同。家庭是以亲情为基础的社会群体，社会化以感情为基础，学校是正式的社会组织，是组织化的和具有强制性的。

c. 具体目标不同。家庭的社会化目标是全面的和综合的，学校的目标则具体、明确。

③同龄群体

同龄群体又称为“同辈群体”，是指由一些年龄较为接近的人所组织的一种非正式的初级群体，群体成员往往具有相似的兴趣、爱好、态度、价值观、社会地位等。在该群体中，没有等级分明的权威体系，但又形成一套角色规范及价值观念。具有重要的社会化作用，尤其对中小学时代的青少年有极大影响。

④工作单位

工作单位是个人进行职业社会化的主要场所。在工作单位中，人们所承担的不同职业代表了人们在社会中所处的不同位置，并且个人也在工作场域中，逐渐培养和发展自己的能力、性格、价值观、工作方式和风格等。

⑤大众传媒

随着科学技术的发展，大众传播媒介越来越成为文化传播的主要手段。大众传媒使人们能够接触到更为广泛的社会，具有更加开阔的视野，同时也带来了价值观选择的多样化。以网络为代表的新媒体出现后，人们在信息的拥有和获得方面更加平等。网络提供的互动模式，也使得通过大众传媒进行的社会化，不再是单方面的传播，每一个社会成员在接受网络传播的价值观的同时，也参与着社会文化的构建与传播。

**3. 如何理解“个体化的社会”的来临是当代社会的一个新趋势和新特征?**

**答：**20 世纪下半期特别是 20 世纪末期以来，由于社会结构的急剧转型和变迁，各种大型集体和社会组织也发生了持续性的消解或重组，它们的影响力也在明显地衰落或转变，相对而言，当代个人面对的是一种更为个性化的或个体化的社会。其趋势和特征如下：

(1)社会生活的信息化、网络化和数字化。互联网和信息技术取得了突破性进展，对社会生活的各个领域形成了全方位的影响。

(2)经济活动性质的转变。计算机、信息、网络技术的广泛应用，促成了抽象化的符码数字象征系统对经济活动的渗透，虚拟经济的规模迅速扩大。不确定性、高波动性和高风险性也随之成为当代经济领域的常态。

(3)社会生产体系的轻型化、小型化和微型化。随着社会产业结构由重型化的工业制造业向轻型化的信息服务业的转型，以及社会生产向信息化、符码化和数字化迈进，社会生产体系也相应形成了轻型化、小型化和微型化的发展趋势。

(4)社会劳动部门的白领化、年轻化、女性化。社会产业结构的转型导致了新的劳动和分工趋势，在这种变化中，可以识别出职业群体、年龄和性别这几个具有重要意义的变项。

(5)劳动方式的自主化和个体化。借助计算机、网络、传媒等新技术，劳动时间和空间的流变性大大加强，劳动弹性也达到了空前水平。

(6)就业方式的开放性和选择性。随着个人对职业选择的自由度的提高，各种形式的短期就业、临时就业或自雇佣越来越成为常态。

总的看来，当今时代的社会生活日益脱出以往的固定形态，表现出更为流变、多样和未定的状态。与社会结构、组织模式和生活方式的转型变迁相应的是，以往集体化和组织化的社会景观正在被改造，个人变得更为异质、多元和多样。作为具有自主性和选择性的个体，人们的生活境况、劳动就业、社会流动变得更加因人而异，集体性的记忆、命运、经验图式、行动方式愈趋淡化，人们也更加难以复制出彼此的经历和体验。大型的集体化和组织化社会渐行渐远，“个体化社会”成为最新的生活动向。

**4. 怎样理解社会化与个体化的基本关系？**

**答：** 社会化与个体化的基本关系主要表现为：

(1)社会化与个体化反映了个体与社会的关系问题。

社会化和个体化与社会学的基本问题即“个体与社会”的关系问题有着密切联系，在西方社会学理论体系当中，有关个体与社会的关系一直存在着三种不同的观点，即社会唯名论、社会唯实论与社会互动论。持社会唯实论的学者认为，社会是独立个体之外，并且凌驾于个体之上的客观存在；而在社会唯名论者看来，个体是真正存在的，而社会不过是个人及其行为的一种集合；社会互动论者则试图调和社会唯名论和社会唯实论之间的紧张，将个体组成的社会和社会化的个体视为一种双重互动的关系。

(2)社会化与个体化有其各自特定的含义。

社会化是每个人都必然经历的基础性发展过程。在生物体不能自发地产生社会生活经验的情况下，个人就必须学习社会中已经存在的经验，社会也必须向个人传授已有的知识，这就是社会化。所以，从个人与社会的关系来看，人的社会化就是个体吸收社会经验，由二者的分立走向二者的融合。这种融合是以个体减少自己的与生俱来的生物性，增加自己对社会知识的获得，增加自己的社会性来实现的。

个体化是绝大多数个体在私人生活领域都从家庭、亲属关系、社区、工作单位以及传统的社会关系网络的束缚中获得了更多的权利、选择与自由。个体化所承载的是个体的解放，即从归属于自己、通过遗传获得、与生俱来的社会属性等的确定性中解放出来。因此，社会化与个体化有着不同的含义，两者不能彼此取代。

(3)个体化在某些方面是对传统社会化的超越。

个体化是现代化的产物，也是现代性的特征，随着现代化的发展，社会日益个体化。在高度工业化、人口众多和城市化的社会里，个体越来越脱离了原先较为密切的、地域性的和血缘的庇护群体，同时个体原先所属的群体和地域的庇护与控制功能日渐丧失。个体化所表现的个体的解放，被看作是现代的境况中最明显的特征。在现代社会中，随着社会结构逐渐开放，社会流动逐渐增强，个体从传统的社会关系网络中解脱，获得了更多的自主性、选择与自由。

**5. 个体化有哪些重要机制？如何理解个体化在某些方面是传统社会化的超越？**

答：在人的个体化过程中，贯穿着一些基本的机制。把握这些基本的机制，有助于更为深入地认识个体化过程的规律性。

(1)个体化主要有以下重要机制：

①个体化的自主机制

个体化的自主机制是指个人作为社会实践的主体具有行动的自主性，在行动过程中能够发挥自觉意识和支配能力，对实践过程形成主导和控制作用，并为自己的自主行动结果承担责任。

②个体化的能动机制

个体化的能动机制是指个人在行动过程中能够主动地对自我意识、心智状态、身体机能等主观内在因素进行调整，从而积极地应对环境、机遇、挑战等迅速变化的客观外界因素。

③个体化的创新机制

个体化的创新机制是指，个人通过对社会实践的积极投入和参与，使得自己的活动以及社会生活能够成为一种创造性和建设性的过程。

④个体化的选择机制

个体化的选择机制是指个人在实践中会预先对自己的行动给予意义的预设，制定行动的目标，进行行动方案的策划、手段和方式的比较、步骤和环节的设计，并对可能出现的不确定性做出预测和评估，以达到预期的目标结果。

(2)个体化在某些方面是对传统社会化的超越，具体参见本章课后习题详解第 4 题答案。

## 6.3　考研真题与典型题详解

### 一、填空题

社会化的社会主体包括家庭、学校、同龄群体、______、______。(中国青年政治学院 2009 年研)

【答案】工作单位；大众传媒

### 二、选择题

1. 预期社会化在整个社会化过程中都在进行，但在下列哪个时期表现得最为明显？(　　)(中国青年政治学院 2007 年研)

A. 儿童期　　B. 少年期　　C. 青年期　　D. 成年期
E. 老年期

【解析】预期社会化是这样一种社会化形式：人们在此过程中学习的不是现在要扮演的角色，而是将来要扮演的角色。比如，学生在大学里进行的大量学习都是为将来在工作中所要扮演的角色做准备，这种学习过程就是预期社会化。预期社会化大量地发生在青年时期。

【答案】C

2. 准确地来说，社会化的类型可以有下列哪几种？（　　）（中国青年政治学院 2008 年研）

A. 基本社会化　　B. 文化社会化　　C. 人格社会化　　D. 预期社会化
E. 发展社会化

【解析】社会化包括五种类型：基本社会化、预期社会化、发展社会化、逆向社会化和再社会化。这五种类型中，有的是人生必须经历的，比如基本社会化；有的则是不一定会经历的，比如再社会化。

【答案】ADE

3. 社会化的生命周期有（　　）等。（中国青年政治学院 2010 年研）

A. 婴儿期　　B. 儿童期　　C. 青年期　　D. 成年期
E. 老年期

【解析】社会化过程既是连续的，又具有阶段性特征。以人的生命周期为标准来看，人的社会化过程可分为儿童期、青年期、成年期、老年期四个阶段。在每个阶段，人的身心发展状况有很大的差别，社会化也有不同的任务和特点。

【答案】BCDE

## 三、概念题

1. 社会化（陕西师大 2022 年研；宁夏大学 2017 年研；南京师大 2017 年研；上海师大 2017 年研；安徽师大 2017 年研；中央民大 2016 年研）

答：社会化是指个体在与社会的互动过程中，逐渐养成独特的个性和人格，从生物人转变成社会人，并通过社会文化的内化和角色知识的学习，逐渐适应社会生活的过程。在此过程中，社会文化得以积累和延续，社会结构得以维持和发展，人的个性得以健全和完善。社会化是一个贯穿人生始终的长期过程，包括五种类型：①基本社会化；②预期社会化；③发展社会化；④逆向社会化；⑤再社会化。

2. 反向社会化（南京理工 2011 年研）

相关试题：

（1）逆向社会化（浙江师大 2022 年研；中央财大 2014 年研）

（2）文化反哺（川大 2013 年研）

答：反向社会化，又称逆向社会化、文化反哺，是指晚辈向长辈传授文化规范和知识的社会化。社会化长期被认为是一个单向过程，即长辈将社会文化规范和知识传授给晚辈。现在，社会学家普遍认为社会化是一个双向过程，即不但有长辈传授知识和规范给晚辈，也有晚辈传授知识和规范给长辈。

**3. 政治社会化**(河北大学2016年研；中央财大2011年研)

**答：**政治社会化是指社会个体通过接触和学习某种政治文化，培养政治立场(包括政治信仰、政治情感和政治态度等)和政治参与能力的过程。1958年，美国政治学家戴维·伊斯顿和罗伯特·海斯首次提出了“政治社会化”的概念。现在，政治社会化已经成为政治学研究的一个重要领域，也是政治社会学研究的一个重要方面。政治社会化对政治系统进而对整个社会系统的良性运行和协调发展具有个体和社会两个方面的促进作用。

**4. 人格**(川大2014年研)

**答：**人格是指特殊的思想、感觉和自我观照的模式，它们构成了特殊个体的一系列鲜明的品质特征。人格可以分为几个主要部分：认知(思想、知识水平、知觉和记忆)、行为(技能、天赋和能力水平)及情感(感觉与感情)。自我意识是个体关于“我是谁”的看法和判断，它是人格的核心组成部分。自我意识是在社会化过程中逐渐形成的。

**5. 同辈群体**(中央财大2018年研)

**答：**同辈群体，又称同龄群体，是指由那些在年龄、兴趣爱好、家庭背景等方面比较接近的人们所自发结成的社会群体。同龄群体是个人社会化的一个重要环境因素。同龄群体对个人有较强的吸引力和影响力，它的群体规范和价值往往被个人作为社会化过程中的重要参照系，而成为个人社会化的一个重要环境因素。当儿童逐渐长大，发现自己的一些兴趣和爱好在家庭和学校中不能得到满足时，便开始寻找同龄伙伴。

**6. 个性**(中央财大2018年研)

**答：**个性，又称人格，它是指个人稳定的心理特征的总和，是存在于个体之中的那些决定他对其环境做出适应的精神生理系统的动力组织。其本质特征在于，个性是一个开放系统，能够自由地同周围环境创造性地交换物质和能量，并具有某种自我平衡状态和内部不断增长的组织化趋势。个性是人们行为的基础，也是个体行为差异的基础，个性对个体行为具有某种导向作用，因而可以被用来预测个体的行为。

## 四、简答题

**1. 请简述社会化的主要类型。**(北科大2014年研)

**相关试题：**

**(1)预期社会化**(概念题，吉大2019年研)

**(2)社会化有哪些基本类型？**(宁夏大学2018年研)

**(3)简述再社会化与发展社会化的区别。**(中央财大2017年研)

**(4)简述社会化的五种类型。**(华中农大2015年研)

**答：**参见本章课后习题详解第2题答案。

**2. 什么是再社会化？**(人大2008年研)

**相关试题：再社会化**(概念题，江西师大2022年研；山东大学2017年研)

**答：**再社会化是指全面放弃原已习得的价值标准和行为规范，重新确立新的价值标准和行为规范。

(1)再社会化与发展社会化有本质的不同。

①发展社会化着眼于人的完善，而再社会化着眼于人的改造；

②再社会化的形式一般要比发展社会化剧烈。

(2)再社会化虽然着眼于人的改造，但它并不一定是负面的和强制性的。

改造罪犯，让罪犯洗心革面，重新做人，这是再社会化，是负面的、强制性的。而其他某些形式的再社会化，比如新兵入伍后要全盘放弃原来的生活方式，接受新的生活方式，这虽然是强制性的，但却不是负面的。一个移民到了新的国家和文化环境以后，可能也要全盘放弃原来的文化，接受新的文化，这种再社会化既不是强制性的，也不是负面的，反而可能是主动的、正面的。

**3. 简述再社会化与发展社会化的区别。**（中央财大2017年研）

**答：**(1)再社会化与发展社会化的含义

①再社会化是指全面放弃原已习得的价值标准和行为规范，重新确立新的价值标准和行为规范。

②发展社会化是相对于基本社会化而言的，并且是在基本社会化的基础上进行的。它指的是成年人为了适应新形势提出的角色要求而进行的学习过程。比如改革开放之后，政府官员都要重新学习社会主义市场经济知识，这就是发展社会化。

(2)再社会化与发展社会化的区别

再社会化与发展社会化有本质的不同：

①发展社会化着眼于人的完善，而再社会化着眼于人的改造。例如老年人学习计算机新科技，是为了完善、提高自身生存能力，适应现代生活，这是发展社会化；而改造罪犯是为了让其抛弃原有的错误的价值观念，习得新的正确的价值观念，成为合格的社会人，这是再社会化。再社会化虽然着眼于人的改造，但它并不一定是负面的和强制性的。改造罪犯，让罪犯洗心革面，重新做人，这是再社会化，是负面的、强制性的。而其他某些形式的再社会化，比如新兵入伍后要全盘放弃原来的生活方式，接受新的生活方式，这虽然是强制性的，但却不是负面的。

②再社会化的形式一般要比发展社会化剧烈。发展社会化着重于学习新知识，完善提高自身能力，而再社会化着重于改造错误的思想和行为，变更思想行为。

**4. 社会化的主要理论及其观点是什么？**（华中农大2010年研）

**相关试题：**

**(1)简述生命历程理论。**（安徽师大2018年研）

**(2)试论人格发展的"八阶段"理论。**（论述题，河北大学2018年研；广西民大2018年研）

**答：**社会化的主要理论包括库利的"镜中我"理论、米德的"角色扮演"理论、弗洛伊德的"精神分析"理论、埃里克森的"人格发展八阶段"理论、"生命历程"理论。

(1)"镜中我"理论

美国社会学家库利认为，自我或人格是社会的产物，是通过社会互动而产生的。他将自我意识的形成分为三个阶段：

①我们设想自己在他人面前的行为方式。

②行为之后，我们设想或理解他人对自己行为的评价。

③我们根据自己对他人的评价的想象来评价自己的行为，并据此做出下一步反应。

通过观察别人对自己行为的反应而形成的自我概念称为"镜中我"，即每个人的"自我"观念其实是他人这面"镜子"的反射。

(2)"角色扮演"理论

该理论认为，自我意识是随着符号使用能力的发展而发展起来的。米德将"自我"分为"主我"和"客我"两个部分。"主我"是自发的、能动的，为自我和人格的发展提供动力；"客我"是内化了的社会要求和期待，在社会互动过程中形成和发展起来。"主我"与"客我"是相互建构的。自我的发展过程就是"主我"与"客我"之间的一个连续不断的互动过程。

米德认为，社会化的实质是"角色扮演"，即学会理解他人对于角色的期待，并按照这种期待从事角色行为的能力。社会化过程可以分为三个阶段：模仿阶段、嬉戏阶段和博弈阶段。随着一个人从只能扮演有限的、特定的角色到能够扮演普通的"一般化他人"的角色，"客我"的内涵和外延也在不断扩展。

(3)精神分析理论

弗洛伊德认为，人格的发展在很大程度上是受"无意识"驱动的。他将人格划分为三个部分：本我、自我和超我。在三者中，自我和超我属于意识层次，本我属于潜意识层次。

①本我是人格结构中最原始、最隐秘的部分，其基本成分是人类的基本需求和冲动，本我受本能驱使，遵循快乐原则。

②自我是从本我中分离出来的服从现实的一部分，遵循的是现实原则。

③超我是从自我中分离出来的，是人格结构中的最高部分，它遵循的是完美原则。

在人格发展过程中，本我、自我和超我三者如能和谐一致，那么人格发展过程将会是正常的；如果三者失衡甚至长期冲突，人格发育将会非常困难，甚至出现某些心理疾病。

(4)人格发展"八阶段"论

根据个体在各个时期的典型心理反应，埃里克森将社会化过程划分为八个阶段：信任与不信任(婴儿时期，0 岁 ~1 岁)；自主与羞怯、怀疑(幼儿时期，2 岁 ~3 岁)；主动与内疚(学前时期，4 岁 ~5 岁)；勤奋与自卑感(学龄时期，6 岁 ~11 岁)；认同与角色混淆(青少年期)；亲密与孤独感(青年期或成年早期)；关注后代与关注自我(中年期或成年期)；完善与绝望(成熟期或老年期)。

(5)生命历程理论

①基本思想：将个体的生命历程看作是更大的社会力量和社会结构的产物。

②基本分析范式：将个体的生命历程理解为一个由多个生命事件构成的序列。

③研究的基本主题：生命事件发生的轨迹(即先后次序)，以及生命事件之间的过渡关系。

④生命历程理论在考察宏观的社会结构与个体的生命历程之间的关系时，有以下四个要点：

a. 生命发生的时间和空间。时间和空间对人的生命历程有重大影响。生活在不同时间和空间的生命会面临不同的社会景观。

b. 生命的相关性。任何一个人总是生活在一定社会关系之中的。生命的相关性，要求考察不同生命历程之间的互动关系。

c. 生命的时间安排。生命的时间安排，是指一个社会对个体生命历程中特定角色和事件所发生的时间和结果的期望。

d. 人的能动性。上面三点着重指出的是影响个体生命历程的外部因素。但是，这并不意味着个体的生命历程完全取决于外部环境。事实上，个体的能动性在自己的生命历程中也有很大作用，因此也是生命历程分析中不可缺少的方面。

**5．社会化过程中会遇到哪些问题？**（南航2018年研；华中农大2011年研）

**相关试题：**

**（1）代差**（概念题，南京师大2018年研）

**（2）社会化的偏差和失败。**（南航2014年研）

**答：**社会化过程并不是一帆风顺的，每个人在社会化过程中都会遇到这样那样的困惑、矛盾和冲突。其中，比较引人注目的是以下三个方面的问题：

（1）早期社会化的困境

早期社会化包括儿童期和青年期的社会化。早期社会化的困境在于，儿童和青少年在生理和心理上都还不成熟，缺乏独立思考和判断的能力，主要以模仿的形式接受外界环境的影响，对新奇的东西感受特别强烈。在这种情况下，要保证社会化的顺利进行，社会就必须提供相对稳定和统一的社会规范和价值标准，提供令人敬佩和信服的社会权威形象。但现实的情况是，各个社会化主体之间往往相互矛盾和冲突，难以满足这一要求，从而给儿童和青少年的社会化造成不良影响。

（2）社会化的偏差和失败

社会化的偏差和失败主要有两种表现形式：

①无效的文化传递

无效的文化传递是指上一代的文化知识和规范因故未能有效地传递给下一代。无效文化传递的一个显著后果是造成反社会的人格，青少年犯罪便是无效文化传递的典型表现。反社会人格需要通过再社会化进行校正。

②使人处于不利地位的社会化

使人处于不利地位的社会化是指一些社会化的过程使个体在社会上处于不利地位。在我国，户籍制度长期存在，使农村青年和城市青年在入学和就业的机会方面存在着很大的差异，这就是一种不利于农村青年社会化的机制。

（3）代差

代差是指社会的不同世代之间在价值观念和行为选择方面出现的差异、隔阂，甚至冲突。从社会学角度来看，代差实际上反映的是社会结构、社会生活变化的速度和程度。因此，社会变化越迅速、越深刻，世代之间的代差也就越深、越宽。

①代差是社会发展过程中的正常现象。代差是社会文化在“遗传”过程中的“变异”，是下一代对上一代文化的扬弃。正是通过这样的“变异”和扬弃，社会文化才得以向前发展。

②对代差的性质要做具体分析。不能简单地否定或肯定代差两方中的任何一方，不能笼统地说老年人保守或说青年人激进，而要具体问题具体分析。

**6．社会化的基本内容有哪些？**

**答：**社会化是指个体在与社会的互动过程中，逐渐养成独特的个性和人格，从生物人转变成社会人，并通过社会文化的内化和角色知识的学习，逐渐适应社会生活的过程。在此过程中，社会文化得以积累和延续，社会结构得以维持和发展，人的个性得以健全和完善。社会化是一个贯穿人生始终的长期过程。社会化的基本内容主要包括：

(1)学习生活的基本技能

一个人出生之后有相当长一段时间在生活上不能自理，无论衣食住行，都要靠别人的帮助才能完成。吃饭、穿衣、走路，这些与人的基本需要密切相关的技能并不能在短时间内学会，一般需要几年时间，这与个体生物机能的发展相关，也与人的智力发展相关。衣食住行技能并不是简单的动作，而是一种文化，在这些活动中包含了人们赋予的某种意义。

(2)学习谋生的基本手段

作为一个社会成员，人不但是一个消费者，也应是一个生产者。人不但要通过生产自食其力，而且要为家庭和社会做出自己的贡献。这样，人就必须学会谋生的技能，即通过劳动创造财富。不同时代人类通过劳动获取财富的方式有所不同。在农业社会，人们主要的生产方式是在自然条件制约下的农业耕作；在工业社会，机械化生产乃至自动化生产成为主导的生产方式。这些谋生手段必须通过学习才能获得，这是人的社会化的一项重要任务。

(3)学习社会行为规范

社会行为规范是一定群体和社会的成员其行为所要遵守的准则，它是人们进行群体活动的伴生物，并作为一种潜在结构指导着群体成员的行为。群体和社会的性质不同，活动的领域和情境不同，指导社会成员的行为规范也不同。社会行为规范是人们在共同生活中创造出来的，但是，并非所有的行为规范都由当事人创造而产生。对于后来人来说，社会行为规范是先于他们而存在的，他们必须学习和遵从这些规范才能有效地参与群体生活。

(4)明确生活目标

对于群体和社会来说，对其成员进行社会化的一项重要任务是向其灌输主导的价值观，并指点其生活目标。任何群体和社会都对其成员寄予较高期望，这种期望主要表现为对其价值观、人生观的培养，即期望后来者成为群体所期望的人，这些集中表现为对人的生活目标即基本的生活目标的指点。

(5)培养社会角色

社会角色是指一定群体和社会中有特定权利和义务，并按照特定行为规范活动的人。从综合的角度来看，人的社会化就是要培养社会角色，即将个体培养成群体和社会认为合格的角色。实际上，群体和社会关于生活技能、谋生手段、社会规范和生活目标的教导都是培养社会角色的组成部分。

**7. 同辈群体对社会化影响的特殊性。**(复旦 2016 年研)

**答：**同辈群体，又称同龄群体，是指由那些在年龄、兴趣爱好、家庭背景等方面比较接近的人们所自发结成的社会群体。同龄群体也是个人社会化的一个重要环境因素。同龄群体对个人有较强的吸引力和影响力，它的群体规范和价值往往被个人作为社会化过程中的重要参照系，而成为个人社会化的一个重要环境因素。当儿童逐渐长大，发现自己的一些兴趣和爱好在家庭和学校中不能得到满足时，便开始寻找同龄伙伴。同辈群体对社会化影响的特殊性在于：

(1)同辈群体的平等性与自发性

在同龄群体中，儿童会感受到一些不同于家庭和学校环境中的新的东西。同龄群体中的大多数活动不是由某种权威事先为他安排好的，他可以以一种独立的姿态，在平等的基础上和他人进行交往，建立或中断某种人际关系。这种活动可以使儿童大大提高自身的独立意识，学会灵活地扮演多种社会角色，提高人际交往和解决人际冲突的能力。

(2)同辈群体对社会化的双面影响

个体在同龄群体中接受大量亚文化的影响。在由年轻人组成的同龄群体中，往往有着独特的亚文化，包括共同的思想观念、价值标准、兴趣爱好、服饰发型、隐语、符号等。这些都构成了对个体社会化发生重大影响的环境因素。

(3)较强的内聚力

由于同辈群体是个人自由选择结合的结果，因而同辈群体的成员之间容易产生较高的心理认同感，交往是在自然随意的过程中进行的，常常在彼此相互依赖和随意的冲突中实现彼此的沟通，最终获得心理归属和价值认同。群体成员虽然在价值取向上存在一定的差异，但以感情接近、观点相同为基础的青少年同辈群体往往具有统一的群体意志和较强的内聚力。

**8. 社会学关于人的社会化的经典研究。**(南航2017年研)

**答：**"人的社会化"理论反映了社会学对早期现代社会的深入研究和独特回应。社会学关于人的社会化的经典研究主要包括以下几个方面：

(1)涂尔干认为研究的起点是要考察个人人格与社会团结的关系问题。

(2)齐美尔着重对社会交往如何使个人属性转变为社会现象，并发展出共同体生活做了大量的探讨。

(3)韦伯对现代社会的总体文化趋势，以及这一过程中社会与个人不断增长的工具理性和技术理性，给予了深入的思考和阐述。

(4)库利对个人的早期社会化以及初级群体的特殊作用做出了奠基性的研究。

(5)米德分析了自我观念在社会互动中的发生和形成过程，强调了符号互动能力在人的自我发展和角色社会化中的不可或缺的作用。

(6)帕森斯致力于解答"社会系统如何实现自身整合"，他的聚焦点始终没有离开过"个体的可整合性"这个问题。在他看来，个体的可整合性是社会系统均衡与稳定的关键，而个人的社会化对于这一点具有根本性的意义。

在一定意义上说，社会化理论中有关人的个性发展、文化传递、角色承担以及"生命历程"等的视角和范式，从不同的侧面刻画了当时个体的集体化和组织化趋势。

## 五、论述题

**1. 各种社会化主体的作用及其特点。**(人大2009年研)

**相关试题：**

**(1)同辈群体**(概念题，中央财大2018年研)

**(2)同辈群体对社会化影响的特殊性。**(复旦2016年研)

**答：**人的社会化过程会涉及一系列个人、群体和机构。其中，最重要和最有影响者被称为社会化的主体。这些主体主要包括家庭、学校、同龄群体、工作单位和大众传媒等。社会化主体的作用及特点如下：

(1)家庭

在基本社会化的早期，家庭发挥着重要的作用。儿童在家庭中学会基本的生存技能，积累社会经验，建立关于家庭、性别、职业、人际关系等重要问题的基本观念。

(2)学校

学校与家庭在社会化方面既有共同点，又有明显差异。一般来讲，学校与家庭所传递的都是社会认可的主流价值观。但学校在社会化内容、方式、目标上与家庭又有很大的区别。

①内容不同。家庭以教导生活基本技能和行为规范为主，学校则以传授科学知识为主。

②方式不同。家庭是以亲情为基础的社会群体，社会化以感情为基础，学校是正式的社会组织，是组织化的和具有强制性的。

③具体目标不同。家庭的社会化目标是全面的和综合的，学校的目标则具体、明确。

(3)同龄群体

同龄群体又称为“同辈群体”，是指由一些年龄较为接近的人所组织的一种非正式的初级群体，群体成员往往具有相似的兴趣、爱好、态度、价值观、社会地位等。在该群体中，没有等级分明的权威体系，但又形成一套角色规范及价值观念。具有重要的社会化作用，尤其对中小学时代的青少年有极大影响。

(4)工作单位

工作单位是个人进行职业社会化的主要场所。在工作单位中，人们所承担的不同职业代表了人们在社会中所处的不同位置，并且个人也在工作场域中，逐渐培养和发展自己的能力、性格、价值观、工作方式和风格等。

(5)大众传媒

随着科学技术的发展，大众传播媒介越来越成为文化传播的主要手段。大众传媒使人们能够接触到更为广泛的社会，具有更加开阔的视野，同时也带来了价值观选择的多样化。以网络为代表的新媒体出现后，人们在信息的拥有和获得方面更加平等。网络提供的互动模式，也使得通过大众传媒进行的社会化，不再是单方面的传播，每一个社会成员在接受网络传播的价值观的同时，也参与者社会文化的构建与传播。

**2. 结合社会化的有关理论和概念，对你个人的社会化进程及其特点做一个讨论。**(北大2019年研)

**答：**社会化是指个体在与社会的互动过程中，逐渐养成独特的个性和人格，从生物人转变成社会人，并通过社会文化的内化和角色知识的学习，逐渐适应社会生活的过程。在此过程中，社会文化得以积累和延续，社会结构得以维持和发展，人的个性得以健全和完善。社会化是一个贯穿人生始终的长期过程。人的社会化主要指人从出生到青年阶段的社会化，在这一阶段社会化及其特点主要包括：

(1)学习生活的基本技能

一个人出生之后相当长一段时间在生活上不能自理，其衣食住行都要依靠别人的帮助，因而其首要任务就是学习衣食住行等方面的基本技能，这些技能并不能在短时间内学会，而是与个体生物机能和人的智力发展相关。需要注意的是，这些技能并不只是简单的动作，同时也包含了某种文化意义。

(2)学习谋生的基本手段

作为一个社会成员，人不仅是一个消费者，还应该是一个生产者，他应当向家庭成员中的非生产者提供消费资源，以及为社会做出自己的贡献。在不同生产方式占主导地位的条件下，人们学习谋生手段的内容、过程和方法是不同的：在自然经济条件下，人们自幼跟随长者，通过观察和模仿而获得谋生技能；在工业社会中，人们需要通过正规的学徒、通过学校的学习和职业培训获得谋生技能。

（3）学习社会行为规范

社会行为规范又称社会规范，它是一定群体和社会中社会成员的行为准则，是为了保障群体生活的有序进行，人们长期摸索形成的与特定群体活动相适应的规定与共识。行为规范是人们进行群体活动的伴生物，并作为一种潜在结构指导着群体成员的行为，在群体生活和人的社会活动中，行为规范是无处不在的，这也是人类群体的社会性的证明，它是人们融入群体与社会必不可少的内容。

（4）明确生活目标

对于群体和社会来说，对其成员进行社会化的一项重要任务是向其灌输主导的价值观，并指点其生活目标。无论从群体成员的成长还是从群体发展的角度看，群体都对其成员寄予某种期望，这种期望主要表现为对其价值观、人生观的培养，即期望后来者成为群体所期望的人，这些集中表现为对人的生活目标即基本的生活目标的指点。群体对后来者生活目标的指点受到群体目标、群体中权威者对自我人生历程的反思及社会价值系统等的影响。

（5）培养社会角色

社会角色是指与某种社会结构中的社会地位相一致、社会对占据该地位的人的权利和义务的规范性期望的体系；也指一定群体和社会中有特定权利和义务，并按照特定行为规范活动的人。从综合的角度来看，人的社会化就是要培养社会角色，即将个人培养成群体和社会认为合格的角色，当人们参与一种社会生活，进入一种具体的社会和社会关系时，就占有了一个社会地位或社会位置，也就要扮演与之相适应的社会角色。

说明：本题为开放题，本答案只提供理论视角，更具体的答案应根据答题者个人的社会化过程进行整理。

# 第七章　社会互动

## 7.1　复习笔记

**【知识梳理（庖丁解牛）】**

- 社会互动
  - 社会互动的含义、维度和类型
    - 社会互动的含义与特点
    - 社会互动的维度
    - 社会互动的类型
      - 二人互动、三人互动和多人互动
      - 人际互动和群体互动
      - 熟悉情境互动、社交情境互动和工作情境互动
      - 情感性互动、工具性互动和混合性互动
      - 交换、合作、竞争、冲突、强制和顺从与顺应
  - 社会互动的过程变迁
    - 社会互动的过程
    - 社会转型与社会互动
    - 网络时代的社会互动
  - 社会互动研究的主要理论视角
    - 经典社会学家对社会互动的分析
    - 主要理论视角
      - 符号互动论
      - 拟剧论
      - 本土方法论
      - 人际互动理论
      - 参照群体理论
      - 自我实现预言理论
      - 社会交换论
  - 社会角色
    - 社会角色的含义
    - 社会角色的类型
      - 先赋角色和自致角色
      - 规定性角色和开放性角色
      - 功利性角色和表现性角色
      - 自觉的角色和不自觉的角色
    - 社会角色的扮演
    - 角色失调与角色调适
      - 角色距离
      - 角色冲突
      - 角色不清
      - 角色中断
      - 角色失败

## 【考点难点归纳(去粗取精)】

### 考点一：社会互动概述(见表7-1) ★★

表7-1 社会互动概述

| 要点 | 具体内容 | |
|---|---|---|
| 含义 | 又称“社会交往活动”或“社会相互作用”，指社会主体之间为了满足各种需要而发生的、以信息传播为基础而形成的个人与个人、个人与群体以及群体与群体之间的相互沟通、相互作用和相互了解，从而在经济、政治、文化及心理等方面产生相互影响和相互依赖的社会行动过程 | |
| 特点 | ①发生在两个或两个以上的社会主体(包括个体和群体)之间。<br>②社会主体之间发生以信息交流为基础的相互依赖性关系和行为是前提条件。<br>③可以是面对面的交往，也可以借助媒介进行。<br>④与特定的社会情境密切相关。<br>⑤不仅会影响互动关系，而且会对复杂的社会关系网络和社会结构产生影响 | |
| 维度 | 向度 | 向度反映社会互动的方向，表明互动双方关系的性质，主要包括：情感关系、地位关系和利益关系 |
| | 深度 | 互动深度反映社会互动双方相互依赖程度的高低 |
| | 广度 | 广度反映社会互动的范围，表明互动双方交往领域的大小 |
| | 频度 | 频度反映一定时间内发生社会互动的多少 |
| 类型 | 根据参与人数 | 二人互动、三人互动、多人互动 |
| | 根据互动主体类型 | 人际互动与群体互动 |
| | 根据社会交往的情境 | 熟悉情境互动、工作情境互动、社交情境互动 |
| | 根据互动中人际关系及其性质 | 情感性互动、工具性互动、混合性互动 |
| | 根据社会互动主体间的利益、权力关系及其性质 | 交换、合作、竞争、冲突、强制和顺从与顺应 |

拓展：凡个人活动涉及他人或对他人产生影响，并能引起他人反应的行动，都是社会互动。互动是两个及两个以上的社会成员之间相互依存的行为。

### 考点二：社会互动的过程变迁 ★★★

#### 1. 社会互动的过程(见表7-2)

表 7-2　社会互动的过程

| 观点 | 具体内容 | |
|---|---|---|
| 贝尔斯的互动过程分析 | 定向阶段 | 主要解决情境辨识问题 |
| | 评价阶段 | 主要解决态度确定问题 |
| | 控制阶段 | 主要解决行为选择问题 |
| 芝加哥学派的四阶段说 | 敌对或竞争 | 最初级和基本的社会互动，是一种个人之间没有社会接触的互动，互动双方是一种竞争、排斥关系 |
| | 冲突 | 由于激烈的竞争，双方可能产生对立情绪，出现以攻击对方为目的的行为 |
| | 适应 | 冲突在少数情况下会以一方消灭另一方而告结束，但大多数情况下，冲突的一方或双方会部分地改变其思想、态度和习惯来适应对方，以避免、减少或消除冲突 |
| | 同化 | 适应的结果是双方在很多方面日益接近、融合，趋于一致，实现同化 |

### 2. 社会转型与社会互动

社会转型对社会互动产生的影响主要表现为：

(1)社会转型会引起社会互动情境、方式和规则等各方面的变革。

(2)中国自改革开放以来，工业化、城镇化的快速转型进程使传统农村“乡土社会”和城市以“单位”为基础的人际互动发生了根本性的变化。这种变化推动城乡社会成员的社会互动从封闭式互动向开放式互动、从依赖性互动向自主性互动、从单一化互动向多样化互动转变。

### 3. 网络时代的社会互动(见表 7-3)

表 7-3　网络时代的社会互动

| 要点 | 具体内容 |
|---|---|
| 背景 | ①互联网快速发展，与日常生活息息相关；<br>②网络技术和智能手机技术的发展使手机成为全能移动工具；<br>③随着大数据、人工智能技术和政务服务不断融合，互联网政务服务加速发展 |
| 特点 | 包括：①网络互动的超时空性；②网络互动的匿名性和符号性；③网络互动的自由、自治性 |
| 积极影响 | ①人们有可能成为同一虚拟社区的平等成员，共享网络社区文化、信息资源、人际资源，共同参与社区主题的设定、社区内容的充实以及社区规则的制定。<br>②有助于促进成员为社区建设积极贡献自己的才能和智慧 |
| 问题 | ①网络化带来的“数字鸿沟”成为新的社会分化的基础。<br>②网络在给人们的交往带来便利的同时，也对日常社会交往造成了冲击。<br>③近年来蓬勃发展的微博、微信等，在推进信息公开、促进社会公平正义的同时，其负面效应也十分明显，不实的信息迅速而广泛地传播，甚至引发了公共信任危机 |

拓展：通过电子邮件和互联网进行的间接沟通蕴含着大量面对面社会互动中不曾发现的问题。根据卡茨等人的研究，“敲键盘不能体现为人，置身网络空间也并非置身现实；这些都是虚饰，都是异化，是对真实的东西的糟糕替代。”具体来讲，支持这种观点的人主张，以计算机为中介的沟通技术过于局限，不能防止使用者隐藏在虚假的身份背后，这也滋生了欺骗、纵欲、操纵、玩弄感情等行径。

## 考点三：社会互动研究的主要理论视角（见表7-4）★★★★

表7-4　社会互动研究的主要理论视角

| 理论视角 | | 具体内容 |
|---|---|---|
| 经典社会学家对社会互动的分析 | 涂尔干 | 强调社会的客观性和强制性，反对把社会现象还原为个体的心理现象 |
| | 韦伯 | ①社会学的对象和目的是研究社会行动及其意义，并剖析其原因、过程和效用。<br>②隐藏在阶级、民族、国家、制度等社会宏观结构背后的社会现实，是人们之间富于意义的和象征性的互动。<br>③提倡用移情式理解的方法 |
| | 齐美尔 | ①功能理论和冲突理论所研究的宏观结构和宏观过程，最终只不过是人们之间具体互动的反映，社会互动的结果导致了社会现象的出现。<br>②把社会定义为一个由体现着社会交往原则的个人之间的交往和关系形成的错综复杂的网络，各种组织是这种交往的社会内容的表现形式 |
| 社会互动研究的主要理论视角 | 符号互动论 | 代表人物有米德、詹姆斯、库利、布鲁默和库恩等，主要观点有：<br>①人与人的互动是通过符号进行的，是符号互动。<br>②人的行为是有意义的行为，要理解某个行动，就要对行动者赋予其活动的意义做出解释。<br>③意义不是固定不变的，它的确定有赖于互动的背景和情境，并在互动过程中产生、修正、发展和变化。<br>④在互动过程中，人们往往通过扮演他人的角色，从他人的角度来解释其思想和意向，并以此为根据来指导自己的行为。<br>⑤在互动过程中，人们往往从自己所认识到的他人对自己的态度和看法中来认识自己，形成并修正自我概念 |
| | 拟剧论 | 拟剧论是美国社会学家戈夫曼从符号互动论中发展出来的分析日常生活中人与人之间互动的理论与方法。该理论认为，世界是一个大舞台，社会生活就像是一出戏剧，我们出生进入日常生活舞台后主要的任务就是学习和表演剧中的角色 |
| | 本土方法论 | 又称“俗民方法论”或“常人方法学”，它揭示了社会互动大量地依赖于隐含规则或情境假定，这些规则通常是人们认为理所当然、心照不宣的，在任何互动过程中，互动双方都必须了解这种情境假定，并遵守其隐含的规则，这样互动才能顺利进行 |
| | 人际互动理论 | ①人际吸引，社会互动的重要推动因素，个人性格等心理因素是影响人际吸引的主要因素之一。<br>②非语言沟通，最典型的方式是身体语言。<br>③刻板印象，即人们关于事物或人们是什么样子的假设及观念。<br>④人际空间，人们在互动中会用距离来反映他们之间的关系，霍尔区分了人际互动中的四种人际距离：亲密距离、私人距离、社会距离和公众距离 |
| | 参照群体理论 | 美国社会心理学家海曼认为：<br>①参照群体理论是研究个人的客观社会地位与其社会观点之间相互作用的社会心理机制的工具。<br>②个体往往将参照群体的价值和规范作为自己的社会观和价值观的依据，也作为评价自身和他人的标准。<br>③对个体来说，参照群体有两个基本的作用：a. 规范作用；b. 比较作用 |

续表

| 理论视角 | 具体内容 | |
|---|---|---|
| 社会互动研究的主要理论视角 | 自我实现预言理论 | “自我实现预言”是默顿在20世纪40年代提出的概念和理论，其理论基础是托马斯提出的“情境定义”概念，即“如果人们认为情境是真实的，这些情境就会变成真的”。默顿认为，在人类活动的许多领域，都有自我实现预言作用的痕迹。社会或公众的自我实现预言，是指个体间或集体间互动所导致的预言 |
| | 社会交换论 | 该理论代表人物有霍曼斯、布劳等，这一理论认为人与人之间的社会关系是行动者之间的资源交换关系，社会互动的实质是人们交换酬赏和惩罚的过程 |

**拓展：**美国社会学家加芬克尔创造了一种微观社会学理论——民俗学方法论。该理论认为，社会并不是抽象的存在，它存在于社会成员在特定的环境中进行互动时所遵循并共同理解的一套规则和程序之中。这套规则和程序因时因地不同，所以称为民俗方法。用这种观点来研究日常生活中的社会互动，就称为民俗学方法论，或本土学方法论、常人方法学。

## 考点四：社会角色★ ★★★

### 1. 社会角色的含义与类型（见表7-5）

表7-5　社会角色的含义与类型

| 要点 | 具体内容 | |
|---|---|---|
| 含义 | 社会角色是指与人们的某种社会地位、身份相一致的一整套权利、义务的规范与行为方式。它是人们对具有特定身份的人的行为期望。角色是构成社会群体或组织的基础。社会角色包括四个方面的含义：<br>①角色是社会地位的外在表现；<br>②角色是人们的一整套权利、义务的规范和行为模式；<br>③角色是人们对于处在特定地位上的人的行为的期待；<br>④角色是社会群体或社会组织的基础 | |
| 类型 | 按获得角色的方式 | ①先赋角色，也称归属角色，指建立在血缘、遗传等先天的或生理的因素基础上的社会角色。<br>②自致角色，也称成就角色、自获角色，指主要通过个人的活动与努力而获得的社会角色 |
| | 按规范化程度 | ①规定性角色，有比较严格和明确规定的角色。<br>②开放性角色，指那些没有严格、明确规定的社会角色 |
| | 按追求的目标 | ①功利性角色，指那些以追求效益和实际利益为目标的社会角色。<br>②表现性角色，指不是以获得经济上的效益或报酬为目的，而是以表现社会制度与秩序、社会行为规范、价值观念、思想道德等为目的的社会角色 |
| | 按人们承担社会角色时的心理状态 | ①自觉的角色，指人们在承担角色时，明确意识到自己担负的权利、义务，意识到周围人都是自己所扮演的角色的观众，因而努力用自己的行动去感染观众。<br>②不自觉的角色，指人们在承担某一角色时，并没有意识到自己正在充当这一角色，而只是按习惯性行为去做 |
| | 按延续时间 | ①永久性角色，是伴随人一生的角色。<br>②伴随性角色，是随着社会位置或年龄因素的变化而改变的角色 |
| | 按现实和期望的关系 | ①理想角色，是社会对某种角色理想的、期待的行为方式。<br>②现实角色，是处于某一社会位置上的人实际上表现出来的角色 |

### 2. 社会角色的扮演(见表 7-6)

表 7-6 社会角色的扮演

| 要点 | 具体内容 |
| --- | --- |
| 社会角色的扮演过程 | ①角色确定又称角色定位，是指确定一个人的实际地位、身份、能力及其他条件与他所承担的角色一致、等同的过程。<br>②角色表现，需要“布景”与“道具”。<br>③角色建构，角色扮演者在扮演社会角色的过程中，努力将角色演得更好、赋予角色更丰富的内涵的行为 |
| 社会角色的表现 | ①“布景”与“道具”；<br>②衣着、仪表与言谈举止；<br>③前台、后台及角色配合 |

### 3. 社会角色的失调与调适(见表 7-7)

表 7-7 社会角色的失调与调适

| 要点 | | 具体内容 |
| --- | --- | --- |
| 社会角色的失调 | 角色距离 | 指角色期待与角色表现之间不相匹配的情况，即在现实生活中，社会赋予某种角色的规范与角色扮演者的实际表现存在一定的差距 |
| | 角色冲突 | 指一个人承担的多种角色之间的矛盾或不同的人所扮演的相对角色之间的矛盾。角色紧张是指一个人承担同一角色时存在的矛盾 |
| | 角色不清 | 指社会大众或角色的扮演者对于某一角色的行为标准不清楚，不知道这一角色应该做什么、不应该做什么和怎样去做。社会的急剧变迁，是造成社会角色不清的最主要原因 |
| | 角色中断 | 指在一个人先后承担的两种角色之间发生矛盾的现象。角色中断的发生是由于人们在承担前一种角色时并没有为后一阶段所要承担的角色做好准备，或前一种角色所具有的一套行为规范与后来的新角色所要求的行为直接冲突 |
| | 角色失败 | 指由于多种原因使角色扮演者无法再进行角色表演，不得不终止表演，或者虽然还没有退出角色，但已经困难重重，每前进一步都将遇到更多的矛盾 |
| 角色调适的原则 | ①在特定情境中，从属角色应服从主导角色或以主导角色为主；<br>②根据社会主流价值观，权衡不同角色的价值合理性程度；<br>③规避扮演损害公共利益的角色 | |

**拓展：** 日常生活中，人际互动之所以能够有条不紊地进行，是因为互动的双方都遵循一定的角色规范而进行交往。如果一方角色失调，就可能使互动中断，或者改变原来的互动方向。互动还有赖于人们扮演他人角色的能力，这一能力使人们能够辨别和理解他人使用的交往符号的意义，从而预知他人的反应。另一方面，角色的形成和扮演也是在互动中完成的。没有另一方来参与互动，角色就失去了依存的条件，就无法实现实际的角色行为。

## 7.2 课后习题详解

**1. 简述社会互动的含义、特点与类型。**

**答：**(1)社会互动的含义

社会互动，又称“社会交往活动”或“社会相互作用”，是指社会主体之间为了满足各种需要而发生的、以信息传播为基础而形成的个人与个人、个人与群体以及群体与群体之间的相互沟通、相互作用和相互了解，从而在经济、政治、文化及心理等方面产生相互影响和相互依赖的社会行动过程。

(2)社会互动的特点

①社会互动必须发生在两个或两个以上的社会主体(包括个体与群体)之间。

②社会互动的前提条件是社会主体之间发生的以信息交流为基础的相互依赖性关系和行为。

③社会互动可以是面对面的交往，也可以借助媒介进行。

④社会互动与特定的社会情境密切相关，并形成特定的互动模式。

⑤社会互动不仅会影响互动关系，而且会对复杂的社会关系网络和社会结构产生影响。

(3)社会互动的类型

①根据参与人数，社会互动可以分为二人互动、三人互动与多人互动。

a. 二人互动关系可以获得在其他任何社会互动形式中不可能存在的亲密感情和独特性。

b. 在三人互动关系中，每一方都面对着两个人，需要同时考虑两个人的个性特征和需要。当三人组中有两人发生冲突时，第三者可能扮演多种不同角色，主要有：中间人，以局外者的身份、公平和客观的态度来调解双方的冲突；仲裁人，冲突双方都认可、能以公平的态度做出解决冲突的最后决定；从中渔利者，利用两人实际的或潜在的冲突来获取个人利益的人；分裂者和征服者，故意挑起和助长两人之间的冲突以便从中获利。

c. 在多人关系中，会形成社会群体和社会网络，互动形式更为复杂。在大型群体中，个人面对的不仅仅是其他个人，还有超越了个别成员之上的客观结构。在正式组织中，往往会形成明确的分工和严密的组织规范来制约人们的互动。

②根据互动主体类型，社会互动可以分为人际互动与群体互动。

a. 人际互动是作为行动者的个人之间有意识、有目的的相互作用过程。

b. 群体互动是群体与群体之间的相互作用过程。群体成员不是以个人身份出现，而是作为群体的代表出现，其行为方式也较为正式。

③根据社会交往的情境，社会互动可以分为熟悉情境互动、工作情境互动、社交情境互动。

a. 熟悉情境互动，是指熟人之间的日常交往情境，交往双方没有特定的目的，较为随意，没有必要严格遵守规则或社交礼貌。

b. 社交情境互动，是在社交场合中发生的，人们往往为了互动而互动，不一定有特定目的。

c. 工作情境互动，是人们在工作场合和工作时所进行的互动过程。此情境中人们的行为往往不是纯粹的个人行为，而是在其所属职位上代表了其所承担的角色或所属的群体。

④根据互动中的人际关系及其性质，社会互动可以分为情感性互动、工具性互动和混合性互动。

a. 情感性互动，是家庭、亲密朋友等初级群体中的人际互动，是人类社会互动中最常见、与人的社会生活关系最密切的互动过程。

b. 工具性互动，是个体为了达成某种目的而与他人进行的互动，互动只是达到目的的一种工具，互动双方并不预期有亲密的情感关系和长期交往。

c. 混合性互动，介于情感性互动与工具性互动之间，是个人与亲戚、一般朋友、邻居、同学、同事、同乡等建立的各种社会互动关系，它既有情感性成分，又有工具性成分。

⑤根据互动主体间的利益、权力关系及其性质，社会互动可以分为交换、合作、竞争、冲突、强制和顺从与顺应。

a. 交换，是指个人或群体旨在获得报酬或回报而发生的社会互动行为。交换遵循互惠原则，通过创造持续的相互间的义务来维持交换的平等。

b. 合作，是指社会互动主体之间为达到对各方都有某种益处的共同目标而相互配合的互动形式。合作性互动也是群体和社会形成和维持的基础。

c. 竞争，是指不同的个体之间或群体之间争夺一个共同目标的过程。在现代观念中，竞争不一定是零和的，竞争也会带来共赢的结果，而且，规则公平基础上的竞争可以激发社会活力，促进良性社会互动。

d. 冲突，是指个人与个人、个人与群体、群体与群体之间为某种目标或价值观念而采取的斗争、压制、破坏甚至消灭对方等行为的社会互动方式和过程。

e. 强制，是指个人或群体将其意志强加于其他个人或社会群体的互动过程。在强制性互动中，所借助的力量可以是物质的，也可以是精神的。

f. 顺从与顺应，这是与强制相对的社会互动过程。在双方力量不对称的互动中，互动一方的强制意味着另一方的顺从或顺应。

**2. 简述网络时代社会互动的特点。**

**答：**网络时代社会互动的特点主要包括：

(1)网络互动的超时空性

网络使人们可以实现跨国界、跨地区的即时互动，使人们身体“缺场”的交往取代了身体“在场”的交往；网络为人们实现非即时性、非在场的互动提供了便利，即在网络中互动双方可以在任何时间、任何地点对对方发出的互动信息做出互动反应。

(2)网络互动的匿名性和符号性

在网络空间中，成员的身份可以是隐匿的，不仅互动以符号为中介，而且网民可以把自身化为符号，可以随意地选择进入虚拟社区的标识，从而在很大程度上突破性别、年龄、种族、等级等各种现实身份的区隔。网络互动的匿名性为人际互动创造了更多自由的空间，使人们在一定程度上摆脱了现实社会中真实身份的羁绊和社会规范的约束与限制，可以相对自由地表达意见。

(3)网络互动的自由、自治性

网络沟通的超时空性、匿名性和符号性等特点，使得传统社会中的权威地位和等级属性在很大程度上被消解，使得人们有可能成为同一虚拟社区的平等成员，共享网络社区文化、信息资源、人际资源，共同参与社区主题的设定、社区内容的充实以及社区规则的制定。网络社会互动的自由、平等、自治的特点与环境，也有助于促进成员为社区建设积极贡献自己的才能和智慧。

3. 简述社会互动的过程与主要环节。

答：社会互动过程与环节分析的主要方法和观点包括：

(1)贝尔斯的互动过程分析

美国社会学家贝尔斯提出一种小群体研究方法——互动过程分析。他把社会互动分为三个阶段：

①定向阶段，主要解决情境辨识问题。互动双方在开始互动时往往首先要确认是何种情境。

②评价阶段，主要解决态度确定问题。明确了互动情境后，互动双方往往要考虑自己对此情境持何态度。

③控制阶段，主要解决行为选择问题，即对此情境做些什么。

需要注意的是：这三个阶段并不是直线发展的，有时可能会重复某一阶段；在互动的各阶段中往往伴随情绪因素，互动过程分析可能同时涉及工作任务领域和社会情绪领域；在多人互动中，人们与谁互动，进行哪方面的互动都有较强的选择性。

(2)芝加哥学派的四阶段说

美国芝加哥学派的帕克和伯吉斯对不同群体或不同文化人群之间互动过程的分析认为，本地社会群体与移民之间的互动过程，包括敌对、冲突、适应和同化四个阶段，每个阶段与前一个阶段相比都是一个进步。

①敌对或竞争。这是最初级和基本的社会互动，是一种个人之间没有社会接触的互动，互动双方是一种竞争、排斥关系。敌对或竞争与劳动分工等社会过程有关。

②冲突。由于激烈的竞争，双方可能产生对立情绪，出现以攻击对方为目的的行为。

③适应。冲突在少数情况下会以一方消灭另一方而告结束，但大多数情况下，冲突的一方或双方会部分地改变其思想、态度和习惯来适应对方，以避免、减少或消除冲突。

④同化。适应的结果使双方在很多方面日益接近、融合，趋于一致，实现同化。

4. 符号互动论中芝加哥学派与艾奥瓦学派的观点有哪些不同？

答：符号互动论中芝加哥学派和艾奥瓦学派的观点不同，主要表现为：

(1)对于个体、互动、社会组织本质的认识不同

芝加哥学派指出个体具有主动性和创造性，会赋予事物以一定的意义；社会互动不是固定不变的，而是不断变化的，在互动过程中，由于互动情景的变化，人们也在不断地修改对事物的定义；与此同时，社会组织也处于不断变迁之中。艾奥瓦学派则更加强调结构性因素的重要性，认为不管是个体的人格还是社会组织都是稳定的、结构化的，并且这种结构性因素也制约着社会互动。

(2)在理论和方法论层面的主张不同

芝加哥学派强调借助人文主义的方法论来研究社会互动的过程，即认为只有通过第一手观察或者参加一个群体才能获得对于经验世界的认识。艾奥瓦学派则倾向于实证主义的

方法论来研究社会互动的结构。

**5. 试用自我实现预言理论分析社会现象与自然现象有什么不同。**

**答：**(1)自然现象和社会现象

自然现象是指在自然界中由于大自然的运作规律自发形成的某种状况，其完全不受人的主观能动性影响。

社会现象是指所有与人类共同体有关的活动，即产生、存在和发展密切联系的现象，与自然现象相反，是人类群体在自然界的种种反应的总称。

(2)“自我实现预言”理论

“自我实现预言”是默顿在20世纪40年代提出的概念和理论，其理论基础是托马斯提出的“情境定义”概念，即“如果人们认为情境是真实的，这些情境就会变成真的”。也就是说，人们不只对情境的客观方面有反应，更重要的是人们对情境所具有的意义也有反应，一旦人们赋予情境某种意义，其随后的行为以及这一行为的结果将受这种意义的影响。

默顿认为，在人类活动的每一领域，不管是社会或公共领域，还是个体或私人领域，都有自我实现预言作用的痕迹。个人的自我实现预言是指发生在个体层面上的互动导致的预言；社会或公众的自我实现预言是指个体间或集体间互动所导致的预言。

(3)用“自我实现预言”理论分析社会现象与自然现象的不同之处

根据自我实现预言理论，社会现象通常因为一种最初是虚假的但被广泛接受的预言、期望或信念，最终却得以实现。这不是因为预言本来是真实的，而是因为太多的人把它当作是真实，并依此进行社会互动。而自然现象则不受人的主观能动性的影响，即使大多数人依照认为正确的预言进行互动，也很难使自然现象向预期方向发展。这是人类活动和社会现象不同于自然现象的一个基本特征。

**6. 什么是社会角色？它和社会互动的关系是什么？如何处理社会转型期的角色失调问题？**

**答：**(1)社会角色的含义

社会角色是指与人们的某种社会地位、身份相一致的一整套权利、义务的规范与行为方式。它是人们对具有特定身份的人的行为期望。角色是构成社会群体或组织的基础。具体来说，社会角色包括以下四个方面的含义：

①角色是社会地位的外在表现。

②角色是人们的一整套权利、义务的规范和行为模式。

③角色是人们对于处在特定地位上的人的行为的期待；

④角色是社会群体或社会组织的基础。

(2)社会角色与社会互动的关系

①角色是在人的持续互动中形成的，即形成社会结构。一旦社会具有了结构，角色也就出现了，互动的规范也就产生了。

②人们在不同的社会互动中承担着不同的社会角色。每一个人在社会里不只是扮演一种角色，而是根据情境以及互动对象的不同，扮演多种不同的角色。

③社会角色是社会互动的重要依据和标准，扮演什么样的角色就该有什么样的行为。

(3)社会转型期处理社会角色失调的方法

社会角色失调是指角色扮演中出现的社会角色内部或角色之间的矛盾、失调等现象。社会成员在社会生活中遇到角色冲突时，需要进行合理的角色协调。处理社会转型期角色失调的基本原则有：

①在特定情境中，从属角色应服从主导角色或以主导角色为主；

②根据社会主流价值观，权衡不同角色的价值合理性程度；

③规避扮演损害公共利益的角色。

## 7.3 考研真题与典型题详解

### 一、填空题

1. 齐美尔认为，社会是一种过程，是一个不断由低级形式“涌现”出高级形式的层次结构，研究______是社会学的主要任务。（中国青年政治学院 2007 年研）

【答案】社会互动形式

2. 戈夫曼的戏剧互动理论的实质是“______”。（中国青年政治学院 2009 年研）

【答案】符号互动理论

3. 社会互动的情境根据互动参与者之间人际关系的性质可分为______、______、______三种情境。（中国青年政治学院 2010 年研）

【答案】情感性互动；工具性互动；混合性互动

【解析】社会互动的情境，根据互动参与者之间人际关系的性质可分为：①情感性互动，是家庭、亲密朋友等初级群体中的人际互动，它可以满足个人在关爱、温暖、安全感、归属感等情感方面的需要。②工具性互动，是个体为了达成某种目的而与他人互动。③混合性互动，介于情感性互动与工具性互动之间，是个人与亲戚、一般朋友、邻居、同学、同事、同乡等建立的各种社会互动关系，它既有情感性成分，又有工具性成分。

4. 社会互动的类型有______、______、______和强制、顺从与顺应。（中国青年政治学院 2009 年研）

【答案】合作；竞争；冲突

5. 从社会角色规范化的程度上划分，角色类型可分为______、______。（中国青年政治学院 2009 年研）

【答案】规定性角色；开放性角色

### 二、选择题

社会角色失调的情况有（　　）等。（中国青年政治学院 2010 年研）

A. 角色冲突　B. 角色混乱　C. 角色颠倒　D. 角色失败

E. 角色扮演

【解析】角色失调是角色扮演中出现的社会角色内部或角色之间的矛盾、失调等现象。角色失调是角色扮演中经常出现的现象。如果处理得当，角色失调会推动角色的重构，从而使角色扮演过程更加完善；反之，则可能导致角色的冲突与失败，使角色扮演中断。常见的角色失调有：①角色距离；②角色冲突；③角色不清；④角色中断；⑤角色失败。

【答案】AD

## 三、概念题

1. 社会互动(吉大 2019、2017 年研；宁夏大学 2018 年研；河北大学 2016 年研)

答：参见本章课后习题详解第 1 题答案。

2. 戏剧论(戈夫曼)(中央财大 2017 年研；上海大学 2017 年研；宁夏大学 2017 年研)

答：戈夫曼的戏剧论，又称拟剧论，是社会互动理论中的一种观点，他采用戏剧分析的方法，从印象管理的角度来揭示日常生活中人与人之间互动的特点，又称为“印象管理理论”或“印象整饰理论”。在《日常生活中的自我呈现》一书中，戈夫曼指出，世界是一个大舞台，生活就是在演戏，表演者最关心的是留给观众什么样的印象。在这种表演过程中，表演者通过印象管理或印象整饰来管理别人对自己的印象，通过使用一些表演技巧来展示自己的形象，从而控制对方的行为，使对方通过对自己行为的理解做出符合自己计划中的行为反应。

3. 常人方法学(上海大学 2017 年研；川大 2016 年研)

答：常人方法学又称“俗民方法论”或“本土方法论”，意为对普通人在社会互动中所使用的方法的研究，是美国社会学家哈罗德·加芬克尔于 20 世纪 60 年代创立的，用于分析人们在日常互动中如何建立和共同使用对现实的定义，考察社会成员在建构和解释他们的社会现实并对其赋予意义时所使用的方法和步骤。本土方法论研究社会互动的独特之处在于使用“破坏情境假定”或“蓄意破坏规则”的实验，通过对某种交往规则被破坏时会发生什么情况的研究，来揭示情境假定或交往规则，分析规则如何形成、社会成员如何共享规则、如何在日常互动中依赖这些规则等问题。

4. 标签理论(东南大学 2022 年研；华中农大 2018 年研；华东师大 2017 年研)

答：标签理论，又称标志理论或标定理论，它是一种从符号互动论角度探讨社会问题与越轨行为的理论。这一理论认为，社会问题或越轨行为是一种主观的东西，即某种社会现象之所以成为问题就是因为社会给它贴上了这样的标签。在研究社会问题与越轨行为时，这些问题或行为本身并不太重要，重要的是社会如何评价和对待它们。那些凭借权力占据了统治地位的集团可以通过贴标签宣布被统治者为“有越轨行为者”，来歧视、控制和镇压被统治者。因此，这种贴标签的行为通常是不公正的。

5. 合作(中央财大 2008 年研)

答：合作是指社会互动中，人与人、群体与群体之间为达到对互动各方都有某种益处的共同目标而彼此相互配合的一种联合行动。人们之所以需要合作，是因为仅靠某一方的单独行动往往无法实现这种利益或目标。从广义上说，人们社会生活的很多方面都必须建立在合作的基础之上，没有合作就没有群体或社会可言。成功的合作应具备以下条件：①目标一致；②对于如何达成目标能够取得基本共识；③行为配合；④讲信用。

6. 社会角色(南京师大 2018 年研；宁夏大学 2018 年研；安徽师大 2018 年研；中央财大 2018 年研；北大 2017 年研；河北大学 2016 年研)

答：参见本章课后习题详解第 6 题答案。

**7. 先赋角色与自致角色**(华中农大2011年研)

**相关试题:**

**(1)先赋角色**(山东大学2017年研;中央财大2012年研)

**(2)自致角色**(川大2015年研;中大2007年研)

**答:**①先赋角色,又称归属角色,是指建立在血缘、遗传等先天的或生理的因素基础上的社会角色,比如一个人的种族、民族、家庭出身、性别等角色。

②自致角色,又称自获角色或成就角色,是指主要通过个人的活动与努力而获得的社会角色。自致角色的获得是个人活动的结果,是个人选择的结果。还与人的一些主、客观条件有关。进入工业化社会以来,一些原来属于先赋的角色发生了变化,如职业角色、阶级角色等都不再主要是由先天决定的,而主要是人们靠后天努力获得的,这显示了社会的进步。

**8. 表现性角色**(吉大2005年研)

**答:**表现性角色是指不以获得经济上的效益或报酬为目的,而是以表现社会制度与秩序、社会行为规范、价值观念、思想道德等为目的的社会角色。表现性角色在一个社会中所起的主要作用是表现社会公平、社会正义。在正常情况下,这些角色的行为维护着社会的道德,实现着社会的稳定。表现性角色的承担者往往对自己的事业抱有理想,怀有浓厚的兴趣、爱好,有强烈的自我实现的愿望。他们之所以履行角色的要求,主要是出于一种责任感、义务感,而不是着眼于报酬。

**9. 角色认同**(中国青年政治学院2010年研)

**答:**角色认同是指一个人在社会舞台上担任角色前进行确定的过程,即证明一个人的实际地位、身份、能力及其他条件与他所承担的角色是一致的、等同的。角色认同的有效性是角色认同中的一个重要环节。一般说来,角色认同的有效性是一个人长期活动、长期努力、坚持不懈的结果,而不是一朝一夕就能实现的。但是角色的有效性常常不是永恒的。

**10. 角色距离**(河北大学2018年研;华中农大2010年研)

**答:**"角色距离"概念是符号互动论者、美国社会学家戈夫曼最早提出的。角色距离是指一个人自身的素质、能力、水平与他所要扮演的角色之间存在的差异现象。一个人扮演社会角色,既然角色不完全是他本人,那么他的水平、素质、品格和能力与所要扮演的角色的要求之间总会有差异,所以角色距离是普遍存在的。

**11. 角色混淆**(中央财大2010年研)

**答:**角色混淆即角色不清,是指社会大众或角色的扮演者对于某一角色的行为标准不清楚,不知道这一角色应该做什么、不应该做什么和怎样去做。角色混淆使得角色扮演无法顺利进行。社会的急剧变迁常常是造成社会角色不清的最主要原因。

**12. 符号互动论**(南京师大2016年研)

**答:**符号互动论是一种侧重于从心理学角度研究社会的理论流派,被认为是真正意义上的、最具代表性的社会互动理论。该理论认为,社会是由互动着的个人构成的,对于各种社会现象的解释只能从这种互动中寻找。换句话说,该理论的研究取向是通过分析日常环境中人们相互作用的方式、机制和规律来研究人类群体生活。符号互动论的创始人为米德,此外詹姆斯、库利、杜威等人也对符号互动论做出了重要贡献,布鲁默与库恩则在前人研究的基础上推动了该理论的发展。

**13. 情景定义**(南开2016年研)

**答:** 情景定义是由美国符号互动论者托马斯提出来的社会学概念，他认为，如果人们将某种情景定义为真实的，那么这种情景就会造成真实的影响。这种情景定义是人类互动得以进行的关键，情景定义的内涵包括：①整个社会情境由三部分组成：客观环境、个人和群体的先存态度、个人的情境定义；②个人对外界的反应，不仅受周围环境影响，而且受个人主观看法的影响；③个人认识任何事物，均具意义，从而产生客观效果。个人对社会情境的不同解释，既决定其行动方向和具体行为，又影响其人格发展。

**14. 自我实现预言理论**(华中师大2017年研；南京大学2017年研)

**答:** "自我实现预言"是默顿在20世纪40年代提出的概念和理论，其理论基础是托马斯提出的"情境定义"的概念，即"如果人们认为情境是真实的，这些情境就会变成真的"。也就是说，人们不只对情境的客观方面有反应，更重要的是人们对情境所具有的意义也有反应，一旦人们赋予情境某种意义，其随后的行为以及这一行为的结果将受这种意义的影响。一种最初是虚假的但被广泛接受的预言、期望或信念，最终却实现了，这并不是因为它本来是真实的，而是因为太多的人把它当作是真实的并依此去行动。实际上，这也是人类活动和社会现象不同于自然现象的一个基本特征。

**15. 社会互动的向度**(南航2017年研)

**答:** 社会互动，又称社会相互作用，是指个人与个人、个人与群体、群体与群体之间通过信息的传播而发生的相互依赖性的社会交往活动。向度反映社会互动的方向，表明互动双方关系的性质，主要包括：①情感关系——是亲和还是排斥，是融洽还是对立？②地位关系——是平等的还是不平等的，权力分配的格局如何？③利益关系——是一致还是冲突，冲突程度多大？情感上的亲疏爱憎与地位上的尊卑是人际互动的两个最基本向度，情感向度遵循回报性原则(即爱引发爱，恨导致恨)，地位向度遵循互补性(即支配引发顺从)。

## 四、简答题

**1. 社会互动的类型。**(南京林业大学2017年研)

**相关试题:**

**(1)简述社会互动及其基本类型。**(中央财大2018年研)

**(2)情感性互动**(概念题，中央财大2014年研)

**答:** 参见本章课后习题详解第1题答案。

**2. 形成竞争的条件有哪些?**(中央财大2008年研)

**答:** 竞争是指社会上人与人、群体与群体之间对于一个共同目标的争夺。形成竞争需具备以下条件:

(1)竞争必须是人们对于一个相同目标的追求，目标不同就不会形成竞争。

(2)竞争中被追求的目标必须是比较少的和比较难得的，即一个人或者一些人夺取到了目标就意味着另一个人或另一些人失去了得到的机会。对于数量很多、轻而易举就可得到的目标的追求，不能形成竞争。

(3)竞争的目的主要在于获得目标物，而不在于反对其他竞争者。竞争虽然也是人与人间的一种相互排斥或相互反对的关系，但它是一种间接的反对关系，而不是直接的反对关系。虽然竞争双方中一方的胜利就标志着另一方的失败，但对方的失败不是直接目的而只是间接目的。

**3. 什么是社会互动，构成社会互动的三个要素是什么？**

**相关试题：简述社会互动的含义。**（中央财大 2015 年研）

**答：**(1)社会互动的定义

参见本章课后习题详解第1题答案。

(2)社会互动的构成因素

①必须要有两个或两个以上的互动主体

a. 互动即意味着相互作用，离开了相互作用的对象是不可能有互动的；

b. 作为社会互动的主体，可以是个人，也可以是群体，所以互动可以发生在个人和个人之间、个人和群体之间，也可以发生在群体和群体之间。

②互动主体之间必须发生某种形式的接触

a. 这些形式可以是语言的互动，也可以是非语言的互动；

b. 发生这些互动的接触方式，可能是以身体各感觉器官相联系的直接接触，也可以是以其他媒介为工具的间接接触。

③参与互动的各方有意识地考虑到行动符号所代表的意义

a. 人类社会的互动是有其文化意义的，而且很多文化的意义都是象征性的，通过一系列的符号来表达；

b. 互动的主体对于语言和非语言的互动符号的"意义"往往有比较一致的理解。

**4. 简述符号互动论的主要观点和代表人物。**（中央财大 2009 年研）

**相关试题：**

**(1)符号互动论**（概念题，南京师大 2017 年研）

**(2)符号互动论关于社会互动的基本观点述评。**（河北大学 2010 年研）

**答：**符号互动论源于芝加哥学派的米德和库利的思想，侧重于从心理学角度研究社会，强调个人在互动过程中构建社会结构的能动性，揭示行动者对互动过程的主观理解，以及这一理解对进一步互动产生的影响。

(1)符号互动论的主要观点

符号互动论认为人与人的互动是运用符号进行的，是符号互动。符号互动论关于社会互动的主要观点有：

①符号在人们的社会互动过程中起着重要的中介作用，人与人的互动是运用符号进行的，是符号的互动；

②人的行为是有意义的行为，要理解某个行动，就要对行动者赋予其活动的意义做出解释；

③意义不是固定不变的，而是在互动过程中产生、修正、发展和变化的；

④在互动过程中，人们往往通过扮演他人的角色，从他人的角度来解释其思想和意向，并以此为根据来指导自己的行为；

⑤在互动过程中，人们从自己所认识到的他人对自己的态度和看法中来认识自己，形成并修正自我概念。

(2)符号互动论的主要代表人物

①布鲁默(芝加哥学派)

芝加哥学派注重用人文科学方法来研究互动过程，认为人的行为是无法预测的、非决定性的，互动是一个角色创造的过程。布鲁默于1937年最早提出了“符号互动”的概念，并总结了符号互动论的三个基本假设：

a. 人们依据他们对事物所赋予的意义来决定怎样对其采取行动；

b. 人们赋予事物的意义是社会互动的结果，而不在于事物本身；

c. 人们通过与自我进行交流和内在阐释过程，赋予某种情境以意义，并决定怎样采取行动。

②库恩(艾奥瓦学派)

艾奥瓦学派主张用实证主义方法来研究互动结构。他们认为人的行为是被其地位、角色所决定的，根据个体的参照群体，可以预测其自我评价，进而预测其行为，互动是一个角色扮演的过程。这一学派提倡用问卷或度量表来测量人们的自我概念，试图将互动理论操作化。

**5. 运用拟剧论的关键概念，联系实际举例说明日常生活中的社会互动现象。**

**相关试题：拟剧论**(概念题，中央财大2017年研；宁夏大学2017年研)

**答：**(1)拟剧论的内容

①拟剧论是用表演和比喻来说明日常生活中人的互动的理论。它的基本观点是：社会是一个舞台，全体社会成员是在这个舞台上扮演不同角色的演员。他们都在社会互动中“表演”自己，塑造自己的形象并更好地达到自己的目的；

②拟剧论的代表人物戈夫曼运用了“剧本”“观众”“表演者”“角色”“前台”“后台”“面具”“道具”等戏剧用语说明了人们在日常生活中如何进行社会互动的过程。按照戈夫曼的观点，社会生活之所以井然有序，是因为存在着社会互动的规则。

(2)举例

一个饭店的服务员在对客人服务的时候(属于“前台”的表演)是面带微笑、彬彬有礼的，而到了厨房(属于“后台”)，他们会和厨师很轻松地开玩笑，走路的样子可能都会变得不一样，甚至可能还会抱怨一下客人。而当他们再回到客人身边，他们又会恢复饭店服务员的角色和相应的行为。

**6. 简述社会地位与社会角色的联系。**(中国青年政治学院2009年研)

**相关试题：社会地位**(概念题，南京师大2018年研)

**答：**(1)社会地位与社会角色的含义

①社会地位是人们在社会关系体系中所处的位置。人的社会关系是多方面的，如血缘关系、地缘关系、业缘关系等等，因而人的社会地位也是多方面的。每个人都处于一定的社会地位之上。

②社会角色是指与人们的某种社会地位、身份相一致的一整套权利、义务的规范与行为模式，它是人们对具有特定身份的人的行为期望。角色是构成社会群体或组织的基础。具体说来，它包括以下四个方面的含义：

a. 角色是社会地位的外在表现；

b. 角色是人们的一整套权利、义务的规范和行为模式；

c. 角色是人们对于处在特定地位上的人的行为的期待；

d. 角色是社会群体或社会组织的基础。

(2)社会地位与社会角色的联系

角色是社会地位外在的、动态的表现形式，地位是角色的内在依据和表演准则，所以我们是通过个人角色的扮演判断其地位的。在日常生活中每天都有完全陌生的人呈现在我们眼前，对于这样多的素昧平生的人，我们通过他们的角色扮演，比如衣着打扮、行为举止、言谈话语来判断或辨认其社会地位。

**7. 社会角色的类型是怎样划分的？**(华中农大 2011 年研)

**相关试题：**

**(1)开放性角色与规定性角色**(概念题，华中农大 2018 年研)

**(2)社会角色有哪几种类型？**(宁夏大学 2017 年研)

**(3)先赋角色**(概念题，山东大学 2017 年研；浙江理工 2014 年研；中央财大 2012 年研)

**(4)开放性角色**(概念题，南航 2014 年研)

**答：**社会角色划分的主要类型包括：

(1)先赋角色与自致角色(根据获得角色的方式划分)

①先赋角色，又称归属角色，指建立在血缘、遗传等先天的或生理的因素基础上的社会角色。先赋角色是个人后天社会行为的基础，无法随意更改。

②自致角色，又称成就角色或自获角色，指主要是通过个人的活动与努力而获得的社会角色。

(2)规定性角色与开放性角色(根据社会角色规范化的程度划分)

①规定性角色，是指有比较严格和明确规定的角色，即对此种角色的权利与义务、应当做什么、不应当做什么都有明确规定。人们在充当这类角色时，其行为要受到较大的限制。

②开放性角色，是指那些没有严格、明确规定的社会角色。这类角色的承担者可以根据自己对角色的理解和社会对角色的期望而从事活动。人们在扮演这类角色时，有很大的选择余地。

(3)功利性角色与表现性角色(根据社会角色追求的目标划分)

①功利性角色，是指那些以追求效益和实际利益为目标的社会角色，这种角色行为的价值就在于实际利益的获得。功利性角色在社会上所起的作用主要是实现效率目标。

②表现性角色，指不是以获得经济上的效益或报酬为目的，而是以表现社会制度与秩序、表现社会行为规范、价值观念、思想道德等为目的的社会角色。

(4)自觉的角色与不自觉的角色(根据人们承担社会角色时的心理状态划分)

①自觉的角色，是指人们在承担某种角色时，明确意识到了自己正担负着一定的权利、义务，意识到了周围的人都是自己所扮演的角色的观众，因而努力用自己的行动去感染周围的观众。一般来说，在以下社会情境中，人们会扮演自觉的角色：

a. 一个人刚刚充当某一角色的时候；

b. 在他人在场或他人对此角色提出了明确要求的时候；

c. 在特定的环境与任务中。

②不自觉的角色，指人们在承担某一角色时，并没有意识到自己正在充当这一角色，而只是按习惯性行为去做。

(5)永久性角色和伴随性角色(根据角色承担的延续时间长短划分)

①永久性角色，是伴随人一生的角色。先赋角色大多数都是永久性角色。

②伴随性角色，是随着社会位置或年龄因素的变化而改变的角色。自致角色主要是伴随性角色。

(6)理想角色与实际角色(根据角色承担者对角色期望所达到的程度划分)

①理想角色，是社会对某种角色理想的、期待的行为方式。

②现实角色，是处于某一社会位置上的人实际上表现出来的角色。

**8. 简述功利性角色与表现性角色。**(人大 2012 年研)

**答：**按照社会角色追求目标的不同，社会角色可分为功利性角色与表现性角色。

(1)功利性角色与表现性角色的含义

①功利性角色，是指那些以追求效益和实际利益为目标的社会角色，这种角色行为的价值就在于实际利益的获得。

②表现性角色，指不是以获得经济上的效益或报酬为目的，而是以表现社会制度与秩序、表现社会行为规范、价值观念、思想道德等为目的的社会角色。

(2)功利性角色与表现性角色的作用

①功利性角色在社会上所起的作用主要是实现效率目标。任何一个社会要发展，就得追求经济的增长，就得追求实际物质利益，要实现收入大于支出，即追求效率。这样一种目标的追求虽然有可能在社会道德、社会公平等原则上引起一些麻烦，但却是必要的。

②表现性角色在一个社会中所起的主要是表现社会公平、维护社会正义的作用。在正常情况下，这些角色的行为维护着社会的道德底线，实现着社会的稳定。表现性角色的承担者往往对自己的事业抱有理想，怀有浓厚的兴趣、爱好，有强烈的自我实现的愿望。他们之所以履行角色的要求，主要是出于一种责任感、义务感，而不是着眼于报酬。

**9. 什么是角色距离？依据戈夫曼的角色距离理论，进入角色需要具备哪些条件？**(东财 2014 年研)

**相关试题：怎样运用角色距离理论？**(华中农大 2010 年研)

**答：**(1)角色距离的含义

在现实生活中，社会赋予某种角色的规范与角色扮演者的实际表现常常存在一定的差距。可以将这种角色期待与角色表现之间不相匹配的情况称为角色距离。角色距离的存在有多方面的原因，可能是角色扮演者尚未完全领会他们的角色，可能是角色扮演者自身的素质、能力、水平无法胜任该角色，也可能是因为个人的原因而拒绝按照他人对角色的期待去扮演角色。

(2)进入角色需具备的条件

戈夫曼认为，“进入角色”需要具备三方面条件：

①获得了承担某种角色的认可；

②表现出了扮演这一角色所必需的能力和品质；

③本能地或积极地，在精神上和体力上均投入这一角色。

当人们不具备这些条件时，或当人们与角色之间存在差距时，就不能进入角色。

**10. 角色冲突及其主要类型。**（中央财大 2011 年研）

**相关试题：**

**（1）角色冲突的表现。**（吉大 2019 年研）

**（2）角色冲突**（概念题，厦大 2019 年研；复旦 2018 年研；华中师大 2018 年研；中央财大 2017 年研）

**答：**角色冲突是指在社会角色的扮演中，在角色之间或角色内部发生了矛盾、对立和抵触，妨碍了角色扮演的顺利进行。角色冲突有两种不同的类型。

（1）角色间的冲突，即不同角色承担者之间的冲突。它常常是由于角色利益上的对立、角色期望的差别以及人们没有按角色规范行事等原因引起的。

（2）角色内的冲突，即由于多种社会地位和多种社会角色集于一人身上，而在他自身内部产生的冲突。有三种不同的情况：

①一个人所承担的多种社会角色同时对他提出了角色要求，使他难以胜任，这时便发生了角色内冲突。

②一个人所承担的几种角色，其行为规范互不相容，这时也会产生角色内冲突。

③在单一的角色内部，有时也会发生冲突。当处在某一角色上的人需要在两种尖锐对立的目标上做出选择的时候，便容易发生这种单一角色内部的冲突。

角色冲突会妨碍和破坏人们的正常生活秩序，因此，应尽力避免。防止角色冲突没有统一和固定的措施，只能根据不同情况采取相应对策。针对一个人因承担角色过多而造成的角色紧张，就应减少他过多的兼职，使他能把精力用在最重要的岗位上。针对因角色规范不一致而产生的冲突，就应采取使人的角色单一化的做法，即在一种场合只扮演一种角色。

**11. 谈谈社会角色失调的一般状况。**（北科大 2014 年研）

**相关试题：**

**（1）什么是角色失调？简述角色失调的表现及角色调适的原则。**（华中农大 2017 年研）

**（2）如何理解社会角色的失调现象？**（湖南师大 2016 年研）

**（3）简述角色失调的主要表现。**（河北大学 2016 年研；中央财大 2014 年研）

**（4）如何处理角色失调的问题。**（川大 2016 年研）

**答：**角色失调是角色扮演中出现的社会角色内部或角色之间的矛盾、失调等现象。人们对社会角色的扮演从来都不是一帆风顺的，就像社会的运行常会产生不协调因素一样，在社会角色的扮演中也常会产生矛盾，遇到障碍，甚至遭到失败，这就是角色失调。社会角色失调的一般状况主要包括：

（1）角色距离

在现实生活中，社会赋予某种角色的规范与角色扮演者的实际表现常常存在一定的差距。这种角色期待与角色表现之间不相匹配的情况被称为角色距离。

（2）角色冲突

①一个人承担的多种角色之间的矛盾一般称之为角色冲突。如，一位妇女作为经理可能忙于事业，但作为妻子和母亲的社会角色期望她在家庭生活上应该有更多的时间投入。

②不同的人所扮演的相对角色之间的矛盾称为角色冲突，如丈夫与妻子、父母与子女、邻居之间、顾客与服务员、领导与群众之间的冲突等。

③一个人承担同一角色时存在的矛盾，一般称之为角色紧张。如一名学生，按照角色要求应该在课堂上积极主动回答问题，但可能又因为不想让别的同学感觉难堪而不积极表现，这时他(她)就会经历角色紧张。角色紧张往往与角色规范或价值观密切相关。

(3)角色不清

角色不清是指社会大众或角色的扮演者对于某一角色的行为标准不清楚，不知道这一角色应该做什么、不应该做什么和怎样去做。在社会变迁中，当一种新角色初次来到社会上时，社会还没有来得及对它的权利义务做出明确规定，角色承担者本人不清楚，其他人的看法也有分歧，角色不清便由此产生。只有通过长期互动，当社会为它规定了明确的规范后，这种角色不清才能清除。

(4)角色中断

角色中断，指在一个人先后承担的两种角色之间发生了矛盾的现象。人们在一生中随着年龄和多方面条件的变化，总会依次承担多种角色。角色中断的发生是由于人们在承担前一种角色时并没有为后一阶段所要承担的角色做好准备，或前一种角色所具有的一套行为规范与后来的新角色所要求的行为直接冲突。

(5)角色失败

角色失败是指由于多种原因使角色扮演者无法再进行角色表演，最后，不得不终止表演，或者虽然还没有退出角色，但已经困难重重，每前进一步都将遇到更多的矛盾的现象。按照角色失败的结果，通常可将角色失败分为两种情况：

①角色的承担者不得不半途退出角色。例如，夫妻双方的矛盾发展到不可收拾的地步，双方无法共同生活，最后以离婚告终，离婚后，双方的夫妻角色便停止了。

②虽然还处在某种角色的位置上，但其表现已被实践证明是失败的。如父母的角色是负有教育子女的义务的，当某一对父母的子女不但没有好学上进，反而堕落为犯罪分子时，这对父母虽然仍处在父母的角色上，但他们的表现已被证明是不成功的。

**12. 库利"镜中我"理论。**(华东师大 2017 年研)

**答：**库利认为，一个人的自我观念是在与其他人的交往中形成的，一个人对自己的认识是其他人关于自己看法的反映。人们总是在想别人对自己的评价之中形成了自我的观念。一个人对于自我有了某种明确的想象——即他有了某种想法——涌现在自己心中，而这种自我感觉实际上是由别人对于自己的态度所决定的。这种类型的社会我可以称作"反射的自我"或"镜中我"。库利将自我意识的形成分为三个阶段：

(1)设想自己在他人面前的行为方式；

(2)行为之后，设想或理解他人对自己行为的评价；

(3)根据自己对他人的评价的想象来评价自己的行为，并据此做出下一步反应。

在这样一个循环往复的过程中，每个人的自我意识和个性就逐渐形成了。库利非常形象地将通过观察别人对自己行为的反应而形成的自我概念称为"镜中我"，即每个人的"自我”观念其实是他人这面“镜子”的反射。库利还注意到“初级群体”在个性发展和个体社会化过程中的重要作用。

库利提出“镜中我”的概念，用以强调个人与社会之间有机的和稳定的联系。他认为问题不在于承认个人或社会哪一个处在优势，而是要考虑个人如何存在于群体之中，以及群体如何存在于个人之中。与他的群体论相一致，他假定一个单独的个体是未曾经验过的抽象；同样，一个社会，当被视为与个体分离的事物时也是如此。真实的是，人的生活可以从个人方面去考察，也可以从社会的，即总的方面去考察。他的这种认识与极端原子论的个人主义相对立，而以相互作用或相互渗透作为社会学研究的特征。

## 五、论述题

**1. 试述社会互动的意义。**

**答：**(1)社会互动的含义

社会互动，又称社会交往活动或社会相互作用，是指社会主体之间为了满足各种需要而发生的、以信息传播为基础而形成的个人与个人、个人与群体以及群体与群体之间的相互沟通、相互作用和相互了解，从而在经济、政治、文化及心理等方面产生相互影响和相互依赖的社会行动过程。

(2)社会互动的意义

①社会互动能促进对自我的认识

人的社会化是在社会互动中完成的，从个性形成和人的发展的角度来看，社会互动对于促进人们对自我的认识有重要的作用。社会学家库利认为，一个人的自我意识是在社会互动中形成的。为此，他提出“镜中我”的概念。他认为，人们都是以他人为镜来认识自己的。在社会互动中人们通过他人对自己行为的态度和反应来反观自己，认识自己，就像从镜子里发现自己那样。

符号互动论的创始人乔治·米德认为“自我”源于社会互动，并且主要从儿童社会化的角度分析自我意识的形成。他认为，儿童并不具有天生的自我意识，他们是在角色扮演中通过对语言等符号的学习，学会把自己作为客体而产生自我意识的。在这一过程中他将“概化他人”的期待内化，并成为自我评价和自我概念的基础。

②社会互动能满足行动者的需要

人的社会性决定了人必须在社会中生活，个体的非自足性决定了他必须与他人共同活动来满足自己的需要，不管是感情的满足、物质利益的获取，还是归属感的获得和实现自尊，都需要与其他社会成员互动，通过有选择的社会互动满足自己的需要。人们的互动有时是主动的，也有时是被动的，但是无论如何它们都是有意识的，是注入了行动者的思想倾向的，通过这些有意识的行动满足现实的需要。社会互动是同人的需要密切联系在一起的，社会互动是满足需要的途径。

③社会互动是社会构成与发展的基础

社会结构的基础是社会关系。从发生学的角度来说，社会关系是人们在长期的共同生活(活动)中形成的。在共同的活动中人们选择了某些行为模式，使其结构化，成为社会关系的模式和社会结构的基础。吉登斯从行动与结构交织的角度对二者关系做了深入的理解，即认为社会结构的形成是一个过程，这个结构化过程具有行动和结构的二重性特征，社会系统的结构特征对于它们反复组织起来的实践来说，既是后者的中介，又是它的结果。可以说，没有人们之间的社会交往、社会互动，就不可能形成社会关系和社会结构。同时，社会互动促进着社会结构的变化，人们不断用自己的行动，通过社会互动建构着处于变动中的社会。

**2．试述西方社会学界不同理论流派关于社会互动的观点。**（山东大学2017年研）

**答：**西方社会学界不同理论流派关于社会互动的观点具体如下：

(1)符号互动论

符号互动论被认为是真正意义上的、最具代表性的社会互动理论，其研究取向是通过分析日常环境中人们相互作用的方式、机制和规律来研究人类群体生活。其创始人是社会心理学家米德。符号互动论关于社会互动的基本观点包括以下几个方面：

①人与人的互动是通过符号进行的，是符号互动；

②人的行为是有意义的，要理解某个行动，就要对行动者赋予其活动的意义做出解释；

③意义不是固定不变的，而是在互动过程中产生、修正、发展和变化的；

④在互动过程中，人们往往通过扮演他人的角色，从他人的角度来解释其思想和意向，并以此为根据来指导自己的行为；

⑤在互动过程中，人们往往从自己所认识到的他人对自己的态度和看法来认识自己，形成并修正自我概念。

符号互动论在对社会化、社会越轨行为、犯罪行为和交往沟通等问题的研究上做出了重大贡献，对后来的标签理论、建构理论等理论也产生了重要影响。符号互动论也受到不少批评，如认为它将社会关系简单地归结为人际关系，过于专注对小规模情境的研究，而忽视了宏观社会结构和历史要素，在遇到较为宏观的社会结构与过程时就陷入了困境。

(2)拟剧论

拟剧论把社会比作一个舞台，认为人们都在这里登台表演。由于戈夫曼把人们的活动比作剧院里的演出，从戏剧的角度研究社会互动，因而，他的理论被称为“拟剧论”。拟剧论的基本观点是：社会是一个舞台，全体成员是在这个舞台上扮演不同角色的演员。他们都会在社会互动中“表演”自己，塑造自己的形象并更好地达到自己的目的。在表演过程中，表演者通过印象管理来管理其他人对自己的印象，通过使用一些表演技巧来展示自己的形象，从而控制对方的行为。

戈夫曼对于互动细节的观察非常敏锐，对互动秩序和形式的分析也相当深入，他的理论观点产生了很大的影响。但是，他夸大了人类行为的表演性和虚伪性。事实上，印象管理并非互动行为的全部，很多时候人们会表现真实的自我。

(3)本土方法论

本土方法论是美国加芬克尔的社会学说，主张社会学应研究区域社会成员的日常生活世界、生活过程以及他们理解日常生活的方法，分析个人是如何理解其生活场所和社会情境并与他人取得行动上的一致性的。常人方法学是一个社会团体的成员理解他们的社会世界的方法。加芬克尔认为社会现实的形成是由一个社会的成员经常使用某种形成意义的方法所决定的。人们的理解对社会行为的原因与结果发生作用，由此形成社会行为的意义。正常的行为是符合日常生活世界的共同看法的，反常现象则不合于人们的理解习惯。各种社会团体经常有不同的解释方法，各个时期也有不同的解释方法。本土方法论的目的是为了证明日常生活的合理性，因为社会是由人们所创造的不断发展的结构，所以这种理论是以结构主义的方法说明人类行为的合理程度，并认为语言是人类生活的总的规则和秩序，由语言而产生了有意义的日常生活世界。

(4)人际互动理论

由于人际互动较多地涉及个体的心理特征，所以，社会心理学对人际互动进行了大量、深入的研究。研究的问题包括人的态度及其改变，动机与交往的关系，心理及社会因素对人际互动的影响等。通过实验、测量等方式得到了相当丰富的关于人际互动的规律性的认识。

①人际吸引。人们希望的社会交往来自于人际吸引，显然，具有较强人际吸引力的个人之间更倾向于进行交往。

②非语言沟通。最典型的方式是身体语言，它是包括表情、姿势在内的所有用面部表情、身体姿态和动作表示行动者意义的总称。这些身体语言在不同的文化中可能有相同的意义，也可能有不同的理解，而顺利的交往需要对符号的意义有共同的理解。

③刻板印象。人们关于事物或人们是什么样子的观念，是一种普遍的社会现象。

④人际空间。美国社会心理学家霍尔区分了人际互动中的四种人际距离：亲密距离、私人距离、社会距离和公众距离。

(5)参照群体理论

参照群体理论是关于人的社会心理态度和行为怎样受其从属的或追求的群体参照力所影响的社会心理学理论，是探寻个人与群体间社会心理现象的一种重要手段。参照群体指的是个体从心理上把自己列入、与之对照、并在评价、态度、行为上和在规范与价值观形成上接受其影响的群体。

(6)自我实现预言理论

“自我实现预言”的理论基础是托马斯提出的“情境定义”概念，认为人类行为不是对环境刺激的简单反应，在环境刺激与反应之间有一个主观定义的过程，即情境定义。此过程基于人们对他人行动等情境因素的理解或解释，以及理解或解释的个人依据(个人欲望、经验等)与社会依据(共同价值标准)。情境定义一旦确定，那么人的符合该定义的必然行为也就产生了。

(7)社会交换论

社会交换论的主要代表人物有霍曼斯、布劳等。他们把人与人之间的互动看作是交换行为，按照交换论者的观点，社会交换是人们交换报酬和惩罚的互动过程。它是指期望从别人那里得到回报，并且一般也确实得到了回报的人们的自愿行动。社会交换与对收益进行纯粹算计的经济交换不同，社会交换建立在信任的基础之上，并且未对义务作出具体规定。

社会交换论在解释人类社会互动中的交换行为上很有建树。但是，霍曼斯的行为主义交换论将一切对于社会行动的解释都看作是一种心理学的解释，具有明显的心理还原论色彩，并且把人的行为看作是动物式的刺激与反应的过程。

**3. 试述网络对社会互动的影响。**（安徽师大2017年研）

**相关试题：任选社会学视角，互联网对社会互动的影响进行研究设计。**（中央民大2018年研）

**答：** 网络对人们社会互动的影响是双面的，在给人们带来诸多便利与变化的同时，也带来了一定的社会问题。其影响具体表现在以下方面：

（1）网络对社会互动的积极影响

①网络社会中的互动摆脱了时间与空间的限制，扩大了社会互动的广度，使人与人之间的交往更具开放性与普遍性。在网络出现以前的社会，由于受到客观条件的限制，人们的生活环境狭小，人们的交往活动往往只能局限在一个有限的时空范围内，生活单一且封闭。而网络空间的出现，促进了交往方式的革命，克服了以往时空的局限性，增加了人们交往的便利性。

②网络的兴起使得社会互动更加平等。由于网络的虚拟性和匿名性，人们的网上交往无需考虑自己或对方的社会地位、经济收入、宗教信仰等社会现实生活中无法回避的因素，人们可以进行比较单纯的非功利性质的交流，交流双方都不会产生任何心理负担，实现了平等交流。

③网络可以使人们在社会互动中充分地表达自己。由于网络具有巨大的虚拟性，可以在某种程度上实现匿名，在网络交往中，基于性别、地位、财富和外貌而发生的人际关系在这里不复存在，人们可以真实地表达自己的思想、观点、看法，人们可以随心所欲、畅所欲言，个性得到了张扬，真实性也得到了充分的体现。

④网络使社会互动更加具有整体性。互联网可以进行点对面、甚至是立体的全方位交流，因而使得人们可以以不同方式，与不同国家、不同地区的人同时交流，促进了文化和知识的传播与共享。

（2）网络对社会互动的消极影响

①网络使得人与人之间的社会互动存在“局部性”。虽然网络空间中的成员身份是匿名的，交往是以符号为中介的，但是存在身体缺场的局限性。失去了面对面的接触和交流，使得成员的责任感降低，导致人际信任的缺失。

②过度以符号为中介的间接交往会使人产生孤独感。通过网络，我们似乎是联系在一起的，但实际上又活在自己的“气泡”之中。我们用一种在线的“中介式”互动来传递声音、表达情感、寻求支持，但是这种新型的亲密关系使我们陷入了一种全新的孤独状态：对人际关系的焦虑、线上和线下身份转换的模糊、新的时空紧张感。

③网络空间中的社会互动容易造成虚假信息的传播。网络空间中的主体的身份具有隐匿性，网民在匿名的情况下可能会虚假地发表自己的想法，而缺少信息判断能力的成员会自发地、主动地传播这些信息，使得网络上发表的内容参差不齐、鱼龙混杂。

**4. 结合角色理论的观点，谈谈我国社会转型和人口老龄化背景下的家庭代际关系。**（人大2018年研）

**答：**（1）角色理论

现今社会，人们在团体中生活，无论是临时性的还是长久的团体，每个人都具有自身在团体中的身份，占据某一位置的同时分担任务与发挥作用。在团体内，当个人身份与任务得到全体团员认可时，个人就产生了相应的团体角色。米德作为美国著名的社会心理学家，在社会心理学领域引入了角色概念。

角色理论是关于人的态度与行为怎样受其在社会中的角色地位及社会角色期望所影响的社会心理学理论。角色理论将社会看作一个舞台，人们在社会中生活，就像在舞台上扮演着各自特定的角色，并使角色成为组织与社会群体构建的基础。个人基于自身的社会角色，在相应位置上，进行自身角色义务履行的过程，也是人与社会产生联系、发生关系、实现人生意义的过程。个人只有对自身角色的相关权利与义务有正确的把握，才能够实现自身角色的成功扮演。

(2)我国社会转型和人口老龄化背景下的家庭代际关系

①代际关系的社会化

家庭内部的代际关系并不能自动地实现社会化。

a. 在传统经济社会中，代际关系主要体现在家庭内部。中国的孝道文化观念和社会范式更多地强调子女与父母之间的关系准则，因而只能调节资源在家庭内部的代际转移与分配，而无法调节社会资源的代际转移与分配，这是一种封闭式的代际资源转移模式。

b. 在现代经济条件下，社会资源的代际转移则主要通过社会保障制度、公共品等的社会转移和交换机制实现，因而这是一种开放式的转移模式。

②社会代际关系的社会心理结构转变

伴随着社会转型，以“效率”为主导的市场经济价值理念的主体地位得以确立，不仅改变了社会代际关系的社会心理基础，也逐渐弱化了老年人在代际关系中的地位。

a. 在传统社会，家庭代际关系占主体地位，由于老年人对家庭资源的掌控度较高，使得老年人群体在社会代际关系中也成为资源的主要占有者，社会代际关系的社会心理结构也相应地呈现出“尊老、敬老”的特征。

b. 在现代社会，以“效率”为价值导向的社会机制安排，当家庭内部抑或社会范围里的资源稀缺时，社会代际分配机制往往会倾向于年轻人而非老年人。导致老年人社会地位的下降。

③老年人问题和老龄危机凸显

在社会阶层分化加剧和社会利益结构重新构造的转型社会背景下，当公共资源分配不合理甚至存在不公平倾向的时候，当具有基础性质的社会制度安排、社会政策和公共服务体系尚未真正建立的时候，当优良的传统社会道德被忘记的时候，老年人问题和老龄危机就已经植根其中了。老年人口迅速增长和老龄化程度迅速提高只不过是使我国的民生制度安排和社会公共政策存在的问题和矛盾，在更大的范围和更深的层次上显现出来。我国人口老龄化挑战的真正涵义是：能否在经济、社会转型和人口迅速老龄化的条件下，建立起公平、合理、有效的国家制度安排和社会代际关系调节机制。

## 六、材料题

**请阅读下则材料，然后回答问题。**

材料：2004 年 12 月 13 日，中国社科院社会学研究所发布的《2005 年社会蓝皮书》中称，“2004 年中国居民生活质量报告”调查结果显示，目前中国近八成居民感到生活幸福，农村居民幸福感强于城镇居民。(材料来源：2004 年 12 月 14 日《南方都市报》)

**请问，你如何看待“农村居民幸福感强于城镇居民”这一结论？试用一种社会互动理论解释这一结论的合理性。**（华中农大2010年研）

**答：**（1）农村居民幸福感强于城镇居民这一结论是有一定的合理性的。

①在农村，祖祖辈辈依靠、依恋大自然，社会关系自成一体，相对封闭，“听天由命”的淡然心态油然而生，这种心态是淡然的，同时也是积极的、由衷的、乐观的，它恰好能给农村居民的幸福感带来积极效应；而在城市，社会经济急剧变化，生活节奏急促逼仄，很难容得下居民“听天由命”那种淡然而积极乐观的心态。

②相比城市居民而言，农村更看重家境。城市和农村家庭在结构、规模、关系等方面的不同，再加上在二元社会结构下，城市与农村不同的社会环境，使得个人发展与家庭境况的关联程度不同，因此在农村，越看重家境则幸福感越高，然而在城市，在原本个人努力对于个人发展更为紧要而家庭因素不是那么凸显的现代社会，如果城市居民非常看重家境在个人事业成功中的作用，所流露的更多是在现代城市社会中因为各种原因而滋生的非积极心态，进而其幸福感会有所缺失。

（2）从社会交换理论解释这一结论。

社会交换论形成于20世纪50年代末60年代初，主要代表人物有霍曼斯、布劳和埃默森。这一理论着眼于人们在社会生活中相互交往的外显行为，认为社会互动的实质是人们交换酬赏和惩罚的过程，并用代价和报酬来分析社会关系。社会交换论认为交换行为不仅存在于市场关系之中，而且存在于包括友谊、爱情在内的多种社会关系之中。根据题中材料我们可以分析出农村居民与城市居民在日常社会互动中的不同：

①农村居民

农村居民大部分居住在平房内，而且周围邻里之间的交流较容易，出门很容易就碰见。此外农村的社会生活较清闲，居民不是时刻在工作，因此农村居民之间便有更多的闲暇时间来相互交流，比如串门、互相看望、村里组织活动等，这都增进了居民之间的互动，以便在情感、人际关系等多方面的交流。

②城镇居民

城镇居民大部分居住在楼房，再加上城镇的人口流动性很强，因此居住在楼房的城市居民与周围邻里的互动是较少的。此外，城市生活节奏较快，居民大部分时间都在忙于工作，因此闲暇时间比较少，因而社会互动相对农村居民来说较少。

总之，根据社会交换论，相对于农村居民，城镇居民因为社会交换较少，因此得到的人与人之间的情感、人际关系方面的互动较少，情感交流较少。而与之相反的是，农村居民在这方面的交换、交流是频繁的。在这一点上，或许可以说农村居民幸福感强于城镇居民。

# 第八章　社会网络与社会群体

## 8.1　复习笔记

【知识梳理(庖丁解牛)】

- 社会网络与社会群体
  - 社会网络
    - 社会网络的含义
    - 社会网络的类型
    - 社会网络的功能
    - 社会网络分析
  - 社会群体
    - 社会群体的内涵
      - 社会群体的含义和特征
      - 社会群体形成与发展的基础
    - 社会群体的类型
      - 初级群体与次级群体
      - 正式群体与非正式群体
      - 内群体与外群体
      - 所属群体与参照群体
      - 血缘群体、地缘群体、业缘群体与趣缘群体
    - 社会群体结构及其作用过程
      - 群体凝聚力
      - 群体规范
      - 群体内部关系
      - 群体领导与决策
    - 社会群体的分化、冲突及其管理
  - 初级群体
    - 初级群体的基本特征
    - 初级群体的功能
      - 正功能
      - 负功能
    - 社会转型期的初级群体
      - 社会转型期初级群体的衰落趋势
      - 初级群体衰落的社会影响

【考点难点归纳(去粗取精)】

**考点一：社会网络　★★**

**1. 社会网络概述**(见表8-1)

**表 8-1 社会网络概述**

<table>
<tr><th>要点</th><th colspan="2">具体内容</th></tr>
<tr><td>含义</td><td colspan="2">社会网络是指社会行动者(个人、群体、组织等)及他们之间关系的集合</td></tr>
<tr><td>类型</td><td colspan="2">①按交换的资源不同可分为符号资源网络、物质资源网络、情感资源网络;<br>②按所涉及的社会关系可分为信息网络、资金网络、讨论网、聊天网、情感支持网等;<br>③按网络主体可分为人际关系网、家庭网、组织关系网、国际关系网;<br>④按成员关系的亲密程度可分为初级网络和次级网络;<br>⑤按联系的强弱程度可分为强关系网络和弱关系网络;<br>⑥按成员联系的密切程度可分为闭合性网络和开放性网络;<br>⑦按结构模式可分为团体格局网络和差序格局网络</td></tr>
<tr><td rowspan="2">功能</td><td>积极功能</td><td>①社会资源获取功能。人们可以通过社会网络获取资源,改变自身的社会地位。<br>②组织管理辅助功能。根据社会网络的嵌入性观点,基于网络的社会关系会影响经济交易。<br>③日常生活联系功能。社会网络在日常社会生活中有重要的社会支持功能</td></tr>
<tr><td>消极功能</td><td>①建立和维护社会网络是有代价的,需要花很多时间和精力。<br>②社会网络有局限性,当人们过分依赖社会网络时,网络反而限制了人们获得信息的其他机会与渠道。<br>③从宏观层面看,由于社会网络嵌入于社会结构之中,各类社会组织通过社会关系网寻求社会资源,若干社会网络的强势关系还可能形成利益集团和联盟,导致对社会资源的垄断,从而扩大分裂,造成冲突,带来社会整合问题</td></tr>
</table>

## 2. 社会网络分析概述(见表 8-2)

**表 8-2 社会网络分析概述**

| 要点 | 具体内容 |
|---|---|
| 含义 | 社会网络分析是一套理论、方法和技术,有助于分析复杂的社会结构和社会关系 |
| 观点 | ①网络分析法坚持一种实在论的观点,即社会关系和结构是客观存在的,行动者之间真实存在的关系可以作为外在物对行动者产生作用。<br>②世界是由网络而不是由群体组成的,行动者之间的关系居于首要地位,而行动者的属性居于次要地位。<br>③网络分析法的分析单位不是行动者,而是行动者之间的关系,注重收集和分析关于行动者之间联系、接触、联络等方面的数据 |
| 理论 | ①怀特提出的"机会链"理论,解释了内部劳动力市场的升迁现象。<br>②科尔曼等人提出的二级传播理论,以非正式关系解释传染病流传及信息流通问题。<br>③格兰诺维特的"弱关系优势理论",对劳动力市场中寻找与变换工作做了讨论,从互动的频率、情感强度、亲密关系和互惠交换四个维度来测量关系的强弱。<br>④林南等人的社会资本理论把资源获取作为中介变量,以社会网络解释寻找工作等现象。<br>⑤边燕杰等人的中国社会"强关系"假设,发现在伦理本位的中国社会中,职业流动者的社会网络主要是由亲属和朋友两类强关系构成,社会网络发挥作用的形式以提供人情为主,以传递信息为辅。<br>⑥博特的"结构洞"理论,分析了组织内权力的运作以及升迁过程,认为社会网络中的某个或某些个体和有些个体发生直接联系,但与其他个体不发生直接联系 |

**拓展：**社会网络的形态是多样化的，从个人建立社会网络的起点、过程和结果来看，主要表现为以下三组形态：①封闭形态和开放形态，以个人进出该社会网络难易程度的不同来区分；②稳固形态和松散形态，以个人和社会网络连接的紧密程度不同来区分；③互利形态和互补形态，以个人在社会网络中获得的利益来区分。

## 考点二：社会群体 ★★★

### 1. 社会群体概述(见表8-3)

表8-3 社会群体概述

| 要点 | 具体内容 | |
|---|---|---|
| 含义 | 又称社会团体，是指处在社会关系中的一群个人的集合体 | |
| 特征 | ①有明确的成员关系；②有持续的相互交往；③有一致的群体意识和规范；④有一定的分工协作；⑤有一致行动的能力 | |
| 类型 | 按群体成员关系的亲密程度 | a. 初级群体。指其成员相互熟悉、了解，因而以感情为基础结成亲密关系的社会群体。<br>b. 次级群体。指其成员为了某种特定的目标集合在一起，通过明确的规章制度结成正规关系的社会群体 |
| | 按群体正规化程度及成员间的互动方式 | a. 正式群体。正规化程度高，其成员间的互动采取制度化、规范化的方式。<br>b. 非正式群体。正规化程度低，其成员间的互动采取随意的、常规的方式 |
| | 按成员对群体的心理归属 | a. 内群体。指成员对其有团结、忠心、亲密及合作等感觉，成员在心理上自觉认同并归属于其中的群体。<br>b. 外群体。泛指内群体成员之外的其他任何“别人”的结合 |
| | 按成员的身份归属以及心理认同 | a. 所属群体。指成员身份所属的群体。<br>b. 参照群体。指某些成员用作其所属群体的参照对象的群体 |
| | 按群体内人际关系发生的缘由及其性质 | a. 血缘群体。指基于成员间血统或生理联系而形成的群体。<br>b. 地缘群体。指基于成员间空间或地理位置关系而形成的群体。<br>c. 业缘群体。指基于成员间劳动与职业间的联系而形成的群体。<br>d. 趣缘群体。指基于成员间兴趣、爱好、志向等的相同或相近而形成的群体 |
| | 按群体成员资格获得方式 | a. 先赋群体。指个人生来就具有该群体的属性，且此种属性一般不能由个人选择和改变的群体。<br>b. 自致群体。指个人通过后天努力获得进入资格或个人自由选择的群体 |
| | 按维系群体力量的性质 | a. 利益群体。指人们在获取利益以满足自身需要的社会活动中形成的、以利益关系为主要联系纽带的社会群体。<br>b. 信仰群体。指社会生活中基于共同的价值观和信仰而形成的各种群体 |

## 2. 社会群体结构及其作用过程(见表8-4)

表8-4 社会群体结构及其作用过程

| 要点 | | 具体内容 |
|---|---|---|
| 群体凝聚力 | | ①含义：指群体吸引其成员，把成员聚集于群体中并整合为一体的力量。<br>②发展表现：人际吸引、成员遵从规范与群体目标和规范的内化。<br>③影响因素：成员个人、群体自身以及环境等 |
| 群体规范 | | ①含义：指在某一特定群体活动中，被认为是合适的成员行为的一种期望，是群体所确立的一种标准化的观念。<br>②意义：群体规范在群体成员的共同活动中一经形成，便具有一种公认的社会力量，并不断内化为人们的心理尺度，成为对各种言行的判断标准 |
| 群体内部关系 | | 指成员间彼此交流与作用的状态和过程，是群体结构的重要组成部分 |
| 群体领导与决策 | 群体领导 | ①含义：指在群体内部关系网络中处于中心位置，并能对群体其他成员进行引导和施加影响的角色。<br>②领导形式：工具性领导与表意性领导。<br>③领导作风：权威型、民主型与放任型 |
| | 群体决策 | ①含义：指在群体活动中，群体针对遇到的问题做出判断和决定的过程，是群体发挥作用的重要步骤。<br>②阶段：搜集信息、对搜集到的信息做出评估、做出决定与恢复融洽关系 |

## 3. 社会群体的分化、冲突及其管理(见表8-5)

表8-5 社会群体的分化、冲突及其管理

| 要点 | 具体内容 |
|---|---|
| 社会群体的分化 | ①含义：指群体功能专门化和群体地位多样化。<br>②表现：水平分化和垂直分化 |
| 社会群体冲突 | ①含义：指同一群体内部成员之间或不同群体之间为了某种目标或价值观念而互相排斥和斗争的方式与过程。<br>②类型：a. 群体内冲突，是指群体成员之间为了某种目标或价值观念而互相排斥、斗争的方式与过程。b. 群体间冲突，是指不同群体之间为了某种目标或价值观念而互相排斥、斗争的方式与过程 |
| 社会群体冲突的管理 | ①含义：对群体冲突进行有效管理，减弱冲突的破坏性影响，利用和发挥冲突的积极作用，促进社会良性运行和协调发展。<br>②要求：a. 正确看待当前我国社会群体冲突；b. 建立科学有效的社会群体冲突化解机制 |

**拓展：**社会群体与人群是两个相互联系又相互区别的概念。人群是许多人为着共同的目的或兴趣聚集在一起，但他们之间缺乏了解，他们互动时间短、频率低，不能形成稳定的社会关系，不能形成这个集合体所特有的行为模式。因此，人群的特点是存在的时间短，聚集得快，散得也快。而群体则与人群相反，不仅互动频率高，还具有稳定的社会关系。不过，人群在一定条件下也可以发展成为社会群体。

### 考点三：初级社会群体概述(见表8-6) ★★★

表8-6 初级社会群体概述

| 要点 | 具体内容 |
|---|---|
| 基本特征 | ①成员有限；②成员间有直接的、经常的面对面互动；③成员间相互扮演多重角色，表现了全部个性；④成员间的交往富有感情；⑤成员难以替代；⑥群体整合程度高；⑦群体控制依靠非正式手段 |
| 功能 | ①正功能。包括：a. 承担社会化的任务；b. 满足人们的情感需要；c. 有助于维护社会秩序。<br>②负功能。<br>a. 从微观心理角度看，初级群体可能压抑个性的形成和个人积极性的发挥，限制个人的社会发展。<br>b. 从宏观结构角度看，正规组织中初级群体的存在，有可能干扰正式组织关系，破坏组织结构，妨碍组织效率的提高和组织目标的实现 |
| 衰落 | ①积极意义<br>a. 可能提供更多的个人自由。<br>b. 可能促进更大范围的社会整合。<br>c. 初级群体的衰落与初级关系的淡化，标志着人们更多地依靠正式分工及规章制度等次级关系来处理问题，从而有助于提高工作效率，实现组织目标。<br>②消极影响<br>a. 削弱了社会支持网络。<br>b. 削弱了非正式控制手段的影响力，增加了社会控制的难度。<br>c. 带来人际关系的疏远、冷漠，妨碍了人们的感情生活，人们的情感等精神需要难以得到有效满足，这成为现代社会许多社会问题的根源 |

拓展：初级群体主要包括：①家庭，最基本的初级群体。②邻里，是在地缘关系基础上结成的友好往来、守望相助的共同体。现代社会由于商品经济的发展，人们的迁移频繁，邻里关系淡化。③伙伴群体，是指以性格、志向、兴趣、感情、个性等因素为纽带结合而成的一种非正式群体。

## 8.2 课后习题详解

**1. 什么是社会网络？社会网络有什么功能？**

答：(1)社会网络的含义

社会网络是社会行动者(个人、群体、组织等)及他们之间关系的集合。

(2)社会网络的功能

①社会资源获取功能

人们可以通过社会网络获取资源，改变自身的社会地位。研究表明，网络关系在求职过程中相当重要。

②组织管理辅助功能

根据社会网络的嵌入性观点，基于网络的社会关系在几个方面会影响经济交易，如影响对信息与机会的获得、减轻与交易或企业相关的风险和不确定性等。

③日常生活联系功能

社会网络在日常社会生活中有重要的社会支持功能，如亲友网、聊天网、社会支持网等方面的研究都证明了这方面的功能。

④消极功能

a. 建立和维护社会网络是有代价的，需要花很多时间和精力。

b. 社会网络有局限性，当人们过分依赖社会网络的时候，网络反而限制了人们获得信息的其他机会与渠道，因为社会网络会排斥圈外人。

c. 从宏观层面看，由于社会网络嵌入于社会结构之中，各类社会组织通过社会关系网寻求社会资源，若干社会网络的强势关系还可能形成利益集团和联盟，导致对社会资源的垄断，从而扩大分裂，造成冲突，带来社会整合问题。

**2. 什么是社会群体？社会群体具有哪些基本特征？**

**答：**(1)社会群体的含义

社会群体是指人们通过互动而形成的、由某种社会关系联结起来的共同体，在这个共同体中，成员具有共同身份和某种团结感及其共同的期待。社会群体是社会赖以运行的基本结构要素之一。

(2)社会群体的基本特征

①有明确的成员关系。特定社会群体中的人称他们自己为该群体的成员，并且期望本群体成员做出某种行为，而这种行为是他们不期望非本群体的外界人做出的。

②有持续的相互交往。群体成员之间的关系不是临时性的，他们保持比较长久的交往。

③有一致的群体意识和规范。群体成员在交往过程中，通过心理与行为的相互影响或学习，会产生一些共同的观念、信仰、价值观和态度。群体成员有共同的兴趣和利害关系，并遵循一些模糊的或者明确规定的行为规范。

④有一定的分工协作。尽管在不同的群体中，内部分工协作的程度不一样，但是，群体内部的分工协作还是普遍存在的。在一些小型的初级群体中，内部成员的分工不很严格。

⑤有一致行动的能力。在群体意识和群体规范的作用下，社会群体随时可以产生共同一致的行动。社会群体与乌合之众的根本区别就在于有没有一致行动的能力。

**3. 社会群体有哪些基本类型？**

**答：**社会群体的基本类型包括：

(1)初级群体与次级群体(依据群体成员间关系的亲密程度划分)

初级群体是指其成员相互熟悉、了解，因而以感情为基础结成亲密关系的社会群体。

次级群体是指其成员为了某种特定的目标集合在一起，通过明确的规章制度结成正规关系的社会群体。

(2)正式群体与非正式群体(依据群体的正规化程度及其成员间的互动方式划分)

正式群体是指正规化程度高，其成员间的互动采取制度化、规范化的方式，成员的权利、义务及彼此间的关系都有明确的且常常是书面形式的规定的群体。

非正式群体是指正规化程度低，群体成员间的互动采取随意的、常规的方式，成员的权利、义务及彼此间的关系并没有明确的规定(尤其是成文的规定)的群体。

(3)内群体与外群体(依据成员对群体的心理归属划分)

内群体是指成员对其有团结、忠心、亲密及合作感觉的群体。

外群体，泛指内群体成员之外的其他任何“别人”的结合。内群体中的成员对外群体及其成员普遍抱有怀疑和偏见，甚至采取敌对态度，在心理上无任何归属感。

(4)所属群体与参照群体(依据群体成员的身份归属以及心理认同划分)

所属群体，又称隶属群体，是指成员身份所属的群体。它规定着成员的身份及其日常活动空间等方面。参照群体是指作为参照对象的群体，参照群体并非某一(些)成员身份所属的群体，但它却被某一(些)成员用作其所属群体的参照对象。

(5)血缘群体、地缘群体、业缘群体与趣缘群体(依据群体内人际关系发生的缘由及其性质划分)

血缘群体是基于成员间血统或生理联系而形成的群体。血缘群体历史最为悠久，是个体学习、参与社会生活的出发点。

地缘群体是基于成员间空间或地理位置关系而形成的群体。这类群体的出现比血缘群体要晚。比较稳定的、牢固的地缘群体是人类采取定居形式后的产物。

业缘群体是基于成员间劳动与职业间的联系而形成的群体。这类群体的出现是生产力日益发展、社会分工越来越细、阶级社会逐步产生的结果。

趣缘群体是基于成员间兴趣、爱好、志向等相同或相近而形成的群体。

(6)先赋群体和自致群体(按群体成员资格获得方式划分)

先赋群体是指个人生来就具有该群体的属性，且此种属性一般不能由个人选择和改变的群体，例如，性别群体、年龄群体、种族群体等。

自致群体是指个人通过后天努力获得进入资格或个人自由选择的群体，例如大学生群体。

(7)利益群体和信仰群体(按维系群体的力量的性质划分)

利益群体是指人们在获取利益以满足自身需要的社会活动中形成的、以利益关系为主要联系纽带的社会群体，例如市场中的合作伙伴等。

信仰群体是指社会生活中基于共同的价值观和信仰而形成的各种群体，如政党群体、教徒等。

**4. 什么叫群体凝聚力？影响群体凝聚力的因素有哪些？**

答：(1)群体凝聚力的含义

群体凝聚力，又称群体内聚力，是指群体吸引其成员，把成员聚集于群体中并整合为一体的力量。

(2)影响群体凝聚力的因素

参见本章考研真题与典型题详解简答题第6题答案。

**5. 试析初级社会群体的基本特征。**

答：参见本章考研真题与典型题详解简答题第2题答案。

**6. 试分析现代社会初级群体衰落的原因及其影响。**

答：(1)现代社会初级群体衰落的原因

①社会分化加剧，初级群体原有功能不断发生转移。在今天的城市里，儿童从小就被送到了托儿所、幼儿园，以后又上小学、中学以至大学，主要是接受次级群体的教育。这与传统社会中的初级群体功能有较大差别。

②初级关系日趋松懈。随着社会流动的加速、大众传媒的发展、价值观念的转变以及

家庭规模的缩小，人们之间的交往日趋具有短暂性、间接性和功利性的特点。

③一些初级群体已经名存实亡。现在农村中的村落已有解体的趋势，城市中的“邻居”成了纯粹地理上的概念。

(2)现代社会初级群体衰落的影响

从初级群体的正负功能来看，初级群体日渐衰落对社会生活既有积极的影响，又有消极的影响。

①积极影响

a. 这种衰落有可能提供更多的个人自由。

b. 初级群体的衰落，有可能促进更大范围的社会整合。

c. 初级群体的衰落与初级关系的淡化，标志着人们更多地依靠正式分工及规章制度等次级关系来处理问题，从而有助于提高工作效率，实现组织目标。

②消极影响

a. 初级群体的衰落削弱了社会支持网络。

b. 初级群体的衰落削弱了非正式控制手段的影响力，增加了社会控制的难度。

c. 初级群体的衰落带来人际关系的疏远、冷漠，妨碍了人们的感情生活，人们的情感等精神需要难以得到有效满足，这成为现代社会许多社会问题的根源。

## 8.3　考研真题与典型题详解

### 一、选择题

1. 群体类型依据群体内人际关系发生的缘由及其性质可以划分为以下哪几种？(　　)(中国青年政治学院 2009 年研)

A. 血缘群体　B. 初级群体　C. 次级群体　D. 业缘群体

E. 趣缘群体

【解析】依据群体内人际关系发生的缘由及其性质，可以将群体划分为血缘群体、地缘群体、业缘群体和趣缘群体。其含义分别为：①血缘群体，是基于成员间血统或生理联系而形成的群体。血缘群体历史最为悠久，是个体学习、参与社会生活的出发点。②地缘群体，是基于成员间空间或地理位置关系而形成的群体。③业缘群体，是基于成员间劳动与职业间的联系而形成的群体。这类群体的出现是生产力日益发展、社会分工越来越细、阶级社会逐步产生的结果。④趣缘群体，是基于成员间兴趣、爱好、志向等相同或相近而形成的群体。

【答案】ADE

2. 群体以群体的关系结构和组织功能为标准可以分为(　　)。(中大 2018 年研)

A. 初级群体和次级群体　B. 正式群体和非正式群体

C. 内群体和外群体　D. 大群体和小群体

【解析】正式群体的正规化程度高，其成员间的互动采取制度化、规范化的方式，成员的权利、义务及彼此间的关系都有明确的且常常是书面形式的规定。非正式群体的正规化程度低，其成员间的互动采取随意的、常规的方式，成员的权利、义务及彼此间的关系并没有明确的尤其是成文的规定。

【答案】B

3. 初级群体是个人参加社会生活的基础群体。属于初级群体的是（ ）。（中大2018年研）

A. 社团　　B. 邻里　　C. 职业　　D. 学校

【解析】参见本章考研真题与典型题详解概念题第1题答案。

【答案】B

## 二、概念题

**1. 初级群体**（北大2019年研；河北大学2018年研；南京师大2018年研；宁夏大学2018年研；浙江工商2017年研）

**答：**初级群体，又称直接群体、基本群体或首属群体，由社会学家库利首先提出，是指其成员相互熟悉、了解，因而以感情为基础结成亲密关系的社会群体。它反映了人们最简单、最基本的社会关系，是社会的基本构成单位。典型的初级群体有家庭、邻里、朋友和亲属等等。

**2. 次级群体**（中央财大2017年研）

**答：**次级群体，又称间接群体或次属群体，是指其成员为了某种特定的目标集合在一起，通过明确的规章制度结成正规关系的社会群体。在这类群体中，成员间的感情联系很少，面对面的接触很有限，主要是依据既定的角色联系在一起。其典型是各类社会组织，如军营、学校、大工厂和政府部门等。

**3. 非正式群体**（北科大2010年研）

**答：**非正式群体是指正规化程度低，群体成员间的互动采取随意的、常规的方式，成员的权利、义务及彼此间的关系并没有明确的规定（尤其是成文的规定）的群体。在非正式群体中，成员间通过经常性的自由交往，形成了一些不言而喻的规范和角色期望，大家自然地结合在一起。

**4. 内群体**（吉大2019年研；复旦2018年研；南京理工2010年研）

**答：**内群体的概念是美国社会学家萨姆纳在1906年提出来的。他试图通过内群体与外群体两个概念来描述群体成员对自己人或别人群体的感情。其中，内群体是指成员对其有团结、忠心、亲密及合作感觉的群体，也就是成员在心理上自觉认同并归属于其中的群体。在内群体中，成员具有相互爱护及相互同情的情操；与同属于一个群体的人在一起，彼此容易认识和了解，因而感觉自然自在。人们的日常生活大多以内群体为中心。

**5. 参照群体**（厦大2019年研；中央财大2011年研）

**答：**参照群体是指作为参照对象的群体。参照群体并非某一（些）成员身份所属的群体，但它却被某一（些）成员用作其所属群体的参照对象。参照群体一般是与所属群体同类的群体，但是，有时候参照群体并非与所属群体同类。根据成员的不同参照需要，会形成不同的参照群体；同一参照群体的意义在不同时期有可能发生变化。参照群体通常会对其成员的认知、情感、态度和价值观念等产生重大影响，并因此而削弱或加强所属群体的团结。

**6. 结构洞理论**（川大2016年研）

**答：**博特于1992年提出的"结构洞"理论，分析了组织内权力的运作以及升迁过程。

“结构洞”理论认为，社会网络中的某个或某些个体与有些个体发生直接联系，但与其他个体不发生直接联系。无直接联系或关系间断的现象，从网络整体来看就好像是网络结构中出现的空洞。存在结构洞时，连接两者的第三者拥有信息优势和控制优势，为了保持这种优势，第三者会尽力保持结构洞的存在，从而使另外两者高度依赖于自己的活动。所以，网络可以帮助人控制局势，提高在讨价还价中的地位。

**7. 参照群体理论**(安徽师大 2017 年研)

**答：**参照群体是用以表示个人在确定自己的地位时与之相对比的群体。这一理论认为，个体往往将参照群体(即个体在心理上所认同的群体)的价值和规范作为自己的社会观与价值观的依据，也作为评价自身和他人的标准。参照群体是研究个人的客观社会地位与其社会观点之间相互作用的社会心理机制的工具。

**8. 同辈群体**(中央财大 2018 年研)

**答：**同辈群体，又称同龄群体，它是由年龄相近的人自发结成的群体，一般指幼儿—少年群体。由于这种群体的主要活动是游戏，因而也可称为游戏群体。它一般因家庭毗邻、家长之间的友好交往等原因而形成。同辈群体并不像家庭、学校那样具有十分清楚的边界，但其群体边界仍然存在。它对于其成员的成长及其社会化的影响是通过在游戏中扮演角色来实现的，伙伴们在游戏中的互相纠正和补充会起到学习知识和实践规范的效果，对于儿童的社会化具有重要意义。

## 三、简答题

**1. 请对社会网络分析理论中格兰诺维特提出的“弱关系优势理论”作简要说明。**(广西民大 2018 年研)

**相关试题：**

**(1)格兰诺维特关于工作寻找研究的主要观点。**(北大 2019 年研)

**(2)格兰诺维特的“弱关系优势理论”及其后续研究结论，结合自身或社会实际，谈谈你的看法。**(复旦 2018 年研)

**答：**(1)社会网络与社会互动的关系

社会网络是行动者在互动中形成的社会联系。社会网络与社会互动之间有着密切关系。

①社会网络是社会互动的背景，大多数社会互动都发生在社会网络结构之中。有些网络是人们的互动自然结成的，如个人出生在家庭之中，就拥有了家族和亲属网络。还有许多社会互动是在个体特定社会地位的基础上产生的，个体因此而拥有一组社会关系。

②社会互动虽然是在社会结构中进行的，但同时社会互动也形成新的社会网络。人们在互动的基础上会形成复杂的社会关系，构成复杂的社会网络。个人会有意识地通过各种社会互动与交往来建构社会网络，以获取各种资源。

(2)格兰诺维特的“弱关系优势理论”

格兰诺维特指出，在传统社会，每个人接触最频繁的是自己的亲人、同学、朋友、同事。这是一种十分稳定但传播范围有限的社会认知，是一种“强连接”现象。同时，还存在另外一类相对于前一种社会关系更为广泛的却是肤浅的社会认知，例如一个被人无意间提到或者打开收音机偶然听到的一个人。格兰诺维特把后者称为“弱连接”。他对劳动力市场中寻找与变换工作做了讨论，认为要从互动的频率、情感强度、亲密关系和互惠交换四个维度来测量关系的强弱。他提出的"弱关系"假设认为，强关系是群体内部连接的纽带，而弱关系则是群体之间的纽带。群体内部身份地位的相同性，导致信息的重叠；而由弱关系相联系的不同群体则掌握着不同的信息，因此弱关系起着有效传递信息的桥梁作用。

**2. 简述初级社会群体的特点。**（山东大学 2017 年研）

**相关试题：**

**(1)什么是初级群体？简述其基本特征。**（中央财大 2018 年研）

**(2)如何理解初级群体的基本特征？**（湖南师大 2016 年研）

**(3)初级群体的特点。**（西北师大 2015 年研）

**答：**初级群体，又称直接群体、基本群体或首属群体，是指其成员相互熟悉、了解，因而以感情为基础结成亲密关系的社会群体。初级社会群体的特点主要包括：

(1)成员有限

初级群体一般是指 2 人到 30 人的小群体。

(2)成员间有直接的、经常的面对面互动

在人数较少的初级群体中，人们可以直接地、面对面地交往，不需要什么中间环节。正是在直接交往中，成员对于彼此的言谈举止都非常熟悉，从而增进了彼此间的感情联系。

(3)成员间相互扮演多重角色，表现了全部个性

在初级群体中，成员间并没有明确、严格的分工，不可能仅仅保持一种角色关系。一般说来，人们之间的关系由一种角色关系转变为多重角色关系，正是初级群体形成的一个标志。

(4)成员间的交往富于情感

在初级群体中，成员之间的交往不只停留在就事论事的表层关系上，而是富有"人情味"。每个成员都希望了解对方的内心，进行情感上的交流。成员间期望相互关心与安慰，有一种共同的心理维系。情感交流是成员间亲密关系的基础。

(5)成员难以替代

在初级群体中，成员间充满着富于感情色彩的多种角色关系，因而某个特定成员是不能随意由另外一个人来代替的。在这一点上，初级群体中成员间的关系具有特殊性。群体中任何一个成员的缺失，都会给其他成员造成很大的心理震动。

(6)群体整合程度高

初级群体中，成员彼此熟悉，关系极为复杂而且密切，利益休戚相关，因而其群体意识很强，群体整合程度高，尤其是在维护和争取群体利益与荣誉方面，所有成员在行动上往往表现出高度的一致。个别成员的偏离、背叛，会招致严厉的制裁。

(7)群体控制依靠非正式手段

在初级群体中，一般没有明确、严格的规章、制度和法律。成员的行为、成员间的关系以及成员与群体的关系，主要靠习惯、风俗、伦理道德、群体意识等非正式的手段来控制和维持。

**3. 什么叫初级群体？请简述初级群体的功能。**（河北大学 2016 年研）

**相关试题：简述初级群体的正功能和负功能。**（吉大 2018 年研）

**答：**(1)初级群体的概念

参见本章考研真题与典型题详解概念题第1题答案。

(2)初级群体的功能

①正功能

a. 承担着社会化的任务

初级群体内富于感情的人际关系和表现多种角色的人际交往，使其在人(特别是未成年人)的社会化过程中，发挥着极其重要的功能。

b. 满足人们的情感需要

初级群体可以满足人们多方面的需求。无论过去还是现在，初级群体都在满足人们感情需要、减轻心理压力、防止人性异化等方面发挥着重要作用。

c. 有助于维护社会秩序

初级群体是社会最基本的单位，是在潜移默化中保存和传递社会文化的重要力量。另外，初级群体的形式本身，也发挥着维护社会秩序的重要功能。初级群体通过其规范和内聚力的作用，有效地控制着群体成员的行为。

②负功能

a. 从微观心理角度看

初级群体可能压抑个性的形成和个人积极性的发挥，限制个人的社会发展。初级群体中，成员间关系亲密，成员对群体的忠诚感强，在某些时候，会发生个体意识消退，个体盲目遵从群体意识和规范的现象。那些与群体中其他成员发生不愉快、不遵守群体规范的人，会被孤立，乃至遭受明显的冷落和惩罚。因而，当个人发挥其积极性，自觉谋求自身更大发展的心理与行为时，就会受到一定的抑制。

b. 从宏观结构角度看

正规组织中初级群体的存在，有可能干扰正式组织关系、破坏组织结构，妨碍组织效率的提高和组织目标的实现。

**4. 简述初级群体衰落对社会生活的影响。**(安徽师大2018年研，中央财大2012年研)

**相关试题：结合当前我国社会生活的实际发展试述当代中国社会转型期初级群体的变化。**(中央财大2015年研)

**答：**参见本章课后习题详解第6题答案。

**5. 简述正式群体与非正式群体。**(人大2011年研)

**答：**依据群体的正规化程度及其成员间的互动方式，群体可以分为正式群体和非正式群体。

(1)正式群体

正式群体的正规化程度高，其成员间的互动采取制度化、规范化的方式，成员的权利、义务及彼此间的关系都有明确的且常常是书面形式的规定。

(2)非正式群体

非正式群体的正规化程度低，其成员间的互动采取随意的、常规的方式，成员的权利、义务及彼此间的关系并没有明确的尤其是成文的规定。

**6. 影响群体凝聚力的因素有哪些？**(华中农大2011年研)

**(1)什么是群体凝聚力？结合中国共产党十九大报告精神，谈谈如何增强中华民族凝聚**

力?(论述题，宁夏大学 2018 年研)

(2)简述影响群体凝聚力的主要因素。(中央财大 2015 年研)

答：群体凝聚力又称群体内聚力，指群体吸引其成员、把成员聚集于群体中并整合为一体的力量。影响群体凝聚力的因素涉及成员个人、群体自身以及环境等方面，具体表现为：

(1)从个人和群体的心理互动上看

群体自身是否对其成员具有吸引力和成员个人是否感受到这种吸引力，都对群体凝聚力产生重要影响。如果一个群体对其成员确实具有魅力，而其成员又自觉地意识到这一点，就可能诱发出成员对群体的忠诚感，从而增强群体凝聚力。

(2)从个人和群体间的利益关系看

个人和群体的利益能否保持一致，也影响着群体凝聚力的状况。成员与群体、成员与成员之间的关系必须遵循互惠性原则，即共同获得利益，才有可能长久维持。如果成员通过遵循群体的规范，在群体中活动，能够充分满足自己的各种需要，就会刺激其积极性，提高群体凝聚力。

(3)从成员在群体中的关系结构看

成员在群体中的关系结构是否遵循一致性原则和互补性原则，也直接影响着群体凝聚力的高低。一方面，如果成员在年龄、职业、社会地位、文化背景，尤其是志向、兴趣、爱好等认知态度方面具有某种一致性或相似性，成员间的吸引力就强，容易成为“知己”或“莫逆之交”等紧密团结的群体。另一方面，如果成员在性别、年龄、性格、气质和能力等方面可以恰到好处地相互补偿，形成明显的互补关系，往往也会增强群体的凝聚力。

(4)从群体成员与其领导的关系看

群体成员是否了解和信任其领导的才能，以及领导资格的取得是否具有合法性，甚至领导个人是否具有魅力，这些都对群体凝聚力有很大影响。具有权威的领导和成员对此权威的认同、拥护，是增强群体凝聚力的必要条件。

(5)从群体与其环境的关系看

如果一个群体内部尚不存在分裂性因素，当其面临环境的巨大压力与威胁时，其凝聚力也会大大增强。古代楚汉相争时，名将韩信背水结阵，就是利用这一原理，增强军队的凝聚力，以便打击敌军。

7. 什么是群体规范?(河北大学 2016 年研；人大 2012 年研)

答：群体规范是指在某一特定群体活动中，被期望其成员共同遵守的行为方式的总和，是群体所确立的一种标准化的观念。

(1)群体规范的形成有其一定的心理机制。

①人们在共同的生活中，对于外界事物的经验具有一种将其格式化、规范化的自然倾向，这种规范化的经验被称为定型，它有助于人们在重新遇到此类事物时做出尽快的反应。

②群体规范的形成还受模仿、暗示、从众、服从等因素的影响，是群体成员为实现群体目标而发生相互作用的结果。

(2)群体规范在群体成员的共同活动中一经形成，便具有一种公认的社会力量，并不断内化为人们的心理尺度，成为对各种言行的判断标准。群体规范还指示了人们满足需要所采取的方式和相应的行为目标，从而规定了人们日常行为的范围和准则。最后，群体规范由于能够促成群体成员行为的一致和协调，从而发挥了维持群体生存的功能。

(3)群体与群体之间，尤其是正式群体与存在于其内部的非正式群体之间规范上的冲突与对立，往往会造成一些混乱状态，在实际工作中应注意避免。

**8. 简述初级群体形成的条件。**(河北大学 2014 年研)

**答：**初级群体的形成，一般需要具备以下几个方面的必要条件：

(1)活动空间接近。

这里的空间包括现实中的区位关系，也包括观念上的区位关系。在现实生活中，地理位置上的接近，便于相互接触与了解，彼此间容易变得熟悉。

(2)接触时间长。

只有持续的长期交往，人们之间才有可能全面了解。富于感情色彩的初级关系，只有在这种基础上才有可能建立。

(3)相互交往比较自由，不受过多的拘束。

当人们处在具有严格规定、不具感情色彩的角色或地位上时，彼此就不易形成初级群体。例如，一名教师如果时时、处处、事事都扮演课堂上的角色，那么他与学生始终只会维持一种单一的次级关系；如果他深入学生中间，与学生交朋友，并一起进行各种娱乐活动，久而久之，就可能与学生形成亲密的初级关系。

(4)交往各方角色、地位间的社会差异较小。

角色、地位相差悬殊，本身就限制了人们的交往机会。即便有了机会，也有难以避免的拘束感，就像一个公司普通职员突然与董事长见面一样，难免产生紧张。另外，由于交往各方角色、地位差异太大，彼此也难以找到共同语言，在兴趣、气质、生活方式等许多方面，可能都不一致，而这些都是维系初级关系的重要因素。因此，初级群体一般都是在“门当户对”的基础上结成的，当然这不排除在能够互补的相异角色间建立初级关系。

除此而外，群体成员的稳定性以及某些人突出的个性特征(如婚姻关系中人的外表、品质等)，都有助于稳定的初级群体的形成。

**9. 领导作风的基本类型。**(中央财大 2011 年研)

**答：**领导作风有三种基本类型：

(1)权威型。这种类型的领导人独自决定群体政策和分配任务，几乎是单纯发号施令。

(2)民主型。这种类型的领导人倾向于与群体成员讨论、交流以确定政策和任务，从而保证群体行动的一致。

(3)放任型。这种类型的领导人散漫怠惰，几乎不对群体成员加以指导或组织，任其自由行动。

**10. 试比较初级群体和次级群体的特性。**(南开 2016 年研)

**答：**(1)初级群体、次级群体的含义

①初级群体，又称直接群体、基本群体，是指成员间有着面对面的直接交往，具有密切的人际关系和较浓厚的感情色彩的群体。

②次级群体，又称间接群体或次属群体，是指人们为实现特定目标，通过明确的规章制度而结成的具有正规关系的社会群体。

(2)初级群体和次级群体的特性的差异

①群体成员间关系的亲密程度不同

初级群体的成员间有着面对面的直接交往，是具有密切的人际关系和较浓厚的感情色彩的社会群体。次级群体的成员间是为实现特定目标，通过明确的规章制度而结成的具有正规关系的社会群体。两者比较而言，初级群体的成员比次级群体的成员关系更为亲密。

②基本特征不同

a. 初级群体的基本特征有以下几点：

第一，群体成员数量有限。从规模上看，初级群体一般是指 2～30 人的小群体。

第二，群体成员间有直接的、经常的面对面互动。

第三，群体成员间的交往具有情感性。成员间期望相互关心与安慰，有一种共同的心理维系。

第四，群体成员的关系难以替代。在初级群体中，成员间充满着富于感情色彩的多种角色关系，因而，某个特定成员是不能随意由另外一个人来代替的。

第五，群体整合程度高且多依靠非正式控制。在初级群体中，成员彼此熟悉，关系极为复杂、密切，利益休戚相关，因而，其群体意识很强，群体整合程度高。

b. 次级群体的基本特征有以下几点：

第一，次级群体成员间的关系多数是工具性的。由于次级群体成员关系的建立主要是基于偶然的合作关系，他们之间相对自由、灵活，一般很难有像初级群体成员那样的情感性私人关系，多数停留在合作范围之内，是工具性的关系。这种特征反映了次级群体的目的是为了达到务实的目标，而不是提供情感支持或作为自我表达的工具。

第二，次级群体成员关系的转移性和可替代性比较强。次级群体不像初级群体那样，维系次级群体的是一种特殊的、缺少情感联系的关系，它能够很轻易地找到替代者，人们可以在很广泛的范围内建立次级关系。

③对个人和社会的意义不同

a. 初级群体对个人和社会的意义

第一，初级群体是个人与社会之间的桥梁。个人首先正是通过不同的初级群体，完成了社会化的任务，从一个生物人成为一个社会人。初级群体内富于感情的人际关系和表现多种角色的人际交往，使其在个人，特别是儿童的社会化过程中，发挥着极其重要的功能。

第二，初级群体可以被看作是社会的雏形。人们首先通过初级群体认识社会、了解社会，并与社会建立起了广泛而密切的联系。

第三，初级群体在人们的社会生活中占有非常重要的地位，对人们的心理与行为有着重大影响。初级群体在满足人们的情感需要、减轻心理压力、防止人性异化等方面发挥着重要的作用。初级群体通过其规范和内聚力的作用，有效地控制着群体成员的行为。社会的伦理道德、风俗习惯等，都是通过初级群体才内化为社会成员的行为规范，从而发挥其社会控制效力的。

b. 次级群体对个人和社会的意义

第一，次级群体给个人提供了更多的自主性。次级群体由于个人空间相对较大，有利于人们自主性的充分发挥，而不像初级群体那样，因为内部整合程度高，压抑和束缚人的个性与自由。

第二，次级群体有助于更大范围的社会整合。初级群体自身具有一定的封闭性和排他性，有时会导致社会成员间的隔阂与对立，妨碍社会的充分一体化；而次级群体则比较开放，成员的流动性和吸纳性较高，有助于更大范围内的整合。

第三，次级群体日益占主导地位，标志着人们更多地依靠正式分工及规章制度等次级关系来处理问题，从而有助于提高工作效率、实现组织目标，这是一个社会走向合理化的表现。

## 四、论述题

**1. 试论我国社会转型期的初级群体的变化。**（人大2012年研）

**相关试题：如何分析和认识当代中国社会转型期初级群体的变化？**（华中农大2010年研）

**答：**当前，我国社会正处于从传统社会向现代社会的转型期。随着这一转型过程的推进，初级群体的性质和地位都将发生变化，并对社会生活产生重要影响。我国社会转型期的初级群体的变化主要表现在以下几个方面：

(1)从群体成员资格的获取看，现在人们选择、组合初级群体的自由度有所增加。

现代社会流动速度大大加快，人们的交际面也大大拓宽。除了出生于其中的家庭外，人们可以充分发挥主动性，自由挑选朋友、伙伴和情侣。

(2)从初级群体的发展趋势看，在转型期，初级群体将日渐衰落。具体表现在以下几方面：

①社会分化加剧，初级群体原有功能不断发生转移。例如，在传统社会，儿童主要在家庭这类初级群体中接受教育。然而，在今天的城市里(包括一些发达的农村地区)，儿童从小就被送到了托儿所、幼儿园，以后又上小学、中学以至大学，因而主要是在次级群体中接受教育。

②初级关系日趋松懈。随着社会流动的加速、大众传媒的发展、价值观念的转变以及家庭规模的缩小，人们之间的交往日趋具有短暂性、间接性和功利性的特点。

③一些初级群体已经名存实亡。例如，传统社会中的村落和邻居，都曾是重要的初级群体。而现在农村中的村落已有解体的趋势，城市中的“邻居”成了纯粹地理上的概念。很多长期居住在同一幢楼房里的人，彼此可能连姓甚名谁都不知道。

(3)初级群体的衰落对社会生活的影响

从初级群体的正负功能来看，初级群体日渐衰落对社会生活既有积极的影响，又有消极的影响。

①积极影响

a. 这种衰落有可能提供更多的个人自由；

b. 初级群体的衰落，有可能促进更大范围的社会整合；

c. 初级群体的衰落与初级关系的淡化，标志着人们更多地依靠正式分工及规章制度等次级关系来处理问题，从而有助于提高工作效率，实现组织目标。

②消极影响

a. 初级群体的衰落削弱了社会支持网络；

b. 初级群体的衰落也削弱了非正式控制手段的影响力，增加了社会控制的难度；

c. 初级群体的衰落带来了人际关系的疏远、冷漠，妨碍了人们的感情生活，人们的情感等精神需要难以得到有效满足，这成为现代社会许多社会问题的根源。

**2. 试述社会网络的特性和功能。**

相关试题：

(1)简述社会网络的功能。(安徽师大2017年研；中央财大2014年研)

(2)论述社会网络的功能。(论述题，南京林业大学2017年研)

(3)简述社会网络的正功能和反功能。(南航2016年研)

答：(1)社会网络的特性

社会网络是经过各种媒介，通过社会互动所形成的个人之间的复杂联系网。社会网络具有五个特征：

①社会网络的形成是地缘、血缘、学缘、业缘等多方面的因素使然。

许多网络在人的一生中是自然形成的。比如邻居网络、同乡网络的形成是因为地缘，亲戚网络是由于血缘，校友网络是由于学缘，同事网络是由于业缘。

②社会网络反映个人和社会关系的本质。

社会网络实际上是人际互动的反映，一方面它要受社会关系的规定和制约；另一方面，又构成广泛的、间接的、更为复杂的个人和社会关系的基础。要认识个人和社会之间关系的本质，必须要对个人所属的社会网络及其中的社会互动加以分析。

③社会网络是经过个人之间的社会互动所形成的。

运用各种互动的媒介和符号进行交往是社会网络得以形成的前提，单向的行动是无法构成社会网络的。

④社会网络对个人来说具有效益。

人们可以从自己所属的社会网络中，获得所需要的信息和情感的支持，满足个人在社会生活中的多种需求，丰富个人的社会生活。

⑤社会网络是相对稳定的。

不同的社会网络内部，可能是紧密联系的，也可能是松散联系的，但一般而言，社会网络一旦形成，就具有相对的稳定性。

(2)社会网络的功能

①社会资源获取功能。人们可以通过社会网络获取资源，改变自身的社会地位。

②组织管理辅助功能。社会网络的作用在中国社会转型的背景下更具特殊性，转型经济的高度不确定性可能会促进对社会网络的培植和利用。

③日常生活联系功能。各种网络能为其成员提供各种支持和保障，不仅是物质上的，更重要的是情感和精神方面的。

④社会网络的负功能。它限制了人们获取信息的渠道和机会。宏观上，社会网络的强势关系可能形成利益集团和联盟，从而导致社会资源的垄断。

**3. 联系实际，运用社会网络的观点如何看待中国社会中拉“关系”的现象？**

答：社会网络反映个人和社会关系的本质，中国社会中拉“关系”实际上就是人际互动的体现。人们倾向于从自己所处的社会网络中，获得所需要的信息和情感的支持，满足个人在社会生活中的多种需求，丰富个人的社会生活。通过拉“关系”形成的社交网络，人们可以从中获取资源，进而改变自身的社会地位，这也体现了社会网络的效益性。

中国人关系中的感情，是指一种长时间的情感托付和亲密的联系，与西方人的感情不同，它总是伴随着一些物质责任。中国人的感情可以被别人蓄意地培养并被利用，这就是所谓的感情投资。而这种带功利性的感情投资已经不是真感情了，应该被视为人情的范畴。人情具有情感、资源、责任与规范等四个维度。阎云翔认为人情伦理有三个维度，即理性计算、道德责任和情感依附，这也就是关系网中的规则。

中国人在关系实践中特别注重亲疏的差别。在不同亲疏的关系中，他们的互动方式可能有所不同。有些学者在不同的亲疏的基础上区分了不同种类的关系，黄光国区分了“表达性关系”“混合型关系”和“工具性关系”，阎云翔提出了“首要关系”和“扩展关系”，还有常向群的“往来类型学”。“亲、中、疏”关系与格兰诺维特的“强关系”和“弱关系”相近，中国人以“私”为中心扩展亲属关系，以此形成了“差序格局”。

# 第九章　家庭、婚姻、性与社会性别

## 9.1　复习笔记

### 【知识梳理(庖丁解牛)】

- 家庭、婚姻、性与社会性别
  - 研究概述
    - 研究对象与意义
    - 研究的独特角度
  - 婚姻家庭社会学
    - 定义
      - 婚姻
      - 家庭
    - 婚姻与家庭的结构与关系研究
      - 家庭的规模与结构
      - 家庭关系
      - 家庭功能
      - 影响婚姻家庭的各种社会因素
    - 婚姻家庭的过程研究
      - 婚姻准备与结婚
      - 婚姻的维系
      - 婚姻质量
      - 离婚率与离婚问题
  - 性社会学
    - 性的概念
    - 性的社会因素
      - 性的生命周期
      - 性与性别的互构系统
      - 性的阶层规定
      - 性的话语管治与行为培训
      - 涉性的人际交往
      - 性生活中的社会因素
    - 性在社会活动中的表现
      - 根本问题
      - 性在互联网上
      - “性的少数人群”的“出柜”
      - 性权利、性健康与性快乐
      - 性教育
      - 与性有关的社会问题
  - 性别角色与社会性别
    - 从本质的性别角色到建构的社会性别
    - 性别概念的重构
    - 性别的社会定轨
    - 社会性别理论在中国

## 【考点难点归纳(去粗取精)】

### 考点一：婚姻家庭社会学 ★★★

#### 1. 婚姻的定义(见表9-1)

表9-1 婚姻的定义

| 侧重方面 | 定义 |
|---|---|
| 作为生活实体 | 持续的性关系+共同生活 |
| 作为社会设置 | ①两人按照社会所要求的契约关系和程序来组建共同生活。<br>②双方都与对方原来的家庭结成确定的关系 |

#### 2. 家庭概述(见表9-2)

表9-2 家庭概述

| 要点 | 具体内容 |
|---|---|
| 定义 | ①作为生活实体，其定义可概括为：实体婚姻+子女+生活共同体。<br>②作为社会设置，其定义强调的是：血缘+供养+继承，以及由此所产生的各种权利义务关系 |
| 类型 | ①核心家庭(夫妇家庭)：指父母与未婚子女共同居住和生活。<br>②主干家庭：指父母(或一方)与一对已婚子女(或再加其他亲属)共同居住生活。<br>③联合家庭：指父母(或一方)与多对已婚子女(或再加其他亲属)共同居住生活，包括子女已成家却不分家 |

#### 3. 婚姻家庭的过程(见表9-3)

表9-3 婚姻家庭的过程

| 要点 | 具体内容 | |
|---|---|---|
| 婚姻准备与结婚 | 婚姻准备 | 包括：①第一要素：亲密。②第二要素：知心。③第三要素：吸引。④第四要素：关切与体贴 |
| | 婚姻准备中择偶的测度 | 包括：①择偶动机；②择偶标准；③通婚圈半径；④通婚者的般配程度；⑤择偶的家庭因素；⑥择偶经历 |
| | 结婚的考察 | 包括：①结婚行为的具体形式；②结婚投入；③结婚对双方的价值 |
| 婚姻的维系 | 中国正处于急剧转型期，包括：①婚内两性地位与角色在变化；②夫妻共同的生活目标更难以建立；③婚姻目标日益浪漫化 | |
| 婚姻质量 | 包括：①对配偶的评价；②对双方共同生活状况的评价；③与假想的“第三者”比较的评价 | |

**拓展：** 家庭是由婚姻、血缘或收养关系所组成的社会生活的基本单位，家庭是婚姻的结果，也是人口再生产的基本单位。家庭制度是关于家庭的性质、关系、功能、权利和义务的一整套规范体系，是整个社会制度的重要组成部分。任何社会都有一套相关的家庭制度。

## 考点二：性社会学　★★★

### 1. 性的社会因素（见表 9-4）

表 9-4　性的社会因素

| 社会因素 | 具体内容 |
| --- | --- |
| 性的生命周期 | 在中国表现为从无性到有性再到无性的过程 |
| 性与性别的互构系统 | ①两性的生物差异已被社会重新解释为性的性别角色。<br>②从社会性别的视角来看，中国传统女性从小就被社会化为无性人或少性人 |
| 性的阶层规定 | 特定社会总是把占据优势地位的那些阶层的性关系与性行为模式，规定为总人口的典范或准则 |
| 涉性的人际交往 | 指那些客观上最终要结成性关系，当前并无具体性表现的人际交往，如谈恋爱 |

### 2. 性在社会活动中的表现（见表 9-5）

表 9-5　性在社会活动中的表现

| 主要表现 | 具体内容 |
| --- | --- |
| 性、爱情、婚姻三者的关系 | 近些年来中国性文化的主要变化，表现为爱情与性的作用越来越大，而婚姻的主宰地位正在日益丧失 |
| 性在互联网上 | 指主要以互联网和移动互联网为载体的各种可以获得性的满足感的实践 |
| "性的少数人群"的"出柜" | 包括：女同性恋、男同性恋、双性恋、跨性别、"酷儿"、间性，在国际上被统称为 LGBTQI，包含所有在社会中处于少数地位的那些社会性别与性实践 |

**拓展：** 自 20 世纪 80 年代以来，性教育在中国得到普及，它在一些方面发挥了很大的作用，包括：①性教育是色情品和嫖娼卖淫的天然有力的对抗物；②性健康教育是预防性病、艾滋病的基本措施；③性教育有助于提高婚姻质量、保护妇女儿童权益和计划生育工作。

## 考点三：性别角色与社会性别（见表 9-6）　★★★

表 9-6　性别角色与社会性别

| 要点 | 具体内容 |
| --- | --- |
| 从性别角色到社会性别 | ①性别角色是指社会针对具有不同生物性别的人所制定的、足以确定其身份与地位的一整套权利、义务的规范与行为、表现的模式。<br>②"社会性别"专指作为社会与文化的构成，通过社会化而学习到的、与两种生物性别相关的、对于一整套规范的期望，以及落实了的行为，且强调男女不平等的权力结构 |
| 性别概念的重构 | 理论取向：①社会性别不是从染色体性别开始，依次决定后面的各个层次；②各个层次之间并不必然应该统一；③社会性别不是一个固定的范畴，而是容易变化的 |
| 性别的社会定轨 | ①社会性别理论认为，"社会性别定轨"严重损害了个体的权利和发展。<br>②改变性别社会定轨的途径：<br>a. "进化主义"流派认为，首先应该促进社会的整体发展，并且依靠社会进步，才能逐渐解决这个问题；<br>b. "构建主义"流派认为，首先应该通过人们的自我努力，来打破以往的社会性别定轨，才能促进社会的整体发展 |

拓展：人在社会化过程中，自始至终都要受到性别角色的影响。性别社会化并不是一个顺利的过程，有可能在家庭、学校和大众传媒之间出现不一致的现象。因此很多人也批评社会学对性别社会化和性别角色的机械解释。

## 9.2 课后习题详解

**1. 请尝试着评论“人类初级生活圈”的概念，包括其意义及局限性。**

答：对“人类初级生活圈”概念的评论如下：

(1)“人类初级生活圈”的定义

初级生活圈是在人类最初和最基本的生活中，各种活动之间的关系与作用的总和，主要包括这样一些活动：性、生殖、供养、爱、处理性关系和社会性别互动。“人类初级生活圈”与传统的“家庭”概念之间的主要区别在于三点：

①它把各种活动视为相对独立物，然后才能谈论它们的相互作用所形成的“圈”。

②它专注于人的活动，尤其是这些活动所发生的相互作用。

③它以两个人的性存在的互动为源起、核心与纽带。

(2)研究意义

①“人类初级生活圈”在人类关系中是最主要的、最直接的关系。在这种关系中，深刻反映了与人类息息相关的生物性、社会性和心理性。

②“初级生活圈”的研究对于社会学学科的完善与发展、社会学与其他学科之间跨学科综合研究有积极作用。

(3)局限性

随着社会的进步与变化，在农业社会和工业化社会中，开始出现新的观念和思想，人类初级生活圈不能完全解释当下的状况，需要结合社会发展完善“人类初级生活圈”，进而产生“农业社会中的初级生活圈”和“未来的初级生活圈”。

**2. 举例说明：家庭与婚姻作为社会设置和生活实体，各发挥了什么样的作用?**

答：(1)家庭的作用

①作为生活实体，家庭可概括为：实体婚姻 + 子女 + 生活共同体。在生活实体的意义上，家庭仅仅是一个以供养关系为基础的生活共同体。在中国，家庭一般是“五服”之内的，但并不严格限定在某一辈分之内，而是更强调共居和共同的经济生活。其中最重要的是经济核算范围。

②作为社会设置，家庭的定义强调：血缘 + 供养 + 继承，以及由此所产生的各种权利义务关系。对于社会来说，家庭首先是人口生产的基本单位，必须强制规定具有血缘关系的个人之间的供养、赡养、财产分配和遗产继承等一系列权利义务关系。或者说，在社会设置的意义上，不同的个人仅仅是由于这些权利义务关系的存在，才组合成家庭的。对于家庭的一切社会设置，都是围绕着子女建构的。在中国，最典型的社会设置就是户籍制度中的“户”。

(2)婚姻的作用

①作为生活实体，婚姻定义可概括为：持续的性关系 + 共同生活。作为社会设置，婚

姻是指两个人按照社会所要求的契约关系和程序来组建共同生活（当事人之间的“婚”），以及双方都与对方原来的家庭结成确定的关系（当事人家庭之间的“姻”）。在社会设置中，当事人的地位、角色、权利、义务是最根本和最重要的，性关系与共同生活则在其次。

②婚姻的生活实体与社会设置，在相互矛盾中统一为某时某地的婚姻存在形态。个人不得不遵守社会的婚姻制度，或者说已被社会化为能遵从婚姻制度的人。社会也不得不在法律上承认事实婚姻，或者说，社会默认了婚姻的生活实体是先于社会设置而存在的。

**3. 性社会学所说的性，与你的日常认识有哪些异同？**

答：（1）“性”的来源

在古代汉语中并不存在现代意义上的“性”这样一个概念与词语。经日本的译者把英文 sex 翻译成“性”，后传入中国，才逐渐地被使用和发展，直到今日。

（2）“性”的含义

在性社会学的视角下，其含义主要包括：

①性是一般存在的，而不是特殊现象。

②性是社会化的行为，不是单纯的生物属性。

③性是人际活动，是网络化的组织，不是个体的独自行为。

④性是情景中的现象，不是随心所欲的。

⑤性是初级生活圈的构成之一，不是独立行为。

（3）性社会学的基本命题

性社会学的最基本命题即：人类的所有性行为，无论多么奇特和罕见，都与人类的其他任何社会行为一样，并不是“生物本能”，而是人所处的社会使然。因此，那些用来解释其他社会行为的社会学理论，同样也可以用来解释人类的性行为。这个命题有三层含义：

①人类的性行为是经过社会化的。

②人类的性行为不是个人的单独行为，而是处于交往当中的人际行为。

③人类的性行为与其他行为一样，也对社会发挥着作用。

提示：可根据自己对“性”的日常认识作答，言之成理即可。

**4. 从本质论的性别角色到建构论社会性别的转变，最深刻的学术意义有哪些？**

答：（1）性别角色概念来源于社会学中的社会角色理论，是指社会针对具有不同生物性别的人所制定的、足以确定其身份与地位的一整套权利、义务的规范与行为、表现的模式。在 20 世纪 70 年代之前，社会学界一般认为性别角色是一种“先赋角色”（又称“归属角色”）。当时的理论倾向是强调性别的生物属性，强调个体对于性别角色的遵从。

（2）“女权主义”在 19 世纪 80 年代首次出现在英文当中，是指那些支持男女平等的法律和政治权利的思想或者主张。女权主义把“社会性别”这个概念作为自己的理论基石和核心。“社会性别”专指作为社会与文化的构成，通过社会化而学习到的、与两种生物性别相关的、对于一整套规范的期望，以及落实了的行为，并且强调男女不平等的权力结构。

（3）性别概念重构的基本理论取向包括：①社会性别不是从染色体性别开始，依次决定后面的各个层次。②各个层次之间并不必然应该统一。③社会性别不是一个固定的范畴，而是容易变化的。总之，这种重构强调“性别”是社会结构的一部分，而且是社会所造成的，是多元的、可变的。

## 9.3 考研真题与典型题详解

### 一、填空题

在对家庭进行分类时，一般按美国社会学家默多克提出的家庭类型概念，将家庭分为核心家庭、______家庭和______家庭。（中国青年政治学院 2007 年研）

【答案】主干；联合

### 二、选择题

1. 由一对夫妇与父母和未婚子女聚居生活的家庭被称为（　　）。（中大 2018 年研）

A. 联合家庭　　B. 主干家庭　　C. 重组家庭　　D. 核心家庭

【解析】家庭的类型包括核心家庭、主干家庭与联合家庭。主干家庭是指父母（或一方）与一对已婚子女（或再加其他亲属）共同居住生活。联合家庭是指父母（或一方）与多对已婚子女（或再加其他亲属）共同居住生活，包括子女已成家却不分家。主干家庭与联合家庭又合称扩展家庭。

【答案】B

2. 核心家庭是指（　　）。（中大 2017 年研）

A. 一群人共享生活住所和饮食

B. 延伸在几代之间的亲属网络

C. 当一个年轻人离开家并结婚后产生的一个新家庭

D. 一个由父母和他们的孩子组成的两代人的单位

【解析】核心家庭，又称夫妇家庭，是指父母与未婚子女共同居住和生活。它有三种具体形式：仅由夫妻组成（无子女）、夫妻加未婚子女（含领养子女）、仅有父或母与子女（单亲家庭）。

【答案】D

### 三、概念题

1. 核心家庭（厦大 2019 年研；中央民大 2019 年研；川大 2015 年研）

答：参见本章考研真题与典型题详解简答题第 1 题答案。

2. 主干家庭（山东大学 2018 年研；北大 2016、2015 年研）

答：参见本章考研真题与典型题详解简答题第 1 题答案。

3. 性社会学（中央财大 2011 年研）

答：性社会学是社会学与性学的交叉学科，是社会学在性现象这个领域中的运用。性社会学有两个基本的研究角度：①探索人类种种性现象中所包含着的、反映着的各种社会因素。②研究人类性现象与人类社会之间的关系、作用和运行机制。性社会学的最基本命题是：人类的所有性行为，无论多么奇特和罕见，都与人类的其他任何社会行为一样，并不是“生物本能”，而是人所处的社会使然。

4. 性别角色（人大 2006 年研）

答：性别角色概念来源于社会学中的社会角色理论。它是指社会针对具有不同生物性别的人所制定的、足以确定其身份与地位的一整套权利、义务的规范与行为、表现的模式。它是社会赋予女人或男人的不同的行为期望与行为规范的总和，是与作为女性或作为男性相联系的一整套规范系统和机制，使得个人在其中习得“男”或“女”的性别身份和性别特征，接受性别规训，表现出与社会规范要求相一致的男性或女性的性别特征。

5. 社会性别(南航 2018 年研；中央财大 2014 年研；复旦 2013 年研)

答：社会性别是指一个社会把人们组织到男性和女性两大范畴里去的方式，以及围绕这两大范畴产生出意义的方式。其含义包括：①社会性别不是从染色体性别开始依次决定后面的各个层次；②各个层次之间并不必然应该统一；③社会性别不是一个固定的范畴，而是容易变化的。

6. 家庭制度(华中师大 2019 年研)

答：家庭是一种集合，即把它看作是由社会中所有家庭组成的整体，这样的整体在抽象层次上的体现就是家庭制度。在考察家庭的发展变化时将它置于社会发展变化的背景下，即考察社会的发展变化对家庭制度演化的影响。因此家庭功能变迁、家庭结构和家庭关系存在着内在的联系，即它们都从一个侧面体现着一定社会的家庭制度的内涵，而一定社会的家庭制度又是与该社会的生产方式相适应的。

## 四、简答题

1. 怎样分析家庭结构？试分析不同结构类型的家庭的变化趋势。

相关试题：

(1)简述家庭的主要类型。(河北大学 2018 年研)

(2)社会学关于家庭的分类。(南航 2014 年研)

答：家庭结构是指组成家庭的成员及其相互关系，换言之，是指家庭中姻缘、血缘及收养关系的组合状况。不同结构类型的家庭的变化趋势主要有：

(1)核心家庭

核心家庭是指一对夫妇及其未婚子女共同居住和生活。这种家庭是以夫妇关系为核心的，因而称核心家庭。家庭中只有一对夫妇，一代人(无子女)或两代人(有子女)，家庭关系比较简单，通常家庭规模也较小。核心家庭是适应工业化社会发展要求的理想的家庭模式，已成为现代社会中最主要的家庭形式，是一种世界性的普遍现象。

(2)主干家庭

主干家庭是指父母(或一方)与一对已婚子女(或再加其他亲属)共同居住生活，它是核心家庭纵向扩大的结果。主干家庭中有两代或三代人，由于代际层次增多，家庭关系较核心家庭复杂。现代社会中，随着家庭核心化，主干家庭数量减少，但在家庭总量中仍占有较大比重。不过，与传统社会中的主干家庭相比，现代社会主干家庭的性质和家庭关系都已发生了根本的变化。主干家庭在赡养老人、抚育子女方面有不可代替的优势，今后仍将是我国的一种主要的家庭形式。

(3)联合家庭

联合家庭是指父母(或一方)与多对已婚子女(或再加其他亲属)共同居住生活，一般是兄弟们结婚后不分家而形成的，其特点是家庭中至少有两对同代的夫妇关系。现代社会中，这种家庭类型已越来越少。

(4)其他家庭

其他家庭是指除上述三种家庭类型以外的各种家庭，如由鳏寡孤独产生的单身家庭，祖父母或外祖父母与孙子女或外孙子女组成的隔代家庭，因离婚、丧偶或未婚生育而形成的只有父母一方与未婚子女组成的单亲家庭。

家庭的变化受到计划生育国策的巨大影响，社会设置的变化也极大地影响了婚姻家庭的生活实体。在不同社会中，各种类型的家庭所占的比例会有不同。目前中国的家庭以核心家庭和主干家庭为主。

**2．开放二胎之后，分析民众生育反应的各类具体因素。**(北大2019年研)

**答：**“全面二孩”政策的实施在一定程度上提高了居民的再生育意愿，但再生育意愿除了受政策因素的影响外，还受到个人、经济和社会因素的影响，具体影响因素如下：

(1)育龄人口年龄、是否为独生子女、已有生育状况等个人因素的影响

①育龄人口的年龄对再生育意愿的影响是负向的，即年龄越大，生育意愿越低。其主要原因是随着年龄的增长生育风险随之增加。

②本身为独生子女的育龄人口相较于非独生子女的再生育意愿较低，这主要是由于独生子女深受多年计划生育政策的影响，一孩生育观念根深蒂固，其生育意愿难以在短时间内得到改变。

③家庭已有生育状况对再生育意愿的影响为负向，即已有孩子数量越多的居民再生育意愿越低，也就是说未生育家庭的再生育意愿较已有一个或两个及以上孩子的家庭再生育意愿要高。因为已育有孩子的家庭照顾孩子的压力较大，因此对再生育会更加慎重，需要考虑的因素更多。

(2)家庭经济状况与抚养孩子成本的影响

①经济状况对再生育意愿有显著影响，且为正向影响，经济状况较好的家庭再生育意愿较高。

②抚养孩子成本对再生育意愿的影响是负向的，即抚养孩子成本越高，再生育意愿越低。这主要是由于在当今社会对孩子的抚养的教育成本极高，经济一般或较差的家庭难以负担二孩或多孩的抚养教育。

(3)“一个孩子就好”的生育观念的影响

生育观念的转变一般包含服从、同化和内化三个阶段，计划生育“少生优生”的生育观念经过多年的强制执行，已经从单纯的服从政策内化为生育观念，并在代际中传递，而独生子女的再生育意愿较低，这主要是由于独生子女从上一辈继承的一孩生育观念对其影响较深。

(4)家庭成员的社会保障状况的影响

家庭成员社会保障状况对再生育意愿的影响为正向，即社会保障状况较好的家庭，再生育意愿较高，社会保障待遇较低的家庭，生育意愿则较低。而目前生育保险对于再生育的女性并没有进一步的保护以及保障措施，社会保障还不能充分发挥“安全网”的作用，解决育龄人口再生育的后顾之忧。

(5)工作和事业的发展的影响

工作和事业的发展与再生育意愿呈负相关关系，即工作和事业发展的越好的育龄人口，

再生育意愿越低。这主要是由于我国对女性的就业保护制度还不够完善。

①就业中存在性别歧视现象。女性找工作难于男性，用人单位正是出于女性生育期会耽误工作，有小孩后会把相当一部分精力放在照顾孩子上而影响工作的考虑，不愿意录用女性员工。

②在工作后，对孕期女性的保护制度执行不畅，女性害怕因为怀孕、抚养孩子而失去工作岗位和升迁的机会。

## 五、论述题

**1. 家庭有哪些功能？试分析家庭功能未来的变化趋势。**

**相关试题：家庭具有哪些功能？在现代化进程中，这些功能发生了哪些变化？请结合我国当前家庭变迁以及现代化的发展现状，谈谈家庭养老面临哪些挑战？未来发展趋势如何？**（南京师大2018年研）

**答：**（1）家庭的功能

①满足性爱的功能

性爱是家庭生活的重要内容，性爱不仅限于性关系，它同时还是对性结合以及承担与此有关的全部义务的一种决定、一种承诺。把性行为限制在家庭之中，排除家庭之外的各种性行为，对个人乃至社会都具有重要的意义。

a. 在个人方面，保障性爱的排他性，并通过夫妇之间频繁的、直接的面对面互动，实现情感的交融，使性爱的需要得到更充分、更普遍的满足，从而有利于人们的身心健康。

b. 在社会方面，防止因满足性的需要而引起的社会混乱，起到稳定社会秩序的作用。

②生育子女的功能

自人类进入个体婚姻制阶段以来，家庭一直被当做生育子女、繁衍后代的基本的合法的单位，是种族绵续的保障。

③教育的功能

a. 家庭教育的内容

传授日常生活的知识和技能；训练和指导个人行为；灌输社会价值观念等。它是个人社会化的一个重要方面。

b. 家庭教育的作用

第一，对未成年人性格的形成、生活习惯的培养、智力的开发等，都有重大的影响。

第二，赋予了孩子在社会中的最初地位，使每一个人从一出生在社会结构中就有了明确的位置。

第三，对社会来说，家庭抚育对实现社会价值观在代际之间的传递也会起到重要作用。

④提供感情和精神支持的功能

家庭内的人际关系是最亲密的人际关系，家庭是个人思想感情交流最充分的场所。家庭是按照特殊性规范来处理人际关系的。

⑤家庭保障的功能

家庭成员在生活上是休戚与共的。他们既分工协作，共同创造家庭财富；同时也共同分享家庭财富。这种共同生活、相互帮助、彼此为对方承担义务的特点，决定了家庭具有分担风险、保护弱者、共同应付生活中遇到的困难的功能。

⑥经济活动的功能

家庭经济活动的功能主要包括家庭生产和家庭消费两个方面，在历史上，特别是在农村和农民社会中，家庭曾经是主要的生产单位，家庭消费的功能更具有普遍性。人们的生活消费基本上是在家庭中或以家庭为单位进行的。许多商品的消费量，不是取决于人口数，而是取决于家庭户数。这是社会消费的一个基本特点。

在不同的社会中，家庭有一些特别的功能，如宗教功能、政治功能等。

(2)家庭功能的未来变化趋势主要表现在以下几个方面：

①社会化功能开始淡化

在当今社会中，并不是所有的家庭都是有效的社会化主体，父母很少经过明确的训练对孩子进行社会化教育。而这一部分功能逐渐成为学校以及其他社会机构的责任。

②情感和陪伴功能的淡化

现代社会中，人们很少直接从家庭中直接获得友谊和支持。父母和子女分开居住，只是偶尔团聚一下。夫妻双方不在同一城市上班或在同一城市上班却相距较远，他们的感情较多地来自同事和朋友。

③经济功能的淡化

当前，随着生产力的不断发展和进步，家庭不再是主要的生产单位，人们从家庭中走出来，家庭的经济作用由生产变为消费。

虽然当代社会中家庭的形式日趋多样化，离婚、未婚同居、单身或独居等现象增多，但家庭的功能并不会完全的丧失，也不会被完全的替代，其功能只是在一定程度上发生了淡化。不可否认的是家庭对个人和社会的重要性仍具有普遍意义。

**2．试分析改革开放以来中国家庭结构及中国人的家庭观念发生的变化。**

**相关试题：试述当代中国家庭结构及其功能的变迁。**(山东大学2015年研)

**答：**(1)家庭结构的变化

当代中国，尤其是改革开放以来，婚姻家庭领域发生了深刻的变化，表现为：家庭子女数减少；家庭规模缩小；家庭结构简单化；空巢家庭增多等。

(2)家庭观念的变化

家庭观念是指人们对家庭，包括婚姻的意义、家庭的功能、子女价值、家庭成员关系等诸方面的认知与理解。家庭观念的变化主要表现在以下几个方面：

①婚姻观念的变化

婚姻不再单纯是生育的手段，人们舍弃了视婚姻、性生活和生育为“三位一体”的观念，赋予婚姻以独立的意义：

a. 结婚不一定就要生育，性生活和生育也不一定必须以结成婚姻关系为前提。

b. 现代婚姻观念认为，婚姻是爱情的结果与归宿，爱情是婚姻的基础。

c. 当代中国人结婚的动机中，感情因素越来越重要。

d. 婚姻自由不仅包括结婚自由，也包括离婚自由，即个人有解除婚姻关系的自由。

②子女观念的变化

a. 感情的需要已成为重要的生育动机，许多父母把子女视为爱情的结晶、精神的寄托。父母与子女的关系更加平等。

b. 中国家庭已经抛弃了传统的多子多福的观念，接受了少生优生的思想，不追求孩子的数量，而把精力放在提高孩子质量上，尤其重视对孩子的教育。孩子教育方面的花费已成为很多家庭最主要的经济支出项目。

③家庭中性别平等观念的变化

妇女广泛参加社会劳动和受教育状况的改善，妇女自主自立的意识和能力增强，妇女不再在经济上依赖男子，因而其社会地位和家庭地位都大大提高。以平等为基础的夫妻互敬互爱、互相帮助、共同发展的新型关系得到了广泛认同。

**3. 试用婚姻家庭理论分析我国的“剩男”“剩女”现象。**（人大2018年研）

**相关试题：试论剩女现象。**（中央民大2016年研）

**答：**我国的“剩男”“剩女”现象的成因主要有：

（1）经济生产方式的现代化致使家庭的经济功能和人口再生产功能下降，男女组建婚姻家庭不再迫切

传统社会中，农业生产主要依靠体力，男性在生产资料的生产和获取方面优势明显，女性由于生理因素不得不依赖男性来实现生产和生活资料供给。此外，传统农业生产对劳动力数量有较高的要求，较多的人口数量一定程度上能够获取更多的生活资料。而以两性结合的婚姻家庭不仅能够在经济生产上发挥优势，而且还可以实现伦理认同下的人口再生产，家庭所展现的是经济功能和人口再生产功能。而在现代社会，现代化生产方式的变革，机器生产代替手工劳动，对体力劳动的要求下降，社会经济生产对劳动力的数量需求下降，而对质量要求提升。

（2）思想观念的多元化对婚姻家庭观念的冲击

改革开放以来，在现代化大潮的冲击下，多元化价值体系在青年男女中悄然盛行，青年男女思想观念有了显著变化。如在传统上，“父母之命，媒妁之言”成为人们婚配的伦理规则，男女择偶失去了自由。而现代婚姻法规定，男女恋爱婚姻自由，男女两性的自由结合有了制度保障。青年男女在制度体系范围内可以自由的寻找恋爱对象，有了更多的自主选择权。又如在女权主义的影响下，女性开始关注自身的自由发展和内心世界的需求，她们忠于价值和理想，相信缘分是婚姻的最好解释方式，宁缺毋滥。此外，性观念逐渐走向开放，性甚至成为一种新的时尚。

（3）现代化的交往方式网络化致使交往距离萎缩，出现信任危机

现代化之下的另一维呈现形式是人们的交往方式的网络化。有学者认为网络化的交往方式扩大了交往的机会，延长了交往的距离。人们利用互联网工具，以文字、图片、视频等形式传递语言符号，表达情感，交往双方相互“在场”，进行实时互动，这增加了社会交往的广度，提高了社会交往的频率。但这样的交往方式产生了交往主体“相互缺场”的后果，有人称之为“缺场交往”。正如吉登斯所说，在前现代社会，空间和地点总是一致的，因为对大多数人来说，在大多数情况下，社会生活的空间维度都是受“在场”的支配，即地域性活动支配的。

（4）现代化之下两性婚姻功利化和资本化

现代化的社会生活中，人们择偶有了更多的选择和自由，然而自由意味着拒绝和否定，个体拒绝和否定与之价值情感不相干的存在方式和选择方式。于是社会出现了一种普遍的

精于计算的彷徨、焦虑心态。追求个性和自我价值的表达的同时，人们对婚姻的选择类似于一种经济理性行为，即追求利益的最大化。更有甚者将婚姻作为一种社会资本来看待，期待它实现价值增值。然而，选择意味着风险与机会并存，如乌尔里希·贝尔所说，风险正是源于选择性的增多和选择效果的不确定。

**4. 如何看待“娘炮”现象，从两个社会学视角来说。**（厦大 2019 年研）

**答：**“娘炮”是指外貌和行为表现女性化的男子，含有戏谑意义。被称为“娘炮”的男子，通常外貌娇美、态度温柔，拥有女性特有的阴柔之美。最初该词来源于台湾，属于形容词，“娘炮”本来是一种古已有之的男性非主流人群，但是由于娱乐圈近几年受众群体的视觉审美要求不断提高，因而被认为有些“娘风日上”，并逐渐变质成为含有较强侮辱性的词汇，加之网络暴力加剧，对于相貌娇美的偶像明星进行“标签化”，且这一“标签化”的行为已经逐步走向普通人的日常生活中。可以从以下两个社会学视角看待“娘炮”现象：

(1)社会性别角度

①“娘炮”泛滥的原因

a. 性别秩序的不平等以及男女二元对立的刻板印象。大众通过相互同化，可以在群体中寻找安全感从而建构秩序，而差异的存在威胁了同化，群体自然会产生敌视差异的倾向，差异方为求自保，只好选择“掩饰”，维持既有的社会秩序。

b. 从受众的角度而言，成熟的娱乐消费市场造就了对于“娘炮”这一形象狂热的都市女性群体。从纤细的身材到性别特质模糊的日本进口的少女漫画，再到融入阴柔气质的韩流偶像，该文化产品正在重新定义女性心中的性感和吸引力，擦拭掉阳刚的男子气概中极具攻击性且对女性具有一定支配性的一面，变得更为温柔、易接近，能够建构起一种现实生活之中鲜有的平等关系。因此女性倾向于用购买力在相对自由的文化消费之中获取这种想象，甚至借用传统文化中的“美少年”形象，这正是“娘炮”流行的根本原因。

②“娘炮”折射的性别偏见

a. “娘炮”舆论热潮后的性别霸权。2018 年上半年，对“娘炮”的抨击层出不穷，实则暗含着舆论霸凌。如此猛烈的炮火指向在外形、审美、性格等方面与数量上占主导的男性相异的群体，在用“娘炮”等词跟风追评的同时大众也需要思考的是，在舆论的声讨过程中是否体现出了社会根深蒂固的男性霸权意识。就“娘炮”一词本身而言，就包含矮化、贬低、鄙夷和侮辱的霸凌思想，也宣扬了男权的话语霸权。

b. “娘炮”中的“娘”对于女性的恶意。“娘炮”这一批判标签隐含着性别歧视。“娘炮”演变成侮辱性词汇，究其根本是对于“娘”这一身份的鄙夷，即对于性别本身有极大的恶意。当指责或者轻视女性已经成为如今社交语境中的习惯时，每个群体都渐渐失去对这类标签的敏感性，但用“娘”标签男性，却戏剧化地激起舆论风暴。这个话题不断升温，自然矛头也指向女性，“女老师太多了，教出的男孩太‘娘’”，“妈妈们带孩子导致幼年‘娘炮’”，这让那些温柔恬静的未成年男性在成长过程中扭曲自己的本真，按照定义下的“男子气概”长大，把差异都深埋在心底，而敏感柔软的心灵却不知如何匍匐前行。

(2)人的商品化的角度

①粉丝经济的迅速发展

以往，明星走红大多是因为其作品，“娘炮”明星却反其道而行，“娘炮”明星的作品对大众来说并不熟悉，个人的知名度却非常高。例如：

a. 鹿晗的微博粉丝量已经达到五千多万，2014 年鹿晗凭借其强大的粉丝力创了一个吉尼斯纪录，原因就是他的其中一条微博评论量达到 1314 万，之后 2017 年鹿晗和关晓彤恋情公开直接导致微博系统瘫痪。

b. 2018 年通过偶像练习生被大众熟知的蔡徐坤，更加证实了粉丝力量的强大。偶像练习生节目的规则就是偶像的产生由粉丝决定，可以说他们的顺利出道是粉丝一票票投出来的，以这样的方式出道毋庸置疑会有大批的粉丝群。蔡徐坤在短短的几个月粉丝量就从一百多万增长到一千多万，一跃进入“准一线明星”行列。

②流量明星的商品化

由于粉丝经济的存在和女性独立性增长带来的需求增加，娱乐公司能够轻易地察觉到市场中存在着巨大的缺口，借机把男艺人作为商品包装成女性心目中期盼的人物设定：除了外在形象之外，在言谈之中尊重女性、肯为女性发声、性格乖巧等等。娱乐公司并不能够 100% 寻找到本身实力不俗且又具备女性喜欢的人设的明星，于是逆其道而行之，先制造出实力一般人设符合的娘炮明星产品快速打入市场，成为她们的爱豆，自然而然就会迅速地吸引大批女粉丝，成为自带流量的明星，进而形成演艺市场资本运作的商品。

由此可见，娘炮明星艺人实质上是作为商品投向市场，他们的出现是带有目的性的资本运作的结果，并非人们所期盼的实力使然。所以当大众对他们有实力演技和品德上的期许时就会感到失望，也会造成许多娘炮明星组合仅仅能成为少女们的快餐消费，转瞬即逝。娱乐公司则会通过买水军、买热搜等各种网络手段来增加艺人知名度，一旦红起来就尽可能的接商演代言上综艺节目，成为公司的赚钱机器。年轻艺人自身也有逐利和爆红想法，在资本运作速成的影响下，并不会真正提升对艺术的追求、对舞台的渴望，而是沦为商品。

可以说，在制造娘炮明星的产业链上，市场和资本是娘炮明星幕后的推手，女性作为消费者和流量的提供者，某种意义上推动了资本市场愿意为自带流量的“娘炮”明星买单。

# 第三编　社会运行的宏观分析

## 第十章　社会组织

### 10.1　复习笔记

【知识梳理(庖丁解牛)】

- 社会组织
  - 社会组织概述
    - 社会组织的含义与构成要素
    - 组织的研究变项
      - 结构变项
      - 人及资源变项
      - 环境变项
    - 社会组织的分类
      - 常见的组织分类标准
      - 我国社会组织的分类
  - 社会组织目标
    - 组织目标的含义及分类
    - 组织目标的制定和实施
    - 影响组织目标的因素
      - 文化环境
      - 组织内部不同目标层次的相互影响
      - 组织参与者
    - 组织目标实现程度及其评估
  - 社会组织结构
    - 组织结构的含义
    - 组织结构的内容
      - 组织结构的设计原则
      - 组织结构的基本形式
      - 组织结构中的非正式群体：概念、产生、功能
    - 新时代背景下组织结构的特点及任务
  - 社会组织理论与管理
    - 组织理论的研究角度
    - 组织理论的发展形态
      - 理性系统组织理论
      - 自然系统组织理论
      - 开放系统组织理论
      - 行动者系统组织理论
    - 社会组织管理
      - 含义
      - 组织管理方式
      - 组织管理中的官僚主义现象
      - 互联网时代的组织

## 【考点难点归纳(去粗取精)】

### 考点一：社会组织　★★

#### 1. 社会组织概述(见表10-1)

表10-1　社会组织概述

| 要点 | 具体内容 | |
|---|---|---|
| 含义 | ①广义的社会组织：泛指一切人类共同活动的群体，包括家庭、家族、村社等初级群体。<br>②狭义的社会组织：又称正式社会组织，指人们为了实现某种共同目标，将其行为彼此协调与联合起来所形成的社会团体。<br>组织活动是一种整体性和结构性活动，包括四个方面的内容：a. 组织的目标结构；b. 组织的心理结构；c. 组织的技术结构；d. 组织的整体活动 | |
| 现代组织的特征 | ①非人格化特征。<br>②整体合理性与个体非合理性特征。<br>③道德与非道德性的两重性特征 | |
| 构成要素 | 规范 | 指稳定的规则与规章制度，是组织与社会互动的基础，是社会关系及其功能价值的具体表现，其目的是使社会生活中的互动行为标准化 |
| | 地位 | 指人们在社会关系空间中所处的位置。社会地位的形式有两种：归属地位与成就地位。社会组织中的地位主要是成就地位 |
| | 角色 | 指按一定社会规范表现的特定社会地位的行为模式。人的社会角色与社会地位是不可分割的，角色是地位的动态表现，而地位则是角色的静态描述 |
| | 权威 | 指一种合法化的权力，是维持组织运行的必要手段 |

#### 2. 组织的研究变项与分类(见表10-2)

表10-2　组织的研究变项与分类

| 要点 | 具体内容 | |
|---|---|---|
| 研究变项 | 结构变项 | ①结构，指组织的政策、功能、地位、责任、权威、授权等。<br>②部门化，指组织内部分工。<br>③操作规则，包括个人表现、合作表现、技术过程等。<br>④相互行为，指人事、互动、沟通、情感、角色、沟通网、群体规范等 |
| | 人及资源变项 | ①人的因素，人的因素是一种可变性最大的因素，作为组织内部人的因素主要有技巧、个人努力、期望、时间、知识和动机等。人和组织的关系表现在：a. 人的特征；b. 与组织进行交换的形式；c. 能否与组织相认同。<br>②资源变项，指维持组织正常运行所需要的物质因素，包括资本、原料和设备的投入因素等 |
| | 环境变项 | ①环境变项，任何人的因素与组织的因素都受到环境变项的影响，主要包括宏观和微观两类。<br>②环境变项表现在：a. 组织的外在制约因素；b. 生存机制问题；c. 在与环境交换过程中所表现出的特点 |

续表

| 要点 | 具体内容 | |
|---|---|---|
| 组织的分类 | 按功能和目标 | ①经济生产组织，指那些制造物品或进行生产的组织。<br>②政治目标组织，指那些为保证整体社会目标实现而形成的各类组织形式。<br>③整合组织，指那些从社会层次上提供功能的组织形式，活动主要涉及到调解冲突和指导动机，为实现社会制度的期望或促使社会各部分良好配合的组织。<br>④模式维持组织，指那些具有“文化”“教育”和“价值承载”功能的组织 |
| | 按受惠者 | ①互惠组织，其成员因共同的兴趣而结合在一起，参与程度较低。<br>②服务组织，以服务为主，主要是为组织的受惠者提供良好的服务。<br>③经营性组织，是指那些可以用货币形式衡量活动价值的组织。<br>④大众福利组织，社会公众都是这类组织的受惠者 |
| | 按组织谋求的顺从方式 | ①疏远型组织，是利用职权指导个人或群体活动的组织。<br>②功利型组织，以实际性奖励和非实际性奖励为基础的组织。<br>③道德型组织，以劝导和感召来将人们的行为引导到被认为是正确的轨道上的组织 |
| | 按组织所使用的技术 | ①长链组织，指那些需要在时间序列中执行功能的组织形式。<br>②媒介组织，指将希望保持相互依赖的人群结合在一起的组织。<br>③集约组织，指将各种各样的工艺技术或方法结合在一起以改变人或对象的组织 |
| | 按组织的规模 | ①小型的组织；<br>②中型的组织；<br>③大型的组织 |
| | 按组织内部关系 | ①正式组织，组织内部存在着正式的组织任务分工、组织人员分工和正式的组织制度。<br>②非正式组织，组织的内部既没有确定的机构分工和任务分工，没有固定的成员，也没有正式的组织制度等 |
| 我国社会组织的分类 | 按产业类型 | ①第一产业组织，是指以自然为开采对象的产业组织形式。<br>②第二产业组织，是指在第一产业组织基础上形成的产业。<br>③第三产业组织，包括流通部门和服务部门两大类 |
| | 按机构编制 | ①国家机关编制组织，包括国家权力、行政、司法及军事机关等组织，各级各类党派组织，全国政协及各地办事处等。<br>②社会团体编制组织，是当代中国政治生活的重要组成部分。<br>③企业单位编制组织，一般是指以盈利为目的，运用各种生产要素(土地、劳动力、资本和技术等)，向市场提供商品或服务，实行自主经营、自负盈亏、独立核算的具有法人资格的社会经济组织。<br>④事业单位编制组织，指国家为了社会公益目的，由国家机关举办或者其他组织利用国有资产举办的，从事教育、科技、文化、卫生等活动的社会服务组织。<br>⑤新社会组织，指相对于政党、政府等传统组织形态之外的各类民间性的社会组织，主要包括社会团体、基金会、民办非企业单位、部分中介组织以及社区活动团队 |

**拓展：**按照功能主义或理性主义的观点，社会组织是追求同一目标的成员相互协力以实现共同目标的社会群体。当追求明确的、经常性的目标的个体发现单靠个人的力量不能达到目标而需要进行经常性的、有规律的合作时，社会组织就产生了。人们组织起来的目的是为了更有效地达到目标，所以组织是一种社会经济体。

## 考点二：社会组织的目标 ★★★

表 10-3 社会组织的目标

| 要点 | | 具体内容 |
|---|---|---|
| 含义 | | 组织目标是每个组织都必须通过自身的活动去达到的某种有待实现的未来状态，是组织开展活动的依据和动力，代表着一个组织的未来和发展方向 |
| 分类 | | 包括：①主要目标和次要目标；②长期目标和短期目标；③平衡性目标和改进性目标；④显目标和隐目标 |
| 制定原则 | | ①互惠原则，即目标对所有参与人员都有利。<br>②评估原则，即运用能够进行测量的技术以评估目标实现程度。它包括规划和控制以及衡量与评价的技术。<br>③选择原则，是指组织在确定目标时要遵循选择最优目标的科学程序 |
| 影响因素 | 文化环境 | ①经济环境，指影响经济发展的外部经济秩序。<br>②社会环境，通常指占统治地位的社会价值观。<br>③政治环境，指国家与个人、政府与团体之间相互关系的现实状况 |
| | 组织内部不同目标层次 | ①组织内部的目标具有多重性特点。<br>②组织在确定总目标之后，就要把它转换成具体可操作的目标，并分出等级和先后序列。<br>③组织内部多种类型、多种层次的目标相互影响，相互作用，有时可以改变短期目标和实际任务的完成 |
| | 组织参与者 | 个人与组织都有其特定的目标指向，个人需要的满足与高效率的组织活动密切相关 |
| 实现程度及其评估 | | ①有效性，组织能以最终实现全部目标的方式来安排和使用它的资源。<br>②效率，指组织在实现目标的过程中，消耗的资源与产出的结果之间的比例关系，资源的消耗应当带来相应的正面的结果。<br>③人道主义或人文关怀，指组织应最大限度地发展个人才能，而不仅追求效率 |

拓展：社会组织是有特定目标的社会团体，没有目标就不能成为社会组织。组织的目标是组织所要完成的功能。一般而言，组织目标有如下的意义：①组织目标是宣言书；②组织目标是组织制定和修正方针、路线和政策的依据；③组织目标是判定组织活动效率的标准。

## 考点三：组织结构概述（见表 10-4）

表 10-4 组织结构概述

| 要点 | 具体内容 |
|---|---|
| 含义 | 指组织内部正式规定的、比较稳定的相互关系形式 |
| 内容 | 组织结构的内容具体包括两个方面：总体结构和职务工作结构。<br>①总体结构设计，是根据组织活动的内容与方式进行的，内容与方式的不同，决定了组织结构的不同。<br>②职务工作结构设计，是对某类工作进行研究，以确定这一工作的内容和数量及完成该工作所应具备的责任、权力和技能 |
| 原则 | 包括：①目标任务原则；②有效跨度原则；③分工协作原则；④统一指挥原则；⑤责权对等的原则；⑥精简与效率原则；⑦统一领导与分级管理的原则 |

续表

| 要点 | 具体内容 | | |
|---|---|---|---|
| 基本形式 | 直线职能式组织 | 含义 | 以直线制为基础，在各级生产管理者之下设置相应的职能部门从事专业管理 |
| | | 优点 | 直线式集中统一指挥；职能分工专业化，提高了管理工作效率 |
| | | 缺点 | 下级缺乏必要的自主权，各专业职能部门之间的联系较弱，企业间信息传递速度较慢 |
| | 矩阵组织 | 含义 | 把按职能划分的部门和按产品划分的小组结合成一个矩阵 |
| | | 优点 | ①有利于多方面的合作和提高效率。<br>②有利于激发职员的积极性和创造性，提高员工的技术水平和管理水平。<br>③较强的灵活性、机动性和适应性，可根据环境的变化而采取相应的对策。<br>④使高层管理者能集中精力考虑企业发展的重大问题 |
| | | 缺点 | ①实行双重领导，可能会使下级人员无所适从，产生矛盾。<br>②人员的频繁流动也会给管理带来困难，增加管理费用。<br>③工作缺少长期性，会削弱对工作的责任感 |
| | 事业部组织 | 含义 | 又称分权组织，是一个相对独立的生产经营单位，有自己的产品和市场，实行独立核算 |
| | | 优点 | ①可使组织最高领导层成为强有力的决策机构；<br>②具有较高的稳定性和适应性；<br>③有利于调动各事业部发挥生产经营的主动性和积极性；<br>④有利于提高管理者的专业知识和领导能力；<br>⑤有利于促进各事业部的利益与公司整体利益的协调一致 |
| | | 缺点 | ①职能机构重叠，造成了一定的人力、物力和财力的浪费；<br>②独立核算，容易产生本位主义，难以协调一致；<br>③职权下放过大，增加了协调难度；<br>④各事业部之间竞争激烈，造成人才和技术的相互封锁 |
| 非正式群体 | 含义 | | 非正式群体是指由一定数量的个人（通常规模比较小）经过长期的相互作用所形成的社会群体 |
| | 正功能 | | 对于工人而言：①减轻单调、厌烦和疲劳；②获得非正式地位的机会；③充分表露情绪反应；④提供独立的机会。<br>对于管理工作而言：①有助于完成工作任务；②减轻管理者的工作负担；③提高工作满意感 |
| | 负功能 | | 主要包括：①抵制变革；②目标冲突；③遵从行为问题；④谣言问题 |

**拓展：**现代社会中组织内部在专业分工上极为多样与精细，一般而言，可以从三个方面来描述现代组织的复杂程度，即复杂性的三要素：①水平分化，是指组织将要执行的任务进一步加以区分的方式；②垂直（或等级）分化，是指管理层级的分化；③地域分散，指的是组织的地域分布。

## 考点四：社会组织理论与管理 ★★★

### 1. 组织理论的研究角度(见表10-5)

表10-5　组织理论的研究角度

| 角度 | 具体内容 | |
|---|---|---|
| 管理学 | 中心问题 | 组织如何提高工作效率，其对组织现象进行解释的基本逻辑是效率机制 |
| | 基本认识 | 组织作为人类理性发展的产物和工具，完全有可能帮助人们提高活动效率，实现各种组织目标。 |
| | 考察重点 | 在资源供给和制度安排既定的情况下，如何对组织结构进行合理的设计，对组织构成要素进行有效的组合等一系列问题 |
| 经济学 | 中心问题 | 组织作为一种新的资源配置方式是如何产生比传统的、分散的个体生产组织形式更高的效率的 |
| | 基本认识 | 组织是资本与劳动力的一种组合方式，这种资源配置方式可以产生规模经济效应和范围经济效应，管理只是一个不可或缺的中间环节 |
| | 考察重点 | 首先是寻求一种最佳的资源配置方式，其次是具体管理的问题 |
| 心理学 | 中心问题 | 除了设施、设备等物的因素之外，人本身的因素对工作效率的影响 |
| | 考察重点 | 在组织框架下，人是怎样思维和行动的，特别是人性、人的需要、人际关系、激励等因素对个人行为从而对效率会产生什么影响 |
| 政治学 | 中心问题 | 组织中的利益关系问题 |
| | 基本认识 | 组织过程实际上是一个政治过程，每个组织及其内部各个群体、个人都有着自身独特的利益，因而形成了复杂的利益博弈关系 |
| | 考察重点 | 组织之间以及组织内部的权力关系是怎样形成的，如何调整各种利益关系以使之处在一种相对均衡的状态之上 |
| 社会学 | 中心问题 | 相对于家庭、作坊及非正式组织等其他人际关系模式，正式组织有什么样的优势，形成这种优势的机制又是什么 |
| | 基本认识 | 组织是一种集体行为的结构，它可以将个体的行动有机地整合起来，使人们在充满不确定性的环境中获得一种相对的确定性 |
| | 考察重点 | 既包括组织的生成机制，也包括组织的运作机制 |

### 2. 组织理论的发展形态(见表10-6)

表10-6　组织理论的发展形态

| 理论 | 具体内容 | |
|---|---|---|
| 理性系统组织理论 | 代表人物及思想 | ①韦伯：提出科层组织理论，认为“科层制是最理想的组织形式”。<br>②泰罗：指出专业化分工、合理化的工艺流程和标准化的训练是组织效率的根本保障。<br>③法约尔：从宏观的角度重点探讨了正式组织结构与一般管理过程的关系 |
| | 共同点 | 把组织看成一个理性工具，认为组织的效率源于组织成员的理性 |

续表

<table>
<tr><th>理论</th><th colspan="2">具体内容</th></tr>
<tr><td rowspan="2">自然系统组织理论</td><td>代表人物及思想</td><td>①梅约：研究了组织非正式结构对工作效率的影响。<br>②马斯洛和赫茨伯格：分别从不同的角度考察了人的需要、动机和激励等问题。<br>③麦克格雷戈：探讨了人性及人的行为假设与管理模式的关系问题</td></tr>
<tr><td>共同点</td><td>把组织现象看成一个自然历史发展的过程，认为组织是人们为了完成某种特定的任务建立起来的人际关系结构</td></tr>
<tr><td>开放系统组织理论</td><td colspan="2">①权变理论：组织的最佳结构取决于它的环境条件、技术、目标和规模等因素，所以应根据具体情况对组织进行设计和管理。<br>②制度主义：<br>a. 旧制度主义认为组织是一个制度化的组织，是处在社会环境、历史影响中的一个有机体，组织的发展演变是一个自然的过程，是和周围环境相互作用的产物。<br>b. 新制度主义主张把研究的重心放在制度环境上，强调合法性机制的重要性。<br>③组织环境理论：侧重研究组织变量与环境变量的关系，分析了一般环境与具体工作环境的关系</td></tr>
<tr><td>行动者系统组织理论</td><td colspan="2">①决策理论：西蒙提出有限理性这个概念，认为管理就是决策，研究的主要兴趣是决策及其实施过程。<br>②组织经济理论：康芒斯等把交易作为基本分析单位，认为人与人的相互行为均可以理解为交易活动，如何降低交易成本就成为组织管理的核心问题。<br>③社会网络学派：把社会网络看成一种社会资本，强调关系网络的功利性和工具性。<br>④法国学派：组织只是行动者的行动依据或者背景，而不是实际行动的体系</td></tr>
</table>

### 3. 社会组织管理

(1)组织管理的含义及方式(见表10-7)

**表10-7 组织管理的含义及方式**

<table>
<tr><th>要点</th><th colspan="3">基本内容</th></tr>
<tr><td>含义</td><td colspan="3">组织管理是指运用权威来协调组织内部的人力、物力以实现组织目标的活动，主要目的是提高组织活动的效率，这种效率除了受环境的影响之外，还依赖于对组织的管理</td></tr>
<tr><td rowspan="5">组织管理方式</td><td rowspan="2">家长制</td><td>特征</td><td>包括：①内部的权力集中于最高领导者；②分工不明，责任不清；③任人唯亲，因人设位；④办事无章可循、无法可依；⑤终身制</td></tr>
<tr><td>评价</td><td>①家长制管理方式适合于小规模的组织结构、分工不发达的传统社会。<br>②管理的好坏取决于个人的经验和素质，局限性很大。<br>③随着社会生产力的发展、分工的精细，逐渐出现了大规模的社会组织。这种组织是建立在分工细密、协作复杂、高效率的基础上，因而单凭个人经验已无法对其加以管理</td></tr>
<tr><td rowspan="3">科层制</td><td>含义</td><td>是一种以正式规则为主体的管理方式，这种组织具有细密的分工和复杂的规章制度体系，是现代社会组织管理的典型方式</td></tr>
<tr><td>特征</td><td>包括：①明确的分工；②明确的职权等级；③明确的规章制度体系；④私人关系和公务关系的分离；⑤量才用人；⑥管理权力依附于职位，而不依附于个人</td></tr>
<tr><td>运行条件</td><td>①科层制结构面对那些稳定的、可预测的、相对均一的环境是较好的组织形式，在处理日常性的、重复发生的事件上，科层制组织是很有效率的组织。<br>②科层制既无法解决个人目标与组织目标相冲突的情况，也无法在外部环境发生变化的情况下快速地应变</td></tr>
</table>

(2)组织管理中的官僚主义现象(见表10-8)

表10-8　组织管理中的官僚主义现象

| 要点 | | 具体内容 |
|---|---|---|
| 含义 | | 由于管理不善而造成的组织活动偏离目标的现象，其不仅仅是管理者个人的思想作风问题，从根本上来看是一种管理制度问题 |
| 表现形式 | 家长制 | 主要表现为：①遇事推诿；②相互扯皮；③敷衍塞责；④热衷于谋取私利，不关心群众痛痒；⑤“一言堂”及命令主义 |
| | 科层制 | 主要表现为：①浮夸习气；②墨守成规，缺乏灵活性；③繁文缛节，文牍主义；④例行公事，文山会海 |

(3)互联网时代的组织

网络化的组织的特征包括：

①等级结构弱化，中间层级逐渐消失。

②组织功能由专门化和专业化走向多元化和全能化。

③组织系统虚实相通，“线上+线下”双管齐下。

④信息和人员的流动性增强。

⑤组织规模小型化，结构弹性加强。

拓展：20世纪中叶开始，正式组织，特别是企业组织，日益呈现出三大发展趋势：①非层级化与组织规模的小型化，是指结构金字塔中塔尖和塔底之间的地位差距和等级观念弱化以及组织结构多部门化的新发展趋势；②组织结构的扁平化与网络化，是指信息技术的发展推动信息在同一层次上传递和共享，减少了组织的中间层；③组织间网络的扩展，是指组织之间通过频繁的互动而形成的相对比较稳定的紧密关系网络。

## 10.2　课后习题详解

**1. 怎样理解组织的概念及其特点？**

答：(1)组织的概念

①广义的社会组织泛指一切人类共同活动的群体，包括家庭、家族、村社等初级群体。狭义的社会组织是相对于初级群体的次级组织形式，也可称之为正式社会组织。它是指人们为了实现某种共同目标，将其行为彼此协调与联合起来所形成的社会团体。

②组织活动是一种整体性和结构性活动，包括四个方面的内容：a. 组织的目标结构；b. 组织的心理结构；c. 组织的技术结构；d. 组织的整体活动。

(2)组织的特点

①人类社会的群体生活发生重要变化表现在以下两个方面：

a. 新型组织方式对人际交往产生一定影响。在组织中人与人之间的关系是正式关系，交往需要按照固定的规则和方向进行，具有较强的间接性和片面性的特点。

b. 从结构上看，社会组织都有明确的活动目标，并由此与其他社会组织有着明显的界限，组织内部的运行依赖一套正式而稳定的关系结构，用以协调组织多样化活动，实现组织的整合状态。

②现代组织活动与传统的人类活动相比具有某些截然不同的特征：

a. 现代组织的非人格化特征；

b. 现代组织的整体合理性与个体非合理性特征；

c. 现代组织的道德与非道德性的两重性特征。

**2. 组织目标对社会组织的重要意义是什么？**

**答：** 组织目标即组织必须通过自身的活动去达到的某种有待实现的未来状态。它是组织开展活动的依据和动力，代表着一个组织的未来和发展方向。每一个社会组织都有其确定的目标体系，即便是同一类型的组织，目标体系也有所差别。组织目标对组织的存在和发展具有重要意义，主要表现在以下几个方面：

(1)组织目标是组织的灵魂

组织是依靠特定的目标来维持其存在的，组织内部的一切活动也是围绕目标而进行的。失去目标，便意味着组织活动失去合法性基础。

(2)组织目标是确定组织活动路线的基础

①对内需要组织在制定方针、政策和策略时，要以满足目标要求为准绳。

②对外需要组织向社会大众宣告本组织的宗旨、性质和任务，明确其发展方向，使人们认识并了解这个组织，以便加入该组织或与该组织发生联系。

(3)组织目标是衡量组织活动效益与效率的标准

组织活动都是围绕着组织目标进行的，这种活动是否有效益或效率，以及效益和效率如何，就看它活动的结果接近于组织目标的程度。

**3. 如何理解组织结构中的非正式群体？**

**答：** (1)非正式群体的概念

非正式群体是指由一定数量的个人(通常规模比较小)经过长期的相互作用所形成的社会群体，其内部有确定的结构、自己的领导、一系列群体目标和一套用以规范群体成员行动的价值和规范，但这种行为的开始和延续初期并没有自觉的目标或方向。

(2)非正式群体的产生

①在正式关系中，人们不可能做到完全的非人格化，从而导致非正式关系的产生。

②在组织中经常接触的个人有可能基于相互同情、钦佩、兴趣和趣味相投等而在他们正式关系中加入某些非正式的行为模式。

(3)非正式群体的正功能

①对工人来说，非正式群体的正功能主要有以下几个方面：

a. 减轻单调、厌烦和疲劳。由于经常性、重复性的工作以及苛刻严格的纪律导致工人产生厌烦和疲劳，而非正式群体则可以缓和或减轻这种症状。

b. 获得非正式地位的机会。非正式群体中可以满足工人对地位的需求，以弥补在正式结构中的地位渴望。

c. 充分表露情绪反应。这种功能表现在两个方面：

一方面，非正式群体把那些在特点上相似的工人结合在一起，使那些在工作位置相距较近的工人，或那些为完成同一任务而共同工作的人的关系固定化和一致化；另一方面，非正式群体为人们进行交谈、交换意见、沟通态度和形成共同价值观等提供了渠道。

d. 提供独立的机会。非正式群体有助于工人在科层制的管制下获得更多的自由和独立，这种独立和自由从非正式群体对那些“告密者”或“异己分子”（霍桑实验的例证）的憎恶和控制中发现。

②非正式群体对管理工作本身也有正功能。主要表现在以下几个方面：

a. 有助于完成工作任务。相对于大型工业组织，非正式群体以它的灵活性发挥着作用，它可以通过初级关系直接找到当事人办理相关事宜。当然这样做的前提是两者目标一致且规则允许。

b. 减轻管理者的工作负担。当管理者意识到组织存在非正式群体时，他们就可以依靠非正式渠道来完成工作任务，同时也可以创造出宽松友好的工作氛围，有助于提高工作效率。

c. 提高工作满意感。正式结构有严格的规章制度，个人的某些意愿会被束缚，而非正式群体则可以给人们提供一种宽松的工作环境，有助于提高满意度。

(4)非正式群体的负功能

①抵制变革。非正式群体的一个基本特点就是对人的要求比较宽松，群体成员基本喜欢维持现状，反对变革，对组织提出的任何变革措施都采取一种抵制或者是部分抵制的态度。

②目标冲突。组织内既然不可避免地出现非正式群体，那么正式组织结构与非正式群体的目标就不可能总是协调一致，它们之间或多或少存在差别，管理者的工作就是要尽量缩小这种差别，使之减少到双方都可以接受的程度。

③遵从行为问题。非正式群体的规范本是为了劝说成员达成非正式群体目标，但群体内部的和谐气氛，使群体成员越来越少地考虑个人愿望，常常是不假思索、不加权衡就附和群体的意见，他们也就不愿再去接受正式规范的约束了。

④谣言问题。谣言或小道消息之所以能在非正式群体内部传播，是因为组织的正式沟通渠道在信息传送过程中出现不畅。那么在非正式群体内部，人们就会在事件信息里人为地填补未知的部分，从而形成谣言或小道消息。

**4. 比较研究组织现象的五个学科角度的异同。**

**答：**(1)研究组织现象的五个学科角度的相同点

它们都是人们对组织现象的理论认识，是有关组织成因、性质、结构、功能、运作机制等方面的概念、判断、推论的总称。

(2)研究组织现象的五个学科角度的差异性

①管理学的研究角度

a. 中心问题：组织（特别是工厂组织）如何提高工作效率，其对组织现象进行解释的基本逻辑是效率机制。

b. 基本认识：在管理学看来，组织作为人类理性发展的产物和工具，完全有可能帮助人们提高活动效率，实现各种组织目标。但这其中的关键是要找到一种确定的技术和方法。

c. 考察重点：在资源供给和制度安排既定的情况下，如何对组织结构进行合理的设计，对组织构成要素进行有效的组合，对组织运作流程进行妥善的安排等一系列问题。

②经济学的研究角度

a. 中心问题：组织作为一种新的资源配置方式是如何产生比传统的、分散的个体生产组织形式更高的效率的。

b. 基本认识：组织是资本与劳动力的一种组合方式，这种资源配置方式可以产生规模经济效应和范围经济效应，管理只是一个不可或缺的中间环节。

c. 考察重点：首先是怎样寻求一种最佳的资源配置方式，其次是具体管理的问题。

③心理学的研究角度

a. 中心问题：除了设施、设备等物的因素之外，人本身的因素对工作效率的影响。

b. 考察重点：在组织框架下，人是怎样思维和行动的，特别是人性、人的需要、人际关系、激励等因素对个人行为从而对效率会产生什么影响。

④政治学的研究角度

a. 中心问题：组织中的利益关系问题。

b. 基本认识：在政治学看来，组织过程实际上是一个政治过程，每个组织及其内部各个群体、个人都有着自身独特的利益，因而形成了复杂的利益博弈关系。

c. 考察重点：组织之间以及组织内部的权力关系是怎样形成的，如何调整各种利益关系以使之处在一种相对均衡的状态之上。

⑤社会学的研究角度

a. 中心问题：相对于家庭、作坊及非正式组织等其他人际关系模式，正式组织有什么样的优势，形成这种优势的机制又是什么。

b. 基本认识：在社会学看来，组织是一种集体行为的结构，它可以将个体的行动有机地整合起来，使人们在充满不确定性的环境中获得一种相对的确定性。

c. 考察重点：既包括组织的生成机制，也包括组织的运作机制。

**5. 简述组织理论给我们的启示。**

**答：**(1)组织理论的含义

组织理论是系统认识和解释社会组织的本质、结构和功能的理论。形成于 20 世纪初。为有效地管理社会的各种组织、提高组织活动的效益及活力提供理论依据。研究内容涉及组织的类型、结构、原则、目标，组织成员与组织及其活动过程的关系，管理策略与技术，组织与环境的平衡等。

(2)组织理论的启示

①从历史来看，组织理论的产生与英国工业革命和法国大革命引发的社会现代化等紧密相关。工业革命使得劳动分工逐渐精细、机器生产代替手工生产，在这一背景下，工厂作为一种新的组织形式大量出现。因此，围绕着这种新型组织的组织形式和组织管理，形成了多种关于组织研究的理论流派。

②组织理论的发展反映了不同历史时期组织的发展特点及关注重点，针对组织中出现的不同问题，可以依据不同的组织理论来解决。如果组织的目标主要在于效率，则可以按照传统组织理论进行组织设计；如果组织的目标主要在于人际关系，则可以按照行为科学组织管理理论进行组织设计。

③在当今社会，组织处于多变的环境中，人的观念也在不断发生变化。按照现代组织

理论，决策者应时刻关注组织所处情境，以整体、联系的观念看待组织与所处社会的关系，组织设计应根据环境的变化而适时变化。

④以往的理论过于注重组织的技术环境，针对这一问题，新制度主义主张把研究的重心放在制度环境上，强调合法性机制的重要性。组织环境理论侧重将注意力从组织内部转移到组织环境上，将组织当成一个开放的、动态的系统加以研究。

⑤行动者系统组织理论把组织看成是行动者的系统，其解释逻辑超越了以往组织理论最关注的效率合法性等问题。据此，更应该关注组织系统中人的因素，通过对人的关怀来提高组织运行效率。

## 10.3 考研真题与典型题详解

### 一、填空题

1．科层制是一种以正式规则为主体的管理方式，这种组织具有______和复杂的规章制度体系。（中国青年政治学院 2007 年研）

【答案】细密的分工

2．社会组织一般有四个构成要素，即规范、地位、______和______，它们的相互关系和联系构成了社会组织的基本结构。（华中农大 2018 年研）

【答案】角色；权威

### 二、选择题

1．测定组织目标实现程度及绩效的标准有______。（中国青年政治学院 2009 年研）

A．有效性　　B．效率　　C．责权对等　　D．分工协作

E．人文关怀

【解析】测定组织目标实现程度及绩效的标准包括有效性、效率与人道主义或人文关怀。有效性指组织实现各种目标的能力，它意味着组织能以最终实现全部目标的方式来安排和使用它的资源。效率指组织在实现目标的过程中，消耗的资源与产出的结果之间的比例关系，资源的消耗应当带来相应的正面的结果。人道主义或人文关怀指组织应最大限度地发展个人才能，而不仅追求效率。

【答案】ABE

2．科层制的建立基础是（　　）。（中大 2018、2017 年研）

A．传统型权威　　B．超凡魅力型权威

C．法理型权威　　D．制度型权威

【解析】韦伯主要在分析权威类型的基础上提出科层组织理论，认为“科层制是最理想的组织形式”。法理型权威是建立在以下基础上的，即任何一项法律都是以目的合理性或价值合理性为目标制定出来的，并努力加以贯彻，包括强迫使之得以实施。法理型权威是科层制建立的基础。

【答案】C

3. 在组织过程中，组织成员之间通过各种形式的交往以传达思想、观点、态度、感情或情报的过程，被称为（　　）。（中大2017年研）

A. 组织沟通　　B. 组织决策　　C. 组织控制　　D. 组织设计

【解析】组织沟通是指在组织过程中，组织成员之间通过各种形式的交往以传达思想、观点、态度、感情或情报的过程。

【答案】A

4. （　　）是手工业作坊的管理方式，是与封建社会和资本主义社会早期社会组织状况有关的。

A. 家长制　　B. 科层制　　C. 泰罗制　　D. 流水作业

【解析】家长制是产生和存在于传统农业社会的一种管理方式。由于传统社会生产分工不发达，生产规模相对狭小，人们把组织管理的一切指挥权集中于一人身上。家长制管理方式适合于小规模的组织结构、分工不发达的传统社会，管理的好坏取决于个人经验和素质的高低，因此这种管理方式局限性很大。

【答案】A

## 三、概念题

1. 社会组织（宁夏大学2016年研）

相关试题：正式社会组织（浙江工商2017年研）

答：广义的社会组织泛指一切人类共同活动的群体，包括家庭、家族、村社等初级群体。狭义的社会组织，即相对于初级群体的次级组织形式，也可称之为正式社会组织。它是指人们为了实现某种共同目标，将其行为彼此协调与联合起来所形成的社会团体。

2. 科层制（厦大2019年研；复旦2019年研；华中师大2019年研；吉大2018年研；浙江工商2017年研；上海师大2017年研；宁夏大学2017研；南京师大2017研；川大2016年研；中央民大2016年研）

答：科层制又称理性官僚制或官僚制，由德国社会学家韦伯提出。它是指一种以正式规则为主体的管理方式，这种组织具有细密的分工和复杂的规章制度体系。科层制是现代社会组织管理的典型方式。科层制特征包括：①明确的分工，即明确每一个管理者的权力和责任，并把这些权力和责任与正式职位捆绑起来而使之合法化；②明确的职权等级，即下一级职务接受上一级职务的管理和监督；③明确的规章制度体系，即组织成员都要遵循一整套抽象的规章制度，包括在具体情况下执行这些规章制度，其目的在于求得组织各部门之间活动的协调一致；④私人关系和公务关系的分离，即本着严肃的非人格化精神，不掺杂个人的好恶爱憎；⑤量才用人，即科层制招聘人员按技术资格录用；⑥管理权力依附于职位，而不依附于个人，即有职则有权，无职则无权。

3. 泰罗制（人大2006年研）

答：弗里德里克·泰罗在20世纪初创建了科学管理理论体系，他这套体系被人称为“泰罗制”。泰罗的科学管理思想的中心是提高劳动生产率，重点放在计划、标准化和在作业层改进人的努力方向，以便用最小的投入取得最大的产出。通过最大限度地提高每个工人的生产效率，使劳资双方都能获得最大的效益。

## 四、简答题

**1. 社会组织有哪些构成要素？**（中央财大2010年研；吉大2005年研）

**答：**社会组织的构成要素一般包括四个方面，即规范、地位、角色和权威，它们的相互关系和联系构成了社会组织的基本结构。

（1）规范

规范是指稳定的规则与规章制度。规范是社会互动的基础，是社会关系及其功能价值的具体表现，它指在组织内部的个人或团体应如何思考、感觉与信仰，在各种情况与关系当中应如何行动。规范的目的是使组织成员的行为标准化，具有可预测性。

（2）地位

地位是指人们在社会关系空间中所处的位置。社会地位的形式有两种：归属地位与成就地位。归属地位是与生俱来的；成就地位则是依靠个人后天的努力所取得的地位。社会组织中的地位主要是成就地位。在现代社会，组织内部的互动基本上是地位之间的互动。社会组织的互动也是经由地位而建立的，社会中到处都是这种组织性的互动。

（3）角色

角色是指按一定社会规范表现的特定社会地位的行为模式。人的社会角色与社会地位是不可分割的，不存在无角色的地位，也不存在无地位的角色，角色表现地位，地位规定角色的范围。角色是地位的动态表现，而地位则是角色的静态描述。社会组织就是由一组相互依存、相互联系的角色构成的行动体系。

（4）权威

权威是指一种合法化的权力。它是维持组织运行的必要手段，它使成员在组织内感受到约束和限制。组织权威一般有两种特征：①权威是社会组织的特性；②权威依附于职位。组织由其构成要素而形成一个社会活动系统，这一系统的运转依赖于一整套规则，个人只能遵守这些规则，才能进入组织，并参与其活动。

**2. 简述科层制的正负功能。**（人大2006年研）

**答：**科层制是一种以正式规则为主体的管理方式，这种组织具有细密的分工和复杂的规章制度体系。

（1）科层制的正功能

①明确的分工。科层制把从事的活动以正式规定的职责形式固定落实到人，即明确每一个管理者的权力和责任，并把这些权力和责任作为正式职位而使之合法化。

②明确的职权等级。组织中的职位权力遵循层序的原则，即下一级职务接受上一级职务的管理和监督。实际上，明确的职权等级是组织实行大规模责任制和协作必需的原则。

③明确的规章制度体系。在任何情况下，组织成员都要遵守一整套抽象的规章制度，包括在具体情况下执行这些规章制度，其目的在于求得组织各部门之间活动的协调一致，也有利于公平合理、平等对待一切人和事。在这里，组织的规章制度是最高权威，它规定成员的权力、责任和活动程序等。

④私人关系和公务关系的分离。在处理公务时，成员应按规则办事，即本着严肃的非人格化精神，不掺杂个人的好恶爱憎，因而不带有情感和热情，保证工作按正式确定的方式进行。

⑤量才用人。科层制招聘人员按技术资格录用，并需要经过专门的训练，承担某一职务的人员应保证其工作的长期性和稳定性。同时，科层组织内还有一套按年资、按工作表现或两者兼顾的提薪晋职制度。

⑥管理权力依附于职位，而不依附于个人。有职则有权，无职则无权。这就使组织管理者在更替过程中，并不影响组织的正常运转，保证了组织政策的长期性和稳定性。

(2)科层制的负功能

①科层制内部协调的困境主要体现在现代民主主义与现代文明的矛盾，也就是一方面人们强烈地要求个人的权利得到保护，尊重个人作为人的尊严；另一方面又是要求组织活动的理性化和制度化，以体现效率至上的信念。但是，实际已经证明这两个方面是相互矛盾的。内部的危机意味着科层制无法做到"内适应"了。

②从表面看，科层制的致命伤出在伦理方面，而导致这种组织形式崩溃的则是它的外在环境。外部环境给这种体制带来的问题是组织所无法逾越的障碍。在两种挑战面前，科层制都无法做出适当的回应，既无法解决个人目标与组织目标相冲突的情况，也无法在外部环境发生变化的情况下快速地应变。

③带来官僚主义问题。由于权力的单轨制、严格的公事公办、个人间情感交流的缺乏、繁文缛节、规章死板，使得组织活动偏离目标，带来了机构的相对封闭和效率的低下。

④仪式主义。在实际的组织行为中，各种程序常常变成了人们关注的中心，变成了目的，从而造就了一帮官僚、刻意奉行并拘泥于种种规则和程序，反而忽略了实际的组织的目标和效率。

⑤练就无能。由于科层制分工细致，每个人都从事非常专门化的、固定的、千篇一律的工作，使他们以刻板的程序和技术去处理分配给他们的工作，这就使科层工作人员在遇到情况变化时无力应变，一筹莫展。

⑥彼得原理。科层制组织中，依据人员的工作成绩来决定升迁，是一项有害的方法。一个人工作表现极佳，因而逐级晋升，一直提升到他个人能力难以胜任的职位为止。这就是著名的"彼得原理"。

⑦帕金森定律。韦伯研究科层制时，未曾预见到机构臃肿的问题。从理论上讲，领导者增聘助手，是因工作任务繁重自己无力独自完成；而事实上，领导者可能为了提高他在组织中的地位和权力而要求增加部属。

⑧寡头政治。寡头政治即一个组织为少数或一个小团体所控制。米歇尔斯认为科层制组织会发展成为少数人统治，而这些人会为维持其权力而危害组织的发展。

**3. 简述T. 帕森斯对社会组织的分类。**(中央财大2017年研)

**答：**T. 帕森斯作为功能主义的代表人物，参考其"AGIL"功能分析模型，以功能和目标为基础，将社会组织分为了以下四种类型：

(1)经济生产组织，指那些制造物品或进行生产的组织，这类组织的典型形式是实业公司。经济生产组织是把经济功能放在首位，其运作方式是通过经济功能的实现对整体组织的发展做出贡献。

(2)政治目标组织，指那些为保证整体社会目标实现而形成的各类组织形式。这类组织的活动取向是实现社会共同价值的目标，以及形成和部署社会的权力。例如，政府机构和权力组织等。

(3)整合组织，指那些从社会层次上提供功能的组织形式，这类组织的活动主要涉及调解冲突和指导动机，为实现社会制度的期望或促使社会各部分良好配合。所有以减缓社会冲突、进行社会控制为目的的组织都属此列，而法庭和法律职业实体是其最具代表者。

(4)模式维持组织，指那些具有“文化”“教育”和“价值承载”功能的组织。这类组织的功能是教化社会成员认同社会文化、维持原有的制度和行为模式。学校、教会被认为是这类组织的典型。

**4. 试述新时代背景下我国社会组织的发展特点及任务。**

**答：**(1)我国社会组织的发展特点

①社会组织与“五位一体”的总体布局相联系，社会组织被纳入建设现代化强国的政府管理总规划，各类社会组织在社会治理的各个环节均需发挥重要作用，既包括纵向行政控制，也包括横向整合和功能互补。

②社会组织与时代发展和社会主义市场经济体制相适应，企业组织结构与形态逐渐趋向扁平化、市场化，共享经济等发展形式日益兴起。

③社会组织与人民对美好生活的需要相吻合，我国社会组织发展已呈现出社会化、法治化、智能化和专业化的发展趋势。

(2)新时代背景下社会组织的任务

①社会组织的角色转变

a. 在政府、市场和社会多元治理中，新时代社会组织的新定位应该从政府“伙计”转身为“伙伴”，社会组织的管理能力和服务精准性亟待提高，应以新时代“亲清”关系为导向，构建政府、企业、社会组织之间良好协作、多元共治的良性关系。

b. 新时代的社会组织必须承担具有新时代特色的社会任务。在不断提高生产力、满足社会对美好生活的需要、促进自身发展的基础上，不断优化产业结构，利用区位优势，改变发展不平衡趋势。

②社会组织的结构调整

a. 随着网络时代到来，以互联网为代表的信息技术、网络技术和数字化技术飞速发展，信息的自由流动和饱和使得组织内部等级结构逐渐弱化、结构弹性增强，需及时根据环境变化进行适当的结构和管理方式调整，以保证组织的团结稳定和可持续发展。

b. 结构设计以创新发展为导向进行权力分化，无论是政府、企业组织还是社会组织都要不断开放权力，充分释放权力和分享权力，以调动组织成员工作的积极性和创新性，不断增强组织活力、凝聚力和竞争力。

**5. 什么是社会组织？相比于政府和企业，社会组织的功能有哪些独特性？**(南京师大2018年研)

**答：**(1)社会组织的定义

广义的社会组织泛指一切人类共同活动的群体，包括家庭、家族、村社等初级群体。狭义的社会组织，即相对于初级群体的次级组织形式，也可称之为正式社会组织。它是指人们为了实现某种共同目标，将其行为彼此协调与联合起来所形成的社会团体。

(2)与政府和企业相比，社会组织功能的独特性

①社会组织使人类的社会需求得到全面满足。不同的社会组织可以满足人们不同层次、不同面向的各种社会需求，人们的各种愿望、利益、要求都能够从中得到满足。而政府和企业相对来说只能满足人们某一个特定方面的需求，如政治需求或经济需求。

②社会组织把分散的个体力量结合为整体力量，从而使人类得以追求重大的社会目标。社会组织在动员和形成社会力量方面发挥着无可比拟的作用，使得人类可以追求超越个人生命期限的长远目标。

③社会组织提高了人类的社会活动效率，它以专业化为基础，把分散的个人大规模地组织起来，不仅提高了个人的活动效率，也提高了社会的活动效率。

④社会组织增强了人类社会的整合程度，促进了社会秩序的形成，承担和发挥着社会控制的功能。将社会成员大规模地组织起来，将社会高度联结起来，从而使整个社会处于一个协调、均衡、有序的状态，为社会的秩序和进步提供了前提条件。

**6. 简述科层制的特征。**（复旦 2019 年研；河北大学 2018 年研；山东大学 2018 年研；南京林业大学 2017 年研）

**答：**科层制是现代社会组织管理的典型方式，其特征包括以下几点：

(1)明确的分工。

科层制把从事的活动以正式规定的职责形式固定落实到人，即明确每一个管理者的权力和责任，并把这些权力和责任与正式职位捆绑起来而使之合法化。

(2)明确的职权等级。

组织中的职位权力遵循层序的原则，即下一级职务接受上一级职务的管理和监督。实际上，明确的职权等级是组织实行大规模责任制和协作必需的原则。

(3)明确的规章制度体系。

在任何情况下，组织成员都要遵循一整套抽象的规章制度，包括在具体情况下执行这些规章制度，其目的在于求得组织各部门之间活动的协调一致，也有利于公平合理、平等对待一切人和事。在这里，组织的规章制度是最高权威，它规定成员的权力、责任和活动程序等。

(4)私人关系和公务关系的分离。

在处理公务时，成员应按规则办事，即本着严肃的非人格化精神，不掺杂个人的好恶爱憎，因而不带有情感和热情，保证工作按正式确定的方式进行。

(5)量才用人。

科层制招聘人员按技术资格录用，并需要经过专门的训练，承担某一职务的人员应保证其工作的长期性和稳定性。同时，科层组织内还有一套按年资、按工作表现或两者兼顾的提薪晋职制度。

(6)管理权力依附于职位，而不依附于个人。

有职则有权，无职则无权。这就使组织管理者在更替过程中，并不影响组织的正常运转，保证了组织政策的长期性和稳定性。

**7. 简述科层制的内容及意义。**（吉大 2017 年研）

**答：**(1)科层制的内容

科层制是一种以正式规则为主体的管理方式，这种组织具有细密的分工和复杂的规章制度体系。科层制是现代社会组织管理的典型方式，其特征参见本章考研真题与典型题详解简答题第6题答案。

(2)科层制的意义

①积极意义

a. 在韦伯看来，科层制所采用的建立在集权和档案制度基础上的行政管理，精确、稳定、纪律严明，无论对统治者还是有关的人员来讲，都必须做到言而有信。因此，可以最大限度地获得劳动效益。

b. 科层制已经渗透到现代社会的各种组织行为之中，并对每个现代人的生活不可避免地产生影响。

c. 整个统治的科层化“大大促进向着理性的‘求实性’、向着‘职业化’和‘专家化’发展”。韦伯认为，从科层制的长远发展来看，专家在贯彻其意志方面，往往比非专家的政府官员们占有更多的优势。

d. 在韦伯看来，科层制所具有集权的特征，并不妨碍民主精神在其中的孕育。科层制为了能从专业业务上最有资格的人当中招募人才，倾向于等级拉平化。

②消极意义

a. 浮夸习气。权力实行单轨制，且层次过多，下级呈报上级的信息又不能越级汇报，故信息失真程度逐级增加。

b. 墨守成规、缺乏灵活性。科层制要求成员严格按规则办事，以保证组织效率。但长期受规则的限制，则人的主动性和革新精神会泯灭，管理人员容易变得目光短浅、不近人情、打官腔、缺少生气。

c. 繁文缛节、文牍主义。任何规则都有例外，为了处理例外情况，需要制定新的规则，新规则还会有例外，仍需制定规则。如此下去，规则越来越多。

d. 例行公事、文山会海。许多管理部门陷入繁杂的日常事务而不能自拔。

**8. 社会组织目标的制定原则。**(吉大2019年研)

**答：**组织目标的制定过程基本是协调平衡过程。它是不同利益集团争夺的结果。而且随着社会的发展，组织内部参与人员及权力都在发生变化。因此，组织目标也在不断地反映着这种变化。制定组织目标是一个复杂的决策过程，一般应遵循三项原则：

(1)互惠原则，即目标对所有参与人员都有利。一般来说，在个人与其工作组织之间共同愿望的满足过程也被视为一种互惠过程。因此，任何组织目标的确定，都要经过一系列的权益之争，最终只能在利益均衡的条件下达成一致。

(2)评估原则，即运用能够进行测量的技术以评估目标实现程度。它包括规划和控制以及衡量与评价的技术。规划是管理当局为适应环境而采取的一种对策；控制是促使管理阶层完成规划，其目的是协调组织达成目标；衡量与评价目标实现程度是一项综合技术，既要有明确的客观标准，也要考虑到诸多的社会及心理因素。

(3)选择原则，是指组织在确定目标时要遵循选择最优目标的科学程序。这种程序分为五个步骤：

①掌握信息，明确确立组织目标的依据，包括对外部环境和内部条件的调查研究与科学分析。

②拟订各种组织目标的预选方案，包括上限方案、中限方案、下限方案，以便对各种方案进行比较研究，选择最佳方案。

③讨论和评估，可由群众评估，也可由专家论证和领导裁决，最后由组织成员集体讨论通过。

④对初步选择的方案进行试点，在实践中检验方案的可行性，以便对方案进行调查、修改、充实和完善。

⑤经过一定的组织形式最后通过并正式公布实施。

## 五、论述题

**1. 社会组织的特征及其内容。**（人大2008年研）

**相关试题：社会组织的特征有哪些？**（简答题，浙江理工2018年研）

**答：**（1）社会组织的特征

①社会组织是社会发展到一定阶段的产物，它与初级社会群体是一种此消彼长的关系，并正在逐渐取代初级群体成为社会结构的标志。

②社会组织作为人类活动的物质工具，随着科学技术的发展，将在技术手段上更加完善，更加机械化，也更具有效率。

③现代组织活动与传统的人类活动相比具有某些截然不同的特征：

a. 现代组织的非人格化特征。与传统的人类活动不同，现代组织中人与人之间是一种普遍的关系，组织规章制度的目的是限制人类行为的随意性，否定人的自主性和个性，个体行为需要符合组织的要求，从而把一个社会人转变为“组织人”。

b. 现代组织的整体合理性与个体非合理性特征。现代组织的存在和发展依赖组织目标的实现程度。在组织内部，个体必须在固定的职位上发挥功能，只能按组织的要求行动。

c. 现代组织的道德性与非道德性的两重性特征。现代组织从本质上说是理性思考的结果，它是人类创造出来的物质工具，目的是提高人类社会活动的效率。这种工具无论用于道德性的慈善目的还是非道德的残忍目的都是可能的。

（2）社会组织的内容

社会组织的构成要素：社会组织的构成要素一般包括四个方面，即规范、地位、角色和权威，它们的相互关系和联系构成了社会组织的基本结构。具体参见本章考研真题与典型题详解简答题第1题答案。

**2. 阐述我国社会转型期组织结构的特点和任务。**（华中农大2011年研）

**答：**（1）我国社会转型时期组织结构变化的特点

我国社会正处于新旧体制的转换时期，组织结构在原有结构体制下开始急剧分化、转型，其特点表现为：

①与“农业社会向工业社会”转型相联系。我国组织结构普遍受初级关系畸形发展的影响，非正式结构冲击和干扰正式结构。在旧体制逐渐失去其功能，而新型结构尚未确定的时期，由于人们对市场规则、商品经济认识上的模糊，使得非正式结构的社会关系往往超越了正式结构而起主宰作用。

②与“传统社会向现代社会”转型相联系。在1978年之前，我国社会组织的正式结构以单位制度结构为主要特征，分化程度较低。这说明组织结构的转换需要一个过程，并可能

表现出它的反复性和曲折性。

③与“产品经济向市场经济”的转型相联系。我国社会组织由于长期处于产品经济环境下，无论是社会组织的内部关系，还是各个社会组织之间的关系，都主要是纵向行政控制结构，缺乏建立在功能互补基础上的横向联系。因此，需要从整体社会结构上进行调整。

(2)我国社会转型期组织结构调整的任务

组织结构的变革在整体社会结构变革方面起决定性作用，基于组织结构发展现状，应在以下方面调整组织结构运行机制：

①关注非正式结构及影响、控制其消极功能，尽快建立完备的市场规则，实行公务员制度及考核上岗制度，保证组织内部两种结构都有利于组织目标的实现。

②以功能分化为导向促进组织结构的分化，形成多元开放式结构，并在分化的基础上，加强管理的整合功能。

③以功能互补为基础，以市场为中介，打破条块分割的行政控制结构，在组织内部和组织之间建立横向联系网络，充分发挥市场调节对资源合理配置的作用，坚持效率优先的原则，努力建立和完善统一的市场体系，打破地区之间、行业之间和企业之间人为设置的壁垒，改善企业公平竞争的条件。

**3. 从国家与社会的关系来说说我国社会组织的发展现状。**(华中师大2018年研)

**答：**(1)国家与社会的关系

国家—社会中的“社会”概念是从政治归属的角度界定的社会。国家是由国土、人民、文化和政府四个要素组成的，是政治地理学名词。社会或公民社会是指与以强制力量为基础的国家(政府)相对应的人类生活的存在形式，即人们生活的共同体或以自由契约关系为基础的人类的生活形式。它是指人们按照契约性规则，以自愿为前提和以自治为基础进行经济活动、社会活动的领域。在“国家与社会”的语境中，学者们是从较狭义上来使用“社会”这一概念的。

(2)我国社会组织的发展现状

从社会学语境进行理解社会组织，主要是指非政府组织，即介于国家与家庭之间、独立于国家之外、享有自主性，指代“公民社会”。按照这样界定，社会组织应是除政府组织以外的所有民间组织的总和，部分国内学者将社会组织定义为除政府以及企业之外的民间组织之和，即与“第三部门”的含义等同化。事实上，现代学者常常将社会组织与政府部门、公民个体、市场主体三者进行比较，通过应用内涵界定的方法来界定社会组织的含义，形成政府组织、公益组织以及经济组织这种区分为三个领域进行认知的概念构成。我国社会组织的发展现状主要包括：

①总体数量严重不足

随着我国社会的不断发展，也出现了经济结构加速转型与发展，社会结构转型进展缓慢两者之间发展的不平衡问题，因此，迫切需要对社会结构进行进一步的转型和发展以调试这种不平衡现象所导致的一系列问题。从纵向来看，中国的社会组织的发展呈直线上升趋势，发展迅猛，但是也面临社会组织自身定位不明晰，建设不规范以及政策执行困难等方面的问题；从横向上比较，我国社会组织的总参与数和社会贡献率均远低于世界水平。我国社会组织现阶段的发展情况表明，社会组织在推动社会发展中的作用还有待进一步的完善和提升。

②自身建设不规范

目前中国社会组织治理能力和规章制度方面的建设仍有待改善，社会组织大多存在行政化倾向、资金供应不足、专门从事人员过少等问题。有些社会组织更加看重自身存在的形式，而不是其实际上能够发挥出的功能作用。在构建相对完善的部分社会组织中，绝大部分的社会组织都有自身的建设规范，并努力建立和维护自身诚信，但只有极少数真正取得了效果。还有一些社会组织存在的内部管理部分缺失、资源整合不畅、经费筹措不及时等问题。只有加强社会组织自身建设，才能更好的规范行为、提高素质、完善其治理机构和内部制度、强化服务和谐社会的能力。

③理解存在偏差

在过去，社会组织一度不被允许自发自主的发展，被看成异己力量，部分留存下来的社会组织多是出于政治需要的产物。改革开放以来，社会组织在部分领域和方面获得了合法性和法律地位的发展，开始允许和鼓励社会组织发展，然而，总的来看，还存在对社会组织的功能、作用、地位等方面的理解偏差，对社会组织的未来发展趋势和发展规律理解不到位，对社会组织的功能作用发挥认识不清等问题。而且，针对社会组织的相关政策依旧表现出强烈的控制取向，没有将本属于社会组织的权力下放下去，没有真正把社会组织的培育工作纳入到经济社会发展的议事日程之中，这就很难放开手脚发展社会组织，并使其发挥桥梁纽带作用。

④功能发挥阻滞

社会组织的功能发挥阻滞与目前我国的社会管理体制不健全和机制设计不完善等紧密相关。

a. 社会组织的经费来源依靠政府财政部分或全额拨款；

b. 大部分有重要作用的社会组织均是由政府创立的，主要领导大多数由从机构改革分流出来或由现职领导岗位退休下来的党政官员担任；

c. 社会组织自治程度较低，对政府的较强依赖性和政府的管理控制倾向导致其还不能足够发挥出内在的功能效用。目前，我国社会组织的作用领域主要集中于社会帮扶和救济以及社会服务等方面，在重大社会公共治理中的主导地位的发挥仍然存在局限性。

**4. 试比较家长制管理方式与科层制管理方式。**（华中农大2011年研）

**相关试题：科层制的特征。**（河北大学2018年研）

**答：**家长制产生于农业社会，是小农经济的产物，它与初级社会群体有着十分密切的关系。它是指群体或组织的权力集中于最高领导者手中、以人与人之间的亲疏冷热关系为标准来进行管理和组织的管理方式。科层制是一种以正式规则为主体的管理方式，这种组织具有细密的分工和复杂的规章制度体系。家长制管理方式与科层制管理方式的比较主要表现为：

(1)分工

①家长制。分工不明，责任不清。组织成员没有明确的职权范围，即使有也是相互重叠和交叉，常发生遇事推诿、不负责任、相互扯皮的现象，而且没有任何规章来确定分工和责任。

②科层制。明确的分工。科层制把人员从事的活动通过正式的规章落实到人，即明确每一个管理者的权力和责任，并把这些权力和责任与正式职位捆绑起来而使之合法化。

(2)权力等级

①家长制。组织内部的权力集中于最高领导者手里。领导者的权力既没有划分，也不受限制。组织的一切活动均由领导者一人决定。

②科层制。明确的职权等级。组织中的职位权力遵循层序的原则，即下一级职务接受上一级职务的管理和监督。实际上，明确的职权等级是组织实行大规模责任制和协作必需的原则。

(3)规章制度体系

①家长制。办事无章可循、无法可依。组织成员在处理日常事务时只能依据以往的习惯、直觉、个人经验及情感因素，具有很大的随意性。

②科层制。明确的规章制度体系。在任何情况下，组织成员都要遵循一整套抽象的规章制度，包括在具体情况下执行这些规章制度，其目的在于求得组织各部门之间活动的协调一致，也有利于公平合理、平等对待一切人和事。在这里，组织的规章制度是最高权威，它规定成员的权力、责任和活动程序等。

(4)私人关系与公务关系

①家长制。家长制是以初级关系(或非正式结构关系)为基础进行管理活动的，以领导者为中心形成权力圈，那些接近权力中心者往往有较大权力，他们共同构成利益群体。

②科层制。私人关系和公务关系的分离。在处理公务时，成员应按规则办事，即本着严肃的非人格化精神，不掺杂个人的好恶爱憎，因而不带有情感和热情，保证工作按正式确定的方式进行。

(5)人员录用

①家长制。家长制是以初级关系(或非正式结构关系)为基础进行管理活动的。因此，在选择安排人员时也是以初级关系为标准，即由私人关系远近和私人交情亲疏而定。

②科层制。量才用人。科层制招聘人员按技术资格录用，并需要经过专门的训练，承担某一职务的人员应保证其工作的长期性和稳定性。同时，科层组织内还有一套按年资、按工作表现或两者兼顾的提薪晋职制度。

(6)权力与职位关系

①家长制。领导者及其群体成员的职位都是建立在初级关系基础上的，成员利益处于相互制约之中。领导者与成员之间的关系是不可替代的个人化关系，这样，领导者在位与否不是按组织管理需要，而是根据利益群体成员的需要而定，这也是造成家长制管理人员终身制的原因。

②科层制。管理权力依附于职位，而不依附于个人。有职则有权，无职则无权。这就使组织管理者在更替过程中，并不影响组织的正常运转，保证了组织政策的长期性和稳定性。

**5. 非正式结构产生的原因和作用。**(北大2016年研)

**相关试题：非正式群体的功能。**(河北大学2018年研)

**答：**社会组织的结构既包括正式结构也包括非正式结构，即组织是由正式分工所确立的、规范化的职位关系体系和非职位关系体系组成的整体。布劳将非正式群体称为非正式组织，并认为在正式组织中普遍存在着非正式组织。非正式群体的存在造就了组织的非正式结构，它可以被看作为各种非正式关系的总和。

(1)非正式结构产生的原因

①人都具有情感性。人们之间的情感需求不可避免地超出了组织职位规范的要求。

②相同性和相似性。在同一个组织工作的人们有较多的沟通机会，并有相似的职业作为交流的话题。

③互动的经常性。组织内部的一些成员为了完成具体任务或解决具体问题，需要进行经常性的业务接触。很容易发展出共同的兴趣、爱好，形成非正式结构。

④非正式结构的灵活性。正式结构往往只适合稳定的社会环境，应付环境变化的能力较差。当环境发生变化，非正式结构的灵活性就显现出来了，弥补了正式结构的不足。

(2)非正式结构的积极作用

①非正式结构可以为组织成员提供在正式结构中很难得到的心理需要和满足，提高组织成员的工作满意度，有利于社会组织内部的稳定和协调。

②非正式结构能够创造一种和谐、融洽的人际关系，提高组织成员的合作精神，促进工作效率的提高。

③非正式结构能提供正式结构以外的丰富的社会控制和沟通形式，有助于信息的传递。

④非正式结构所具有的灵活性有助于社会组织适应千变万化的组织环境，利用非正式的手段补充正式结构的功能，能及时解决正式结构的失调等问题。

⑤在非正式结构中，组织成员可以表现个性，有助于人格的自由发展。

(3)非正式结构的消极作用

①非正式结构与正式结构的目标发生冲突时，容易给组织成员带来角色冲突的问题，将降低正式结构的管理有效性，从而增大完成组织目标的难度。

②非正式结构为了维护其内部成员的利益，往往在各种利益分配上，或多或少地对非内部成员产生不利的结果，不利于社会组织内部公平、公正的实现。

③非正式结构中对组织成员的要求比较宽松，使得成员倾向于维持现状，反对革新，对社会组织的变革形成一定的阻力，造成社会组织创新的惰性。

**6. 如何理解组织结构中的非正式群体？**（川大2014年研；华中农大2010年研）

**相关试题：**

**(1)简述非正式群体的功能。**（河北大学2018年研）

**(2)简述非正式群体的积极功能。**（安徽师大2017年研）

**(3)简述非正式群体的正功能。**（河北大学2015年研）

**答：**参见本章课后习题详解第3题答案。

# 第十一章 社 区

## 11.1 复习笔记

### 【知识梳理(庖丁解牛)】

- 社区
  - 社区概述
    - 社区的含义
    - 社区的类型
    - 社区研究的理论和方法
      - 西方社区研究的理论
      - 中国社会学中的社区学派
      - 社区研究的方法
  - 农村社区
    - 农村社区概述
    - 农村社区的变化
      - 产业结构的变化
      - 劳动力就业结构的变化
      - 家庭的变化
      - 人际关系的变化
    - 乡村振兴与农村社区建设
      - 社会主义新农村建设与乡村振兴
      - 农村社区建设
  - 城市社区
    - 城市社区概述
    - 城市社区的分类
    - 城中村
    - 城市社区建设：背景、目标、主要内容

### 【考点难点归纳(去粗取精)】

**考点一：社区概述 ★★**

**1. 社区的含义与类型(见表 11-1)**

表 11-1 社区的含义与类型

| 要点 | | 具体内容 |
|---|---|---|
| 含义 | | 社区是进行一定的社会活动，具有某种互动关系和共同文化维系力的人类群体及其活动区域 |
| 类型 | 纵向角度 | ①传统社区。主要指人类社会发展史上曾出现过的社区的残余形态。<br>②发展中社区。传统社区向现代社区转型中的社区形式，既保留了前者的一些特点，又吸收了后者的许多内容。它是我国主要的社区形式。<br>③现代社区或发达社区。表现为现代城乡融为一体，主要存在于一些发达国家 |

续表

| 要点 | | 具体内容 |
|---|---|---|
| 类型 | 横向角度 | ①法定的社区。即通常讲的地方行政区，它们的界限可以明确地标示在地图上并加以法律形式的规定。<br>②自然的社区。即人类在生产和生活中自然形成的聚落。主要是村落、集镇和城市。<br>③专能的社区。指人们从事某些专门活动而形成于一定地域空间上的聚集区 |

## 2. 社区与社会的区别(见表 11-2)

表 11-2　社区与社会的区别

| 区别 | 具体内容 |
|---|---|
| 关于“共同” | 社会中的各种关系尽管纷繁复杂，但并不强调“共同”；而社区则十分强调共同的亚文化和共同的社区意识等 |
| 关于地域概念 | 社会不注重地域的概念，社会空间通常是指人们活动的内容范围以及活动在其中的社会组织；社区空间则是社会空间与地理空间两者的结合 |
| 关系紧密程度不同 | 社区中的各种关系比社会的关系更紧密 |
| 功能特征不同 | 社区的功能与社会相比具有更为明确和专门化的特征 |

## 3. 社区研究的理论和方法(见表 11-3)

表 11-3　社区研究的理论和方法

| 要点 | 具体内容 |
|---|---|
| 理论 | ①滕尼斯。他认为社区是指一种基于血缘关系或自然情感的社会有机体，颇接近平常所说的乡村传统小社会，侧重于具有共同归属感的社会团体。<br>②芝加哥学派。帕克创立了人文区位学的理论，提出从社区整体研究城市的观点。伯吉斯首先提出了城市区位的“同心圈理论”，后人又补充了“扇形理论”和“多核心理论”。沃思提出了城市人口与区位的三个特点。<br>③中国社区学派。燕京学派代表人物吴文藻最早将“community”译为社区。社区研究比社会调查更加深入，并注重事实的内涵与发生的原因 |
| 方法 | ①人类生态学方法。主要着眼于人类与环境的关系。<br>②社会/文化人类学方法。从微观层面讲，注重的是“民族志方法”，强调研究者长期参与到一个特定的小地方的日常生活中，通过主客互动获得对一种文化的体验并在此基础上对其作出解释；从宏观层面讲，重在对文化和社会形态的考察。<br>③社会体系(系统)方法。社会体系方法首先把社区看作一个互动系统，而后分成结构与功能、互动关系、社会场域三方面进行研究 |

**拓展：**构成一个社区，必须具有以下几个要素：①以一定的社会关系为基础组织起来的人群；②一定的区域界限；③共同的社会生活，指人们共同的社会活动或社会互动，包括经济的、文化的、社会的和精神方面的活动；④社区文化，是社区居民在长期的共同生活中积淀而成的社区居民共享的价值观念、行为规范的总和；⑤居民对社区的归属感和认同感，即社区居民对自己所属社区的依恋感和责任感。

## 考点二：农村社区 ★★★

### 1. 农村社区概述（见表11-4）

表11-4 农村社区概述

| 要点 | 具体内容 |
| --- | --- |
| 含义 | 农村社区是指以农业生产为基础的规模较小、社会结构比较简单、人口密度较低的地域性生活共同体 |
| 类型 | ①按所从事的主要产业可以分为农业村、林业村、牧村、渔村和矿业村等；<br>②按照农村社区是否为一个行政单位可以分为自然村和行政村两类；<br>③根据居民点分布状况和社区演变过程可以分为散村社区、集村社区、集镇社区 |
| 特征 | ①经济活动以农业生产为主；<br>②人口密度低，人口聚居的规模小；<br>③血缘、地缘关系浓厚，具有较强的社区意识与社区归属感；<br>④社会结构简单，同质性较强，社会整合程度高 |

### 2. 我国新农村变化与建设

（1）我国农村社区变化（见表11-5）

表11-5 我国农村社区变化

| 要点 | 具体内容 |
| --- | --- |
| 产业结构 | 随着农村经济体制的改革、农村商品经济的发展，我国农村的产业结构发生了显著性变化，产业结构得到了比较合理的调整。在种植业得到发展的同时，林、牧、副、渔和第二、第三产业有了很大的发展 |
| 劳动力就业结构 | 随着农村的社会分工的加强、产业结构的调整以及劳动力的流动，农村社区的劳动力就业结构出现了农业劳动力就业的比重下降、非农就业外出务工的比重迅速增加的趋势。同质性的农民已经分化为职业、收入明显不同的若干群体 |
| 家庭 | 中国农村传统家庭以主干家庭和联合家庭为主要形式，而改革开放以来，主干家庭仍是农村家庭的稳定的家庭结构形式，但联合家庭的比重减少。由于城乡流动，农村中形成了大量的“空巢家庭”和“隔代家庭”，并且出现权威真空的现象 |
| 人际关系 | 在社会转型时期，农村社区在保留着传统人际关系中的注重血缘与地缘关系、强调人情、重视熟人间的信任关系等成分的同时，村民的人际交往中更显现了现代性的特征，社会关系出现陌生化、理性化、功利化倾向 |

（2）我国新农村建设目标（见表11-6）

表11-6 我国新农村建设目标

| 目标 | 具体内容 |
| --- | --- |
| 重建农村基层治理体系 | 农村社区建设的首要任务就是要创新农村社区治理主体，形成自治、法治、德治相结合的社区治理体系 |
| 重建农村公共服务体系 | 社区的基本功能就是满足社区成员的公共服务需求。当前农村社区建设的一个中心任务就是要充分调动政府、集体经济组织、民间组织等多元主体的积极性，共同参与、通力合作，为社区居民提供高水平的公共服务 |

续表

| 目标 | 具体内容 |
|---|---|
| 重建农村公共价值体系 | 当前，制约我国农村社区共同体形成的一个重要因素就是公共价值的弱化甚至缺失，以及村庄在精神维度上的普遍萎缩。因此，我国农村社区建设的一个重要使命就是要通过社区文化建设，重建农村公共价值体系 |

### (3) 我国新农村建设模式（见表 11-7）

表 11-7　我国新农村建设模式

| 角度 | 模式 |
|---|---|
| 社区治理体制 | ①村社合一模式。指将基层政府的公共服务职能延伸到村庄，成立村级社区服务组织，村"两委"成员与社区服务组织领导成员部分或全部交叉任职，实现村庄自治功能与社区公共服务功能有机结合。<br>②多元共治模式。指村"两委"、村集体经济组织、村级社区服务组织等行政、经济和自治组织共同治理村庄事务，不同组织之间成员交叉任职、功能互补。<br>③村庄自组织模式。指村庄成员在村党组织领导和村民委员会指导下，通过社会组织建设，搭建沟通协商平台，自主管理村落社区事务。自治和志愿是其主要治理机制 |
| 社区的形成过程和总体形态 | ①"一村一社区"。指以现有的行政村为单位设置农村社区，一个行政村建一个农村社区，在村里设立社区综合服务中心。<br>②"多村一社区"。指按照地域相近、规模适度、有利于集约配置公共资源的原则，把两个或两个以上的建制村规划为一个社区，在社区层面设立协调议事机构。每个社区确定一个中心村，在中心村设立社区服务中心，为社区范围内各村村民提供服务。<br>③"一村多社区"。指在自然农村的基础上建立社区，即将一个行政村下属的多个自然农村分别建成一个社区，不改变与行政村之间的关系，主要依靠社区内的志愿群体开展社区建设。<br>④"集中建社区"。又称"集聚型社区"模式，即把分散居住的农村集中到新规划建立的居民小区中，并在此基础上设立"社区" |

拓展：农村社区是人类社会中最早出现的社区形式，它是人类社会发展到一定阶段的产物。从根本上说，农村社区的产生是与人类农业生产的出现联系在一起的。中国农村社区的社会结构包括：①农村的社会关系结构，血缘关系是农村社区中占支配地位的社会关系；②农村社区的政治结构，农村的政治是社区政治，即以社区事务为主体的政治；③农村社区的职业结构，传统农村的职业分化很低，男耕女织式的自然分工是职业分化的主要形式。

## 考点三：城市社区　★★★

### 1. 城市社区概述

城市社区的含义、特点与类型如表 11-8 所示。

表 11-8　城市社区的含义、特点与类型

| 要点 | 具体内容 |
|---|---|
| 含义 | 指在特定的区域内，由从事各种非农业劳动的密集人口组成的地域生活共同体 |
| 特点 | ①人口集中，异质性强；②经济和其他活动频繁；③具有各种复杂的制度、信仰、语言和多样化的生活方式；④具有结构复杂的各种群体和组织；⑤家庭的规模和职能缩小，血缘关系淡化，人际关系较松散；⑥思想、政治、文化相对发达 |

续表

| 要点 | 具体内容 |
| --- | --- |
| 类型 | ①传统街坊社区。以城市旧街和老街区为主，邻里的互动较为频繁。<br>②单位型社区。隶属于某一单位，如高校、部队或国企等，同质性较强。<br>③混合型社区。指在独立地段或城市边缘兴建的居住功能较为单一的大型居住区，往往有多功能的小型商业中心和幼儿园、学校等公共服务设施。<br>④新兴商品房住宅社区。伴随着我国住房的市场化改革而形成的，具体可以细分为：a. 封闭性的高级住宅区或别墅区；b. 封闭性的混合性生活社区；c. 中低档的经济适用房物业管理社区。<br>⑤过渡型边缘社区。又称“城中村”，属于农村向城市演替的社区 |

**2. 城市社区建设(见表11-9)**

表11-9 城市社区建设

| 要点 | 具体内容 |
| --- | --- |
| 背景 | ①城市化的飞速发展使得城市规模和人口结构发生了巨大的变化。<br>②单位制的逐渐解体使得“单位人”迅速向“社会人”转化。<br>③社会三大部门的分化使得社会资源配置模式发生了改变 |
| 目标 | ①重构城市社会的基本治理单元；②重构城市居民社会生活共同体 |
| 内容 | ①社区建设的内容主要包括拓展社区服务、发展社区卫生、繁荣社区文化、美化社区环境、加强社区治安等五个方面。<br>②社区建设的中心内容是提高社区服务水平、改善社区民生 |

拓展：在社会学中，城市社区是指绝大多数人从事工商业及其他非农业劳动的社区，它是人类居住的基本形式之一。城市社区在人类历史上的出现晚于农村社区，因而其发展较晚，一直到近代甚至最近几十年，才成为人类生活的主要场所。城市社区这个概念，与都市或城市的含义可以是一致的，也可以是不一致的。从广义上说，任何一个城市，同时也就是一个城市社区，但一个具体的城市社区，不一定只包含一个城市，它可能包含两个以上的城市或若干城镇在内。

## 11.2 课后习题详解

**1. 滕尼斯区分礼俗社会与法理社会的用意何在？我们通常所说的社区与滕尼斯的概念有什么差异？**

答：(1)礼俗社会与法理社会的含义

①礼俗社会又称“共同体”，是指以农耕畜牧为业的传统社会。其特征是规模小，分工与角色分化较少，家庭为社会核心单元，社会具有很强的同质性。

②法理社会是指现代工业化社会。其特征是规模较大，有复杂的分工与角色分化，经济的、政治的、职业的等等社会组织取代了家庭的核心地位，人们的行为具有很强的异质性。

(2)滕尼斯区分礼俗社会与法理社会的用意

滕尼斯认为，人类历史的发展表现为理性不断增长的过程，人类共同生活的表现形式也就由“共同体(社区)的时代”向“社会的时代”演进。而“社区”更多是作为一种研究方法而使用的，社区与社会的区分实质是传统与现代的二分法。

(3)滕尼斯社区概念的特殊之处

随着历史的发展和社区研究的深入，社区的含义不断拓展，在各种不同的语境里，社区已不仅仅局限于滕尼斯当初的定义。社区是进行一定的社会活动，具有某种互动关系和共同文化维系力的人类群体及其活动区域。滕尼斯在提出社区这一概念时，并不关注它的地域特征，而是强调具有共同归属感的社会团体。社区概念一般包含以下四层意义：

①社区总要占有一定的地域，如村落、集镇等，其社区形态都存在于一定的地理空间中。

②社区的存在总离不开一定的人群。

③社区中共同生活的人们由于某些共同的利益，面临共同的问题，具有共同的需要而结合起来进行生产和其他活动。

④社区的核心内容是社区中人们的各种社会活动及其互动关系。

**2. 作为社区研究方法之一的“民族志方法”有什么优点，又有哪些局限性?**

**答：**民族志原为社会人类学者进行参与观察的方法，强调研究者长期参与到一个特定的小地方的日常生活中，通过主客互动获得对一种文化的体验并在此基础上对其作出解释。从宏观层面讲，它重在对文化和社会形态的考察。人类学家们注重从文化比较的角度研究社区。现在民族志作为一种质性研究方法普遍应用于社会科学之中。

(1)“民族志方法”的优点

①基于长期田野调查的民族志写作，是经验的直接呈现，是文化体验基础上的解释。

②通过对他者的观察，对不同文化制度进行比较研究，有利于理解文化相对性。

(2)“民族志方法”的局限性

①民族志早期偏向于叙述者权威以及大理论追求，并且民族志受到时空场域影响。

②民族志写作背后具有西方中心论倾向，随着西方批评话语分析对于民族志写作的影响，研究对象主体性日益凸显。

③民族志方法侧重于微型社区的整体性分析，而其代表性往往难以保证。尤其是在归纳阶段，理论抽象很大程度上受到研究者能力的限制，难以达到预期效果。

**3. 怎样理解社会转型与社区制度创新的关系？试从“中国经验”的视角展开论述。**

**答：**从“中国经验”的角度对社会转型与社区制度创新的关系理解如下：

(1)社会转型对农村社区制度创新的影响

①改革开放以来我国进入了社会转型期，市场化、工业化和城市化推动着农村社区的发展，随着经济的持续发展、农村社会分化的加剧和农村人口的流动与转移，农村社区在产业结构、就业结构、家庭、人际关系等方面都发生了深刻而广泛的变化。

②现代化在促进农村社区生活方式和价值观念逐渐向现代转型的同时，也对农村社区的乡土文化带来了冲击。我国的农村发展面临的问题在进入20世纪90年代中期以来尤为突出。在农业收益率下降和农业成本上升的共同作用下，农民收入增长困难，城乡居民收入差距进一步拉大。农村劳动力特别是大量青壮年劳动力向非农产业的转移和流动对农业生产和农村建设构成潜在威胁。

③我国实施新农村建设，是对农村进行经济、政治、文化和社会等方面的建设，是缩小城乡差别、构建和谐社会的必然选择。新农村建设离不开城市化，城市化建设也不能以牺牲农村为代价，而应该以新城市建设引领新农村建设。

(2)社会转型对城市社区制度创新的影响

①由于城市经济体制、政治体制改革的加速推进，单位制被打破，城市的基层社会控制和社会整合手段乏力。随着城市化进程加快，城市人口加剧，人口流动的加强对传统城市管理体制提出挑战。

②中国社区的特殊性促进城市社区制度创新。

a. 城市社区受到重视与我国经济转型、制度转轨和社会结构变化深刻关联。

b. 城市社区取代街居制被政府赋予基层社会整合和社会管理的重任。

c. 现代城市社区是典型的“陌生人”社区，我国社区建设应当注意促进社区整合、增强社区意识、提高社区居民的归属感。

d. 城中村的出现。城中村既享有城市某些基础设施，还保持着某些乡村景观与思想观念。

③社区建设的实质是在政府的主导下，开发民间多种资源，发展社区自治，从而形成政府、基层组织与居民通力合作的局面。城市社区建设是在政府能力有限和社会资本下降与丧失的双重背景下出现的一股潮流。政府倡导社区建设的主要目的是解决社会转型期所出现的各种矛盾。

**4. 谈谈你对“乡土文化”的当代命运的看法。**

**答：**我对“乡土文化”当代命运的看法如下：

(1)乡土文化是在乡土社会之中所独有的文化。农村社区中的“乡土文化”面临着现代化的冲击，乡村淳朴人情受到商品经济中唯利是图的价值观的侵蚀，乡村悠久的历史文化传统受到现代文化的冲击，深受商品经济影响的消费文化、不切农村实际的生活方式和价值观渗透到农民的日常生活。

(2)传统文化和地方信仰由于受到功利主义、实用主义等现代文化的严重挤压而再难有生存空间，而这将会导致乡土文化的边缘化和农民主体性的逐步丧失，并由此带来农民普遍的文化无根感和焦虑感。

(3)乡村文化的蜕变只是乡土文化危机的表象，乡土文化的根基和精神内核并未受到根本性的冲击。村民的生活虽经受着城市文化的冲击，但是左右人际关系远近亲疏的伦理文化，人与自然和谐共生的文化习俗，依旧在支撑着乡村的社会秩序，并在村民的合作组织和权力结构的运作中自然呈现。

(4)传统文化的消解在新生代农民工的身上体现得较为明显，新生代农民工是指在1980年及之后出生的，进城从事非农业生产6个月及以上的，常住地在城市，户籍地在乡村的劳动力，他们是新时代的产业工人。新生代农民工通过复制传统的乡土社会关系网来移植乡土文化去适应城市，但是为了进一步融入城市，他们通过解构乡土社群关系和逃避人情消费解构了乡土之恋和怀旧情感，他们在移植传统文化的同时，却又在深层次地解构着传统文化。显然，新生代农民工对于乡土文化选择的逻辑，使得中国传统文化正悄无声息地被抽空了。

**5. 谈谈你对农村社区建设主要内容的看法。**

答：我对农村社区建设具体内容的看法如下：

(1)新时期的农村社区建设是指按照新时代的要求，对农村进行经济、政治、文化和社会等方面的建设，最终实现把农村建设成为经济繁荣、设施完善、环境优美、文明和谐的社会主义新农村的目标。

(2)农村社区建设是将农村建设成为与城市协调发展、迈向现代化的新型社区的一项战略举措。农村社区建设离不开城市化，而城市化则不能再以牺牲农村为代价，必须以新城市建设引领新农村建设。中国总体上已进入以工促农、以城带乡的发展阶段，初步具备了加大力度扶持“三农”的能力和条件，因此，开展社会主义农村社区建设是防止农业萎缩和产业断裂、防止城乡收入差距扩大而引起的农村凋敝、促进城乡经济社会协调发展的有效手段和措施。

(3)我国的社会主义新时期农村建设涵盖了以往国家在处理城乡关系、解决“三农”问题方面的一系列内容，是为了改善农村生产生活条件，提高农民生活水平和农村自我发展能力，促进城乡协调发展，按照“生产发展、生活宽裕、乡风文明、村容整洁、管理民主”的要求，以形成“新农民、新社区、新组织、新设施、新风貌”为目标，以加强农村道路、水电、水利等生产生活基础设施建设，促进农村教育、卫生等社会事业发展为具体内容的新型农村综合建设计划，是促进农村整体提升的重要举措。

(4)社会主义新农村建设的时代意义包括：

①重建农村基层治理体系，以应对农村人口流失以及权威真空的现象。

②重建农村公共服务体系，以满足社区成员的公共服务需求。

③重建农村公共价值体系，以应对村庄舆论效力降低的挑战。

**6. 谈谈你对城市社区建设主要内容的看法。**

答：我对城市社区建设主要内容的看法如下：

(1)城市社区建设的内涵

城市社区是在一定地域范围内、大多数从事工商业或其他非农产业的、一定规模的人口组成的人类生活的共同体。城市社区建设是城市行政体制改革的重要组成部分，是指政府、社会机构和社区居民强化社区要素、发展社区组织、增强社区活力、提高社区居民生活的过程。它不仅是指社区物质及设施条件的改善，也是指增强社区的内聚力，使社区更具有它应有的特征的过程。

(2)城市社区建设的过程

城市社区建设一般是由党委或政府协调多种诉求，推动基层组织重构的过程。针对城市社区建设主要包括以下三种目标：①社会控制与社会管理，维持社会秩序；②满足居民多种需要，改善社区生活环境；③实现基层群众自治。

(3)城市社区建设的导向

社区建设的导向主要有两种：①行政化，指的是政府依赖于行政权力进行自上而下的社区管理和建设。②居民自治，是社区居民在社区内实行民主选举、民主决策、民主管理、民主监督，实现社区居民自我管理、自我教育、自我服务，按照社区居民“自己管理自己的事情”“大家的事情大家办”的原则，通过民主协商的方式，共同解决社区内公共事务和公益事业方面的问题，共同创造美好幸福生活。在社区建设中，行政化和居民自治的两种导向常常会发生矛盾和冲突。

(4)城市社区建设的发展

社区建设在发展过程中出现了一些新变化，表现为社区行动主体逐渐从单一化变为多元化，社区运行逐渐从行政管理转化为社会治理，社区服务的内容也更加多元，社区建设越来越以人为本，使社区更适宜人们的生活，更具有生活共同体的特征。

## 11.3 考研真题与典型题详解

### 一、概念题

1. 社区(山东大学2018年研；广西民大2018年研；上海师大2017年研；安徽师大2017年研；浙江工商2017年研)

相关试题：社区(费迪南多·滕尼斯的定义)(浙江理工2014年研)

答：社区是指进行一定的社会活动、具有某种互动关系和共同文化维系力的人类群体及其活动区域。一般包括以下四层含义：①社区占有一定的地域，其形态都存在于一定的地理空间中。社区之“区”并不是纯粹的自然地理区域。从社会学的角度看，这个“区”乃指一个人文区位，是社会空间与地理空间的结合。②社区的存在离不开一定的人群。人口的数量、集散疏密程度以及人口素质等，都是考察社区人群的重要方面。③社区中共同生活的人们由于某些共同的利益，面临共同的问题，具有共同的需要而结合起来进行生产和其他活动。在这一过程中产生了某些共同的行为规范、生活方式及社区意识，构成了社区人群的文化维系力。④社区的核心内容是社区中人们的各种社会活动及其互动关系。

2. 虚拟社区(安徽师大2018年研；河北大学2018年研；川大2016年研)

答：虚拟社区是指由网民在电子网络空间进行频繁的社会互动所形成的具有文化认同的共同体及其活动场所。它是与传统的实在社区相对而言的。它也具有实在社区的要素，比如有一定的活动区域、有一定数量固定的人群、人与人之间有着频繁的互动等。虚拟社区存在于与日常经验的物理空间不同的电子网络空间，社区的居民为网民，他们在一定的网络空间内围绕共同的需要和兴趣进行交流和活动，并形成了共同的文化和对社区的认同感和归属感。

3. 城市社区(南航2018年研)

答：城市社区是指在特定的区域内，由从事各种非农业劳动的密集人口所组成的地域生活共同体。城市社区的特点主要包括：①人口集中，异质性强；②经济和其他活动频繁；③具有各种复杂的制度、信仰、语言和多样化的生活方式；④具有结构复杂的各种群体和组织；⑤家庭的规模和职能缩小，血缘关系淡化，人际关系较松散；⑥思想、政治、文化相对发达。

### 二、简答题

1. 社区由哪些基本要素构成？(中央财大2008年研)

相关试题：什么是社区？其构成要素有哪些？(南京师大2018年研)

答：社区由以下几个基本要素构成：

(1)社区总要占有一定的地域，如村落、集镇等，其社区形态都存在于一定的地理空间中。然而，社区之“区”并不是纯粹的自然地理区域。从社会学的角度看，这个“区”乃指一个人文区位，是社会空间与地理空间的结合。

(2)社区的存在总离不开一定的人群。人口的数量、集散疏密程度以及人口素质等，都是考察社区人群的重要方面。

(3)社区中共同生活的人们由于某些共同的利益，面临共同的问题，具有共同的需要而结合起来进行生产和其他活动。在这一过程中产生了某些共同的行为规范、生活方式及社区意识，如共同的文化传统、民俗、归属感等等。它们构成了社区人群的文化维系力。

(4)社区的核心内容是社区中人们的各种社会活动及其互动关系。人们在经济的、政治的、文化的各项活动和日常生活中产生互动，形成了各种关系，并由此聚居在一起，形成了不同形态的社区。

2. 社区类型有哪些？划分它们的标准是什么？

相关试题：什么叫社区？简述社区的类型。(华中农大2017年研)

答：(1)社区的类型

①传统社区、发展中社区和现代社区(发达社区)。

②空间性的社区和非空间性的社区。其中，空间性的社区包括法定的社区、自然的社区和专能的社区。

③城市社区、农村社区和精神社区。

(2)划分标准

①纵向角度

纵向角度考察的标准主要是社会生产力发展水平的高低，同时兼顾时间因素，含有进化论的观点。据此可以归纳出三种类型：

a. 传统社区，指人类社会发展史上曾出现过的社区的残余形态。传统多指前资本主义的生产和生活方式。目前这类社区在发达国家已不多见。

b. 发展中社区，它是传统社区向现代社区转型中的社区形式，既保留了前者的一些特点，又吸收了后者的许多内容。我国的许多集镇和乡村都属于这类社区。

c. 现代社区或发达社区，表现为现代城乡融为一体，人们的日常活动穿梭往返于城乡之间，乡村生活十分方便，水平甚至高于城市。这类社区主要存在于一些发达国家。我国主要的社区形式是发展中社区，这与我国社会处在转型时期的现状是一致的。

②横向划分

横向划分注重的是空间的特征。空间的取向可分为空间性的与非空间性的两种。前者是指社区具有明显的地域空间特征，其中又包括三类：

a. 法定的社区，即通常讲的地方行政区。它们的界限可以明确地标示在地图上并加以法律形式的规定。

b. 自然的社区，即人类在生产和生活中自然形成的聚落。其中最主要的就是村落、集镇和城市。自然社区与法定的行政区有时是重合的，有时则是不重合的。

c. 专能的社区，是指人们从事某些专门活动而形成于一定地域空间上的聚集区。一所大学、一座军营、一个矿区等都是一种专能的社区。

③精神社区

还有一类空间特征不甚明显的社区，主要是精神社区。社会学家英克尔斯认为，精神社区是指它的共同成员建立在价值、起源或信仰等精神纽带之上。分散的民族像犹太人，其认同感、归属感和互动关系上仍可看作一个精神的或心理的社区。

④从人类生活方式和产业结构划分，有城市社区和农村社区。

**3. 郊区化和后现代城市社区的发展说明了什么问题？**

**相关试题：逆城市化**（概念题，南京师大 2018 年研）

**答：**在发达国家，在大城市迅速发展的同时，城市的内部结构也进行着调整。郊区化是指中产阶级远离城市中心而居住在郊区，将城市中心让给商业中心的现象。郊区化和后现代城市社区的发展说明的问题如下：

（1）促使中产阶级迁往郊区的原因

①大城市的过度发展使城市中心人口密集、交通拥挤、空气污浊，不适于人居住。

②城市的中心区社会治安情况差，居民有不安全感。

③城市中心区的地价高昂。

在交通比较便利的情况下，一些中产阶级从市中心迁往郊区，而城市的中心成为下层阶级和外国移民居住的地方。

（2）逆城市化

逆城市化是城市人口迁往农村居住和农村地区人口增加的现象。20 世纪 70 年代以来，一些发达国家出现了逆城市化，这是对大城市过度发展的反应。逆城市化主要有两种情况：

①城市中心的居民迁往临近城市郊区的农村地区，这主要在中产阶级中表现较为突出。

②一些企业在临近城市、交通便利、地价便宜的农村开办工厂。

（3）后现代城市

后现代城市形成于消费的全球化浪潮中，它的特点是：

①小规模的有民族风格的餐馆被一些全球连锁的饭店所取代。

②城市社区中不存在单一文化的同质生活方式。

③公共空间被私有化，如大型购物中心的出现。

后现代城市除了传统城市社区的功能分区外，还由三个相互重叠的成分组成：边缘城市、二元城市和幻想城市。

**4. 试述城市社区与农村社区的区别。**

**相关试题：**

**（1）如何理解城市社区与农村社区的异同？**（湖南师大 2016 年研）

**（2）论城乡差距。**（中央民大 2016 年研）

**（3）简述农村社区区别于城市社区的主要特点。**（河北大学 2015 年研）

**（4）试论城市的社会文化特征。**（河北大学 2014 年研）

**答：**城市社区是指在特定的区域内，由从事各种非农业劳动的密集人口组成的地域生活共同体。农村社区是指以农业生产为基础的规模较小、社会结构比较简单、人口密度较低的地域性生活共同体。城市社区与农村社区的区别主要包括：

(1)在职业结构上，农村社区的职业比较单纯，多数以农业为主，只有少数人从事手工业、商业以及其他行业；城市社区职业门类众多，而以工商业和各种服务行业为主，性质复杂多样。

(2)在工作和生活上，农村居民以农业为主，其大部分时间用于户外生活和劳动，而城市居民则以室内生活和劳动为主。

(3)在社会的容量上，农村因农业生产需要大量土地，因而人口密度低，城市则人口密度高。这就造成城市居民的社会接触量及社会互动强度与频度均高于农村居民。

(4)在人口性质上，农村社区居民较趋向于同质化，城市居民则趋向于异质化。

(5)在社会结构上，农村社区分工简单，社会分化与阶层区分也表现得程度低，阶层少；而城市社区则表现得程度高，阶层复杂多样。

(6)在社会流动上，农村社区由于社会阶层与社会组织系统比较固定，因此流量较少，流动速度较慢；相反的，城市社区在流量和速度方面都是较多、较快的。

**5. 简述城乡协调发展的基本原则。**(河北大学2010年研)

**相关试题：简述城乡协调发展的观点。**(苏州大学2017年研)

**答：**城乡协调发展应坚持的基本原则包括：

(1)优势发展的原则

中国地大物博，一个地区总有自己的自然资源、人文地理、经济和技术等方面的优势。只有寻求优势、因地制宜地发展城乡社区，这种发展才能持久。

(2)整体发展的原则

即要对城乡发展通盘规划，使城乡社区有机地匹配组合，发挥出比它们各自简单地相加更高的社会效益。

(3)互益发展的原则

一个城乡社区的发展一般应以增益其他社区为前提。如一个新城市的建立，就要考虑它对于周围乡村发展的利弊。

(4)地区平衡发展的原则

城乡发展应当在不同地区的经济、政治、文化、环境与人口等方面力求平衡和协调。此问题是与城市布局理论密切相关的。

**6. 如何看待我国城乡之间的二元结构及其变化？**

**相关试题："二元"社会结构**(中央财大2017年研)

**答：**二元结构是指在一个国家、地区或实体内，同时存在着两个有重大差别的部分，而二者又互相隔离、难以沟通的现象。这种二元社会既表现为社会性质上的差别，又表现为发展水平上的差别。

(1)改革前中国的城乡关系

①"中国城乡二元结构"是郭书田、刘纯彬等人在20世纪80年代借鉴"二元经济"的概念而提出来的。他们认为，当今中国的社会结构是二元的：一元是由市民组成的城市社会，另一元是由农民构成的农村社会，他们的最大区别只在于是否持有农业户口。

②这种二元社会结构是以二元户籍制度为核心的，是包括二元就业制度、二元福利保障制度、二元教育制度、二元公共事业投入制度在内的一系列社会制度体系。

③二元结构的形成，一方面满足了当时稳定社会的要求，另一方面也体现了通过二元结构实现资本原始积累、促进工业化进程的发展战略。农业为工业化提供资金积累的途径，主要有税收、“剪刀差”和储蓄等三种形式。

(2)从行政主导型二元结构到市场主导型二元结构

①在行政主导型二元结构还没有完全消除的情况下，一种新的二元结构即市场主导型二元结构又在生成，并且与原来的二元结构叠加在一起。改革前的二元结构主要是由一系列的制度安排造成的。以户籍制度为核心，当时的制度安排将城乡人口和城乡的经济与社会生活人为地分割为两个互相隔离的部分，形成人为的制度壁垒。尽管当时存在“剪刀差”，工农业产品的比价是不合理的，但城里人的大部分收入通过购买生活必需品而又流入农村。

②到了今天所在的耐用消费品时代，情况发生了很大变化。城里人生活中越来越多的部分不再与农民和农村有关系。他们日常生活的大部分依赖的是城市而不是农村。在这个时候，可以看到城市和农村之间一种新的形式的断裂，这种断裂主要不是由人为的制度造成的，而是由市场造成的。但这同样是一种断裂，甚至是一种更为深刻的断裂。由这种断裂造成的城乡二元结构，可以将其称之为“市场主导型的二元结构”。

**7. 试述我国如何实现城乡统筹协调发展。**(人大2011年研)

**相关试题：**

**(1)健全城乡发展一体化体制机制的路径有哪些？**(浙江理工2014年研)

**(2)结合中国社会城市化进程中的问题，谈谈城乡一体化协调发展理论。**(南航2014年研)

**答：**(1)城乡一体化协调发展理论的概述

城乡一体化协调发展的思路是把城市和农村放在一个系统中来考虑，全面规划、协调发展。在设计它们的发展时要做到优势互补，并使它们的发展成果相互连接、相互为用，从而使城乡发展形成相互促进的良性循环。这种发展模式可以避免城市、农村片面发展可能带来的弊端，成为越来越多国家和地区的实践。但是，这需要全面而慎重的设计。

(2)实现我国城乡统筹协调发展的途径

①突破“以农言农、工业优先”。从“把解决好‘三农’问题作为全党工作重中之重”到“工业反哺农业、城市支持农村”，从“加快形成城乡经济社会发展一体化新格局”到“在工业化、城镇化深入发展中同步推进农业现代化”。不再是“以农言农”，不再是“工业优先、城市偏向”。一系列影响深远的新思想新理念，引领开启统筹城乡发展新纪元。

②调整城乡利益关系。“三农”工作的核心是农民问题，农民问题的根本是利益问题。利益问题的关键是收入问题，增加农民收入是尊重农民物质利益的核心。以农民为本，关键是富裕农民；以农民为本，必须善待农民。

③“三化”助“三农”。在工业化、城镇化深入发展中同步推进农业现代化。“三化同步”是我们党统揽全局、着眼长远作出的重大决策，着眼点是加快建设现代农业、补齐农业这个短板，加快推进社会主义新农村建设、形成城乡经济社会发展一体化新格局。

**8. 什么叫虚拟社区？请简述虚拟社区与实在社区的关系。**(华中农大2018年研)

**答：**(1)虚拟社区

虚拟社区是指由网民在电子网络空间进行频繁的社会互动所形成的具有文化认同的共同体及其活动场所。它是与传统的实在社区相对应而言的。它也具有实在社区的要素，比如有一定的活动区域、有一定数量固定的人群、人与人之间有着频繁的互动。

(2)虚拟社区与实在社区的关系

①区别

a. 虚拟社区与实在社区最大的差异表现在地域空间的界定上。现实社区通常强调地域环境的影响，其社区形态都存在于一定的地理空间中。虚拟社区则没有物理意义上的地域边界，虚拟社区的非空间组织形态以及成员的身体“缺场”，使其成员可能散布于各地，即一个个体可以超越空间的障碍生活在好几个虚拟社区里。

b. 与实在社区相比，虚拟社区主要有四个较为鲜明的特征：

第一，交往具有超时空性；

第二，人际互动具有匿名性和彻底的符号性；

第三，人际关系较为松散，社区群体的流动较为频繁；

第四，自由、平等、民主、自治和共享的准则。

②联系

a. 虚拟社区是对实在社区的反映和重构，实在社区中的生活方式和观念、规范会影响到虚拟社区的建构。比如日常生活里人们的母语既是社会交往赖以实现的基础也是跨文化交流的障碍，在虚拟社区里这种语言区隔也并不会因数字化生存而消解。

b. 虚拟社区会反作用于实在社区，为实在社区的重组和再造增加新的元素。虚拟社区的生存观念、行为规范和准则等会对实在社区造成一定的冲击，影响到实在社区的发展。比如电子商务、计算机病毒、网恋事件等都会直接影响现实社会生活。

c. 虚拟社区与实在社区在功能上是互补的。虚拟社区在社区成员某些低层次需求(如“饮食男女”)的满足上往往是无能为力的，但在满足高层次需求方面，如自我发展与完善、获得信息和自我实现等方面，虚拟社区则有着实在社区无法比拟的优势。

**9. 简述虚拟社区的特征。**(河北大学2016年研)

**答：**虚拟社区的特征主要包括：

(1)交往具有超时空性

信息技术的发展使得建立超越地域限制的社区成为现实。传统人际互动中所必需的时间和场所被压缩甚至被取消了，身体的“缺场”取代了“在场”。在虚拟社区中，人们可以借助于计算机网络技术，在瞬间实现跨国界、跨地区的互动，这种压缩时空的交流深刻地改变了传统的传播和沟通方式，为人类交往提供了革命性的新形式。

(2)人际互动具有匿名性和彻底的符号性

虚拟社区成员的身份是匿名的，交往以符号作为中介，同时还有“身体缺场”的特点。成员可以随意地选择进入社区身份的标识，性别、年龄、种族等各种身份的区分已没有实质意义。人际互动的匿名性使互动有了更多的互塑性和建构性的色彩，成员可以尝试充当不同的角色，塑造不同的行为模式和自我。人际互动的匿名性还为人际互动创造了更多自由的空间，摆脱了实在社会中真实身份的羁绊，人们可以自由、随意地表达观点，宣泄自我。网民不仅仅是传统意义上的“使用符号的动物”，他在上网的同时更把自身化为符号。但是上述几种特性会导致互动的“局部性”(如不会有肢体的接触)，也使成员的责任感降低，导致人际信任的缺乏；而且，过度以符号为中介的间接交往也会使人产生孤独感，网络时代很有可能造成新一代的孤独的人群。

(3)人际关系较为松散，社区群体的流动较为频繁

虽然在频繁的互动中社区成员会形成共同的价值意识和对社区的归属感，但是这种凝聚力是建立在松散的人际关系的基础之上的。

①成员可以根据自己的喜好随意选择进入还是退出社区，而且不同的社区具有不同的功能，人们会根据自己的需要在不同的社区内流动，以实现购物、交友、娱乐等目的。

②在有些情况下，成员的交流对象具有不稳定性，交流过程也具有短暂性。

③社区内维系社区组织和制约社区成员的制度和机构的力量都较为薄弱。这些都导致了人际关系的松散性和群体流动的频繁性。

(4)自由、平等、民主、自治和共享的准则

虚拟社区成员的身份获得不再受地域、年龄、性别、职业等因素的局限，世界各地的人都可能成为同一社区的成员，成员之间基本都是平等的关系。由于网络人际互动的匿名性和人际关系松散，传统社会里的权威地位和等级属性近乎消解；成员共享社区文化、信息资源、人际资源，网络上每一种文化产品都具备“世界性”与“全民性”。

## 三、论述题

**1. 简论转型期农村劳动力的流动。**

**答：**转型期农村劳动力的流动主要可以从以下三方面展开论述：

(1)农村人口向城市流动的原因

①农村集体经济制度和对城乡流动的限制使农业劳动力难以向非农产业转化，因而导致大量的农村劳动力被束缚在土地上。中国农村社区人口众多，耕地面积相对较少，人多地少的矛盾相当尖锐。为了合理利用农村劳动力，进一步促进农村经济的发展，20 世纪 80 年代初开始，大批的农业劳动力开始向非农产业转移。

②80 年代中期后，乡镇企业吸收农村剩余劳动力的能力趋向于饱和，农村剩余劳动力就不可避免地要向城市流动，而城市经济的快速发展也需要从农村社区吸收大量的劳动力。同时，国家开始逐步放开农村劳动力向城市的流动限制，这一政策导向在农村中产生了极大的反弹，被压抑的流动动机很快释放出来，形成了现实的流动行动。

③在许多农村社区，尤其是较为贫困的农村社区中人们的收入和生活水平很低，因而对农村人口的外流产生了强大的推力。城市中的就业机会、较高收入、较优越的生活条件和生活方式对农村人口流动形成了强大的拉力。在这种推力和拉力的作用下，许多农村劳动力涌向城市。

(2)农村社区人口向城市社区流动的影响

①大量的农村劳动力流入城市，满足了城市经济发展对劳动力的需要，促进了城市经济的发展，缓解了农村剩余劳动力的压力，使农村社区的人均收入和生活水平得以提高。

②农村劳动力向城市的流动开始打破以前严格的城乡界限，农村人口不再被严格地限制在农村，他们可以进入城市就业和居住，有助于打破传统的城乡界限，对缩小城乡差别起到了一定的推动作用。

(3)城乡之间的劳动力流动机制不健全

①农村劳动力虽然可以流入城市，在城市中就业和居住，但他们中绝大多数人难以获

得完全意义上的城市人身份和地位。长期以来形成的制度化的城乡界限远未完全打破，城里人对农村人的制度性排斥和文化性歧视仍然明显存在。

②许多农村劳动力向城市的流动还带有较大的盲目性，缺乏对城市的了解，缺乏关于城市中就业机会和生活方面的足够信息，甚至没有明确的就业目标。不少农村劳动力来到城里后长期找不到合适和稳定的工作。

③过多的农村劳动力涌入城市，加剧了城市中的就业困难、交通紧张和人口拥挤现象，严重时还带来了犯罪增多的社会问题。

④许多农村劳动力来到城里后，在城里只能做一些脏、累、险的工作，其收入水平也相对较低。农村劳动力过多地向城市流动导致了在城市中正在形成一个由外来农村人口构成的新的贫困者群体。

2．试分析改革以来我国农村社区的变迁状况。（山东大学2018年研）

答：1978年改革开放以后，我国农村社区的变迁表现在以下几点：

（1）产业结构变化

随着农村经济体制的改革与商品经济的发展，我国农村产业结构得到了比较合理的调整。在种植业得到发展的同时，林、牧、副、渔和第二、第三产业有了很大的发展。尤其是沿海地带等某些经济比较发达的农村社区，乡镇企业发展迅速，工业化程度比较高，从事第二、第三产业的劳动力已经超过了从事种植业的劳动力。

（2）劳动力就业结构变化

随着农村社会分工的加强、产业结构的调整以及劳动力的流动，农村社区的劳动力就业结构出现了农业劳动力就业的比重下降、非农就业外出务工的比重迅速增加的趋势，同质性的农民已经分化为职业、收入明显不同的若干群体。农村社区的剩余劳动力脱离土地、向非农产业的转移是农村就业结构转变的重要原因。20世纪80年代以来，中国农村发生过两波脱离农业生产的高潮。

①改革开放初期，乡村工业发展，使得农民从农业的过密化生产中脱离而出，形成“离土不离乡”的局面，就业与收入来源实现多元化。

②20世纪90年代以后，由于市场经济的持续深入与沿海加工业的发展，大量农民进入沿海或大中城市务工经商，形成“离土又离乡”的局面。

（3）农村家庭变化

中国农村传统家庭以主干家庭和联合家庭为主要形式。改革开放以来，农村家庭成为生产的基本单位，并且承担着赡养老人、抚养子女的重要功能，主干家庭是实现这些功能的最好选择，因此，主干家庭仍是农村家庭的稳定的家庭结构形式。而计划生育政策的实施、子女经济的独立、父子分家趋势的加强使得核心家庭的数量不断上升，联合家庭的比重减少。由于民工潮的迅速发展，农村中形成了大量的“空巢家庭”和“隔代家庭”。

在家庭的横向夫妻关系中，由于妇女地位的提高，夫妻关系趋向于平等化。在家庭的代际关系中，由于老人权威地位的丧失和传统伦理道德观念的弱化，“孝道”观念遭受了猛烈冲击，养老成为突出的社会问题。

（4）人际关系变化

在社会转型时期，农村社区在保留着传统人际关系中的注重血缘与地缘关系、强调人情、重视熟人间的信任关系等成分的同时，村民的人际交往中更显现了现代性的特征，主要表现为：

①农村社区的人口流动和经济发展使人际交往范围在逐步扩大，业缘关系的重要性日渐突出。

②经济利益交换日趋明显，农村人际关系越来越理性化、功利化。

③商品经济的发展使农村的契约化人际关系逐渐建立起来。

（5）现代性因素开始向农村社区全方位渗透

现代的个人主义观念随着城市化和人口的流动影响着农村社区传统的生活价值观，以个人权利为基础的法律改变了传统乡土社会的礼俗秩序。现代化在促进农村社区生活方式和价值观念逐渐向现代转型的同时，也对农村社区的乡土文化带来了冲击：

①乡村淳朴人情受到了商品经济中唯利是图的价值观的侵蚀。

②乡村悠久的历史传统和本土气息的文化形态在现代文化的侵袭下日趋式微。

③深受商品经济影响的消费文化、不切农村实际的生活方式和价值观渗透到农民的日常生活。

**3. 试述我国城市化的制约条件和发展契机。**

**相关试题：结合建国以来我国城市化发展历程谈谈你对我国城市化道路的看法。**（中央财大 2014 年研）

**答：**（1）我国城市化的制约条件

①农民收入问题

a. 农民收入低的问题虽然是由许多复杂的因素造成的，如农产品的价格偏低等，但最根本的原因，在于农业劳动力的数量与耕地面积的比例关系以及在这样的人地比例下形成的规模过小的经营方式。

b. 在经历了少说几十年、多达上百年的工业化过程之后，大部分农业劳动力向城市中的工业转移的任务并没有完成，城市化的过程远远落后于工业化的过程，很多剩余农业劳动力仍然滞留在极为有限的耕地上。

c. 在我国，很多劳动力在从事农业生产活动，然而农业生产的粮食也只能大体满足国内消费。因此可以说，现在的问题首先不在于农业劳动生产率是否可以提高以及提高的幅度有多大，而在于有没有足够的耕地可供农民耕种。

②内需不足

a. 城市化滞后的一个直接结果，就是大量农民被甩在工业化的过程之外。这是一种分裂的工业化。于是，当工厂开始大规模生产耐用消费品的时候，突然发现没有能够消费这些产品的大量消费者。

b. 从消费结构上分析，1998 年，城镇居民的恩格尔系数已下降到 44%，属于小康水平，而农村居民的恩格尔系数仍高达 55%，属于温饱水平，其消费支出仍以衣、食、住等生活必需品为主，在耐用品方面的消费仍相当低。

c. 农村居民对经济增长的贡献率就在不断下降。在中国市场上，理应是消费主力的广大农民却消费需求不足，人数上的优势并没有使他们成为消费市场上的“主导者”，这是造成我国内需不足的重要原因，也是城市化滞后带来的后果之一。

(2)我国城市化的发展契机

①中国制造业的发展会成为快速城市化的一个重要契机。许多经济学家预测，加入世界贸易组织将使中国经济在整个全球经济中重新定位，其中一个很现实的图景，就是中国成为世界的制造业中心，即成为“世界工厂”。

②中国成为“世界工厂”的过程，会对我国加速实现城市化起到重要的推动作用。

a. 我国的珠江三角洲和长江三角洲地区，特别是珠江三角洲地区，是典型的通过引进外资形成制造业中心，进而加速城市化进程的地区。经济的发展为当地城市化的过程创造了必要的条件。

b. 长江三角洲的发展也得益于乡镇企业中制造业的发展。近些年来，长江三角洲开始成为制造业发展最为迅速的地区。这些制造业发展迅速而又集中的地区，无疑将会成为城市化最快的地区。

c. 在成为“世界工厂”的过程中推进中国的城市化进程，一个迫切需要解决的问题，就是如何使已经进入非农产业的这两亿农村劳动力及其家属成为城市人，特别是使那些已经在制造业集中的地区从事非农业劳动的农村劳动力和家属定居为城市人。

# 第十二章　社会制度

## 12.1　复习笔记

### 【知识梳理(庖丁解牛)】

- 社会制度
  - 社会制度的内涵
    - 社会制度的含义
    - 构成社会制度的基本要素
      - 价值观与价值判断
      - 行为规则与奖惩体系
      - 组织设置
      - 权力体系
    - 社会制度的基本特征
      - 制度的普遍性
      - 制度的特殊性
      - 制度约束的集体性
      - 制度影响的稳定性
  - 社会制度的类型及功能
    - 社会制度的层次
    - 社会制度的类型
    - 社会制度的功能
      - 制度规范的功能
      - 制度的功能机制
  - 制度创新与制度变迁
    - 制度创新
    - 制度变迁
    - 制度变迁的动力
      - 国家
      - 集体行动
      - 交易费用

### 【考点难点归纳(去粗取精)】

**考点一：社会制度概述　★★(见表12-1)**

表12-1　社会制度概述

| 要点 | 具体内容 |
| --- | --- |
| 含义 | 社会制度，又称社会设置，是指制约和影响人们社会行动选择的规范系统，是提供社会互动的相互影响框架和构成社会秩序的复杂规则体系 |

续表

| 要点 | 具体内容 |
| --- | --- |
| 要素 | ①价值观与价值判断。任何制度都包含了某种价值观和价值判断，制度都是在价值判断基础上制定出来的。<br>②行为规则与奖惩体系。它是制度的核心要素，通过规则和对行为的奖惩，制度可以起到相互影响和规范行为的作用。<br>③组织设置。无论是制度本身，还是制度内容，都不能离开一定的组织。<br>④权力体系。权力是使自我意志得到其他人执行的能力，而权威是一种社会影响力，指服从者的认同程度 |
| 特征 | ①制度的普遍性。制度对于人类社会来说是普遍的，即社会制度普遍存在于人类社会之中，是人类社会普遍拥有的、用来构建有序生活的规范系统。<br>②制度的特殊性。社会制度普遍地存在于人类社会之中，但不同社会、不同历史时期，社会制度是独特的、不同的，每个社会都会有自己特有的制度体系。<br>③制度约束的集体性。社会制度是在人类历史进程中形成的，是人类共同活动和相互作用的结果。其目的主要是限制集体中的机会主义行为和惩罚越轨行为。<br>④制度影响的稳定性。任何制度，当其形成并发挥社会影响之后，就意味着制度的规范系统已经逐渐深入人心，得到越来越多人的了解和接受，并成为人们行动选择的参照原则。制度一经形成，便具有历史惯性，对构建稳定的社会秩序、促进社会有序发展具有重要意义。但制度的稳定性也一定程度上增加了改革成本 |

拓展：对于社会制度的起源有自然起源和人为设计两种观点：①自然起源论认为，作为行为规范的制度或被重复使用的规范并非由人们先设计出来再去实践，而是在长期的生活中选择、积累的结果；②人为设计论认为，社会制度是人们为了有效地共同活动、实现目标而有意设计出来的。

## 考点二：社会制度的类型及功能 ★ ★★★

### 1. 社会制度的层次（见表12-2）

表12-2 社会制度的层次

| 划分原则 | 层次 | 具体内容 |
| --- | --- | --- |
| 按照社会制度系统中的原则性 | 基本社会制度 | 代表某个历史时期一个社会宏观制度的基本性质和特征 |
| | 相对稳定的、正式的、成文的具体制度 | 社会制度的主体部分，如法律、政策、规章制度等。通过这些具体制度，构建起社会互动和社会秩序的框架 |
| | 不成文、非正式的制度 | 最基层的制度，包括习俗、惯例、道德等。有较多的制度是在其基础上演化和发展而来的，影响广泛，是社会制度的重要组成部分 |
| 根据制度影响行动者的策略原则、影响和控制行动者范围的不同 | 政策层次的制度 | 指通过法律或根据法律原则尤其是宪法性法律原则，来确立社会系统内的价值结构、社会关系结构、成本和收益结构，以及权利结构 |
| | 组织层次的制度 | 在组织层次上，制度性规范与治理结构相关联。制度设置确定了组织内部以及组织之间的运作机制和性质 |
| | 操作层次的制度 | 在操作层次上，制度的作用主要针对的是个人具体行动，因此，操作层次上的制度实际属于制度的操作或实施与执行系统 |

## 2. 社会制度的类型(见表12-3)

表12-3　社会制度的类型

| 类型 | 具体内容 |
| --- | --- |
| 文化、政治、经济与法律制度 | 按照人类活动领域或制度的内容结构来划分的，是根据制度内容对人类社会制度所作的一种概括和分类 |
| 内在与外在制度 | ①内在制度是指群体内随经验而演化的规则。<br>②外在制度是指外在地设计出来并靠政治行动由上面强加于社会的规则 |
| 制度规范 | 科尔曼按照目标行动结构关系的不同，把规范分为：①禁止性规范与指导性规范；②同一性规范与分离性规范。<br>根据制度规范产生的过程分为约定俗成的规范和权威倡导的规范 |

## 3. 社会制度的功能(见表12-4)

表12-4　社会制度的功能

| 要点 | 具体内容 |
| --- | --- |
| 制度规范的功能 | ①规范会告诉人们应该做什么，而不应该做什么。<br>②规范告诉人们哪些行为可以选择，哪些不可以选择。<br>③规范告诉人们大多数人会选择哪些行为，不选择哪些行为。<br>④规范通过对行动者行动权利的控制，来制约和控制行动的选择范围和选择方式 |
| 制度的功能机制 | ①规则内化机制，指在制度得以广泛认可后，行动者会自觉地按照制度规定来进行选择。制度因此达到了规范、调节人们行为的目的。<br>②规则外部管制机制，是通过实施和执行制度的实践，来对行动者的行为选择进行外部干预，促使行动者按照制度规则行动 |

拓展：社会制度的生命周期，是指一种具体的社会制度从产生、发展、成熟、消失，最后被新的制度替代的过程。可见，社会制度处在不停的变化、改造和更替中，并循着一定的规律进行。其规律性大体表现在：①偶然性和必然性的统一；②历史和逻辑的统一；③量变和质变的统一；④可能性和现实性的统一。

## 考点三：制度创新与制度变迁　★★★

## 1. 制度创新的含义与类型(见表12-5)

表12-5　制度创新的含义与类型

| 要点 | 具体内容 |
| --- | --- |
| 含义 | 指在一定制度框架内对选择集或规范系统进行革新和创造的过程，这一过程旨在改变旧的制度框架，以提高制度的合理性、有效性和效率。制度创新即社会改革或改良过程 |
| 类型 | ①强制性制度创新。指依靠某种创新力量强制推行制度改革，实行新制度。创新的动力主要来自知识存量和革新力量，即知识和权力。<br>②诱致性制度创新。指在创新的成本小于收益的时候，或者说当交易费用较低时，会诱致人们选择创新行为 |

**2. 制度变迁的含义与动力(见表12-6)**

表12-6　制度变迁的含义与动力

| 要点 | 具体内容 |
|---|---|
| 含义 | 一般意义上，制度变迁是指改变旧的制度框架、建立新的制度框架的过程 |
| 动力 | ①国家。国家是维护社会秩序的重要力量，同时也是制度规范的提供者。国家是影响制度变迁的特别重要的因素，是制度变迁动力的重要来源。<br>②集体行动。指人们按照集体共同目标的要求而采取一致的行动，即集体成员为达到共同目标而选择合作性的行动。<br>③交易费用。指在设计、制定、实施和维护制度过程中所需要支付的各种成本或费用 |

拓展：制度变迁的原因是多种多样的，主要原因有：①人们的需要发生变化；②人们生存的环境发生变化；③社会结构和社会利益结构发生变化等。这种变迁的共同基础是，原有的社会制度已经不能满足人们的需要，或者说社会制度已不能像人们希望的那样发挥积极功能。

## 12.2　课后习题详解

**1. 什么是社会制度？制度是由哪些基本要素构成的？**

答：参见本章考研真题与典型题详解概念题第1题和简答题第2题答案。

**2. 制度规范有哪些功能？制度又是如何发挥其功能的？**

答：制度规范的社会功能，总是与个人或集体行为相关联。制度规范在社会系统中，为人们提供了一种自我约束和管理的环境。尽管规范中隐含着某种强制性的惩罚，但是，规范的作用主要还是通过内在化的价值，在实践中指导个人的行动方向。

(1)制度规范的社会功能

①规范会告诉人们应该做什么，而不应该做什么。

②规范告诉人们哪些行为可以选择，哪些不可以选择。

③规范告诉人们大多数人会选择哪些行为，不选择哪些行为。

④规范通过对行动者行动权利的控制，来制约和控制行动的选择范围和选择方式。

(2)制度发挥功能的两种功能机制

人们制定出来的制度要对人的行动发挥调节、制约和约束作用，这一般取决于两种机制：

①规则内化机制。指在制度得以广泛认可后，行动者会自觉地按照制度规定来进行选择。制度也因此达到了规范、调节人们行为的目的。

②外部管制机制。通过实施和执行制度的实践，来对行动者的行为选择进行外部干预，促使行动者按照制度规则行动。

**3. 何为诱致性制度创新？制度变迁主要与哪些因素相关？**

答：(1)诱致性制度创新的含义

诱致性制度创新概念及理论是由新制度经济学提出的，是指在创新的成本小于收益的时候，或者说当交易费用较低时，会诱致人们选择创新行为。这种新的制度安排是由个人或群体，在响应获利机会时自发倡导、组织和实行的。发生诱致性制度变迁，必须要有来自制度不均衡的获利机会。

(2)制度变迁的动力因素

①国家。国家是维护社会秩序的重要力量，同时也是制度规范的提供者。国家是影响制度变迁的特别重要的因素，是制度变迁动力的重要来源。某种意义上说，当国家意识到制度创新和制度变迁的重要性时，制度变迁的可能性就会大大提高。

②集体行动。集体行动是指人们按照集体共同目标的要求而采取一致的行动，也就是集体成员为达到共同目标而选择合作性的行动。集体行动既是制度变迁的动力，同时也受制度安排的影响。

③交易费用。新制度主义的产权学派在关于制度变迁的论述中，引入了对交易费用的分析。交易费用是指在设计、制定、实施和维护制度过程中所需要支付的各种成本或费用。交易费用理论实际上是从成本—收益分析的视角来考察制度变迁的。

## 12.3 考研真题与典型题详解

### 一、概念题

**1. 社会制度(社会设置)**(宁夏大学 2018 年研；安徽师大 2018 年研；川大 2014 年研；中大 2013 年研)

答：社会制度又称社会设置，是指制约和影响人们社会行动选择的规范系统，是提供社会互动的相互影响框架和构成社会秩序的复杂规则体系。社会制度是在人类历史进程中形成的，是人类共同活动和相互作用的结果，其目的主要是限制集体中的机会主义行为。同时，制度对集体行为的约束还体现在对越轨行为的惩罚上。

**2. 功能主义**(上海师大 2017 年研)

答：功能主义，又称结构功能主义，是现代西方社会学中的一个理论流派，也代表着一种社会学研究的思想潮流，在 20 世纪的社会研究领域有着广泛而深远的影响。结构功能主义者把社会看作一个类似于有机生命体的一个整体系统，它由各个子系统和具体部分组成，而每个系统和部分又承担着整体社会的一部分功能，正是这些功能的发挥，使得社会整体得以存在。

### 二、简答题

**1. 简述科塞“功能冲突论”的基本观点。**(北科大 2013 年研)

相关试题：

(1)简述科塞的社会冲突理论。(南京师大 2017 年研)

(2)冲突论(概念题，中央民大 2016 年研)

答：科塞的冲突论被认为是功能冲突论，其主要观点包括：

(1)群体内冲突的功能

科塞虽然强调社会冲突的正功能，但也没有忽视其反功能。

①从冲突的性质来看，如果群体内冲突的双方不涉及群体基本的、核心的价值观念，

那么冲突就会对社会结构发挥积极的功能；如果群体内冲突的双方涉及群体基本的、核心的价值观念，那么冲突就会造成社会结构的毁灭。

②从群体的内部结构来看，群体需要成员以全部人格投入，且压制冲突，那么爆发冲突就使群体有解体的可能；如果群体只需要其成员部分人格的参与，且允许冲突的存在，那么爆发冲突能够消除成员对抗的紧张状态，从而对社会结构具有稳定和整合的功能。在松散结构和开放社会中，很少要求成员以整个人格参与，更能显示出结构的灵活性。在这样的群体中，由于允许对抗的要求直接和立刻的表达，群体能够通过消除不满的原因重新调整其成员的关系，使自身得以稳定。此外，冲突在这样的群体中经常发生还有助于现存的规范获得新生，或者推动新规范的产生，群体可以通过创新和改进规范保证自己在新的条件下继续生存。

(2)外群体冲突的功能

①外群体冲突对群体内部状态的影响。科塞认为外群体冲突有利于群体内部的整合，因为与其他群体的冲突能动员起群体成员的活力，进而增强群体团结，但是缺乏内部团结的群体面临外部冲突时，也可能会瓦解，所以经常与外部发生冲突的群体不容忍内部的冲突。

②外群体冲突对社会融合及扩展的影响。外群体冲突可以把其他方面毫无联系或对立的个人或群体相互联系起来，并把他们带进一个公共的社会活动领域。此外，这种结构助长了有各种不同目的的联合和联盟的相互交叉往来，因而阻止了同盟沿一条线分裂。

(3)安全阀制度

安全阀制度是一种社会安全机制，科塞发现敌对情绪和冲突是有区别的，敌对情绪不等于冲突。如果敌对情绪通过适当的途径得以发泄，就不会导致冲突，就像锅炉里过量蒸汽通过安全阀适时排除而不会导致爆炸一样，从而有利于社会结构的维持。科塞主张社会应将这种机制制度化，并成为安全阀制度。准确地说，安全阀制度就是在不毁坏结构的前提下使敌对的情绪得以释放出来以维护社会整合的制度。科塞认为安全阀制度对于任何社会都是必要的，对于僵化的社会尤为必要。

(4)社会冲突与社会变迁

现实性冲突所造成的社会变迁对社会系统是有益的，因为它能使社会系统更加关注个人的需求，增加社会系统的团结，使社会系统更有效地适应变化了的环境。如果社会系统允许现实性的冲突，并很好地加以解决，就会促进社会系统的活力和生命力，防止群体蜕化为反对变迁或对成员的个人需要不闻不问的僵化系统。

**2. 社会制度有哪些构成要素？**（吉大2018年研）

**相关试题：简述社会制度的构成。**（南京林业大学2017年研）

**答：**社会制度有以下构成要素：

(1)价值观与价值判断

价值观是指人们对事物的是与非、好与坏等的一种感受、认识和主观判断。正是由于不同社会人们的价值观会有较大差异，所以不同社会就会有不同的制度。任何制度都包含了某种价值观和价值判断，制度都是在价值判断基础上制定出来的。社会制度的差异其实源自社会偏好和价值观的不同。

(2)行为规则与奖惩体系

规则是一类明确规定的行为准则，是指导社会成员进行行为选择的原则。行为规则与奖惩体系是制度的核心要素，制度通过提供人们进行行为选择的原则指导，以及赏罚分明的措施，达到引导、影响、规范和约束人们的社会行为选择的作用。

(3)组织设置

从制度结构角度来看，组织设置是操作层面的规范系统，制度在操作层面是以组织形式出现的，即制度要依靠组织机构来推行或实施。

(4)权力体系

权力是使自我意志得到他人执行的能力，是一种强势社会力量；权威是服从者的认同程度，是一种社会影响力。权力与权威是社会制度的基石，权力与权威表明了制度的合法性，也是制度实施的工具性手段。作为制度的构成要素，权力体系是保证制度制定和推行的必要力量。

**3. 简述制度化的含义与机制。**

**答：**(1)制度化的含义

制度化是人们活动方式模式化、定型化的过程，即人们在一定情况下承担某种角色时，他们会按照彼此预知的，并被认为是正当的与合法的方式去行动。制度化不但反映在微观的社会互动之中，也反映在更广阔的社会生活之中。帕森斯认为，制度化是指一定地位的行动者之间相对稳定的互动模式，制度化既是一种过程也是一种结构。

(2)制度化的机制

①自然起源的制度观

该观点认为制度的形成(即制度化)并不是人们有意地预先设计的，而是人们在共同生活中自然而然地形成的，其并不完全排除在此过程中人们的理性也发挥作用，但更强调习惯的作用。

②人为设计的制度观

在经济学中，制度的形成被认为是人们进行理性选择的结果。当某种行为和互动方式使人们感到有好处，即制度可以减少人们共同活动的“成本”时，人们会重复这种行为方式，于是这种行为方式、互动方式被制度化，并进而成为人们都遵循的制度。

③建构论

从社会建构论的角度来看，制度并不只是通过某种机制“自上而下”推行的，制度化是制度制定者、推行者同各种制度的相关参与者的互动过程。

④新制度主义

社会学中的新制度主义在分析制度化问题时，更加关注行动者对某一制度的认同在制度被普遍选择和实施中的作用，认为互动中的个体建立起共同认识是制度化的关键。

**4. 请简述人类历史上的四种社会结构制度。**(南开2016年研)

**答：**与四种所有制相对应，马克思提出来四种社会结构制度：

(1)部落所有制

它与生产的不发达阶段相适应，当时人们靠狩猎、捕鱼、牧畜，或者靠耕作生活；在这个阶段上，分工还很不发达，仅限于家庭中现有的自然形成的分工的进一步扩大。因此，社会结构制度是奴隶制，社会结构只限于家庭结构，即父权制的部落首领、他们管辖的部落成员，还有奴隶。

(2)古代公社所有制和国家所有制

这种所有制是由于几个部落通过契约或征服联合为一个城市而产生的；这种所有制下仍然保留着奴隶制，但动产和不动产的私有制已经发展起来，“公民仅仅共同享有支配自己的那些做工的奴隶的权力”；建立在这个基础上的整个社会结构，以及与之相联系的人民权力，随着私有制，特别是不动产私有制的发展而逐渐趋向衰落；分工已经比较发达，城乡对立、国家对立和阶级对立也都已经出现。但社会结构仍属于奴隶制。

(3)封建的或等级的所有制

封建时代的所有制的主要形式，一方面是土地所有制和束缚于土地所有制的农奴劳动，另一方面是拥有少量资本并支配着帮工劳动的自身劳动。这两种所有制的结构都是由狭隘的生产关系——小规模的粗陋的土地耕作和手工业式的工业——决定的。由于封建所有制是随着日耳曼人对罗马帝国的征服而形成起来的，这种征服对生产力造成了极大的破坏，社会分工也降到一个很低的水平。这一时期对应于社会结构的封建制。

(4)资本主义所有制

这种所有制形式产生于工场手工业，并随着工业的发展而逐渐扩展到整个社会，成为社会占主导地位的所有制形式。其主要特点是：

①生产资料归资本家个人所有。

②资本家阶级凭借所占有的生产资料对雇佣劳动及其产品进行支配，社会日益分化为资产者和无产者两大对立的阶级。

③社会分工高度发达，生产过程日益社会化并因而与生产资料的资本家私有制日益冲突。这一时期对应的社会制度是资本主义制度。

**5. 简述社会制度的三个层次。**(江西师大 2022 年研)

答：参见本章复习笔记考点二相关内容。

## 三、论述题

**试述我国的体制改革及其存在的问题。**

相关试题：

(1)非正式制度(概念题，南京农业大学 2022 年研；北大 2019 年研)

(2)制度依赖(概念题，中央民大 2018 年研)

答：(1)我国体制改革的内容和特点

①内容

我国改革的中心任务是将计划经济体制转变为社会主义市场经济体制。与此相应的是在社会运行上将以政治运动为中心转变为以经济建设为中心，在社会组织和管理方面改变政府包揽一切的集中管理的体制而建立“小政府大社会”的格局，发挥多个方面的积极性。

②特点

中国的改革是渐进式改革。这一方面保障了改革中的秩序，另一方面造成了各种制度之间的摩擦，进而降低改革效率。

(2)我国体制改革中存在的问题

①体制改革中的路径依赖

制度的路径依赖是指人们过去做出的制度选择决定着他们现在可能的选择。其产生原因是：相关制度活动的强化和已有利益群体的维持。

②体制改革中行动者参与的一些问题

a. 政府的角色问题。政府部门作为利益群体参与改革和新制度的建设过程，从而出现狭隘的部门利益至上、部门间不协调以及公共权力“寻租”的现象，造成资源被浪费和民众对政府的不信任。

b. 政府执行力问题。体制改革和新制度的建设是靠基层政府部门的具体推动来实现的，这样就会发生不同层次的政府之间的关系。在下级政府部门自身利益被过分强调的情况下，上级政策就会出现政策偏离，从而影响改革进程。

c. 非正式制度。在体制改革和作为制度规则重要体现的政策的执行过程中，非正式制度的影响是不可忽视的。一些非正式制度在社会运行中发挥突出作用，这一方面使正式制度在某种程度上得到执行，另一方面则侵害了正式制度的权威性，使它的建立和真正得以执行发生困难。

# 第十三章　社会分层与社会流动

## 13.1　复习笔记

### 【知识梳理(庖丁解牛)】

- 社会分层与社会流动
  - 社会分层概述
    - 社会不平等
    - 社会地位
    - 社会分层的作用
      - 功能主义
      - 冲突主义
  - 社会分层的理论传统
    - 层级的理论传统
      - 职业声望量表
      - 社会经济地位指数
    - 阶级的理论传统
      - 马克思的阶级思想
      - 韦伯的阶级思想
    - 当代阶级理论及阶级结构测量
  - 中国的社会分层结构及其变迁
    - 改革前的社会分层结构
    - 改革以来社会分层结构的变化
    - 当代中国的中产阶层
      - 类型与规模
      - 社会功能
  - 社会流动
    - 社会流动概述
    - 西方工业化国家的代际流动比较研究
    - 中国社会代际流动的变迁
      - 改革前的代际流动
      - 改革后的代际流动
  - 地位获得研究
    - 布劳—邓肯地位获得模型及其修正
    - 结构主义视角
    - 社会关系网视角

### 【考点难点归纳(去粗取精)】

**考点一：社会分层的含义与作用**(见表13-1)　★★

表13-1　社会分层的含义与作用

| 要点 | 具体内容 |
|---|---|
| 含义 | 依据一定具有社会意义的属性，一个社会的成员被区分为高低有序的不同等级、层次的过程和现象 |

续表

| 要点 | 具体内容 | |
|---|---|---|
| 作用 | 功能主义视角 | ①有利于维持社会系统内部的平衡，有助于社会稳定。<br>②社会分层结构是社会分工的产物，社会位置的高低由社会成员依据共有的价值观评定 |
| | 冲突主义视角 | ①社会分工必不可少，但地位不应有高低之分。<br>②社会成员在竞争能力、晋升途径和训练等方面存在着先天性的不平等。<br>③社会分层结构本质上不是满足了社会维续的需求，其之所以存在，是社会中占统治地位的社会集团基于自己的利益建构起来的 |

**拓展：**社会分层是根据某种标准将社会成员分属为相应社会阶层的过程。社会分层借用了地质学的成层概念，但社会分层又具有特殊的含义，它指社会成员因各种原因而进入各社会阶层的客观过程。

## 考点二：社会分层的理论传统（见表 13-2） ★★★

表 13-2 社会分层的理论传统

| 要点 | 具体内容 | |
|---|---|---|
| 层级的理论传统 | 职业声望量表 | 人们对各种职业所做的主观评价 |
| | 社会经济地位指数 | 综合人们的多种社会经济因素而排列的顺序和分值，是一种客观地位而不是主观地位 |
| 阶级的理论传统 | 马克思的阶级思想 | ①根据对生产资料的占有情况，资本主义社会可以区分为资产阶级和无产阶级两大阶级。阶级关系的实质是“剥削”。<br>②资产阶级与无产阶级之间形成了利益对抗关系，阶级斗争成为推动社会变迁的根本动力。<br>③阶级最终会随着社会生产力的高度发展而走向消亡，生产力的高度发展是阶级消亡的基础，阶级的消亡意味着社会不平等的消灭 |
| | 韦伯的阶级思想 | ①韦伯把根据经济因素划分的地位群体称为阶级，阶级指因在商品和劳动力市场中获取经济利益的不同而享有不同生活机会的群体。<br>②阶级行动本质上是一种经济行动，旨在获得市场中的商品和服务的行动。<br>③韦伯主张从经济、声誉、权力三个角度来界定社会分层和社会不平等。（三位一体的分层模式）<br>④经济地位依财富量而划分，声誉地位依社会评价高低而定，权力则取决于人们强行贯彻自己意志的程度或可能性 |
| 当代阶级理论 | 赖特新马克思主义 | ①在当代社会，生产资料所有权关系、基于组织权力的控制关系和基于技能的控制关系，构成了新的剥削基础。<br>②形成了著名的新马克思主义“多元资产剥削”的阶级结构框架 |
| | 戈德索普新韦伯主义传统 | ①雇佣关系是市场领域支配关系的主要表现形式。当代社会雇佣关系发生重要变化，由此导致阶级结构的变迁。<br>②雇佣关系由原来单一的雇佣关系分化为“服务关系”与“合同关系”两种类型 |

拓展：西方社会学分层理论的研究范围很广，学派纷杂，但就其研究课题来说，主要包括两个方面：①社会分层的标准以及不同社会地位成员的特征；②如何测量社会分层。对第一个问题的研究形成了社会成员的分类理论，对第二个问题的研究形成了社会分层测量技术。

## 考点三：中国的社会分层结构及其变迁 ★★★

### 1. 改革前与改革后的社会分层结构(见表 13-3)

表 13-3　改革前与改革后的社会分层结构

| 要点 | | | 主要内容 |
|---|---|---|---|
| 改革前社会分层结构 | | | ①户籍身份造成了我国最基本的社会分层。户籍制度不仅是一种单纯的人口管理手段，而且使人们按户籍身份的差异不平等地占有社会资源。<br>②在城市，工作单位是国家分配社会资源的基础单元。<br>③档案身份管理制度按照所从事工作的岗位区分了工人身份与干部身份，基于两种岗位的两种身份之间不能自由、自主流动 |
| 改革开放以来的社会分层结构 | 背景 | | ①经济结构的升级，即从农业的、封闭的传统型社会向工业的、开放的现代型社会转变。<br>②经济体制的转型，即从高度集权的中央计划经济体制向多元和分散的市场经济体制转变 |
| | 特点 | | ①社会分层的决定机制发生了变化。<br>②社会分层结构趋向于多元化、复杂化。<br>③“(国有)体制外”社会群体的快速发育和成长，被称为新的社会阶层 |
| | 阶级框架 | 制度主义阶级框架 | 从行政协调和市场协调关系所规定的支配权大小入手，构建了一个包括 7 大类 16 小类的阶层分析框架 |
| | | 新马克思主义阶级框架 | 根据户口制度、单位制度、干部身份制和私有产权等制度性因素，建立一个以对不同形式生产性资产的占有为基础的阶级分类方式 |
| | | 权威阶级框架 | 以权力—支配关系作为阶级分析的基本维度，基于对工作状况和组织权威关系的直接测量，构建了一个包含十大阶级的权威阶级分类框架 |

### 2. 中国中产阶级概述(见表 13-4)

表 13-4　中国中产阶级概述

| 要点 | | 具体内容 |
|---|---|---|
| 类型 | 按中产阶层所处的雇佣关系的性质 | ①老中产阶层，指传统的小企业主、自雇佣者，他们以小规模的生产资料自雇经营。<br>②新中产阶层，指受雇且一般从事非体力劳动的雇员 |
| | 按经济体制 | ①内源型中产阶层，指那些在体制内工作，从而更多延续再分配体制特征的中产阶层。<br>②外生型中产阶层，是由于市场的兴起，在更加市场化的体制外产生、发展的中产阶层 |
| | 按中产阶级占有资源的多少 | ①核心中产阶层；②半核心中产阶层；③边缘中产阶层 |
| 特点 | | ①中产阶层的规模与界定中产阶层的标准有关，设定的标准越多，规模就越小。<br>②中产阶层主要存在于城市，一些大城市的中产阶层比例相对较高。<br>③我国中产阶层整体规模在逐渐扩大，其中新中产阶层构成了中产阶层的主要部分，但老中产阶层的规模增长明显 |

续表

| 要点 | 具体内容 |
| --- | --- |
| 社会功能 | ①西方学术界对于中产阶级社会功能有以下三种观点：<br>a. 中产阶层是社会的“稳定器”，中产阶层的扩大将会维持与巩固社会秩序。<br>b. 中产阶层并不必然是社会稳定器，也可能成为引导社会变革的激进力量。<br>c. “政治后卫”论。中产阶层并未形成一个具有独立阶级意识与阶级行为的社会阶级，而是具有机会主义的投机倾向，他们不可能是政治运动的组织者和领导者，只能是参与者和追随者。<br>②中国中产阶级的社会功能：<br>a. 社会态度方面。中国中产阶层的社会态度没有那么清晰，他们既有“保守的一面”，也有“激进的一面”，此外，不同类型的中产阶级也会有不同的社会态度。<br>b. 生活方式与消费行为方面。中产阶层的生活方式与消费行为也是一项重要的社会功能，中国中产阶层的消费行为已经呈现出一定的特点 |

拓展：我国学者在对中国社会阶层进行划分时以职业分类为基础，以组织资源、经济资源和文化资源的占有状况为标准，也反映了职业所具有的综合意义。

### 考点四：社会流动概述（见表 13-5） ★★★

表 13-5 社会流动概述

| 要点 | | 具体内容 |
| --- | --- | --- |
| 含义 | | 人们在社会分层结构中从一个地位向另一个地位的移动。社会流动研究的是人们在多大程度上可以跨越地位层级，实现社会地位的改变，是对社会结构内部变化的动态分析 |
| 类型 | 方向维度 | ①水平流动，个人的社会地位在同一地位层级中的横向变化。<br>②向上流动，个人社会地位的上升。<br>③向下流动，个人社会地位的下降 |
| | 距离维度 | ①短距离流动，个人社会地位在垂直方向上流动到邻近的地位层级。<br>②长距离流动，个人跨越多个地位层级的流动 |
| | 时间维度 | ①代内流动，个人在一生中社会地位的变化。<br>②代际流动，父代与子代之间，或是几代人之间社会地位的变化 |
| 西方代际流动的比较研究 | | ①一个社会的代际流动水平是衡量其开放程度的重要指标。<br>②现代化发展导致社会劳动分工结构持续地、迅速地变化和分化，并由此造成了劳动人口的重新分配，同时绩效原则成为劳动力配置的首要原则，从而自致性因素逐渐取代先赋性因素。<br>③现代化逻辑同样面临质疑，代际继承依旧在代际流动中占据一定位置 |
| 中国社会代际流动的变迁 | | ①改革前：户籍制度使得城乡之间出现了很强的制度与空间上的分割，阻碍了农村人口向城市的迁移，同时也阻碍了农民子女向其他阶层的流动。<br>②改革后：中国代际流动率持续增加，同时随着城市的单位制度逐渐消解，职业的资源含量日益增加 |

拓展：在我国，职业是划分社会阶层的重要标准之一。按照职业标准可将社会成员划分为工人、农民、干部、专业技术人员、商业工作者、服务性工作者、军人等职业类别。

### 考点五：地位获得研究（见表13-6） ★★★

表13-6 地位获得研究

| 划分视角 | 具体内容 | |
|---|---|---|
| 布劳—邓肯地位获得模型及其修正 | 主要观点 | ①在一个十分封闭的社会，代际继承是个人地位获得的主要方式，子代的社会地位主要取决于其先赋性因素；而在社会分层结构较为开放的社会，个人的社会地位主要取决于自致性因素。<br>②一个社会的现代化程度越高，先赋性因素对于个人地位获得的影响越弱，而自致性因素对于个人地位获得的影响越强 |
| | 中国社会中的地位获得模型 | ①在改革之前及其初期，由于“平均主义”意识形态占据主流地位，人力资本的作用较弱。<br>②改革开放后，由市场机制协调经济活动，为追求效率最大化，必须把人力资本较高的劳动者选拔到重要的工作岗位上，给予高工资以激励，因此人力资本的作用越来越重要 |
| 结构主义视角 | “分割的劳动力市场”状况和“工作组织”状况是众多结构性因素中的典型表现。<br>①“分割的劳动力市场”。它将现实中的劳动力市场看成两个部分：a. “首要劳动力市场”，由实力雄厚或者具有垄断地位的大企业构成；b. “次要劳动力市场”，工作环境比较恶劣、工资低、福利差、工作不稳定、晋升机会少。<br>②“工作组织”。组织规模作为组织的最基本特征，尤其受到大家的关注 | |
| 社会关系网视角 | ①格兰诺维特发现，大多数美国人是通过关系网了解到工作信息而获得工作的，而且不同的关系网还会影响求职者所获得工作的质量。<br>②林南认为，社会关系网中不仅蕴含信息，还有权力、声望、财富等资源。这些资源虽然并不属于某个个体，但是却可以为其所用 | |

拓展：建立在出身等先赋地位之上的地位获得或社会分层制度是不合理的，现代社会需要自致性的社会分层制度。

## 13.2 课后习题详解

**1. 功能主义与冲突主义是如何理解社会分层的作用的？**

答：(1)功能主义视角

功能主义认为，社会分层秩序的形成，特别是它能够长期维续而无法被消除，归根结底是因为它是社会系统运行所必需的，或者说是社会系统的一项必要功能。所以说，社会分层有利于维持社会系统内部的平衡，有助于社会稳定。在功能主义者看来，一个社会的等级秩序归根结底是由整个社会共享的价值观决定的。

(2)冲突主义视角

①社会中的每一个位置应该都是必不可少的，否则早就被淘汰了，至于什么位置比其他位置更重要则没有统一的标准。

②很多社会成员都愿意付出更多的努力，承担更多的责任，获得更多的报酬，但是最重要的问题在于，社会成员在竞争能力、晋升途径和训练等方面存在着先天性的不平等。

③由于人们的社会地位取决于人们或其家庭在社会分层结构中的位置，所以社会分层

结构实际上在制造社会矛盾与冲突，破坏社会秩序和社会整合。因此，社会分层结构本质上不是满足了社会维续的需求，而是社会中那些占统治地位的社会集团基于自己的利益建构起来的。

**2. 社会分层研究中层级范式与阶级范式的主要区别是什么？**

**答：**(1)层级范式与阶级范式的主要观点

①层级范式

以韦伯为代表的层级范式认为，最重要的社会不平等，是不同社会地位对社会资源和生活机会占有多少的不平等。这种观点强调，社会成员所拥有的资源和机会的相对多寡决定了他们社会地位的高低，并由此形成了社会等级结构。这种分层传统可以称为层级论。

②阶级范式

以马克思为代表的阶级范式则认为，社会中最重要的社会不平等不是资源和机会占有的多少，而是社会成员在社会关系结构中处在不平等的地位上，这种社会关系结构的不平等是最重要的不平等。人们常常将这种基于社会关系的不平等而形成的社会集团称为阶级，这种分层传统通常称为阶级论。

(2)层级范式与阶级范式的区别

①阶级范式的关键在于社会关系的不平等，阶级范式与层级范式的区别在于二者所强调的社会关系类型不同，阶级范式强调生产关系，而层级范式强调市场中的权力支配关系。

②阶级范式强调财产占有决定了阶级位置，以韦伯为代表的层级范式也认为财产所有权对于成员阶级位置有重要意义，但不一定具有决定性作用。在他们看来，市场交换领域的权力关系或支配关系才是阶级关系的决定因素。

**3. 改革前我国社会分层结构的特点是什么？**

**答：**改革开放前的计划经济体制下，中国社会形成了干部、工人、农民三级式的阶层结构。改革开放前我国社会分层结构特点如下：

(1)户籍身份造成了我国最基本的社会分层。身份分层是改革开放前中国分层结构的重要特征，而这种身份分层主要体现在城乡户籍二元身份分割，即农村主要是农民，城市主要是工人和干部。各种不同的身份具有不同的社会资源、不同的社会权力，以及享受不同的待遇和机会。

(2)在城市内部，工作单位是国家分配社会资源的基础单元。工作单位不仅给职工提供工资收入、福利待遇、社会保障、医疗服务，还提供涵盖住房、家属就业、子女教育、食堂、商业、丧葬等一系列后勤服务，因此，一个人生活的方方面面，都依赖他所在的工作单位来保障。在城市社会中，工资、福利等资源和地位的获得都由于工作单位的不同而有所差异。

(3)社会结构较为封闭，阶层地位的变动较小。除了教育升学或者国家政策，社会成员很难实现向上流动，阶层地位流动性差。一个人一旦成为农民或者工人，则可能终其一生都是农民或工人。

**4. 经济改革对我国社会分层结构的变迁有哪些影响？**

**答：**经济改革对我国社会分层结构变迁的影响如下：

(1)经济改革以来我国社会人员流动十分明显，不仅在城市和农村之间，而且在城市内部、农村内部社会流动都相当显著。在城乡之间，农村经济体制改革所释放的剩余劳动力大量进入城镇，取得了获得更好的经济成就的机会。

(2)在城市内部，所有制结构、产业结构的调整和人们的价值观念的变化，大大地促进着城市劳动者的职业流动。从全民所有制单位流向私营企业和外资企业、从行政机关转向经济部门成为职业流动的突出特点。另外曾经作为城市就业主体的工人阶层的地位也发生了重要变化。在农村，乡镇企业和第三产业的发展与变化直接影响着农民的经济收入及其在社会结构中的地位，地区之间的经济差距加剧。

**5. 我国的代际流动与西方工业化国家的有何异同?**

**答:** 代际流动指的是父代与子代之间，或是几代人之间社会地位的变化。我国的代际流动与西方工业化国家的异同如下:

(1)相同点

①随着现代化进程的推进，社会结构更加开放，代际流动更加普遍。无论我国还是西方工业化国家，绩效原则都是现代社会的主要分配原则。

②代际继承仍然在代际流动中占据重要位置，父代社会经济地位会影响子代地位获得。

③职业地位的代际流动中，短距离流动要比长距离流动更容易。在所有的具有市场经济和核心家庭体系的工业化国家中都存在相似的社会流动模式。

(2)不同点

①在我国，户籍制度限制城乡间代际流动，政治运动一定程度上影响代际流动。

②在我国单位制实行时期，单位地位取代职业地位成为社会经济地位的主要衡量依据。在单位制度消解后，职业的资源含量才日益增加。

③在人力资本方面，西方研究表明受教育程度越高则职业贡献越大。而中国在改革开放前，“平均主义”影响人力资本发挥作用，在改革开放后，人力资本回报才得以提升。

**6. 哪些因素影响人们的社会经济地位获得?**

**答:** 影响人们社会经济地位获得的主要因素有先赋性因素、自致性因素以及制度和政策性因素等。

(1)先赋性因素，是指个人生而具有的或自然得到的属性，例如性别、年龄、民族、种族、体质、容貌、家庭背景等。

(2)自致性因素，是指通过个人的不断学习、努力而具备的属性，例如文化知识、科学技术、价值观、思维方式、社会交往能力、工作决策水平等。

(3)制度及政策因素。在我国，单位制、户籍制度以及劳动人事制度等都制约着社会流动，也影响着人们的社会经济地位的获得。

## 13.3　考研真题与典型题详解

### 一、概念题

**1. 社会分层与社会流动**(华中农大2011年研)

**相关试题:**

**(1)社会分层**(厦大2019年研；河北大学2018年研；山东大学2017年研；宁夏大学

2017 年研；浙江工商 2017 年研)

(2) 社会流动(北大 2019 年研；中央民大 2018 年研；广西民大 2018 年研；吉大 2017 年研；安徽师大 2017 年研)

答：社会分层是指依据一定具有社会意义的属性，一个社会的成员被区分为高低有序的不同等级、层次的过程与现象。社会流动是指人们在社会分层结构中从一个地位向另一地位的移动。这种流动与地理空间的流动不完全一样，后者可称之为迁移。社会流动研究的是人们在多大程度上可以跨越地位层级，实现社会地位的改变，是对社会结构内部变化的动态分析。社会分层研究主要是从静态的共时性角度研究社会地位结构。社会流动主要是从动态的历史角度研究社会地位结构。社会分层结构的变化、调整是通过社会流动实现的。

2. 社会分化(中央财大 2008 年研)

相关试题：社会分化及其后果(南航 2014 年研)

答：社会分化是指社会系统的结构中原来承担多种功能的某一社会地位发展为承担单一功能的多种不同社会地位的过程。社会分化具有两个重要特征：功能专一化和地位多样化，后者直接反映了社会发展过程中社会地位差别的扩大趋势。

3. 阶层(华中农大 2010 年研)

答：社会阶级和社会阶层是分层研究的基本范畴，它们一般是指社会垂直分化产生的各个社会地位层次以及分处于这些地位层次上的人群。不同的层次在资源的占有和获得机会上存在着巨大的差异，反映了社会的不平等。同时，阶级、阶层概念表明，垂直分化所造成的社会差别绝不仅仅是社会成员个人之间的差别，更主要的是一种集体性差别。

4. 社会地位(川大 2016 年研)

答：社会地位是指社会关系空间中的相对位置以及围绕这一位置所形成的权利义务关系。社会分层的结果是形成了一套高低有序的相对位置结构，在这个分层结构中，每个社会成员占据着不同的社会位置，可以称之为社会地位。在现实的社会交往过程中，社会地位既是人们相互识别、相互对待的重要标志，又是人们互动影响力的主要源泉和基础。

5. 自致地位和先赋地位

答：自致地位，又称“获致地位”“成就地位”，是个体在一定社会条件下凭借后天的努力和竞争所获取的社会地位。该地位的获取离不开主客观四个条件：①个人的奋斗与竞争，包括获得与地位相符的教育水平、文化修养、技术能力、工作业绩等；②社会的需要；③公平竞争的社会环境；④社会以一定方式给予确认。传统社会选拔人才偏重先赋条件，现代社会偏重个人成就。

先赋地位，又称“归属地位”“归附地位”，是个体凭借与生俱来的生物条件或社会属性所获得的社会地位。先赋地位可分为两类：①由先天遗传、血缘等生物条件决定的属性，如性别、年龄、血统、种族等造成的，是个体无法控制的；②由家庭社会地位规定的属性，如种姓、等级、世袭制下的继替原则造就的，又称“世袭地位”。一般而言，传统社会注重先赋条件，社会地位的升迁与个体努力关系甚少，现代社会逐渐看重自致性因素。

6. 社会不平等(中大 2016 年研；河北大学 2014 年研)

答：社会不平等是对垂直分化所产生的各阶级、各阶层之间关系的集中概括，是指不同社会成员之间对于相对稀缺的社会价值物在占有量、获取机会和满足需求程度上存在着差异性。对社会不平等的考察，就是关注各种社会资源、生活机会在不同人群中分配方式的差异。

7. 结构性流动(中大 2011 年研)

答：结构性流动是指由于科学技术和生产力的发展，原有的社会结构改变了，从而造成的人们社会地位的变化，如科技发展减少了农业人口，增加了城市人口。结构性流动是由外在原因推动的，不反映个人对这种流动所抱的种种态度。

8. 垂直流动(复旦 2016 年研)

答：垂直流动是指人们在一个分层结构层面中的不同阶层之间的流动。垂直流动的方向和速度往往引起社会学家的特殊研究兴趣，因为无论是个人的社会表现还是整个社会的结构性质都受垂直流动的影响。

9. 精英循环(人大 2007 年研)

答：精英循环是意大利社会学家帕累托提出来的，是指社会系统维持平衡和稳定的基本机制，社会平衡的基本条件就是保持循环路线的畅通，以使执政阶层中总能保持一定数量的精英。一旦流动缓慢，就会造成执政阶级中蜕化分子激增，同时非执政阶级中的精英不断增长，社会将随之失去平衡和稳定，而征服或革命将使新的精英掌权并建立起新的平衡。

10. 农村社会流动(华中农大 2017 年研)

答：社会流动是指人们在社会分层结构中从一个地位向另一个地位的移动。农村社会流动不是近代才出现的社会现象，而是自人类社会产生了农业与非农业的大分工并形成了若干以特定的劳动分工为基础的专门的社会行业或社会职业集团之后便开始发生了。但在农村较大范围内，并对大批农村社会成员以及农村社会发展产生重大影响的社会流动，除了在大的社会动荡时期(如历代王朝的更替)外，是近代社会才出现的。

## 二、简答题

1. 简述关于社会分层现象的功能论与冲突论的不同解释。(人大 2007 年研)

相关试题：

(1)社会分层研究有哪两大理论传统?(复旦 2018 年研；川大 2015 年研)

(2)马克斯·韦伯的多元分层理论及其特点。(山东大学 2018 年研)

(3)马克思·韦伯三位一体分层模式及其影响。(南航 2018 年研；宁夏大学 2017 年研；复旦 2016 年研)

(4)社会功能对于社会分层的基本观点。(中央民大 2016 年研)

答：社会学对社会分层的研究有两大理论传统。一个是以马克思阶级理论为渊源的冲突论，一个是以韦伯三位一体分层理论为渊源的功能论。

(1)冲突论——马克思主义阶级理论

马克思的阶级理论认为阶级是由人们在所有制中所处的地位决定的，是基于社会差别的不平等，而且阶级关系是一种稳定的不平等，个别社会成员的社会流动不足以从总体上改变稳定的阶级格局。在资本主义的社会条件下，个人的努力很难弥补人们在竞争起点上的不足，各个阶级业已存在的壁垒构成了它们互相流动的障碍。马克思主义阶级理论的基本内容包括：

①列宁指出："所谓阶级，就是这样一些集团，由于它们在一定社会经济结构中所处的地位不同，其中一个集团能够占有另一个集团的劳动。"这一定义表明，划分阶级的标准是经济地位，特别是对生产资料的占有关系。

②阶级产生的条件与生产力发展的一定阶段相联系，以剩余产品的出现为前提，私有制使得对剩余产品的剥夺和占有成为可能。

③同一阶级的社会成员具有同样的经济地位和共同利益，具有共同行动的可能性。而阶级共同行动能力则与它是否成熟相联系，判断一个阶级是不成熟的"自在阶级"还是成熟的"自为阶级"有两个重要标志：a. 阶级意识；b. 阶级的组织化程度。

④阶级斗争和社会革命是私有制条件下社会结构变迁和社会发展的直接动力。阶级现象最终将随着私有制的铲除，生产力的高速发展而消亡，阶级消亡意味着人类最终能够消灭社会不平等。

⑤阶层是依据生产资料占有关系之外的属性划分的，它或者存在于阶级内部，或者是与阶级相联系而又相对独立的特殊群体。进行阶层分析要以阶级观点为指导。

⑥资本的私人占有及以此为核心形成的各种生产关系是现代资本主义社会不平等的最深刻根源，因而也是社会冲突的主要根源。以资本主义现有的生产力水平，一旦消灭私有制就有可能大大缩小整个社会的不平等差距，创造出高于资本主义社会的相对平等。

（2）功能论——西方社会学的分层理论

西方分层理论是以维护资本主义社会的正常运行为目的的，因此称为功能理论。主要有韦伯的三位一体的分层模式。韦伯承认，在研究社会不平等时，把经济作为分层标准是必要的。但社会的分层结构是个多层面的统一体，除了经济地位之外，至少还有两种同样重要的分层属性在造成社会不平等方面具有突出影响力，这就是声誉和权力。由此韦伯主张从经济、声誉、权力三个角度综合考察一个社会的经济、文化和政治三大领域中的不平等。韦伯三位一体分层模式的特点是采取了多元的分层标准，既有连续性的定量标准，又引进了主观分层标准。

**2. 在对社会不平等的解释上，精英理论与马克思阶级理论存在着哪些差异？**（中大2008年研）

**相关试题：**

**（1）功能论与冲突论对于社会不平等的理解有何差异？**（华中师大2019年研）

**（2）简述社会不平等因素。**（中央民大2019年研）

**答：** 精英理论与马克思阶级理论的差异主要包括：

（1）阶级论认为，阶级是由人们在所有制中所处的地位决定的，是基于社会差别的不平等；精英理论则以天赋的自然差别为基础。

（2）阶级论认为，阶级关系是一种稳定性不平等，个别成员的社会流动不足以从总体上改变稳定的阶级格局；而精英论则把个人天赋能力视为社会流动的动力，认为流动可以改变阶级格局，变稳定性不平等为暂时性不平等。

（3）阶级论认为，在资本主义的社会条件下，个人的努力很难弥补人们在竞争起点上的差距，各阶级间业已存在的壁垒构成了它们相互流动的障碍；精英论则认为，个人能力可以缩小乃至弥合竞争起点上的差距，精英循环足以打破阶级壁垒。

(4)阶级论把阶级之间关系的对立性质视为社会冲突的根源；而精英论则认为，冲突和革命的根源主要是精英循环的通道不畅。

3. 试述帕累托精英循环理论。(华东范大 2017 年研；人大 2007 年研)

相关试题：

(1)试述帕累托的精英循环论。对于谁是中国市场化改革的最大受益者，学术界有哪些代表观点？你如何看待这一问题？(华中农大 2017 年研)

(2)简述精英流动的两种观点。(苏州大学 2017 年研)

(3)精英与统治精英(概念题，上海大学 2017 年研)

答：(1)帕累托将现任统治阶级视为旧精英，认为随统治时间推移，旧精英统治力逐渐衰弱。此时被统治阶级会出现新精英，其纪律严明并对旧精英发出挑战，最终成为统治阶级。新精英集团也将会被另一个新精英集团打败，以此形成精英集团的交替统治。精英的流动与循环维持着社会的平衡，这就是“精英循环论”。

(2)帕累托把精英分为两种：在政府中直接或间接发挥相当作用的人所组成的统治者精英和由其他人组成的非统治精英。20 世纪 50 年代后，精英理论关注重点在于政治精英。米尔斯在《权力精英》一书中，从影响力的角度把“精英”看作是居于社会统治地位的权力集团，即政治精英。他认为与大众相区分，精英是少数高智能的人群，他们居于社会上层，拥有较高的个人素质并大量运用社会和政治权力，这也暗示了身居高位的人群之间有着高度的协调和共同的利益。

(3)作为精英循环论的批判者，莫斯卡提出了“精英再生产”理论。他认为精英形成具有两种方式：第一种是渐变机制，类似于精英循环，指下层社会精英上升到上层的制度过程。第二种是突生机制，认为统治者与被统治者中都存在精英，两种精英在权力斗争中互相替代。

4. 简述社会分层的主要方法。(中国青年政治学院 2010 年研；中央财大 2008 年研)

相关试题：

(1)列举社会分层的指标。(中央民大 2018 年研)

(2)简述社会学常用的社会分层标准。(中央财大 2015 年研)

答：社会学的分层一般采用三种方法，即主观法、声誉法、客观法。

(1)主观法，又称自我评分法。调查人员将整个社会体系分为若干层次，请人们根据某项标准，自己对自己进行归类，指出自己在社会分层体系中处于哪一层。主观法的主要用途在于发现人们的分层意识，因为人们的分层意识对他们的心理反应以及行为表现有很大影响。

(2)声誉法。声誉法要求评判人员必须熟悉那些评判对象。此外，为了防止评判员主观偏见的影响，应当把那些与评判员相类似的人以及同属一个群体的人排除在他们的评判范围之外。声誉法不仅可以用来对具体的人排定名次，还可以推广到评价各种正式社会地位的相对声誉。例如，可以用来进行职业声誉的研究。

(3)客观法。应用可以直接测量的客观指标(如收入、教育程度等)对人们进行层次划分。由于不受主观因素影响，客观法的应用范围十分广泛。

**5. 简述弹性社会分层结构的特点。**（中国青年政治学院 2007 年研）

相关试题：

(1) 弹性社会结构是什么？特点是？（华中师大 2018 年研）

(2) 简述社会分层刚性结构的特点。（山东大学 2018 年研；河北大学 2014 年研）

答：(1) 弹性结构的含义

弹性结构是指社会成员在社会空间的分布状态中各地位之间的相关性很弱，形象地说，社会成员在多元分层空间的分布呈现弥漫状态。在一个弹性结构社会，其社会不平等被称为扩散性不平等。

(2) 弹性社会分层结构的特点

①各个分层地位之间的低度相关，意味着它们是各自独立的，即它们之间不存在因果决定关系。因此弹性结构的社会通常不存在明显的分层中轴。

②在弹性结构中，由于各分层属性处于不相关状态，因此用不同标准对社会成员进行分层，所得到的结果是各不相同的。

③在弹性结构中，缺少某种社会资源的人可以通过获取其他资源而得到补偿，即社会成员在某种地位层面上所处的劣势可以由其他层面的优势加以弥补，因而只能算做相对劣势。

④弹性结构对社会成员的层间交往起着促进作用。在弹性结构中，尽管人们倾向于同那些地位相同的人打交道，但是在某一社会地位上相同的交往群体，很可能在其他社会地位上分属不同层次，因此在一个分层层面上的层次内部交往，在其他分层层面看又是一种层间交往，即弹性结构赋予各种社会交往以广泛的层间交往性质。

⑤弹性结构社会具有高于刚性结构社会的整合度。

**6. 简述社会流动的影响因素。**（厦大 2019 年研；南京师大 2016 年研）

答：社会流动的影响因素主要包括：

(1) 社会结构的性质

社会结构的性质是指社会结构是封闭的还是开放的，就是说各个层次的成员与其地位间的关系是固化的还是松散的。如果一个社会在制度安排上不鼓励，甚至限制社会成员的流动，那么社会流动的频率和多样性就会受到限制；反之，一个社会中的社会流动就会活跃得多。

(2) 经济和社会的发展程度

一个社会的经济和社会的发展程度直接影响着社会流动。在一个经济不发达的社会中，人们常常在比较封闭的范围内生活；而在经济比较发达的社会中，新的机会不断出现，社会流动也频繁得多。

(3) 教育的普及与发展

在某种意义上可以说，教育是向上流动的推进器。现代社会是以科学技术和教育为基础的社会，接受更好的教育几乎成为进入更高社会层级的必不可少的条件。教育的普及和发展使受教育者获得向上流动的可能性，接受较好教育者向上流动的可能性更大。

(4) 家庭背景

家庭背景对于人的社会流动的影响是不容置疑的。在传统社会，家庭的经济状况、父辈的政治和社会地位会直接影响子代的地位获得，这是先赋因素在发挥作用。即使在现代社会里，家庭也是影响子代社会流动的重要作用。

(5)社会网络资源

人们所拥有的社会网络资源影响着他们的地位上升和成功。从中国的情况来看，社会关系网络对人们的社会地位的获得的影响是明显的，即一个人所拥有的支持性的社会关系越多、越有力，他在职业和地位方面获得成功的机会就越大。这种现象与中国文化和社会结构的特征密切相关。布迪厄的社会资本理论也对人们在职业和地位上的成功做出一定的解释。

**7. 什么是社会流动？它有哪些主要类型？**

相关试题：

(1)简述社会流动的定义及其类型。(南京师大 2018 年研)

(2)社会流动的类型有哪些？(安徽师大 2018 年研)

答：(1)社会流动的含义

社会流动是指人们在社会分层结构中从一个地位向另一个地位的移动。这种流动与地理空间的流动不完全一样，后者可称之为迁移。社会分层与社会流动可以看成是一个事物的两个方面。社会分层探讨的是处于不同层级位置上的个人或群体，是对社会结构的静态描述。社会流动研究的是人们在多大程度上可以跨越地位层级，实现社会地位的改变，是对社会结构内部变化的动态分析。社会流动按照不同的标准可以划分为许多类型，其中最主要的维度有三种：方向、距离和时间。

(2)社会流动的类型

①在方向维度上，社会流动可以分为：

a. 水平流动，指个人的社会地位在同一地位层级中的横向变化。

b. 向上流动，指的是个人社会地位的上升。

c. 向下流动，指的是社会地位的下降。

②在距离维度上，社会流动可以分为：

a. 短距离流动，指的是个人社会地位在垂直方向上流动到邻近的地位层级。

b. 长距离流动，多指个人跨越多个地位层级的流动。

③在时间维度上，社会流动可以分为：

a. 代内流动，指的是个人在一生中社会地位的变化。

b. 代际流动，指的是父代与子代之间，或是几代人之间社会地位的变化。

**8. 简述合理的社会流动对于社会的协调作用。**(中央财大 2012 年研；南京理工 2011 年研)

相关试题：

(1)论述建立合理阶层结构的必要性和对策。(湖南师大 2016 年研)

(2)试论合理的社会流动是社会良性运行的重要协调机制。(西北师大 2015 年研)

(3)联系实际，谈谈合理的社会流动对社会运行的协调作用。(南航 2015 年研)

答：合理的社会流动促进社会良性运行的协调作用主要表现以下几个方面：

(1)形成开放、动态的分层结构取代封闭、固定式分层结构，有助于消除人与人之间的不平等。在分层社会中，存在着两类垂直差异：

①由不同的地位规范(权利、义务)体现的分层地位之间的垂直差异。

②是由各层成员的社会表现和内在素质所体现的人与人之间的垂直差异。

尽管后者是从前者转化而来的，但这种转化是有条件的，这一条件就是社会成员长期固定于某一社会地位，即地位与成员之间存在着长期固定的联系。

(2)合理流动能够拓宽社会各层次之间的接触界面，有助于各层之间的相互了解和相互联系，加强了社会整合程度。

社会运行状态与社会整合程度有密切关系，而整合程度的高低取决于各个社会层次之间的关系和反映这类关系的层次之间接触界面的宽窄。社会流动可以分为代内流动和代际流动，这两种流动都能有效地拓宽社会各层次之间的接触界面。

①代内流动意味着个人同原有社会地位相分离并同新的社会地位相结合。

②代际流动意味着家庭中相邻的异代成员处于不同社会层次，使家庭内部的血缘关系变为社会层次之间的联结纽带，可以充分利用家庭所特有的凝聚力和整合性来弥合社会层次间的隔阂。此外，大范围的异向代际流动有可能促进各家庭之间相对平等的实现，进一步消除个人之间垂直差异带来的消极影响。

(3)合理流动能有效地激发人的积极性和开拓进取精神，给社会系统注入活力，从而推动实现高水平的社会良性运行。

社会良性运行意味着社会系统整体功能的不断提高，因此不仅需要各个组成要素的协调配合，同时还要求各要素具有充分的积极性和能动性，而这种积极性取决于系统总目标与各要素切身利益的相关程度。

**9. 社会流动的自获性原理。**(复旦 2018 年研)

**答：**合理的社会流动是那些促进社会良性运行的社会流动。在现阶段合理流动的基本原则是机会平等原则。要想实现机会平等的社会流动，必须同时实现普遍性原则和自获性原则。社会流动的自获性原则是用来衡量个人获得社会地位的条件是否合理的标准。自获性原则意味着：

(1)应当排除或缩小个人的社会先赋条件对其流动的影响。社会先赋条件指的是个人全部先赋条件中除自然生理先赋条件以外的那些与生俱来的先赋条件，主要有出身门第、种族信仰、家庭关系、继承的财富以及与之相联系的生活条件。

(2)不承认个人的分层归属性或集团归属性是其流动的唯一决定因素。自获性原则的主旨在于：肯定人具有不断发展、提高和完善的能力，肯定人的获得条件的差异性、多样性和整体性。因此，把人的全部后天获得条件完全归结为其集团归属性是不符合自获性原则的。

(3)个人通过自己后天努力而获得的素质、知识、技能、成就等等应当是影响其流动的决定因素。此外，个人的志向、兴趣及内在动机应当作为决定其社会地位的因素而得到充分的考虑和重视。

**10. 请简述社会分层与流动的主要分析视角。**(人大 2018 年研)

**答：**社会分层和流动的分析视角主要有：

(1)韦伯的社会分层理论

马克斯·韦伯创立了三位一体的分层模式方法，主要内容包括：

①主张从经济、声誉、权力三个角度综合考察一个社会的经济、文化和政治三大领域中的不平等现象。

a. 韦伯将根据经济因素划分的地位群体视为阶级，认为阶级是指一批在经济状态和变化方面相同或相似的人群。其阶级差别主要是货币量的差别。

b. 声誉地位是由社会公认的评价体系确定的，社会的评价从肯定到否定构成了高低有序的阶梯，声誉地位即指人们在这一阶梯中所处的位置。

c. 权力地位则是依据人们是否拥有权力以及权力的大小确定的。权力意味着为实现自身意志，无视他人意愿而支配他人的能力，权力分层反映了政治领域的不平等。

②三个标准之间的关系：

a. 在一定条件下，三个标准可能相互强化，存在着密切的联系。

b. 每一标准都可以单独作为社会分层的标准，它们之间并不必然地存在因果决定关系。

c. 三者重要性不一样，特定社会情势常常将某一个属性推到突出地位上。

(2)索罗金的多元分层论

索罗金是较早使用分层概念的学者，他把分层看作是由社会等级造成的个人或家庭地位的垂直分化的状态。他认为，在社会的各个领域可以形成无数的多样层次序列。它们大致可以按职业、经济、政治三个方面来分类整序，而这三个方面又由不同的要素组成。在他看来，这些序列在原则上都是独立的。

(3)伦斯基的分层理论

伦斯基从历史发展的角度分析社会分层现象，他认为采取何种形式的分层与社会的经济生产方式有关。在狩猎和采集社会没有社会分层，因为社会的人数很少，成员们基本上是平等的。到农业社会，人们生产出可观的剩余产品，统治阶层有权力获得这些财富，于是按照获得财富和其他报酬的多少社会被分为若干个阶层。工业社会打破了这种严格的阶层划分，随着社会财富的增加和新职业的出现，下层阶级在缩小，中间阶级在扩大，再加上社会福利等措施，社会财富分配的过分不平等得到了限制。

## 三、论述题

**1. 试析改革开放以来我国城乡社会分层与流动的状况与特点。**(中央财大 2018 年研)

答：(1)改革开放以来我国城乡社会分层状况

①以政治为标准的社会分层在一定范围内依然存在，同时在较大范围内经济分层变得越来越重要。比如，核心的党政机关和部门、中高级干部仍然被认为处于较高阶层；人们越来越看重的不再是所有制，而是实际收入。

②由于经济体制的改革使得财富越来越成为人们追逐的主要目标，原来的阶层内部发生了分化，这种分化比较剧烈，例如同样一个企业的职工，其收入和福利待遇差距可能很大，行业之间的差距也越来越明显。

③经济结构的升级，即从农业的、封闭的传统型社会向工业的、开放的现代型社会转变。

④经济体制的转型，即从高度集权的中央计划经济体制向多元和分散的市场经济体制

转变。社会上出现了新的社会阶层，例如私营企业主阶层、失业者阶层等。

(2)改革开放以来我国城乡社会流动的特点

①社会流动性增强，城市与农村之间，城市内部以及农村内部社会流动都显著增强。在城乡之间，农村经济体制改革所释放的大量剩余劳动力进入城镇，取得了获得更好经济成就的机会。尽管他们中绝大多数并没有获得与城市居民相同的身份，但在经济收入方面却有很大改善。另外，农民进城务工经商也有助于提高其素质。

②在城市内部，所有制结构、产业结构的调整和人们价值观念的变化，促进了城市劳动者的职业流动。从全民所有制单位流向私营企业和外资企业，从行政机关转向经济部门成为职业流动的突出特点。

③在农村，乡镇企业和第三产业的发展与变化，直接影响农民的经济收入及其在社会结构中的地位，地区之间的经济和社会差距使农村的分化加剧。

**2. 试用社会学理论分析当前我国贫富差距扩大的社会现象。**(人大2007年研)

**答：**(1)贫富差距扩大的现象

我国现阶段存在着严重的贫富分化问题。改革开放40多年来，“允许一部分人先富起来”的政策使越来越多的人富起来了。但贫富差距依然很大。据国家统计局近期公布的数字显示，目前我国20%的高收入者拥有相当于42.5%的财富，东西部地区年人均收入差距已超万元。

(2)贫富分化的影响：①影响社会公正；②影响社会稳定；③影响经济的持续发展；④影响社会和谐。

(3)用社会学理论分析当前我国贫富差距扩大的社会现象

①功能主义理论

功能主义认为社会是一个复杂体系，它的各个组成部分协同工作产生了稳定和团结。如果社会的各个组成部分不能够很好的协同工作，社会就会产生不稳定因素。而功能主义就是要研究社会实践与制度的功能，分析其对社会延续所起的作用。中国现有的市场制度和政府措施对社会贫富分化产生了一定的作用。

②社会分层理论

贫富分化体现着社会的分层，而社会的分层又体现着社会的不平等。社会分层是指依据一定具有社会意义的属性，一个社会的成员被区分为高低有序的不同等级、层次的过程与现象。社会分层的一个很重要的划分标准就是社会中个体的财富占有的多寡。弱势群体问题是社会分层研究的一个重要问题，而社会的贫富分化与此有密切联系。

③冲突理论

冲突理论突出了社会中分化的重要性，集中探讨权力、不平等和斗争问题。冲突理论习惯把社会看作是由追求各自利益的不同群体组成的，不同利益的存在就意味着矛盾是永远潜在的。在用冲突理论分析的过程中，可以发现因为某些群体，比如富人阶层，比其他群体获得更多的利益，从而引发社会强势与弱势之间的紧张关系。这样的紧张关系就容易导致政治和社会的不稳定。

**3. 试运用社会分层理论分析当下中国社会的富二代、官二代等“二代”现象。**(沈阳师大2014年研)

**答：**（1）社会资源主要是经济资源、组织资源和文化资源。在国外，三种资源往往是统一在某些少数群体手上，收入、权力、声望，一般都是一致的，三者统一。中国在20世纪90年代中期以前，这三种资源是不统一的：干部有权，但他的经济收入和文化资源相对较少；知识分子原来是有声望有文化，社会名声不错，但权太小，钱太少；老板有钱，但是声望和权力资源匮乏。

对于"富二代""官二代"而言，他们大多数于20世纪80年代或90年代出生，父辈的努力将他们推上金字塔尖，成为没有经历过自我打拼而进入社会上流的"精英"和"强势群体"。这表现在他们不需要经过努力就可以坐享其成，拥有大量物质财富，或是取得高官厚禄，与一般人相比，他们的成功更容易、更轻松。二代现象，即指中国在市场转型时期所日益出现的子女继承父辈的身份、职位、财富、机会等资源禀赋，从而复制父辈阶级地位的社会结构分化现象。

（2）社会阶层的划分是动态的，一方面这可以通过自身的努力改变自己的处境，另一方面也可能由于各种主观的和客观的因素导致陷入困境。与改革开放初期相比，如今的社会已经渡过了剧烈变化期，社会结构和社会分层开始走向稳定。但同时，社会提供的剩余资源和向上流动的机会在减少，流动的成本在增加，"官二代"和"富二代"等"二代"现象就是社会结构开始趋向稳定和阶层固化的表现。

韦伯认为，各个社会集团都试图将获得资源和机会的可能性归属到具有某种资格的小圈子里，通过设定相应的资格规定，排挤限制某些人加入，或者某些符合条件的人才可以加入，以达到自身获益最大化。官僚阶层的结构固化和封闭性意味着掌握公共权力和资源的官僚系统不对外开放，而是陷入了一种自我服务的内在循环。在当下中国，官僚阶层的固化和封闭性主要表现为，由于公共权力和资源的高度集中，官僚系统的公共价值发生了扭曲，权力的公共性降格为私人性的物品，官员不仅可以随意支配权力，而且可以按照自己的意愿授予"自己人"。"一代"官僚所在阶层的结构固化与封闭化直接为其后代圈定了无形的势力范围，为"官二代"成为优势阶层奠定了先天的基础，阻塞了其他阶层流入优势阶层的渠道，从而使社会流动的空间受到挤压，许多人没有进入优势阶层的机会。

（3）中国二代现象之所以引发了社会大众的广泛关注，很大程度上来源于某些处于优势地位的人将自身的财富、权力与地位以不正当的方式转移给下一代，破坏了公平竞争的原则。例如，一些高层政府官员和国企领导人利用转型期的体制性漏洞，或以职权之便敛聚大量财富，并将这些非法财产迅速向下转移给自身子女；或通过权力的非正式运作，将其子女安置在官僚体制与垄断行业之内，以破坏公平正义为代价，实现了优势资源的不正当传递，导致了官二代与富二代阶层的形成。

（4）中国的二代现象反映了当前我国经济资本、文化资本、社会资本和政治资本在代际间的继承传递模式和格局，形成精英的内部循环与底层社会的再生产，从而呈现出类似于戈德索普论证的美国社会的"三点流动"式的封闭性特征。然而，中国的这种封闭式流动更为集中地体现为精英阶层与非精英阶层间流动的封闭与断裂，结果是精英的子女始终占有精英的地位，非精英子女则难以跨入精英统治的领域。

**4．试比较分析马克思主义阶级理论与帕累托的精英循环理论。**（华中农大2018年研）

**答：**（1）帕累托精英理论与马克思阶级理论的相同点

①与马克思主义阶级理论相同的是，帕累托的异质或异质性概念所指的就是，任何社会中，都有占统治地位的少数人和被统治的广大群众之分。这种统治与被统治的区分与马克思主义中的阶级与阶级性的概念作用类似。

②与马克思主义阶级理论相同的是，帕累托也认为社会的特点是由精英，特别是统治精英的性质所决定的，而统治精英的性质又是由占主导地位的情绪(即剩遗物)决定的。但他在这一点上却在一定程度上轻视了非精英人群的作用。

(2)帕累托精英理论与马克思阶级理论的差异

①阶级论认为，阶级是由人们在所有制中所处的地位决定的，是基于社会差别的不平等；精英论则以天赋的自然差别为基础。

②阶级论认为，阶级关系是一种稳定性不平等，个别成员的社会流动不足以从总体上改变稳定的阶级格局；而精英论则把个人天赋能力视为社会流动的动力，认为流动可以改变阶级格局，变稳定性不平等为暂时性不平等。

③阶级论认为，在资本主义的社会条件下，个人的努力很难弥补人们在竞争起点上的差距，各阶级间业已存在的壁垒构成了它们相互流动的障碍；精英论则认为，个人能力可以缩小乃至弥合竞争起点上的差距，精英循环足以打破阶级壁垒。

④阶级论把阶级之间关系的对立性质视为社会冲突的根源；而精英论则认为，冲突和革命的根源主要是精英循环的通道不畅。

⑤帕累托关于精英的定义有狭义与广义之分，广义的精英是指社会精英的全部，不分性质和类别，包括所有在人类活动的各个领域里取得了突出成绩或冒尖的人，甚至是善于逃脱法律惩罚的狡猾的骗子。狭义的精英是指处于统治地位的少数人。这一点与马克思主义阶级理论中精英或是上层人的定义有所不同。在马克思那里，只有政治与经济上的佼佼者，才可被称为精英或是上层人。

## 四、资料分析题

仔细阅读下列材料，运用社会分层理论谈谈你对扩大中等收入阶层的看法。(安徽师大2017年研)

十九大报告提出："从2020年到2035年，在全面建成小康社会的基础上，再奋斗十五年，基本实现社会主义现代化。到那时，我国经济实力、科技实力将大幅跃升，跻身创新型国家前列，人民生活更为宽裕，中等收入群体比例明显提高，城乡区域发展差距和居民生活水平差距显著缩小，基本公共服务均等化基本实现，全体人民共同富裕迈出坚实步伐。"

近几年，群众的钱袋子鼓起来的速度超过了GDP增长速度，中等收入群体的规模持续扩大。"扩中"是形成"橄榄型"分配结构的关键，关系全面建成小康社会。

答：(1)改革开放以来，中国出现"中产阶级"这一新的社会群体并不断发展壮大，他们代表了一种新式的生活方式和消费理念，体现着社会主流价值观，对社会的稳定、经济的发展、文化的繁荣具有重要作用。近年来，随着我国中产阶级的崛起和壮大，以及社会贫富差距增大、阶层固化的现实，学术界掀起了"中产阶级"研究的热潮，十九大报告更是将"中等收入群体比例明显提高"纳入两步走战略。

(2)在社会学研究领域，要了解中产阶级理论，就必须了解社会分层理论，因为中产阶级理论是社会分层研究的重要研究论题，在社会分层研究中有两大主流理论流派——马克思主义分层理论和韦伯主义分层理论，而这两个理论流派都有自己的中产阶级理论观。

①马克思主义及新马克思主义中产阶级观

“中产阶级”一词由马克思首创，他用“中产阶级”来指处于资产阶级和无产阶级之间的社会中间阶层，马克思认为这些中间阶层在经济上处于资产阶级和无产阶级之间，一方面，他们是私有者，与资产阶级相似，另一方面，他们是劳动者，并受资本的压迫，与无产阶级相似。但随着资本主义的发展，这一群体最终会消失，一部分成为资本家，一部分沦为无产者。马克思的后继者继承了这一阶级分析的方法，并跟随时代发展，修正传统马克思分层理论并提出新马克思主义社会分层理论，他们基于传统马克思主义的冲突视角，认为中产阶级是流动于资产阶级和无产阶级之间的一个不稳定的、不断向上下两极分化的阶级。赖特作为新马克思主义的代表人物，重新给予了“中产阶级”以新的定义，在他看来，资产阶级拥有对投资资金、生产资料和劳动力的控制权，而无产阶级则处于完全没有这三种控制的位置之上，与此同时，各种经理人员、专业人员则介于两者之间。在赖特看来，中产阶级处于资产阶级和无产阶级的缓冲地带，有助于调和阶级矛盾、稳定社会秩序。

②韦伯及新韦伯主义中产阶级观

韦伯的财富、声望和权利“三位一体”分层模型是社会分层领域的重要传统，韦伯多元分层理论的继承发扬者——新韦伯主义者将各种管理人员、专业技术人员称为“中产阶级”“新中间层”，他们从劳动方式、职业类型或纯粹的物理工作环境来划分出中产阶级人群，并用“白领”指称中产阶级。他们基于“功能论”观点认为，中产阶级是促进社会发展，对社会结构具有稳定功能的社会主体力量。

(3)随着中产阶级群体在中国的出现并不断发展壮大，中国社会学界发展出了自己的中产阶级理论，包括陆学艺对中国中产阶级的界定，李强对中国中产阶级规模的测算，还有一部分学者对中产阶级功能的看法。在他们看来，中产阶级是社会的稳定器，他们将以渐进的方式推进中国民主政治；他们也将会是中国消费的主体力量，是促进社会主义市场经济体制的中坚力量，另外，在他们看来，在中产阶级群体中产生的文化观、世界观将进一步推动中国现代文明的进步。也就是说，中国社会学对扩大中产阶级群体的后果持乐观估计，认为发展壮大中间阶层是优化社会结构的重要举措。

综上所述，不管是国内还是国外，都有一大批学者在开展中产阶级的研究，他们对中产阶级的评价也褒贬不一，但总的趋势是认为中产阶级将成为社会的稳定器，建成“橄榄形”的社会分层模型将有利于整个社会的稳定，就连许多国家也一直致力于改革分配制度，扩大中等收入群体，以巩固民主社会的基石。中国在十九大报告中提出将“中等收入群体比例明显提高”纳入两步走战略，就必须以稳定制度预期为重点，深化收入分配改革，同步推进产权制度改革与扩大中等收入群体，包括提高个人所得税起征点，加快税收结构改革，形成有利于扩大中等收入群体的新税制等。

# 第十四章　社会变迁与社会现代化

## 14.1　复习笔记

【知识梳理(庖丁解牛)】

- 社会变迁与社会现代化
  - 社会变迁
    - 社会变迁的类型
      - 社会变迁的规模
      - 社会变迁的方向
      - 社会变迁的方式
      - 人对社会变迁的参与和控制
    - 影响社会变迁的因素
      - 环境与社会变迁
      - 人口与社会变迁
      - 社会制度与社会变迁
      - 社会价值观念、生活方式与社会变迁
      - 科学技术与社会变迁
      - 经济与社会变迁
    - 社会变迁的根源与机制
    - 社会协调发展
  - 社会现代化
    - 社会现代化的概念及由来
    - 社会现代化的含义
  - 社会现代化过程的基本特征
    - 社会结构的日益分化和整合
    - 理性化
    - 科学技术在经济和社会发展中的重要意义
    - 经济持续而迅速的发展
    - 城市化
    - 人的现代化
    - 全球化
  - 发展中国家现代化的特征
    - 发展中国家现代化的历史条件
    - 迟发展效果
    - “二元”社会结构的长期存在
    - 政府在现代化过程中发挥强有力的支配和指导作用
  - 我国的现代化进程
    - 近代以来中国现代化的进程
    - 中国现代化进程的历史新时期

## 【考点难点归纳(去粗取精)】

### 考点一：社会变迁 ★★★

#### 1. 社会变迁的类型与影响因素

(1)社会变迁的类型(见表14-1)

表14-1　社会变迁的类型

| 划分标准 | 具体内容 | |
|---|---|---|
| 按社会变迁的规模 | 整体变迁 | 指整个社会结构体系的变化 |
| | 局部变迁 | 指社会各个构成要素自身以及它们之间部分关系的变化 |
| 按社会变迁的方向 | 进步的社会变迁 | 是一种促进社会良性运行和协调发展的社会变迁 |
| | 倒退的社会变迁 | 与进步的社会变迁相反 |
| 按社会变迁的方式 | 渐进的社会变迁 | 指社会结构的内部关系以及与外界环境的关系相对均衡。社会发生有秩序的、缓慢而持续的变化，或者由一种模式过渡到另一种模式 |
| | 激进的社会变迁 | 指迅速飞跃式的社会变迁，常表现为社会革命。它是社会结构的相对均衡遭到彻底破坏、社会系统和社会结构需要重组时，所发生的改造社会的重大社会变迁 |
| 按人对社会变迁的参与和控制 | 自发的社会变迁 | 人类以什么样的方式参与社会变迁以及在多大程度上控制社会变迁，取决于人类对社会发展规律的认识程度和掌握的工具 |
| | 有计划的社会变迁 | 即人类有意识、有目的地参与社会变迁和控制社会变迁，这已经成为现代社会变迁的主要形式 |

(2)社会变迁的影响因素(见表14-2)

表14-2　社会变迁的影响因素

| 因素 | 具体内容 |
|---|---|
| 环境 | ①环境是指那些和人类发生相互作用的自然环境。环境的变化和发展是人类社会变迁的基本前提。<br>②环境可分为：a. 未经人类改造过的自然环境，也称为“原始自然环境”；b. 经过人类改造或受人类活动影响的自然环境，也称为“人化自然环境”。社会变迁总是在一定的环境中进行的。如果环境发生了变化，势必影响社会的运行和发展。<br>③在不同的社会发展阶段，环境对社会变迁的作用方式有所不同 |
| 人口 | 一定的人口状况是社会生存和发展的必要基础。人口状况主要指人口数量、质量、构成、分布及流动。人口状况与整个社会发展比例失调，会给社会的发展速度和水平带来直接影响 |
| 社会制度 | 社会制度或设置作为社会行为规范体系，既是社会变迁的结果，又给予社会变迁以直接的影响。在各种社会制度中，除了经济制度外，人们特别重视政治制度对社会变迁的作用 |
| 社会价值观念、生活方式 | ①社会价值观念主要是指人们的道德观念和社会评价的思想体系。<br>②生活方式指人们在一定价值观念支配下，为满足需要而在各种生活领域中进行活动的行为习惯 |
| 科学技术 | 指在社会体系中独立存在的知识系统。科学技术的发展，正在对人类社会的变迁产生越来越大的影响，成为推动社会变迁的主要力量 |

续表

| 因素 | 具体内容 |
| --- | --- |
| 经济 | 社会经济的变化与发展是社会变迁最重要的因素和内容，对社会变迁具有决定性的作用，既包括社会物质财富量的增加，又包括质的提高；既包括不同社会形态生产方式的更替，又包括同一社会形态内经济结构、劳动方式的变化 |

## 2. 社会变迁的根源与机制（见表 14-3）

表 14-3 社会变迁的根源与机制

| 要点 | 具体内容 |
| --- | --- |
| 进化理论 | 社会变迁类似生物有机体的进化。在这个过程中，社会有机体的结构成分不断扩大，结构日益复杂，其管理和调节机制也日益分化和复杂。社会进化的主要方式是渐进的、连续的 |
| 历史循环理论 | 一个文明或社会的历程是起源、成长、衰落、解体的过程，在文明解体或衰亡的基础上，新的文明诞生、成长，但最终还会走向衰落和解体，人类社会的历史就是这样一种循环往复变化的历史 |
| 社会均衡理论 | 社会变迁是一种历史的进化进程，主要表现为社会系统适应环境的能力不断增强。社会变迁的主要动力是社会必须不断地从外界环境中获取新的资源，由此导致社会系统新的分化，并产生新的整合，达到更高水平的均衡 |
| 社会冲突理论 | 社会体系是一个各个部分都被矛盾联结在一起的整体。由于不可调和的冲突是社会生活的基础，因而社会变迁是必然的。社会冲突的根源在于社会中权力分配的状况以及人们对权力再分配的欲望 |
| 马克思主义的历史唯物主义 | 社会变迁最根本动力是社会生产力的发展。生产力和生产关系的矛盾运动，使生产方式不断地新陈代谢，整个社会的政治、价值观念、生活方式也随之发生变化，从而造成整个社会结构的变迁 |

## 3. 社会协调发展

（1）实现社会的协调发展必须具备一定的理论指导，即必须首先明确社会变迁的目的、方向，认识和把握社会变迁的规律。同时，还必须掌握和利用现代科学技术。

（2）协调的社会变迁是分层次实现的。

①从整体上规划社会的变迁，避免不协调的发展。

②发挥每一社会结构构成要素直至每一个社会成员的主动性和积极性，保持社会发展的勃勃生机。

（3）协调的社会变迁含有一定的目标、实现目标的手段和方法的社会发展计划和规划。

（4）决策的科学化是实现有计划的社会变迁的重要保证。

**拓展：**从社会干预对社会变迁的影响来看，可以将社会变迁分为有计划的变迁和无计划的变迁两种。从 20 世纪开始，社会干预对社会变迁的影响越来越大。可持续发展就是有计划的社会变迁的一种新形式，也可以说是现代有计划社会变迁的一种目标模式。可持续发展是指一种既满足当代人需求又不对后代人满足其需求的能力构成危害的发展。

## 考点二：社会现代化（见表 14-4）

表 14-4　社会现代化

| 要点 | 具体内容 |
| --- | --- |
| 概念 | 指这样一种特殊的社会变迁过程，即社会在日益分化的基础上，进入一个能够自我维持增长和自我创新，以满足整个社会日益增长的需要的全面发展过程。这是现代化变迁过程和非现代化变迁过程的本质区别 |
| 对含义的认识 | ①社会现代化是一个连续不断的历史过程。<br>②社会现代化绝非“西方化”或“欧洲化”。<br>③社会现代化是对历史传统既批判又继承的过程。<br>④社会现代化是社会协调发展和人的全面发展的过程。<br>a. 经济增长可为社会文化、社会生活的发展提供强大的物质基础，并保证社会政治制度的相对稳定。<br>b. 社会现代化的目标：以人的全面发展为核心，应该符合绝大多数社会成员和本民族文化价值的特定需要 |

拓展：社会现代化的内容可概括为以下几方面：①以工业化为核心的经济现代化；②以民主和效率为标志的政治现代化；③城市化；④以科层制为起点的组织管理的现代化；⑤社会结构的变化；⑥文化和人的现代化；⑦生活方式的现代化。

## 考点三：社会现代化过程的基本特征（见表 14-5）★ ★★★

表 14-5　社会现代化过程的基本特征

| 特征 | 具体内容 |
| --- | --- |
| 社会结构的日益分化和整合 | ①社会结构的高度分化和高度整合过程，其核心是一个社会的制度结构的变化。<br>②社会结构的分化包括个人角色、社会组织以及社会地位的分化。<br>③伴随社会日益分化过程而出现的是社会高度整合的过程 |
| 理性化 | 理性是指采取分析的态度，按照对象世界的本来面目去认识对象世界，验证对象世界。科学的精神即是理性的精神，是指现代科学和现代工业的发展，是一种特定形式的合理性——形式理性或工具理性的发展。理性化过程构成了从前现代社会向现代社会转变的基础 |
| 科学技术在经济和社会发展中的重要意义 | ①科学技术发展带动了社会生产力的发展。<br>②科学技术极大地改变了社会结构。<br>③现代科学技术也给人类社会带来了巨大的挑战 |
| 经济持续而迅速发展 | ①社会现代化是用新组织形式和新技术更快地促进经济的发展，推动社会财富以超过任何可能的人口增长的速度增长。<br>②现代化的经济发展过程是量的增长、经济结构的改变与社会成员生活水平和生活质量的提高三者不可分割的统一过程 |
| 城市化 | ①指在一个国家或社会中，城市人口增加、城市规模扩大、农村人口向城市流动以及农村中城市特质增加的过程。<br>②城市化发展取决于整个社会的经济发展水平、社会文化条件等。<br>③城市化是现代社会发展的一种必然趋势 |
| 人的现代化 | ①现代制度和现代人是一个社会现代化的两个基本方面。<br>②英克尔斯最早较为系统地研究了人的现代化问题，人的现代性主要体现在两个方面，即人的主观态度和客观行为方面。 |

续表

| 特征 | 具体内容 |
| --- | --- |
| 人的现代化 | ③现代人的特征是由现代制度和现代组织的性质所决定的，人们在现代制度和现代组织中的经历，会有助于形成现代人的特征 |
| 全球化 | 全球化是一个多维度的历史进程，它涉及人类生活的几乎所有方面，其本身是社会、政治、经济、文化以及技术力量共同作用的独特结果 |

拓展："现代化"实际上包含着人类思想和行为一切领域的变化，其组成部分至少包括工业化、城市化、专业化、高水平的社会分化和社会流动、科层化、参政范围的扩大、文化的世俗化、行为的理性化等等，是一个全面的、系统的、普遍发生的社会变迁过程。

## 考点四：发展中国家现代化的特征（见表 14-6）★★★

表 14-6　发展中国家现代化的特征

| 要点 | 具体内容 |
| --- | --- |
| 发展中国家现代化的历史条件 | ①发展中国家绝大部分曾经沦为帝国主义的殖民地或半殖民地。<br>②在取得政治独立迈向现代化时，经济基本上都处于十分贫穷落后的状态。<br>③发展中国家在历史和现实的国际环境中，始终处于不利地位 |
| 迟发展效果 | ①有目的、有计划、赶超型的现代化过程。<br>②异质文化或外来模式的引入与接受 |
| "二元"社会结构的长期存在 | ①"二元"社会结构，是指在整个社会结构体系里面，明显地同时并存着比较现代化的和相对非现代化的两种社会。<br>②"二元"社会结构的长期存在以及发展差距的拉大，会导致严重的社会冲突 |
| 政府在现代化过程中发挥强有力的支配和指导作用 | ①政府是国家政治、经济独立的捍卫者、维护者。<br>②政府推动并且控制社会现代化过程。<br>③政府往往成为"迟发"国家现代化的组织者和计划制定者。<br>④政府直接参与经济活动 |

拓展：发展中国家现代化过程具有时间短、规模大、内容多（即"一揽子解决"）、社会动员程度高等特点，它在资金的筹措、行动的协调、过程的控制和秩序的维护等方面都对现代化过程的推动者、组织者提出了较高的要求。对于这些要求，民间的私人力量不可能给以满足，只有一个强有力的国家政权，才能成为这些要求的满足者。

## 考点五：我国的现代化进程（见表 14-7）★★

表 14-7　我国的现代化进程

| 要点 | | 具体内容 |
| --- | --- | --- |
| 近代以来中国现代化进程 | 初始阶段 | 19 世纪中叶至 20 世纪初，是在旧的封建王朝体制下探索现代化的自上而下的改革时期。现代化运动的领导者在初期主要是来自于旧王朝的上层统治阶级，后来逐渐转向受到西方影响的中下层士绅，现代化的进程主要是在器物层面上进行 |

续表

| 要点 | 具体内容 | |
|---|---|---|
| 近代以来中国现代化进程 | 现代转型和权威危机阶段 | 从1911年起至1949年，中国完成了一个巨大的转型，即从封建王朝制度转向了共和制度，推动中国早期现代化向制度层面的转型 |
| | 现代化发展阶段 | 1949年新中国的成立，第一次在近代中国历史上实现了国家高度的政治统一和社会稳定，并将中国的现代化进程从资本主义模式转向社会主义模式 |
| 中国现代化进程的历史新时期 | ①只有改革，才能适应社会主义的历史要求。要真正推动我国现代化建设，就必须大力发展生产力，改变与生产力发展不适应的生产关系和上层建筑。<br>②中国特色的社会主义现代化建设新时代。党的十九大宣布，中国特色的社会主义建设已经进入一个新时代，这一时代以我国现代化建设的“两个100年”为标志 | |

拓展：当前中国现代化的目标可以用“实现中华民族伟大复兴”几个字来概括，具体体现在以下几方面：①经济持续健康发展；②人口、资源、环境的可持续发展；③建设社会主义核心价值体系和社会主义文化强国，建立健全现代公共文化服务体系、现代文化市场体系，推动社会主义文化大发展大繁荣；④建设改善民生、社会公平正义的社会体制；⑤推进国家治理体系和治理能力现代化。

## 14.2　课后习题详解

**1. 如何理解世界现代化过程中多种模式并存的问题？如何理解“北京共识”和“中国模式”的讨论和争论？**

答：(1)可以从以下两个方面理解世界现代化过程中多种模式并存的问题：

①由于不同社会在前现代时期社会结构的差别、现代化进程起点的不同、内外环境的制约，实际上不可能按照某种“普遍模式”推进本社会的现代化。

②各个国家的历史条件不同，面临的国际环境不同，现代化起步时的起点不同，特别是参与这个国家社会现代化发展的各种经济、政治、文化、社会等因素各不相同。因此，在世界现代化过程中有多种模式并存。任何国家的现代化都是将普遍的现代化特征同本国的历史条件与文化传统有机结合的产物，都必须根据本国具体的、历史的内外条件，进行现代化建设。

(2)对“北京共识”和“中国模式”之间的讨论与争论的理解如下：

①曾任《时代》周刊外国报道编辑的拉莫先生发表了《北京共识》一文。拉莫对“北京共识”的定义是：坚决进行革新和试验(如中国经济特区)；积极维护国家主权和利益(如坚持台湾是中国不可分割的一部分)；不断积累具有不对称力量的工具(如4000亿美元外汇储备)。其目标是：在保持独立的同时实现增长。

②有关“北京共识”和“中国模式”的争论是关于不同现代化模式的最新讨论。社会现代化绝非“西方化”或“欧洲化”。

a. 社会现代化作为世界发展的潮流，在不同地区、不同国家的发展中显示出共同的特征，确实是在那些率先开始这一进程的西方国家的发展过程中集中表现出来的。

b. 社会现代化绝非意味着发展中国家都要按照西方国家或发达国家的现代化模式发展，任何国家的现代化，都是将普遍的现代化特征同本国的历史条件与文化传统有机结合的产物，都必须根据本国具体的、历史的内外条件，进行现代化建设。

c. 发展中国家不能完全照搬西方发达国家的现代化模式，主要是因为：

第一，各个国家的历史条件不同，面临的国际环境不同，现代化起步时的起点不同，特别是参与这个国家社会现代化发展的各种经济、政治、文化、社会等因素各不相同。

第二，现代化过程即使在发达国家之间也存在很大的差别。从社会现代化的性质来看，社会主义现代化同资本主义现代化更是存在本质的区别。

第三，即使发展中国家想要完全照搬某些发达国家的现代化模式，也是不能实现的。这种阻力不仅来自于内部条件，而且还来自于外部环境条件。如果发展中国家想要完全照搬发达国家的现代化模式，可能导致发达国家利用自己在经济上和科学技术上的优势，继续使发展中国家在经济上处于附属国的地位。

**2. 如何理解我国“两个100年”的现代化目标？**

**答：**对我国“两个100年”的现代化目标理解如下：

(1)两个一百年奋斗目标的内容

党的十八大报告提出两个百年奋斗目标：①在中国共产党成立一百年时全面建成小康社会；②在新中国成立一百年时建成富强民主文明和谐的社会主义现代化国家。两个“百年奋斗目标”是实现中华民族伟大复兴，实现强国之伟大梦想的重要阶段，深刻理解两个“百年奋斗目标”对更好的认识“中国梦”有重要意义。

(2)两个一百年奋斗目标的内涵

①两个“百年奋斗目标”将全面“建设”小康社会改为全面“建成”小康社会

“建设”到“建成”虽仅一字之改，但其程度不同。“建设”是过程，是“进行时”，“建成”是结果，是“完成时”，意味着中国全面小康社会的目标更明确、要求更严格、未来发展的信心更充足。确保到2020年实现全面建成小康社会的宏伟目标，这是中国共产党和人民政府对人民的郑重承诺，对世界的明确昭告。

②两个“百年奋斗目标”提出两个“翻一番”

两个“翻一番”就是“实现国内生产总值和城乡居民人均收入比2010年翻一番”。改革开放以来，我们已经经历过多次国内生产总值的翻番，但城乡居民人均收入翻番，却是第一次提出。因此显得分量更重，这一目标具体描绘出今后中国老百姓生活幸福度。对这一新想法的认识包括：

a. 两个翻一番的目标是可以实现的。

b. 人均收入翻一番不应是均等的，也就是说，农村居民和低收入人群的收入必须超过翻一番。

③两个“百年奋斗目标”把生态文明建设放在突出地位

把生态文明建设融入经济建设、政治建设、文化建设、社会建设各方面和全过程，努力建设美丽中国，实现中华民族永续发展。十七大首次提出生态文明建设，十八大报告将生态文明建设与经济建设、政治建设、文化建设、社会建设一起，列入“五位一体”总体布局，并用专章论述。生态文明地位的“升格”，体现了我们党对生态文明建设更加重视，对生态发展规律的认识更加深刻，也顺应了时代的要求、民意的呼唤。

④“富强民主文明和谐”科学排序

富强是我们的经济目标，民主是我们的政治目标，文明是我们的文化目标，和谐是我们的社会目标。在“富强民主文明和谐”之中，前三者是“和谐”的前提和基础。

a. “富强”是最基本前提。经济不发展，国家不富强，很难实现社会和谐。

b. “民主”是和谐的政治前提。没有民主的“社会主义制度”，只能败坏社会主义的声誉。以经济上的公有制或社会所有制为例，其实质应当是广大群众共同决定、共同受益，公有制本质上是民主制。

c. “文明”是和谐的文化前提。没有高素质的人民群众(包括领导干部)，优越的社会制度就不能体现，社会就难以实现“和谐”。

d. “和谐”是社会发展的目标。和谐沟通了传统与现代、历史与现实、社会进步与经济政治文化发展，是中华民族共同追求的美好境界。

⑤实现两个“百年奋斗目标”需要坚定不移地推进改革

十八大报告强调：改革开放是坚持和发展中国特色社会主义的必由之路。要始终把改革创新精神贯彻到治国理政的各个环节，坚持社会主义市场经济的改革方向，坚持对外开放的基本国策，不断推进理论创新、制度创新、科技创新、文化创新以及其他各方面创新，不断推进我国社会主义制度自我完善和发展。

**3. 如何理解“迟发展效果”?**

**答:** (1)“迟发展效果”的基本含义

发展中国家由于社会历史传统和历史条件的制约，其现代化起步大大晚于那些先发展起来的工业化国家。正是由于起步较晚，又面临不同的制约条件，就形成了它们特殊的发展过程。美国著名经济学家格申克龙将这些特殊性称为“迟发展效果”。

(2)“迟发展效果”的主要表现

①有目的、有计划、赶超型的现代化过程

发达国家先进的产业是发展中国家想要实现的，发展中国家想要在尽可能短的时间里赶上甚至超越，这就会采取一系列具有集中性、计划性的措施来推动社会现代化的发展。

②异质文化或外来模式的引入与接受

发达国家的各种现代化因素，例如经济、科技、价值观等，会输入发展中国家。异质文化或外来模式的引入和接受，会带来许多特殊的效应：

a. 外部力量的激发和介入，不可避免会与发展中国家中既有的传统因素和社会结构产生碰撞，引发两种因素的对抗，进一步激化社会矛盾、加剧社会动荡，甚至产生同传统的断裂。

b. 外部因素的输入也会诱使发展中国家走向现代化，造成社会的快速转型与变迁，原有的社会关系重构。

总而言之，迟发展效果的概念主要表现在现代化过程，往往是一种有目的、有计划与赶超型的现代化过程，是外部力量作用的结果，因而其现代化过程表现为异质文化或外来模式的引入和接受。同时，“二元”社会结构长期存在，政府在现代化过程中发挥强有力的支配和指导作用。

(3)造成不稳定的因素的来源

①来自传统的社会力量，它们有可能顽固地抵制和反抗现代化过程。

②来自急于实现社会现代化的社会力量，超出了整个社会所能接受的程度。

③来自发达国家的“示范效应”，它会形成巨大的社会压力，损害发展中国家的正常稳定发展。

**4. 如何理解社会结构分化在现代化过程中的意义?**

**答:** 在现代化过程中，社会结构的高度分化和高度整合过程，其核心是一个社会的制度结构的变化，其结果是形成了一系列相应的制度，以此规范各种社会关系和引导社会行为。一个社会进入现代化的发展过程，其最重要的社会基础之一，即是社会结构更高程度的分化和整合。社会结构分化在现代化过程中的意义如下:

(1)个人角色的分化

个人角色的分化是指个人所扮演或承担的社会角色的分离。一方面，随着劳动分工的发展，个人在不同的活动场合往往承担不同的社会角色；另一方面，人们之间的社会互动，越来越多的是特定角色基础上的互动，而不再是同整个人格的互动。个人角色的分化造成个人更有效地承担角色，按角色规范实现角色的社会功能，同时造成个人之间的角色互动建立在理性的基础上。

(2)社会组织的分化

社会组织的分化表现为，承担多种功能的单一组织向承担单一功能的多种组织的转化。随着劳动分工的发展，各种各样的组织功能从传统的功能多元化的组织中分离出来，而高度专门化的、功能单一的社会组织能够实现更高的效率，更好地完成组织目标，从而更有效地满足社会需要。

(3)社会地位的分化

多元化的社会分层体系有助于各种社会角色的发展，社会成员可以通过各自的专门角色获得不同的社会地位，社会资源的分配途径和获得也日益多元化。这种社会地位的分化，有助于促进各种社会活动的发展和理性化，从而推动各种社会创新活动的成长，刺激社会资源和人力资源的最优配置与有效使用，同时使社会成员间形成更加紧密的相互依赖关系。

**5. 如何理解全球化过程对我国现代化的意义?**

**答:** 经济全球化是当代经济发展的大趋势，中国必须融入世界经济的发展。经济全球化对中国经济发展带来机遇和挑战，产生多方面的影响。全球化过程对我国现代化的意义主要包括:

(1)加入经济全球化的进程，有利于中国扩大对外开放，为我国赢得良好的国际环境，有利于促进经济体制改革和经济结构的战略性调整，增强我国经济发展的活力和国际竞争力，总体上符合我国的根本利益和长远利益。同时，加入经济全球化进程，对中国经济发展提出了更严峻的考验，国际市场的竞争将更加深入地与国内市场的竞争结合在一起，面临的经济风险也会显著增加。既有机遇，也有挑战，但总的来说机遇大于挑战。机遇和挑战、利和弊，都是相对的，在一定条件下可以相互转化。因此要积极抓住机遇，迎接挑战。

(2)在经济全球化深入发展、国际竞争日趋激烈的情况下，只有顺应世界发展潮流，坚持扩大对外开放，才能更好地利用国内外两个市场、两种资源，加快发展壮大自己。面对严峻的国际经济环境，我们积极应对，趋利避害，变挑战为机遇，开创了对外开放的新局面。

(3)我们鼓励有条件的各类所有制企业走出去，开拓国际市场，到境外投资办企业，带动设备、零部件出口和劳务输出。根据不同国家的情况，分别采取不同的投资、合作方式。对发展中国家特别是周边国家提供经济技术援助，开展带资承包，投资经营，提供无息、低息贷款。这样，既有利于巩固传统友谊，又有利于互惠互利、共同发展，意义重大。

(4)根据国际资本流动的新特点，我们抓住机遇，积极扩大利用外资，着力提高利用外资质量，把吸收外资同国内产业结构调整、国有企业改组改造、西部大开发结合起来。这几年大力改善投资环境，交通、通信设施等硬环境大为改观；努力完善法制，提高政策透明度，提供优质服务，软环境也有很大改进。这是增强对外资吸引力的根本有效之举。

## 14.3　考研真题与典型题详解

### 一、填空题

1. 社会变迁的方式可分为渐进社会变迁与______。(中国青年政治学院 2008 年研)

【答案】激进(革命)社会变迁

2. 吉登斯认为“现代性”是指 17 世纪以来出现于欧洲，并且其影响随之向世界各地蔓延的社会生活方式和______方式。(中国青年政治学院 2007 年研)

【答案】组织

### 二、选择题

1. 认为社会从传统到现代工业的组织形式的发展理论被叫做(　　)。(中大 2017 年研)

A. 西方化理论　　B. 现代化理论

C. 工业化理论　　D. 依赖理论

【解析】当社会现代化成为遍及全世界的现象后，有关社会现代化的理论研究也逐渐在各个学科中发展起来，形成了一个现代化理论研究的高潮。这一时期现代化理论的研究发生了一个重要转变，即由过去主要研究发达社会是如何实现现代化的，转向主要针对第三世界国家的现代化进程。因而也有人认为，前者更多地称之为现代化理论，后者更多地被称为发展理论。

【答案】B

2. 在现代社会中，社会制度是(　　)。(中大 2017 年研)

A. 高度分化并且相互联系的社会实践　　B. 后现代世界中非组织化的社会关系

C. 虚拟空间中的社区　　D. 与社会学不再相关

【解析】社会制度或社会设置作为社会行为规范体系，既是社会变迁的结果，又给予社会变迁以直接的影响。在现代社会中，社会制度是高度分化并且相互联系的社会实践。

【答案】A

### 三、概念题

**1. 迟发展效果**(人大 2006 年研)

答：参见本章课后习题详解第 3 题答案。

**2. “二元”社会结构**（中央财大2017年研；中大2008年研）

**答：** 参见本章考研真题与典型题详解简答题第4题答案。

**3. 社会现代化**（广西民大2018年研；宁夏大学2018年研；山东大学2016年研）

**答：** 社会现代化是指一种特殊的社会变迁过程，即社会在日益分化的基础上，进入一个能够自我维持增长和自我创新，以满足整个社会日益增长的需要的全面发展过程。这是现代化变迁过程和非现代化变迁过程的本质区别。社会现代化的要点包括：①社会现代化是一个连续不断的历史过程；②社会现代化绝非“西方化”或“欧洲化”；③社会现代化是对历史传统既批判、又继承的过程；④社会现代化是社会协调发展和人的全面发展的过程。

**4. 现代性**（中央财大2017年研）

**答：** 现代性，是指在17世纪以来出现于欧洲并且其影响随之向世界各地蔓延的社会生活方式和组织方式。现代性是吉登斯用以探讨现代化本质的概念，是历史发展的非延续性或断裂的结果，现代社会的基本制度是前现代社会没有或与之根本不同的。现代性的本质特征之一，是将“时间”和“空间”以新的方式组织起来，从而导致连接“在场”与“缺场”的条件完全不同于各种传统社会，“时间”和“空间”在这一过程中高度延伸，使得在现代性条件下社会关系脱离了具体的互动环境，在更为广阔的时间—空间范围内被重新建构。

**5. 依附理论**（中央民大2016年研）

**答：** 依附理论是20世纪60年代中期出现的一种以拉美学者为主的学术潮流，它基本上是关于不发达国家在发展过程中受到不利的国际关系的阻碍，及其发展道路的一些看法。依附理论的主要代表人物有普雷维什、弗兰克、卡多索、阿明等人。在他们看来，西方国家的“发达”与第三世界国家的“不发达”并不是一个普遍发展过程的两个不同阶段，而是同一发展过程中两个相互关联的结果。西方国家的“发达”正是以第三世界国家的“不发达”为代价、为前提或为基础的。造成不发达国家之“不发达”状况的根本原因，在于不发达国家对发达国家的依附以及由这种依附所导致的发达国家对不发达国家的剥削和掠夺。

## 四、简答题

**1. 简述影响社会变迁的主要因素。**（中央财大2007年研）

**相关试题：试述社会价值观在社会变迁中的作用。**（论述题，山东大学2017年研）

**答：** 影响社会变迁的主要因素包括：

（1）环境与社会变迁

环境是指那些和人类发生相互作用的自然环境。环境的变化和发展是人类社会变迁的基本前提。环境可分为两类，包括：①未经人类改造过的自然环境，又称“原始自然环境”；②经过人类改造或受人类活动影响的自然环境，又称“人化自然环境”。

环境为社会的生存和发展提供自然资源和物质条件，因而社会变迁总是在一定的环境中进行的。如果环境发生了变化，势必影响社会的运行和发展。现代社会所赖以生存的环境基本上是经过人类改造或受人类活动影响的环境。

（2）人口与社会变迁

一定的人口状况是社会生存和发展的必要基础。人口状况主要指人口数量、质量、构成、分布及流动。人口状况与整个社会发展比例失调，会给社会的发展速度和水平带来直接影响。

(3)社会制度与社会变迁

社会制度或设置作为社会行为规范体系，既是社会变迁的结果，又给予社会变迁以直接的影响。在各种社会制度中，除了经济制度外，人们特别重视政治制度对社会变迁的作用。

(4)社会价值观念、生活方式与社会变迁

社会价值观念主要是指人们的道德观念和社会评价的思想体系。人们的社会活动都是在一定的价值观念指导下发生的。社会制度的基本构成要素之一，即特定的文化价值观和意识形态体系。因而，社会价值观念的变化是整个社会变迁的基本方面，并且往往成为整个社会变迁的先声。生活方式常指人们在一定价值观念支配下，为满足需要而在各种生活领域中进行活动的行为习惯。

(5)科学技术与社会变迁

科学技术是指在社会体系中独立存在的知识系统。科学技术的发展，正在对人类社会的变迁产生越来越大的影响，成为推动社会变迁的主要力量。

(6)经济与社会变迁

社会经济的变化与发展是社会变迁最重要的因素和内容，对社会变迁具有决定性的作用。社会经济的变化既包括社会物质财富量的增加，也包括质的提高；既包括不同社会形态生产方式的更替，也包括同一社会形态内经济结构、劳动方式的变化。

**2. 简述社会现代化过程的基本特征。**(华中农大2011年研)

**相关试题：**

**(1)什么是现代化？结合中国“一带一路”倡议的实施试析中国现代化发展道路在当今全球化进程中的意义。**(论述题，中央财大2018年研)

**(2)什么叫社会现代化？简述社会现代化的含义。**(华中农大2017年研；川大2016年研)

**(3)什么是现代化？它有哪些主要特征？**(中央财大2017年研)

**(4)试论社会现代化过程的基本特征。**(河北大学2015年研)

**答：**社会现代化过程的基本特征主要包括：

(1)社会结构的日益分化和整合

社会结构的高度分化和高度整合过程，其核心是一个社会的制度结构的变化，其结果是形成了一系列相应的制度，以此规范各种社会关系和引导社会行为。

(2)理性化

理性是指采取分析的态度，按照对象世界的本来面目去认识对象世界，验证对象世界。具体地讲，是指人们在确定行动目标和采取社会行动时，为了实现更高的效率，对目标和所需手段(工具)进行的选择。

“理性化”的概念不仅仅是指文化价值观念，更重要的是指一种基本生活形态，现代化在很大程度上可以看作是整个社会的“理性化”过程。

(3)科学技术在经济和社会发展中的重要意义

①科学技术发展带动了社会生产力的发展。现代社会经济的发展，其实质就是科学技术的发展。

②科学技术极大地改变了社会结构。科学技术的发展会深刻影响到人们的社会关系、互动形式和过程、社会的组织形式、各个领域的社会生活以及人们的观念。

③现代科学技术的挑战。现代科学技术的发展，在给人类带来财富、提高生活质量的同时，也向人类社会提出了巨大的挑战，甚至带来了灾难。

(4)经济持续而迅速的发展

从经济发展的观点来看，社会现代化就是用新组织形式和新技术更快地促进经济的发展，推动社会财富以超过任何可能的人口增长的速度增长。

现代化的经济发展过程具有下列特点：①经济持续而迅速地增长；②经济结构的改变；③现代工业和现代农业相互促进；④第三产业(服务业)在国民经济中占有越来越重要的地位；⑤现代化的经济发展也是全体人民生活水平和生活质量的提高。

(5)城市化

城市化的过程是指在一个国家或社会中，城市人口增加、城市规模扩大、农村人口向城市流动以及农村中城市特质增加的过程。一个国家城市化的水平由城市人口占总人口的比例标明。

(6)人的现代化

人的现代化主要包括以下内容：①现代人应该具有与宿命论相对立的效能感；②乐于接受社会变迁；③愿意接受新的生活经历(具有开放性)；④尊重并愿意考虑各种不同的意见；⑤积极获取并关心新的知识和信息；⑥守时惜时，具有较强的时间观念；⑦无论在公共生活还是在私人生活中都趋向于计划性；⑧基于对理性的信赖而对周围的人给予信赖；⑨重视专门技术和公正的分配；⑩有较高的受教育和职业期望；⑪具有普遍主义的取向，不因特殊的个人特征而给予不同的对待；⑫对生活采取分析的态度；⑬倾向于更积极地解决问题而不是回避问题等。

(7)全球化

“全球化”也许是20世纪和21世纪之交在各个国家、各种人群中最为流行的名词之一。一方面，“全球化”概念的流行反映了新世纪人类社会的重大转变和趋势，涉及全球几乎所有国家的政治、经济、社会、文化等各个方面；另一方面，反全球化的社会运动和思潮也在1999年世界贸易组织西雅图会议和2001年西方八国热那亚首脑会议期间达到高潮，甚至引发流血冲突。因此，全球化是我们必须面对的一个世纪课题。

**3. 简述发展中国家现代化的特征。**(华中农大2018年研)

**相关试题：**

**(1)“迟发展”效果。**(南航2017年研)

**(2)简要谈谈你对“迟发展效果”的理解。**(安徽师大2017年研)

**(3)你认为早发内生型现代化与后发外生型现代化有什么不同？**(山东大学2015年研)

**(4)如何理解发展中国家现代化的主要特征？**(论述题，安徽师大2018年研)

**答：**社会现代化是指这样一种特殊的社会变迁过程，即社会在日益分化的基础上，进入一个能够自我维持增长和自我创新，以满足整个社会日益增长的需要的全面发展过程。这是现代化发展过程和非现代化过程的本质区别。大多数发展中国家属于“迟发外生型”现代化模式，即主要是由于社会外部因素的作用，在世界范围内较晚开始现代化进程的模式。

发展中国家现代化具有以下几点特征：

(1)发展中国家在迈向现代化的起点时，所面临的历史条件与发达国家有很大不同。

①发展中国家绝大部分曾经沦为帝国主义的殖民地或半殖民地。

②由于长期的殖民统治和本国统治阶级的腐朽统治，发展中国家在取得政治独立迈向现代化时，经济基本上都处于十分贫穷落后的状态之中，现代工业基础薄弱，政治腐败，文盲率极高，人民生活水平低下。

③资本主义世界经济体系业已形成，发达国家在世界经济政治体系中占有优势地位。因此，发展中国家在历史和现实的国际环境中，始终处于不利地位。

(2)发展中国家“迟发展效果”的主要特点表现在以下几个方面：

①有目的、有计划、赶超型的现代化过程。

a. 发展中国家一般是在同发达国家的强烈对比中，特别是在与发达国家的种种不平等关系以及屈辱的殖民地历史经历中，感到了自己的落后与贫穷，因而激发和树立了社会现代化的决心和目标，试图使自己的国家也强大和发达起来。这种有目的的社会现代化过程，一般表现为借鉴甚至模仿发达国家的历史经验和发展道路。

b. 对于发展中国家来说，由于存在着借鉴和模仿的可能，因而它们都试图跨越发达国家所经历的某些阶段，在尽可能短的时间里，赶上甚至超过发达国家。“赶超”因而成为发展中国家现代化过程的一个突出特征。为了实现“赶超”的目标，发展中国家一般采用某种程度上的“集中化”和“计划化”，以促进社会现代化过程。

②异质文化或外来模式的引入与接受。

a. 发展中国家的现代化过程与“早发”国家的现代化过程有一个重要区别，即发展中国家的现代化进程一般是在前现代社会的基础上，由外部环境引发和带动的，或是受到外来的打击与刺激，或是由外来的殖民主义者引发的。因此，现代化过程对于这些发展中国家来说，某种程度上是一个从外部输入种种现代化因素的过程，包括经济模式、社会价值观念、发展战略、科学技术等。

b. 异质文化或外来模式的引入和接受，会带来许多特殊的效应。

第一，外来因素同本国社会原有的传统因素和社会结构发生对抗，引发多种社会矛盾和冲突甚至导致民族矛盾和冲突；

第二，这种基于外部因素引发的现代化过程，会造成社会的急剧变革和发展，使原有社会结构关系解体或重组。

(3)发展中国家在现代化过程中，其“二元”社会结构长期存在。

“二元”社会结构是指在整个社会结构体系里面，明显地同时并存着比较现代化的和相对非现代化的两种社会。发展中国家的现代化或者是对外来刺激的反应，或者是殖民化的产物，它们一般接受了大量异质模式，并且一般采取集中资源重点推进的发展战略。因此，现代化的进程往往集中在那些与发达国家联系比较紧密的地区(城市)或经济部门，而其他地区或部门的现代化则没有得到充分发展。

(4)政府在现代化过程中发挥强有力的支配和指导作用。

①政府是国家政治、经济独立的捍卫者、维护者。

②政府推动并且控制社会现代化过程。

③政府往往成为"迟发"国家现代化的组织者和计划制定者。由政府发挥中心的指导作用，在符合本国人民最大利益和长远利益的基础上，制定长远的发展目标、发展计划与规划，动员和组织全社会的资源，有重点、有步骤地去实现现代化。

④政府直接参与经济活动，这主要是因为发展中国家经济发展水平较低、人口素质较差，为了尽快促进本国经济发展，政府直接参与某些经济活动。

**4. 为什么发展中国家在现代化过程中普遍存在二元社会结构？**（中大2011年研）

**相关试题：二元社会结构**（概念题，复旦2018、2016年研）

**答：**（1）二元社会结构的含义

"二元"社会结构，是指在整个社会结构体系里面，明显地同时并存着比较现代化的和相对非现代化的两种社会。这种"二元社会"既表现为社会性质上的差别，又表现为发展水平上的差别。这种"二元"社会结构的形成，与"早发"国家和"迟发"国家不同的现代化起点和过程有着直接的关系。

（2）二元社会结构在发展中国家普遍存在的原因

①在发展中国家中，它们的现代化或者是对外来刺激的反应，或者是殖民化的产物，它们一般接受了大量异质模式，并且一般采取集中资源重点推进的发展战略，因此，现代化的进程往往集中在那些与发达国家联系比较紧密的地区（城市）或经济部门。这些地区或部门由于发展的需要，更多地是与发达国家相联系，而不是与本国传统生产部门相联系。

②在发展中国家，"二元"社会结构不仅存在于经济方面，而且也渗透到社会政治、社会生活和思想文化等方面。

③对于一个正在进行重大社会转变的发展中国家来讲，"二元"社会结构的存在是不可避免的。在可以控制社会冲突的范围内，"二元"社会结构也许是迅速推动现代化的一种选择，但值得重视的是，"二元"社会结构的长期存在以及发展差距的拉大，会导致严重的社会冲突。特别是处于相对落后的"一元"中的社会成员，不仅有可能对整个社会产生强烈的不满和对抗情绪，而且会形成与整个社会现代化目标完全不同的社会运动和思想运动。

因此，对于发展中国家来说，关键在于如何从本国的实际状况和发展战略出发，积极而慎重地协调"二元"社会结构的关系，使其与整个国家统一的社会现代化过程协调起来。"二元"社会结构只有在一个社会走上稳定的现代化道路之后，才能逐渐消除。

**5. 社会转型度是衡量社会转型程度的重要指标体系，请你谈谈对其的理解。**（广西民大2018年研）

**相关试题：中国社会转型**（概念题，中央民大2018年研）

**答：**社会转型度是郑杭生教授于1994年提出的一个概念。他认为从1978年以来，中国的社会转型进入了一个新的阶段，具有了以往不曾具有的特点。社会转型度这个概念是衡量中国社会现代化程度的一个重要范畴，具体可分为速度、广度、深度、难度和向度五个次级概念。郑教授认为，改革开放后中国社会的特点及问题，集中表现在五个方面：

（1）中国社会转型的速度大大加快

从总体上说，中国社会转型是从1840年的鸦片战争正式开始的。到目前为止已大致经历了三个阶段。

①1840～1949年为第一阶段，为低速或慢速发展阶段。

②1949～1979 年为第二阶段，为中速发展阶段，为后续打下基础。

③1978 年至今为第三阶段。从 1978 年执行改革开放后，中国社会进入高速发展或加速发展阶段。

(2)中国社会转型的广度空前未有

从思想、政治、经济和日常生活各个部门看，中国社会的转型是全面的，同时转型的时序又是不同的。它以思想解放为先导，从经济体制改革着手，以经济建设作为中心，政治体制改革跟在后头，从而达到相互促进，覆盖社会各个部门。

(3)中国社会转型的深度史无前例

①随着各种经济成分的发展，中国从社会流动率和社会分化率很小的社会，转型为较大的社会，并进而引起社会职业结构和社会分层结构的广泛转型。

②随着市场经济的发展，中国人在义和利、个人和社会等方面的价值观也发生着变化。

(4)中国社会转型的难度前所未遇

中国现代化事业的难度，不仅表现在人口多，底子薄，经济落后，也不仅表现在中国处在迟发展效应的作用之下，处在不平等的国家经济格局之中，最主要的是表现在中国社会转型的每一步都涉及到利益关系的调整。

(5)中国社会转型的向度十分明确

转型的向度涉及中国现代化的道路和模式的选择。建设有中国特色的社会主义，必须吸取和借鉴资本主义创造的一切有价值的成果。既反对闭关自守，又反对全盘西化。

**6. 如何从冲突理论的视角出发理解经济全球化这一现象的实质？**(中大 2008 年研)

**答：**(1)社会冲突理论的视角

①社会体系是一个各个部分都被矛盾联结在一起的整体。由于不可调和的冲突是社会生活的基础，因而社会变迁是必然的。

②社会冲突的根源不在于社会经济关系，而在于社会中权力分配的状况以及人们对权力再分配的欲望。

③社会冲突和变迁是社会的常态，不应将之视为社会的病态，并且社会冲突对于社会的巩固和发展起着积极的作用。

(2)全球化的实质

①在经济全球化的推动下，资本、技术等生产要素在世界范围内逐步实现最优配置，各国之间的经济联系日益紧密，国际经济竞争也日益激烈。全球化加剧了全球经济发展的不平衡性，促进了等级制的全球经济体系的形成。

②发达国家通过资本输出掠夺发展中国家的资源，通过不对称的相互依存关系，冲击发展中国家的经济体系，使许多发展中国家接连发生债务危机、金融危机，使发展中国家的经济安全受到威胁。

③全球化是推动社会政治以及经济快速变革的中心力量，这些变革正在重新塑造着现代世界和世界秩序。民族国家在全球化过程中受到严峻挑战，全球化正在重组民族国家的权力、功能和权威。

但是，面对全球化的挑战，国家主权或民族国家也一直在调整自己，以适应不断变化的历史现实。

**7. 后发外生型现代化有哪些特点？**

**相关试题：你认为早发内生型现代化与后发外生型现代化有什么不同？**（山东大学2015年研）

**答：**后发外生型现代化有以下主要特点：

（1）与早发内生型现代化相比，后发外生型现代化具有明显的人为色彩。

后发外生型现代化实际上是落后国家为摆脱现状、加速社会发展所做的一种自觉的努力。表现在实际的现代化进程中，不仅政府要直接介入现代化进程，并往往成为现代化的最主要的推进者，而且，由政府制定和组织实施的经济社会发展计划往往成为推进现代化的重要工具。由政府进行有计划的现代化的努力，对发展中国家的经济社会发展是起了重要作用的。一个国家越是落后，这种作用就显得越是突出。

（2）如果说早发内生型现代化的主要手段是创新，那么，后发外生型现代化，特别是在其初期阶段上，主要的手段则是采借，具体表现为：

①后发国家可以在早发现代化国家的现状中间接看到自己现代化的前景。

②在早发内生型国家那里，现代性因素已有了可观的积累，特别是在技术层次上，这些成果可以通过采借而得到。采借的过程当然会充满风险，但后发外生型国家不可能也不必要重复同样的创造过程，有选择的并附之以创新的采借是后发外生型现代化国家在现代化中（特别是初期）普遍采用的一种手段。采借而无需重复创造，无疑可以加快这些国家现代化的速度。

（3）自由民主推动后发外生型现代化的社会力量明显不同。

（4）现代化的起点低，在现代化启动之后会面临一系列的“补课”任务。

在许多后发外生型国家中，现代化的启动是较为容易的。一次成功的革命，一届新政府的上台，甚或是一次军事政变，都可能成为现代化的起始点。一夜之间，现代化的过程开始了。外部环境的逼迫，国内人民渴望发展的愿望，都可以成为这种现代化的直接动因。然而，现代化的启动虽然用很“简单”的方式实现了，但现代化启动之后所面临的问题却相当复杂。这当中的一个重要问题就是现代化起始时的条件问题。

**8. 十九大报告中指出“中国特色社会主义进入新时代，我国社会的主要矛盾已经转变成人民对美好生活的需要和不平衡不充分的发展之间的矛盾”，根据社会现代化的概念和发展中国家现代化的特征，谈谈你的理解。**（复旦2018年研）

**答：**（1）社会现代化的概念

参见本章考研真题与典型题详解概念题第3题答案。

（2）发展中国家现代化的主要特点

参见本章考研真题与典型题详解简答题第3题答案。

（3）对党的十九大报告的理解

党的十九大报告指出，我国社会主要矛盾已经由人民日益增长的物质文化需要同落后的社会生产之间的矛盾，转化为人民日益增长的美好生活需要和不平衡不充分的发展之间的矛盾。这一科学论断是中国共产党对社会主义现代化建设中所遇社会难题的新思考，是对以人民为中心发展思想的丰富和发展，是将马克思主义方法论运用于解决中国实际问题的产物。这一论述的意义主要有以下几个方面：

①深化了中国共产党对执政规律的认识

a. 提出美好生活需要的新论断。党清晰地认识到，随着改革开放的步伐，我国经济实力、文化软实力不断提高，人民的物质财富有了很大程度的增加，精神文化生活得到了极大丰富，基本满足了人民的物质文化需要，但人民在新时期对民主、法治、生态、安全等方面有了更高层次的需要，故而党提出了实现人民美好生活的目标。

b. 提出发展不平衡、不充分的问题。党认识到，要解决好社会发展问题、现代化建设难题，就要抓住社会主要矛盾，抓住问题的关键；就要提高党的执政能力，在执政方式、理念上不断改进，完善党的自身建设。

②发展了马克思主义矛盾学说和科学社会主义理论

a. 毛泽东将中国具体实际与马克思主义方法论相结合，形成了“矛盾论”等相关理论，为解决我国社会主要矛盾提供了科学指导。

b. 邓小平结合国家发展的迫切需要和时代发展的主题，从社会主义本质的高度，来探求解决社会主义基本矛盾的问题。社会主义基本矛盾的解决与生产力的发展和人民富裕是紧密相连的。

c. 新时代党对社会主要矛盾的判断，再次实现对马克思主义矛盾理论的新发展。要求我们在推进新时代中国发展的过程中以“两个没有变”为最大的现实基础，以解决不平衡、不充分的发展问题为手段，努力创造人民热爱的美好生活。

d. 新时代党对社会主要矛盾的把握、处理，不仅显示了中国以实现人民利益来指导现代化建设的哲学智慧，还体现我们对实现“人的全面发展”的深入思考和关注，这也是对科学社会主义理论的丰富和发展。

③指明了中国未来发展的前进方向

a. 实现全面建成小康社会的第一个百年奋斗目标。人民群众过上“美好生活”的基本要求就是达到全面的小康，只有全面建成小康社会，我们才有底气、有能力满足人民的“美好生活需要”。

b. 开启全面建设社会主义现代化国家新征程。发展的“不平衡、不充分”，是制约我国实现社会主义现代化国家目标的重要因素，开启现代化全面建设的新征程，我国发展存在的诸多问题必将逐步得到解决。

c. 向第二个百年奋斗目标进军，党作了“两步走”的战略安排，更加体现了党对社会主要矛盾的准确认识，对国家未来目标、奋斗方向的科学规划。

④为其他发展中国家实现现代化贡献了“中国智慧”

中国多年来的实践经验，为世界其他发展中国家实现现代化提供了不同于“完全西化”的现代化建设之路，为那些谋求国家独立、民族发展的国家贡献出“中国智慧”和“中国模式”。

## 五、论述题

**1. 联系中国改革开放多年的进程阐述中国社会现代化的基本特征。**（中国青年政治学院 2010 年研）

**相关试题：迟发展效果**（概念题，吉大 2019 年研）

**答：**（1）中国改革开放 40 多年的进程，大致可分为以下三个时期：

①改革开放的起步时期，即从1978年12月中共十一届三中全会的召开到1982年9月中共十二大召开之前。

中共十一届三中全会确定改革开放总方针：a. 农村改革先行一步；b. 城市经济体制改革进入试点。农村改革的巨大成功，推动了城市的改革试点工作；c. 政治体制改革启动；d. 创办经济特区。

②改革开放全面展开时期，即从1982年9月党的十二大到1992年1月邓小平南巡谈话之前。

这一阶段主要做法有：a. 农村改革进一步深化；b. 以城市为重点的经济体制改革全面展开；c. 政治体制改革全面展开；d. 文化领域体制改革全面展开；e. 对外开放前沿地带逐步形成，沿海发展战略开始实施，国际合作与交流不断扩大。

③加快改革开放步伐的新时期，即从1992年1月邓小平南巡谈话和10月召开的中共十四大至今。

提出坚定不移地贯彻执行党的“一个中心，两个基本点”的基本路线，坚持走中国特色社会主义道路，特别是对抓住有利时机、加快改革开放、集中精力把经济建设搞上去等一系列重大问题作了极为重要的阐述。

(2)中国社会现代化的基本特征

①曾经是帝国主义半殖民地的历史条件

中国曾经沦为帝国主义的半殖民地。帝国主义在中国的侵略，虽然为中国带来了一定的现代经济和文化因素，但更主要的是人为地破坏了中国的自然历史发展过程，不仅掠夺了大量财富，还给中国带来了无穷的经济、社会、政治、民族灾难。由于长期遭受列强的欺压和本国统治阶级的腐朽统治，中国在取得政治独立迈向现代化时，基本上都处于十分贫穷落后的状态之中。资本主义世界经济体系早已形成，全球性社会也正在逐步形成。因此，中国在历史和现实的国际环境中，始终处于不利地位。不仅在世界经济关系和国际分工中处于不平等地位，而且在保持政治独立和稳定方面，也面临巨大困难。

②“迟发展效果”

由于中国社会历史传统和历史条件的制约，中国的现代化起步大大晚于那些先发展起来的工业化国家。正是由于起步较晚，又面临不同的制约条件，就形成了特殊的发展过程。美国著名经济学家格申克龙将这些特殊性称之为“迟发展效果”。这些“迟发展效果”主要表现在：有目的、有计划、赶超型的现代化过程，以及异质文化或外来模式的引入与接受。

③“二元”社会结构的长期存在

“二元”社会结构，是指在整个社会结构体系里面，明显地同时并存着比较现代化的和相对非现代化的两种社会。在中国，“二元”社会结构不仅存在于经济方面，而且也渗透到社会政治、社会生活和思想文化等方面。

④政府在现代化过程中发挥强有力的支配和指导作用

a. 政府是国家政治、经济独立的捍卫者、维护者。由于中国处在对自己不利的国际经济和政治环境，政府往往通过控制外资、扶植本国工业等措施，保护本国的经济独立和国家主权，谋求符合本国利益的发展。

b. 政府推动并且控制社会现代化过程。由于国情的限制，中国必须有一个强有力的现代化推动者和领导者，才能克服种种落后状态对现代化进程的抑制和反抗，控制住由于整个国家迅速变化所带来的种种紧张局面，协调各种社会冲突，推进现代化的进程，并使之不被任何力量中断。

c．政府往往成为“迟发”国家现代化的组织者和计划制定者。在这种有目的、有计划地“赶超型”现代化进程中，一般只能由政府发挥中心的指导作用。

d．政府直接参与经济活动，表现为：

第一，由政府投资建立发展经济所必需的基础设施。

第二，建立一定的国有企业，特别是一些大型的资金密集型企业，以带动其他企业和部门的发展。

第三，国家直接控制重要的经济杠杆，如银行、信贷部门，以直接引导整个国家经济活动的方向。

**2．什么是社会变迁？论述社会变迁与我国民族地区现代化发展之间的关系。**（宁夏大学 2017 研）

**答：**现代化是社会变迁的特有形式，民族地区现代化应置于我国现代化整体进程之中加以考量。

（1）在社会学中，“社会变迁”是一个表示一切社会现象，特别是社会结构发生变化的动态过程及其结果的范畴。社会现代化是指这样一种特殊的社会变迁过程，即社会在日益分化的基础上，进入一个能够自我维持增长和自我创新，以满足整个社会日益增长的需要的全面发展过程。现代化是正向的、内容广泛的、席卷全球的社会变迁。这是现代化变迁过程和非现代化变迁过程的本质区别。具体表现为农村城市化、经济工业化、政治民主化、信仰科学化。

（2）我国民族地区现代化的特殊性表现为：

①现代化的艰难历程最早开始于资本主义生产关系萌芽的东部沿海地区。在省区层面，中国的现代化存在显著的区域差异，以上海和北京为代表的东部和沿海省区，已经积累了较为厚实的经济基础和发展实力，而广大西部地区则始终处在现代化的末端，与东部和沿海发达省区形成较大差距。东西部地区的差异也是以汉族为主体的聚居区与以少数民族为主体的边疆之间的经济与文化失衡。

②新中国成立初期的大规模社会改革运动将民族地区纳入现代化的整体进程之中。

③现代化作为整体性变迁产物，民族地区现代化必须因民族因地区而异。在现代化模式选择方面，应当充分考虑到当地的民族心理与行为。充分利用后发优势，借鉴东部地区现代化建设经验。

**3．请结合社会现代化理论，谈谈市场与政府的关系。**（吉大 2017 年研）

**答：**（1）现代化理论

现代化理论最早可以追溯到经典社会学家马克思、韦伯、涂尔干，他们构建了现代化理论的基本框架——传统与现代的二分法原则。

现代化理论兴起于 20 世纪 50 年代，兴盛于 60 年代。根据德国政治学家伯恩斯坦的定义，现代化是一个社会由传统向现代转化的总体过程，其中以经济发展作为前提与主要驱动力，并推动社会各个领域的全面发展，以达到现代性的总体要求为最终目标。美国社会学家胡尔默和特纳认为，现代化理论并不能提供一套完全统一的理论构架，其理论内涵将随着各个社会迫切性、特异性以及利益关系的差异而产生相当大的变化。

在现代化理论之中，市场的力量是被优先尊重的，二战结束后，现代化的发展经济学流派对非西方国家的援助中即主张全面学习美国的现代化模式。

(2) 市场与政府的关系

如果说在“早发”国家的现代化过程中，其主要推动力量来自于“市民社会”，在现代化水平达到一定阶段以后，国家(政府)才开始发挥越来越重要的作用的话，那么，“迟发”国家现代化进程的起始时期，国家(政府)就发挥了重要和广泛的作用。这主要表现在以下方面：

①政府是国家政治、经济独立的捍卫者、维护者。由于发展中国家处于对自己不利的国际经济和政治环境，政府往往通过控制外资、扶植本国工业等措施，保护本国的经济独立和国家主权，谋求符合本国利益的发展。

②政府推动并且控制社会现代化过程。由于是在一个前现代的社会中开始现代化进程的，发展中国家必须有一个强有力的现代化推动者和领导者，才能克服种种落后状态对现代化进程的抑制和反抗，控制住由于整个国家迅速变化所带来的种种紧张局面，协调种种社会冲突，把整个国家实现社会现代化的目标与决心贯彻到社会生活的各个层次和各个方面，推进现代化的进程，并使之不被任何力量中断。所以，对于发展中国家来说，在其现代化的进程中，一个具有现代化取向的、强有力的、稳定的政府十分重要。国家政治稳定是经济和社会发展的先决条件。与此同时，政府还在控制人口过度增长与集中、收入悬殊、环境污染上，在发展教育、卫生事业上，发挥着应有的作用。

③政府往往成为“迟发”国家现代化的组织者和计划制定者。在这种有目的、有计划的“赶超型”的现代化进程中，一般只能由政府发挥中心的指导作用。由政府在符合本国人民最大利益和长远利益的基础上，制定长远的发展目标、发展计划与规划，动员和组织全社会的资源，有重点、有步骤地去实现现代化。

④政府直接参与经济活动。由于发展中国家经济发展水平较低、人口素质较差，为了尽快促进本国经济的发展，往往由政府直接参与某些经济活动。

a. 由政府投资建立发展经济所必需的基础设施，如公路、铁路、港口等。因为这些设施所需要的庞大资金是私人企业无力承担的。

b. 建立一定的国有企业，特别是一些大型的资金密集型企业，以带动其他企业和部门的发展。

c. 国家直接控制重要的经济杠杆，如银行、信贷部门，以直接引导整个国家经济活动的方向。

# 第十五章　城市化

## 15.1　复习笔记

### 【知识梳理（庖丁解牛）】

- 城市化
  - 城市的起源、演变与城市化
    - 城市的产生和发展
    - 近代以来的城市化
      - 城市化的概念及其历史起点
      - 城市化的必然性
      - 城市化的发展规律
      - 世界城市化的历程
    - 中国城市化的发展历程
      - 中国城市的产生和发展
      - 中国城市化的起步和发展历程
  - 城市的空间结构及其变动
    - 城市空间结构模型：古典模型、现（当）代模型、后现代模型
    - 城市空间结构的生产
      - 城市生态学对城市空间结构生产的解释
      - 新城市社会学对城市空间结构生产的解释
  - 城市的社会文化特征
    - 城市性
      - 滕尼斯：礼俗社会和法理社会
      - 齐美尔：大城市的精神生活
      - 沃思：作为一种生活方式的城市性
    - 城市的社会文化特征概述
  - 城市问题与城市规划
    - 城市问题
      - 城市问题概述
      - 社会学家对城市问题的解释
    - 城市规划
      - 城市规划的含义及其发展演变
      - 城市生态学的城市规划思想
      - 新城市社会学的城市规划思想

### 【考点难点归纳（去粗取精）】

**考点一：城市化概述　★★（见表 15-1）**

#### 1. 城市化概述

表 15-1　城市化概述

| 要点 | 具体内容 |
| --- | --- |
| 含义 | 城市化又称都市化，通常是指随着人口集中，农村地区不断转化为城市地区的过程。这一过程促使城市数目增多，城市人口和用地规模扩大，城市人口在总人口中的比重上升。城市化包含城市文明不断向农村传播的过程。城市化的实质是消灭城乡差别，实现社会转型 |

续表

| 要点 | 具体内容 |
|---|---|
| 必然性 | ①工业化推动城市化。<br>②农业生产工业化的趋势必将改变农村社区的固有特点，从而推动农村地区的城市化。<br>③城市文明不断向农村地区传播，促进了农村的城市化 |
| 发展规律 | ①初期阶段。城市人口占区域总人口的比重低于25%，区域处于传统农业社会状态，人口增长模式为“高出生率，高死亡率”。<br>②中期加速阶段。城市人口占区域总人口的比重达30%以上，工业化速度的加快推动人口大量进入城市。人口增长模式转变为“高出生率，低死亡率”。<br>③后期阶段。城市人口占区域总人口的比重达60%以上后，经济发展以第三产业和高科技产业为主导，人口增长模式向“低出生率，低死亡率”转变 |
| 世界城市化的历程 | ①18世纪60年代英国的产业革命到19世纪中叶，为世界城市化的兴起阶段。<br>②19世纪中叶至20世纪中叶，城市化由英国向各国推广，欧美各国城市化基本实现，发展中国家进入城市化的起步与初期推展阶段。<br>③20世纪中叶以后，为城市化在全球范围内的推广与基本实现阶段 |

### 2. 中国城市化的发展历程

(1)中国城市的产生和发展

中国是世界上城市产生较早的地区之一。明清以后，由于商品经济的发展，经济力量开始推动城市发展，也进一步影响了城市社会关系。但由于一直受到封建统治阶级的强有力的控制，没有出现像西欧那样的“自治城市”或“自由城市”。

(2)中国城市化的发展阶段(见表15-2)

表15-2　中国城市化的发展阶段

| 发展阶段 | 具体内容 |
|---|---|
| 第一阶段(1949—1957) | 这一阶段正好处在我国国民经济恢复和实施第一个五年计划时期，随着国家社会主义建设的全面展开，农村人口被大量地吸收进城市和工矿区，有力地推进了我国的城市化进程 |
| 第二阶段(1958—1965) | 1958年开始实行“大跃进”，导致城市人口非正常地急剧上升。后来，我国被迫进行国民经济调整，压缩城市人口，动员进城的人口回乡参加农业生产。这一阶段，城市人口大起大落，起伏很大 |
| 第三阶段(1966—1978) | 在这一阶段，我国的城市化总体而言处于停滞不前状态。特别是在“文化大革命”期间，国民经济遭到很大破坏 |
| 第四阶段(1979—2011) | 至2011年年末，我国城镇人口比重首次超50%，这是我国城镇化进程中的一个里程碑 |
| 第五阶段(2012—) | 2012年，中共十八大提出了要“坚持走中国特色新型工业化、信息化、城镇化、农业现代化道路”，这标志着我国城市化已进入一个新阶段即新型城市化阶段 |

(3)新型城市化的特征

新型城市化的特征包括：①以人为本；②布局优化；③城乡统筹；④社会和谐；⑤集约发展；⑥环境友好。

拓展：影响我国城市化因素包括：①工业化的影响。工业化不仅创造制造业、服务业领域的工作机会，还可以提高农业劳动生产率并进而创造农村剩余劳动力，通过“拉”和“推”而促进城镇化。②经济市场化的影响。市场机制的引入鼓励了非国有经济的发展，增加了非农工作机会，加速城镇化进程。③国家的城镇化战略与对策的影响。国家确立了城镇化的战略地位，提出了“城乡发展一体化”的概念，并就这一发展提出了相关的配套机制与对策，对中国城镇化道路起到深远的影响。

## 考点二：城市的空间结构及其变动　★★★

城市的空间结构是指城市人口及其活动场所在空间地域上有条理地分布而形成的格局。

### 1. 城市空间结构模型(见表 15-3)

表 15-3　城市空间结构模型

| 模型 | 具体内容 |
|---|---|
| 古典模型 | ①伯吉斯的“同心环带”模型。根据该模型，城市可以划分为中心商业区、过渡区、工人住宅区、中产阶级住宅区、通勤者区等五个环或区。<br>②霍默·霍伊特的“扇形”模型。该模型认为，人们从城市中心向外移动是按照像切开的馅饼状的扇形而不是同心环带的方式展开的。<br>③昌西·哈里斯等的“多核心”模型。该模型认为，在一个城市的发展过程中，会形成许多商业、产业和住宅区的次中心，而这些次中心都可能但也未必一定按照“同心环带”或“扇形”模型提出的方式向外扩展 |
| 现(当)代模型 | ①塔弗等的理想城市模式。该模式由中央商务区、CBD 边缘区、中间带、外缘带与近郊区组成。<br>②洛斯乌姆的区域城市结构模式。该模式由城市核心区、城市边缘区、城市影响区、乡村腹地组成 |
| 后现代模型 | ①后现代主义认为，现代主义的话语是理性主义、基础主义、中心主义、本质主义、一元主义、绝对主义的。<br>②新城市社会学认为城市空间只是因变量，它受财富与权力、资本主义和国际经济秩序的支配。后现代城市意味着传统工业在城市产业结构中不再占有主导地位，并将不再是经济增长的主要源泉，代之而起的是后工业社会的信息技术在城市中的统治地位 |

### 2. 城市空间结构的生产

(1)城市生态学对城市空间结构生产的解释(见表 15-4)

表 15-4　城市生态学对城市空间结构生产的解释

| 解释 | 具体内容 |
|---|---|
| 集中与分散 | ①集中的经济优越性：集中可以降低生产成本和流通费用，有利于促进学习，刺激竞争，便于融资和提高管理效率。<br>②集中的社会优越性：城市规模的扩大加深了现代化程度，创造了更多的物质与精神文明成果。<br>③分散的必然性：人口活动密度的加剧会带来地价成本的提升与生活环境的恶化，甚至带来失业和犯罪率提升等问题。适当的分散抵消了集中的负面效应 |
| 生态隔离(专门化) | ①生态隔离，指随着集中过程的进行，城市内部不断发生着分化与分隔的结构变化。城市生态学把城市里各人口集团的分隔过程称为生态隔离。<br>②“专门化”，指城市范围内某些特定地区被限于某种专业用途或集中了某种特殊活动的现象 |

续表

| 解释 | 具体内容 |
|---|---|
| 侵入与承继 | ①侵入是指一种人口集团或专门活动进入另一种人口集团或专门活动的集中地域的过程。<br>②承继过程是随侵入过程的不断发生而出现的 |

（2）新城市社会学对城市空间结构生产的解释（见表15-5）

表15-5　新城市社会学对城市空间结构生产的解释

| 解释 | 具体内容 |
|---|---|
| 空间生产理论 | 列斐伏尔指出，每个社会形态都有自己对应的社会空间，即每个社会都处于既定的生产模式架构里，内含于这个架构的特殊性质形塑了空间，同时空间不断形塑社会关系。人类社会正是在这种社会与空间的辩证性互动中不断前进的 |
| 资本主义的空间生产 | 资本主义生产了一个抽象空间，在国家尺度上反映为商业世界。在城市尺度上，城市结构是生产力、生产资料与生产的社会关系的一部分，城市空间组织和结构是资本生产的需要和产物 |

拓展：1949年中华人民共和国成立后，在发展工业的背景下，中国城市社会形成了一套特殊的“单位社会”形态。单位制不仅是计划经济体制下城市居民与组织、国家之间关系的制度安排，也形成了独特的城市社会空间结构。行政规划和安排成为计划经济时代中国城市空间结构的突出特点，单位成为空间分化的基本单位，单位内部再在自我空间内实施功能分化。

## 考点三：城市的社会文化结构与特征 ★ ★★★

### 1. 城市社会文化结构的理论（见表15-6）

表15-6　城市社会文化结构的理论

| 理论 | 具体内容 |
|---|---|
| 滕尼斯：礼俗社会和法理社会 | 在1887年出版的《礼俗社会和法理社会》一书中，滕尼斯把社会生活的组织形式分为两种不同类型，即以小乡村为特征的礼俗社会和以大城市为特征的法理社会，并从社会关系的角度做了对比分析 |
| 齐美尔：大城市的精神生活 | 德国社会学家齐美尔在其著作《大城市与精神生活》一书中，将“大城市型特性”描述为个人主义、个性、自由、非人性、理性和非情感化，并把这种独特的城市个性看作是城市居民适应和接受工业化城市新环境的结果 |
| 沃思：作为一种生活方式的城市性 | 芝加哥学派著名学者路易斯·沃思在1938年发表的论文《作为一种生活方式的城市性》中认为，城市具有三种基本的人文生态学上的特征，即众多人口、高人口密度与高人口异质性 |

### 2. 城市的社会文化特征

（1）城市人口规模大、密度高；

（2）城市人口异质性强；

（3）城市社会分工复杂，专业化程度高；

（4）城市社会关系具有匿名性与非人情性；

（5）城市社会活动科层化；

（6）城市社会阶层结构趋向开放，社会流动性高；

(7)城市文化世俗化；

(8)城市生活方式现代化；

(9)城市社会控制以正式手段为主，社会整合度低。

拓展：费希尔在沃思理论的基础上，从一个不同于沃思的角度提出了城市亚文化的理论。费希尔指出，城市并不是完全由陌生者组成的人海，相反，具有相同背景和共同利益的城市中的居民会走到一起并建立起各种不同形式的共同体；这些共同体中的成员通过互动可以发展出形式不一、特征各异的亚文化。

## 考点四：城市问题与城市规划 ★★★

### 1. 城市问题

(1)城市问题概述

城市问题是指存在于城市社区的各种社会病态现象。特殊的城市问题有交通拥堵、住宅问题、环境污染等。另外，如人口、就业、婚姻家庭、贫困、犯罪、社会保障等社会病态现象，则是城乡兼备，但由于城市社区具有高度聚集的特性，所以这些问题在城市社区的表现更为集中和严重。

(2)社会学家对城市问题的解释(见表15-7)

表15-7 社会学家对城市问题的解释

| 主要理论 | 具体内容 |
|---|---|
| 城市决定论 | 这一学派以齐美尔及芝加哥学派的著名学者沃思为代表。该学派基于工业革命以来近现代城市特征，认为人口的高度集中及高人口异质性等城市特性，会造成一种社会解组现象，社会控制力因此减弱，个人对社会的疏离感增加，并引发城市问题 |
| 人口构成论 | 刘易斯认为城市问题与组成城市的某些人口群体自身所具有的性质有关。甘斯对此所做的解释更具代表性。他认为，在分析城市、郊区或乡村在社会问题上的差别时，重点应放在居住于这些不同社区的居民的性质上 |
| 亚文化论 | 费舍尔认为具有异常行为的人们需要他人的帮助，大城市保证了足够数量的同类人存在。具有同样异常行为的同类人促成了社会问题的发生，这种“亚文化”群体成为社会问题的源头 |

### 2. 城市规划

(1)城市规划的含义及其发展演变(见表15-8)

表15-8 城市规划的含义及其发展演变

| 要点 | 具体内容 |
|---|---|
| 含义 | 按照英国城市规划学家彼得·霍尔的解释，规划是指编制一个有条理的行动顺序，使预定目标得以实现 |
| 发展演变 | ①国外城市规划的历史，可以上溯到古埃及、古希腊的奴隶制早期。<br>②真正科学的、制度化的城市规划首先产生在工业革命以后的欧美各国，特别是为适应解决城市人口过度集中、“城市病”日益严重等问题的迫切需要而产生的。<br>③第二次世界大战以后，英美等国大规模的旧城更新和贫民窟清理运动引发地方保护与人权维护运动。这一浪潮推动了规划的标准从技术向价值的转移，以及对地方特色的关注。<br>④20世纪末，城市贫富分化、社会隔离等问题日益突出，出于对传统福利国家和新自由主义的反思，政府公共职能和社会政策重新受到重视，“沟通性规划”“协作性规划”等规划模式不断被付诸行动 |

(2)城市生态学的城市规划理论(见表15-9)

表15-9　城市生态学的城市规划理论

| 理论 | 具体内容 |
| --- | --- |
| 霍华德的“花园城市” | 霍华德认为，根治当时城市主要社会问题的方法是使人们回到小规模的、开放的、经济均衡和社会均衡的社区。他论证了一种新型的居民点，即“城市—农村”或“花园城市” |
| 芒福德的“有机秩序” | “有机秩序”是芒福德提出的一个符合个人所有的生物需要与社会需要的即充分适合人类生活的新型城市环境。建立“有机秩序”的要点包括：保持低密度、限制城市规模、拥有绿色的生活环境、保证基本社交、以居住区为主要单位、强调教育、完善交通等，建设一个社区式的新城市 |
| 马塔的“带形城市” | 1882年，马塔提出发展“带形城市”的思想，即使现有的城市沿着一条高速度、高运量的轴线向前发展 |
| 勒·柯布西埃的“阳光城” | 勒·柯布西埃认为，就一定空间地域而言，采用大量的、高层的建筑形式不仅不会使单位人口减少，反而会使其有所增加，但是在这些建筑周围可腾出很高比例的空地 |

(3)新城市社会学的城市规划理论(见表15-10)

表15-10　新城市社会学的城市规划理论

| 理论 | 具体内容 |
| --- | --- |
| 卡斯特的集体消费学说 | ①集体消费的含义：指由国家集体性提供的福利服务形式，如大众住房、交通、医疗设施等。<br>②集体消费的特点：不可分割、不能满足市场价格要求、不直接被供求关系支配。<br>③城市规划涉及的两类问题：a. 纠正工业化过程反映在消费层面的缺陷的补救型措施；b. 对规模和复杂性日益增长的空间实体的技术管理和经济管理 |
| 马达尼泼的社会排斥思想 | ①基于种族、宗教、经济收入和出生地，某些城市居民群体无法获得该城市提供的各种资源和机会。<br>②他进一步区分了不同维度的社会排斥，并指出：a. 排斥状态在某种程度上具有连续性，某个城市居民或群体可以从与社会完全整合到几乎完全隔离。b. 排斥具有空间的维度，某些群体成员会被排斥限定在城市的某些特定区域。对此他提出“去商业化”设施与“去空间化”的城市规划原则 |

**拓展：**新中国成立以后的最初十年，我国城市化受到苏联模式的严重影响，在城市规划方面吸收苏联的经验较多。许多城市都有宏大的举行政治集会的广场，单位和国家计划开始成为城市发展的主角，公共交通体系得到发展，城市居住许可证制度开始实施，城市内部居民的经济差异被缩小到了最低限度。与此同时，城乡差异扩大并且越来越制度化。许多学者把这一阶段的城市发展描述为健康、稳定、协调的阶段。

## 15.2　课后习题详解

**1. 什么是城市化？为什么城市化具有必然性？**

**答：**(1)城市化的概念

参见本章考研真题与典型题详解概念题第1题答案。

(2)城市化的必然性

①工业化推动城市化。工业化导致工商服务企业在特定地域集聚。与农业相比，工商

业受到土地限制较少，随着社会需求的提升可不断扩大规模，从而持续吸收劳动力。在工业化成熟阶段，工业部门对劳动力的需求虽有所下降，但商业、服务业对劳动力的需求仍会上升。

②农业生产工业化的趋势必将改变农村社区的固有特点，从而推动农村地区的城市化。农业的规模经营与机械化使得农业生产工厂化趋势出现，从而推动农业地区城市化。目前尚只存在于发达国家的农业生产工厂化的趋势，这预示着作为典型农村的基础的传统农业，必将否定自身而接近或变成类似于工业的活动，而农业生产的工业化必将推动农村地区的城市化。

③城市文明不断向农村地区传播，促进了农村的城市化。现代城市是物质文明和精神文明的集中地，吸引着农村人口不断向城市转移。同时，城市文明又通过各种途径，不断向农村地区传播与扩散。

**2. 什么是新型城市化？新型城市化具有哪些特征？**

**答：**(1)新型城市化的概念

新型城市化，又称新型城镇化，是以人本、协调、集约、和谐、公平、可持续为特征的城市化发展道路，其核心是有序推进农民的市民化，重点是提高城市化的质量。作为我国城市化发展的一种新理念，新型城市化道路是对传统城市化道路的扬弃。

(2)新型城市化的特征

参见本章考研真题与典型题详解简答题第2题答案。

**3. 简述关于城市空间结构的主要理论模型，分析其从古典到后现代发生的主要变化。**

**答：**(1)城市空间结构的含义与理论模型

城市空间结构是指在一定历史时期内，城市各个要素通过其内在机制(包括与社会过程之间的相互关系)相互作用而表现出的空间形态。城市空间结构由不同功能区的组合和分布构成。城市内部一般可分为住宅区、工业区、商业区、行政区、文化区、旅游区和绿化区等。城市空间结构的主要理论模型如下：

①古典模型

a. 芝加哥学派社会学家伯吉斯的“同心环带”模型。根据他的理论，城市可以划分成5个同心圆区域：第一个环是中心商业区，是整个城市的中心地带，是经济活动、社会活动、公共交通的中心；第二环是过渡区，是中心商业区的外围地区，主要是贫民窟或一些较低档的商业服务设施，是城市中贫困、堕落、犯罪等状况最严重的地区；第三环是工人居住区，主要是由产业工人(蓝领工人)和低收入的白领工人居住的集合式楼房、单户住宅或较便宜的公寓组成；第四环是中产阶级住宅区，多为独门独院的住宅和高级公寓；第五环是通勤区，上层社会和中上层社会的郊外住宅坐落在这里。

b. 美国学者霍默·霍伊特提出的“扇形”模型。霍伊特研究了美国142个城市住房租金的分布情况，提出了城市空间分布的“扇形模式”。他认为同心圆的模式在现实世界中并不准确，尤其是很多城市在空间形态上并不存在均质的平面分布，而是沿着主要交通线从市中心向外延呈现扇形分布：CBD居于城市的中心位置，轻工业区沿着主要交通线扩展，其两侧是低级住宅区，然后是中等住宅区，最远处是高级住宅区。扇形模式对于同心圆模式最大的修正是提出了城市主要交通线对于城市空间分布形态的重要影响作用。

c. 昌西·哈里斯等的“多核心”模型。多核心理论，是关于城市区位结构的一种理论模型。1945 年由美国社会学家哈里斯和乌尔曼共同提出。其要点是：城市的地域发展呈多元结构，除市中心外，城市不同地域还存在各自的支配中心，每一中心都有其独特的功能。其形成因素有：第一，地理位置和自然条件的有利性；第二，互利的活动将彼此聚集在一起；第三，互碍、互斥的设施使彼此分离；第四，理想的区位结构和经济实力之间的矛盾。多核心理论与扇形理论及同心圆理论相比更具现实性，当今大城市的发展趋势是多核心化。

②当代模型

a. 塔弗等的理想城市模式。1963 年，塔弗、加纳和蒂托斯根据城市发展，从城市社会学角度提出了城市地域理想结构模式。该模式由中央商务区、CBD 边缘区、中间带、外缘带与近郊区组成。

b. 洛斯乌姆的区域城市结构模式。1975 年，洛斯乌姆在研究了城市地区和乡村腹地以后发现，在城市地区和乡村腹地之间存在着一个连续的统一体。他据此提出了现代区域城市结构模型。该模式由城市核心区、城市边缘区、城市影响区、乡村腹地组成。

③城市空间结构的后现代模型

后现代思潮兴起于 20 世纪 70 年代，试图通过解构现代性理念，动摇现代主义的基础，从而建立新的思维模式，挽救现代性危机。在后现代社会阶段，作为现代城市社会学研究的确定对象的城市空间已经消失，建立在信息化、网络化、虚拟化的后现代社会基础上的后现代城市则是超空间的。随着科学技术的不断延伸，城市空间变得无限宽广，甚至把整个人类生存空间都纳入城市中去。网络时代的后现代城市是一个赛博空间，它是计算机化、网络化、虚拟化的多维元素的集合。

(2) 主要变化

①现代城市社会学的创立者芝加哥学派，将城市中的一切问题或现象都看成是由城市空间所决定的，城市空间本身是城市社会的自变量。后来有人批评该学派是“空间拜物教”。

②受到后现代思潮影响的新城市社会学则认为，城市空间只是因变量，它受财富与权力、资本主义和国际经济秩序的支配。

③后现代城市意味着传统工业在城市产业结构中不再占有主导地位，并将不再是经济增长的主要源泉，代之而起的是后工业社会的信息技术在城市中的统治地位。后现代城市将蕴含大众的意见，是综合的、多功能的、人本主义的生存环境，弥补了现代城市的失误。

总的来看，以上各种城市空间结构模型理论都具有一定的合理性、科学性，因而具有参考性、借鉴性。实际上，任何城市的空间结构都既具有一定的共性，又各有特点，试图提出或套用某种普遍适用的理想模型是难以做到的。

**4. 试述新城市社会学的空间生产理论。**

**答：**空间生产理论是运用现代分析方法对资本主义空间生产过程进行分析和批判的潮流，它由列斐伏尔开启，经过哈维等人继承发展。其中，列斐伏尔是空间生产理论的奠基者。

(1) 列斐伏尔的空间生产理论

列斐伏尔的空间生产理论的核心观点主要包括四个方面：

①空间是被生产出来的，是社会实践的产物；资本主义生产了一个抽象空间，在国家

与国际的层面上反映为商业世界、货币的权力网络和国家间的政治契约。

②解释资本主义主导的生产方式：空间本身的生产。在城市层面，其空间的生产则是资本主义扩张的最主要方式。资本主义的空间不只是生产资料，也是消费对象和政治工具，并且被用来巩固生产力与财产之间的关系，同时还可以充当上层建筑的一种形式。

③提出城市空间的理论：消费主义控制和支配着社会中的空间。

④构建“三元一体”理论框架：空间的实践、空间的表征、表征的空间，并分别对应着三种不同类型的空间，即感知的空间、构想的空间、生活的空间。

(2)空间生产理论的发展

①新马克思主义城市空间理论的推行者哈维将有关资本对空间的影响带进城市实践中，提出“资本的城市化”理论。他认为城市建构环境的生产和创建过程实质上是资本控制和作用的结果，以此提出了“资本三重循环”的理论：第一重循环是资本投资向一般生产资料和消费资料的投资，形成生产与消费的空间；第二重循环是资本向生产性和消费性环境建设的投资；第三重循环是资本向科教和社会领域的投资。此理论揭示了城市化过程中资本是直接参与和建构资本循环的。

②卡斯特尔在《城市问题》一书中提出了两种消费概念：个人性消费和集体性消费。个人性消费可以从市场的供应中得到满足，集体性消费则依赖国家提供。城市生产力的再生产，就是形成集体性消费的过程，必须依靠国家的干预，保障劳工的身体健康，即给劳工提供一定的医疗保障、社会福利、教育、技能培训和休闲活动。但随着城市规模的扩大，集体性消费的需求量大大增加，国家的福利负担因此加重，这是现代社会无法解决的一个两难问题。

**5. 结合有关社会学家的观点，试述现代城市的社会文化特征。**

**答：**(1)经典社会学家的研究

①滕尼斯：礼俗社会和法理社会。德国社会学家滕尼斯是最早主张城市生活具有自身特点和研究价值的社会学家。滕尼斯在《礼俗社会和法理社会》一书中指出，现代城市是法理社会。区别于传统礼俗社会以共同宗教和语言的维系纽带，法理社会中亲属关系日渐衰微。社会分工带来新的社会连带方式，职业道德与现代法律成为现代城市运行所遵守的规范。

②齐美尔：大城市的精神生活。齐美尔从大城市居民社会心理特性的角度出发呈现现代城市的特点。在《大城市与精神生活》一书中，齐美尔将“大城市型特性”描述为个人主义、个性、自由、非人性、理性和非情感化，并把这种独特的城市个性看作是城市居民适应和接受工业化城市新环境的结果。其中金钱作为劳动分工中的普遍交换手段，成为城市生活的核心。同时，城市变为陌生人社会，人际关系趋向冷漠。为了显示个人在社会中的存在，齐美尔认为，城市人几乎都有一种从事怪异行为的冲动，而个人标新立异的行为，也变成城市生活中的常见现象。

③沃思：作为一种生活方式的城市性。芝加哥学派的著名学者路易斯·沃思在《作为一种生活方式的城市性》中指出，城市具有三种基本的人文生态学上的特征，即众多人口、高人口密度与高人口异质性。高度专业化的社会分工带来高度异质化的生活方式，这种异质性也带来难以避免的冲突以及不断增加的社会包容。

(2)城市的社会文化特征概述

①城市人口规模大、密度高、异质性强。

②城市社会分工复杂，专业化程度高。

③城市社会关系具有匿名性与非人情性。

④城市社会活动科层化、阶层结构趋向开放，社会流动性高。

⑤城市社会控制以正式手段为主，社会整合度低。

⑥城市文化世俗化、生活方式现代化。

**6. 简述城市生态学、新城市社会学关于城市规划的主要思想观点，谈谈它们对我国的城市规划实践有何参考意义。**

**答：**(1)城市生态学主要观点

①集中与分散

大城市的人口与产业集中降低了生产成本，提高了管理效率，促进了技术进步。同时，城市规模的扩大加深了现代化程度，创造了更多的物质与精神文明成果。而集中也带来一定的负面效应，人口密度的加剧会增加地价成本，带来生活环境的恶化，甚至带来失业与犯罪率的提高。适当的分散抵消了集中的负面效应。

②生态隔离与专门化

随着集中过程的进行，城市内部不断发生着分化与分隔的结构变化。城市生态学把城市里各人口集团的分隔过程称为生态隔离，如大城市少数群体的居住区域分化。“专门化”是指城市范围内某些特定地区被限于某种专业用途或集中了某种特殊活动的现象。现代城市常有商业区、工业区、文化区、娱乐区、行政区等的划分，就是明显地指定城市土地的各种专业用途。

③侵入和承继

侵入是指一种人口集团或专门活动进入另一种人口集团或专门活动的集中地域的过程。侵入过程是所有城市生态过程中最普遍的一种。承继过程是随侵入过程的不断发生而出现的。随着一种新的人口团体或专门活动不断侵入另一种人口团体或专门活动的地域，当这种新的人口团体或专门活动逐步取代原先的人口团体或专门活动而在该地区居于主体地位时，承继的过程也就出现了。

(2)新城市社会学

①新城市社会学的观点。新城市社会学认为，城市空间只是因变量，它受财富与权力、资本主义和国际经济秩序的支配。与虚拟化的后现代城市不同，城市生态学与新城市社会学都认为现代城市有着确定的空间，城市空间是城市区别于非城市的标志。

②新城市社会学对城市空间结构生产的解释。列斐伏尔指出，每个社会形态都有自己对应的社会空间，即每个社会都处于既定的生产模式架构里，内含于这个架构的特殊性质形塑了空间，同时空间不断形塑社会关系。资本主义生产的抽象空间，在国家尺度上反映为商业世界。在城市尺度上，城市结构是生产力、生产资料与生产的社会关系的一部分，城市空间组织和结构是资本生产的需要和产物。

(3)对于我国城市建设的参考意义

①社会学家所揭示的各种城市空间生产过程，主要是以欧美国家为蓝本的，而这些国

家各自的城市结构及变迁的情形未必和别国完全相同。

②在中国，社会主义社会的性质决定了我国城市空间结构及其变动有着自己的特点。在计划经济时代，我国的城市不存在社会阶层的区位隔离现象与过程。而在社会主义市场经济条件下，我国的城市才开始显露出一些社会阶层区位隔离的现象。

③即使在实行社会主义市场经济体制的情况下，城市结构也不可能完全自发地形成与变化。虽然必须遵循城市结构演变的客观规律，但政府在这一过程中保持适度的宏观调控还是必要的，这将消除或避免一些可预见的市场经济的消极影响。

## 15.3 考研真题与典型题详解

### 一、概念题

1. 城市化(宁夏大学 2017 年研；山东大学 2015 年研)

答：城市化，又称“都市化”，是指社会经济关系、人口、生活方式等由农村型向都市型转化的过程和趋势。它是社会发展到一定阶段的产物，是社会生产力发展的必然趋势，也是国家工业化和农业现代化的必然结果。具体表现为：①产业结构由农业型经济转变为工业型经济；②人口向城市地区集中；③城市规模扩大；④城市数量增加；⑤城市生活方式、组织体制和价值观念向农村地区传播。

2. 城市(浙江工商 2017 年研)

答：城市是指一种主要由从事非农业活动的人口组成的、规模较大的、结构较复杂的地域生活共同体。在原始社会后期，金属的逐步使用使得社会生产力得到进一步发展，劳动生产率提高了，产品有了相对的剩余，使一批人可以从农业生产中转移出来。也就在这时，人类社会发生了第二次大分工，即手工业和农业的分工。这次社会分工是城市产生的一个重要契机，因为世界上第一次出现了不直接依靠土地生存的产业——加工业，从事加工业的手工业者摆脱了土地的束缚，去寻求地理位置适中、交通方便、利于交换的地点集中居住，以手工产品换取农民手中的农产品。这种居住地从本质上讲已经是城市了。

3. 逆城市化(北大 2016 年研)

答：逆城市化，是指城市人口向乡村居民点和小城镇回流的现象，具体是指由于交通拥挤、犯罪增长、污染严重等城市问题的压力日渐增大，城市人口开始向郊区乃至农村流动，在那里形成一个绿色的生态环境。市区出现“空心化”，人口呈现负增长，以人口集中为主要特征的城市化由此发生逆转。

4. 昌西·哈里斯的“多核心”模型(南航 2017 年研)

答：1933 年麦肯齐在《大都市社区》一书中首次提出城市多核心，1945 年美国学者昌西·哈里斯和爱德华系统地阐述了“多核心”模型，该模型认为，在一个城市的发展过程中，会形成许多商业、产业和住宅区的次中心，而这些次中心都可能但也未必一定按照“同心环带”或“扇形”模型提出的方式向外扩展。该模型不承认城市的发展是从单一中心区向外辐射的，相反，它指出应有许多小型商业区或核心。

5. 城市社区(南航 2018 年研)

答：城市社区是指在特定的区域内，由从事各种非农业劳动的密集人口所组成的地域生活共同体。城市社区主要包括传统街坊社区、单位型社区、混合型社区、新兴商品房住宅社区与过渡型边缘社区几个类型。城市社区是大多数人从事工商业及其他非农业劳动的社区，它是人类居住的基本形式之一，是一定区域内有特定生活方式并且具有成员归属感的人群所组成的相对独立的社会共同体。

## 二、简答题

**1. 简述芒福德的“有机秩序”。**（南航 2018 年研）

**答：**“有机秩序”是美国著名城市理论家芒福德提出的一个符合个人所有的生物需要与社会需要的即充分适合人类生活的新型城市环境。芒福德是继霍华德之后英美又一著名的城市规划学家。和霍华德相比，芒福德对现代的特大城市更加深恶痛绝。他把特大城市看作一种非自然的环境，其间存在着种种难以克服的问题，要解决这些问题，唯一的办法是解散特大城市，另寻出路。为了纠正工业城市的弊病，建立“有机秩序”，芒福德制订了内容广泛的计划，其要点包括以下几点：

（1）必须保持低密度。

（2）必须限制城市规模。

（3）人们必须生活在自然的、露天的绿色环境中。

（4）社会交往必须保持在一个基本的水平，以确保身体健康和社会关系的健全。

（5）作为最重要的初级群体，家庭应成为新城市建设加以关注的焦点。

（6）居住区是新城建设的主要单位。

（7）强调正式的和非正式的教育。

（8）车辆交通与步行交通相互隔离。

（9）新城市是一个完全的社区。

**2. 简述新型城市化的特征。**

**答：**走新型城市化发展道路，涉及城市化发展的方方面面。具体来说，新型城市化具有如下几个特征：

（1）以人为本的城市化。发展城市的目的是为人服务。所以，城市的一切应当围绕人来展开，要树立牢固人本思想，创造良好的人本环境，形成良好的人本气氛，产生良好的为人服务的功能。总的来说，就是要使城市具有人情味，能够促进人的自由而全面的发展，而不是相反。

（2）布局优化的城市化。把新型城市化与城市现代化集群化结合起来，走城市功能完善的城市化道路。功能完善就是不断增强城市综合承载能力，不断完善城市功能，不断培育城市个性，形成城市特色，建设特色城市。

（3）城乡统筹的城市化。把新型城市化与社会主义新农村建设结合起来，走城乡统筹的城市化道路。城乡统筹就是统筹城乡经济社会发展，逐步改变城乡二元结构，把城市基础设施向农村延伸，把城市公共服务向农村覆盖，推进农村工业化、农业企业化，提高农村城市化水平，促进大城市、中小城市、镇、村协调发展，建设新农村。

（4）社会和谐的城市化。把新型城市化与构建社会主义和谐社会结合起来，走社会和谐的城市化道路。社会和谐就是公平公正，结构稳定，利益协调，充满活力，安全有序，建设和谐城市。

(5)集约发展的城市化。新型城市化重视城市空间的科学规划和土地资源的高效利用，避免摊大饼式的无序蔓延，着眼于资源的高效配置和可持续利用，通过规制构建资源节约型和空间紧凑型城市发展模式。

(6)环境友好的城市化。把新型城市化与城市生态化结合起来，走环境友好的城市化道路。环境友好就是着力减少污染排放，加大污染治理力度，突出城市生态建设，推动城市与自然、人与城市环境和谐相处，建设生态城市。

总之，新型城市化与传统城市化的最大不同，在于新型城市化是以人为核心的城市化，注重保护农民利益，与农业现代化相辅相成。新型城市化不是简单的城市人口比例增加和规模扩张，而是强调在产业支撑、人居环境、社会保障、生活方式等方面实现由“乡”到“城”的转变，实现城乡统筹和可持续发展，最终实现“人的无差别发展”。

**3. 简述农村社区区别于城市社区的主要特点。**(河北大学 2015 年研)

**相关试题：如何理解城市社区与农村社区的异同？**(湖南师大 2016 年研)

**答：**(1)农村社区和城市社区的含义

①农村社区是指以农业生产为基础的规模较小、社会结构比较简单、人口密度较低的地域性生活共同体。它是一个相对完整的社会结构体系，不仅包括以从事农业生产为主体的农业人口，而且还包括各种社会群体和社会组织，如家族、邻里、农会等。人们通过以血缘和地缘关系为基础的社会关系交流感情，共同解决生活和生产等方面的问题。

②城市社区是指在特定的区域内，由从事各种非农业劳动的密集人口所组成的地域生活共同体，其主要特点是：a. 人口集中，异质性强；b. 经济和其他活动频繁；c. 具有各种复杂的制度、信仰、语言和多样化的生活方式；d. 具有结构复杂的各种群体和组织；e. 家庭的规模和职能缩小，血缘关系淡化，人际关系较松散；f. 思想、政治、文化相对发达。

(2)农村社区区别于城市社区的主要特点

①农村社区的经济活动以农业生产为主，而城市社区中，第二第三产业所占比重较大，几乎无法看到农业生产活动。

②农村社区的人口密度低，聚居的规模小，与城市的高密度环境不同，农村所占地理面积较大，总人口较少，再加上劳动人口外流，从而人口密度远低于城市。

③农村社区居民之间血缘、地缘关系浓厚，具有较强的社区意识与社区归属感。农村社区中，主要偏向于一种“熟人社会”，血缘与地缘是其最重要的链接纽带。而城市社区中，业缘与趣缘的重要性远在血缘之上。

④农村社区的社会结构简单，同质性较强，社会整合程度高。农村社区中的成员往往都是扎根于此，而因血缘纽带极其重要，从而其社会整合程度要远高于人际关系相对比较松散的城市。另一方面，因农村社区除农业生产以外，基本没有过多的第二或第三产业，因而其经济结构非常简单；在其简单的经济结构与较紧密的人际关系共同作用下，社会结构自然也没有城市社区那样复杂。

**4. 城市化的主要类型与特征。**(华东师大 2017 年研)

**答：**城市化又称都市化，通常是指随着人口集中，农村地区不断转化为城市地区的过程。这一过程促使城市数目增多，城市人口和用地规模扩大，城市人口在总人口中的比重上升。城市人口比重上升、农村人口比重下降是城市化的一个显著标志。城市化亦包含城市文明不断向农村传播的过程。城市化的实质是消灭城乡差别，实现社会转型。

(1)城市化的主要类型

城市化在过去的几十年内出现了纷繁复杂和规模宏大的局面，按不同的标准可划分为不同的类型，这些不同的类型都呈对应状态出现。

①向心型城市化与离心型城市化

以大城市为中心来考察城市化现象，即会发现存在着向心与离心两种类型的城市化。城市中的商业服务设施以及政府部门、企事业公司的总部、银行、报社等脑力劳动机关，都有不断向城市中心集聚的特性，这就是向心型城市化，也称集中型城市化。与上述部门相反，有些城市设施和部门则自城市中心向外缘移动扩散，这被称之为离心型城市化，也称扩散型城市化。

②外延型城市化与飞地型城市化

按照城市离心扩散形式的不同，可分出外延型和飞地型两种类型的城市化。如果城市的离心扩展，一直保持与建成区接壤，连续渐次地向外推进，这种扩展方式称之为外延型城市化。如果在推进过程中，出现了空间上与建成区断开，职能上与中心城市保持联系的城市扩展方式，则称为飞地型城市化。

③景观型城市化与职能型城市化

按照城市化进程中地域空间发挥效用的形式的不同，可划分为景观型城市化与职能型城市化。景观型城市化，是传统的城市化表现形式，指城市性用地逐渐覆盖地域空间的过程，因为这种城市化直接创造市区，所以也称直接城市化。职能型城市化，是当代出现的一种新的城市化表现形式，指的是现代城市功能在地域系列中发挥效用的过程，这种城市化表现了地域进化的潜在意识，不从外观上直接创造密集的市区景观，所以也称间接城市化。

④积极型城市化和消极型城市化

按照城市化和城市经济发展水平是否同步，可划分为积极型城市化和消极型城市化。与经济发展同步的城市化称之为积极型城市化；反之，先于经济发展水平的城市化为消极型城市化，也称为假城市化或过度城市化。

⑤自上而下型城市化和自下而上型城市化

从分析中国城市化动力机制角度出发，可分为自上而下型城市化和自下而上型城市化。自上而下型城市化是指国家投资于城市经济部门，随着经济发展产生的劳动力需求而引起的城市化，具体的表现为原有城市发展和新型工矿业产生两个方面。自下而上型城市化是指农村地区通过自筹资金发展以乡镇企业为主体的非农生产活动，首先实现农村人口职业转化，进而通过发展小城市(集)镇，实现人口居住地的空间转化。

(2)城市化的特征

城市化进程的表现具有一定的特征性：

①城市人口占总人口的比重不断上升；

②产业结构中，农业、工业及其他行业的比重彼此消长，不断变化；

③城市化水平与人均国内生产总值的增长成正比；

④城市化水平高，不仅是建立在二、三产业发展的基础上，也是农业现代化的结果。

**5．简述现代城市的社会文化特征。**（华中农大2017年研）

**答：**现代城市的社会文化特征主要表现在以下几个方面：

（1）城市人口规模大、密度高

现代城市是大量人口的集聚地。人口规模的大小是确定一个聚落是城市还是农村的主要指标之一。此外，人口密度也是确定一个聚落是城是乡的一个基本指标。

（2）城市人口异质性强

城市人口的大规模集中，亦使其异质化程度加深。城市人口的异质化表现在方方面面。

（3）城市社会分工复杂，专业化程度高

现代城市有各种各样的分工，有不同的产业和职业。不同的职业一般需要不同的专门知识和技能，只有具备相应知识与技能的人方能胜任。为确保具有专门知识与技能的人和特定的工作岗位相结合，在现代城市，考试制度非常盛行。城市中不仅分工细，且不同领域都集中了大量的专门人才。这些人为不断提高业务水平，又成立了各种专业团体。

（4）城市社会关系具有匿名性与非人情性

从理论上讲，城市人口多，人与人之间相识和建立联系的机会也多。但实际上，由于人们时间、精力有限，除极小的范围外，城市中的人无法与更多的人保持和发展更进一步的关系。

（5）城市社会活动科层化

城市居民的工作乃至日常生活等各种活动一般与正式组织相联系，并由其来安排与控制，这种组织也称科层组织，其规模大、分工细，运作按组织章程规定，特别注重形式化的程序。传统上依靠亲友、邻居便可解决的一些事务，城市人一般选择依靠形式化的组织进行。

（6）城市社会阶层结构趋向开放，社会流动性高

工业化和科学技术的发展大大地改变了城市的职业等级结构，增加了许多受人尊敬的和收入丰厚的职业，并淘汰了不少低报酬的体力工作；现代城市教育制度发达，接受教育不再是上层阶级的特权，而成为人们谋生的必备条件，因而，教育机会在日益普及。上述因素相应地提高了人们向上流动的机会。现代城市的阶层结构由过去的以蓝领阶层（体力劳动者）为主，变为以白领阶层（脑力劳动者）为主。传统的等级森严的阶层体系在现代城市中被打破，其结果是出现了高度的社会流动。社会流动的不断发生，又推动城市阶层结构的进一步开放。

（7）城市文化世俗化

“世俗化”是指一种文化、价值观脱离“神学”（传统社会思想体系）的束缚，转变为平民文化、价值观的过程，它也是城市文化的一个显著特征。世俗化使城市居民凡事讲求实效，产生了一系列重要的结果：

①它使城市社会表现出巨大的创造力。

②它使城市居民在社会评价上摈弃了传统的道德标准，往往以人们的实际能力与工作效果作为标准。

③它使城市居民具有选择性的价值观念，对与己无关的人或事，一般不做反应，或表

现冷淡，而只对与己有关的人或事做出反应。所以城市居民为人处世往往比较理智；但久而久之，也可能造成个人对社会的疏离感。

(8)城市生活方式现代化

城市生活方式现代化主要表现在以下几个方面：城市生活水平和质量高、社会化程度高、开放性强和生活节奏快。

(9)城市社会控制以正式手段为主，社会整合度低

现代城市规模大，人口构成复杂，宗教、传统、习俗、道德等非正式控制手段已基本不起作用，城市越来越依靠正式控制手段，如规则、法律、法规、章程等。现代城市的一些基本特征，如科层化、世俗化、分工和专门化，使城市人比较理性，讲求实效，重视个人，以事为本。这一方面使个人独立性和自由度增强了；另一方面又使城市社会的团结力和整合度减弱，使社会秩序的维护变得复杂、困难。

**6. 简述城乡协调发展的观点。**(苏州大学2017年研)

**答：**城乡协调发展的主要思路是把城市和农村放在一个系统中来考虑，全面规划、协调发展。在设计它们的发展时要做到优势互补，并使它们的发展成果相互连接、相互为用，从而使城乡发展形成相互促进的良性循环。这种发展模式可以避免城市、农村片面发展可能带来的弊端，而且成为越来越多国家和地区的实践。但是，这需要全面而慎重的设计。

城乡协调发展的过程从根本上说就是城乡差距不断缩小直到完全消灭城乡对立的过程，关于城乡协调发展，应当坚持如下原则：

(1)优势发展的原则。中国地大物博，一个地区总有自己的自然资源、人文地理、经济和技术等方面的优势；只有寻求优势、因地制宜地发展城乡社区，这种发展才能持久。

(2)整体发展的原则。就是要对城乡发展通盘规划，使城乡社区有机地匹配组合，发挥出比它们各自简单相加更高的社会效益。

(3)互益发展的原则。一个城乡社区的发展一般应以增益其他社区为前提。如一个新城市的建立，就要考虑它对于周围乡村发展的利弊。

(4)地区平衡发展的原则。城乡发展应当在不同地区的经济、政治、文化、环境与人口等方面力求平衡和协调。此问题是与城市布局理论密切相关的。

**7. 对于我国的城市化道路，你是支持大城市化发展之道还是支持以小城市(镇)为主体的分散化发展道路？简要说出你的理由。**(南京师大2018年研)

**答：**城市化，是指农村人口大量向城市集中，城市数量不断增加，城市规模不断扩大的历史进程。其实质是城市文明在社会生活中的扩张，是一个社会现代化的变迁过程。在人类历史上，最初的城市化趋势产生的直接原因是工业革命，以英美为代表的资本主义工业化国家迅速兴起和发展，造成了一系列的影响和后果，也为我们探索更合理的城市化道路提供了借鉴和经验。

中国由于历史原因，无法重复英美等资本主义国家的工业化城市化之路，而中国的城市化总体水平相对来说比较落后，更需要走一条适合自身的城市化发展道路。在中国多年发展城市化的实践中，出现了两种主要的发展理论，一种是主张以大城市为主导的集中型城市化道路的“大城市论”，另一种是以小城镇和小城市为主体的分散型城市化道路的“小城镇论”。

我支持以小城市(镇)为主体的分散化发展道路，理由如下：

(1)我国农村人口众多，在城乡劳动力严重过剩的情况下，现有的城市无力吸纳大量的农村人口，只能从投资少、设施较为简单的小城镇、小城市起步推进社会化。

(2)这一城市化方式遵循农业→农村工业化→农村现代化→城市化的轨迹，十分具有中国特色，主要依靠农民自筹资金而非国家或地方财政，能够有效解决农村剩余劳动力问题，是我国乡村城市化的基本途径。

(3)以大城市作为城市化的起点需要很高水平的客观条件，并非我国现阶段可以达到的。如果盲目扩张大城市，可能会造成住房紧张、交通拥挤、环境污染以及一系列社会问题，影响整个城市和社会的稳定发展。

**8. 农民工的存在反映了城市化的什么问题?**(北大2019年研)

**答：**从居住形态的角度来看，人类社会发展的一个重要趋势是越来越多的人居住在城市之中。一般把人口向城市聚集，城市数量不断增加，城市规模不断扩大的过程称为城市化。一般说来，它是指农村人口改变其居住地，从农村迁入城市的过程。从更深层的意义上来讲，城市化又是农村人生活方式的变化。

(1)改革开放以来，农民工是我国工业化、城市化进程中涌现出来的一支新的劳动大军，也是经济体制转轨和社会转型时期形成的特殊社会群体，在中国特定的历史背景和制度安排下，农民工从农村迁出和在城市定居的过程并非同步完成，这导致城市农民工群体并未获得与城市居民相同的合法身份和社会权利，形成了独具中国特色的“候鸟式”周期性人口流动现象及农民工“半城市化”问题，其具体表现在以下几个方面：

①经济活动层面

农民工在城市里主要局限在“次级劳动力市场”，从事非正规就业，没有被赋予组织权、社会保障权、发展权，发展能力和在城市向上流动的机会均受限制，甚至随着时间的流逝而不断弱化和减少。

②社会行动层面

a. 农民工居住在城市中“条件最简陋、环境最恶劣、区位最边缘”的地带，如集体宿舍、工地工棚、“城中村”等，或“亦城亦乡”的城乡结合部等“灰色区域”，与城市居民的居住空间相对隔离、反差明显。

b. 农民工缺乏与城市居民的交往和理解，难以融入城市主流社会，呈现生活的“孤岛化”。

c. 农民工在城市中失去了话语权，经常遭到城市社会的歧视和妖魔化，成为城市社会问题的替罪羊和首选的排斥对象。

③社会心理层面

由于不被城市主流社会所接纳和认可，反过来导致农民工群体对于城市社会的复杂情结，逐渐转向对内群体的认可，形成以血缘、地缘、业缘为基础的复杂的社会关系网络，形成社会认同的“内卷化”。

④制度层面

由于没有社会系统、制度系统和文化系统的配套改革，导致农民工群体及其子女不能享受完整的市民权利，不能与城市居民“同工同酬、同工同时、同工同权”，权利配置错位且不完整。

(2)总的来说，大规模农民工群体的存在，反映出我国城市化发展背后的一些问题：

①改革前遗留的城乡二元户籍制度根深蒂固，使得农村人口无法真正获得市民身份，制度改革无法跟上快速的城市化发展步伐。正如布洛维“拆分型劳动力体制”概念所论述，农民工在城市劳动并获得生活资料，又在自己的家乡实现劳动力的再生产，即成家、生子、抚育等活动，其再生产的低成本、改革前农村的贫困很大程度上决定了农民工十分低廉的劳动报酬和工厂中的专制政体。这一方面保证了我国改革初期的快增长和资本积累，另一方面却导致大量农民工无法获得相应的市民身份及权利。

②地区城市化发展不均衡，国家对不同地区的资源投入差距过大，东部沿海地区的发展速度要远远高于中西部地区，我国大部分农村没有足够的资源就近实现工业化和城镇化，而农民也唯有通过候鸟式的迁徙来到经济发展更快的发达地区，才能拥有更多的就业机会和更高的劳动收入。

③在发展的宏大话语之下，劳动者个体的权利尚未得到充分的保障。在城市化发展初期，大多数发展中国家都要依靠密集和廉价的劳动力来实现资本积累，一些劳动者的权益便不可避免会被忽视。但在全面追求小康社会的时期，我国应更加重视劳动者是否在经济发展的过程中真正获益，重视社会财富分配的公平公正，重视居民保障的完善，强调“以人为本”才是经济发展的核心。

## 三、论述题

**1. 结合中国社会城市化进程中的问题，谈谈城乡一体化协调发展理论。**(南航2014年研)

**答：**(1)中国城市化进程中的问题，突出表现为城市化滞后和城市化发展不平衡，具体表现在：

①农民收入增长问题

农民收入低的问题虽然是由许多复杂的因素造成的，如农产品的价格偏低等，但最根本的原因在于农业劳动力的数量与耕地面积的比例关系以及在这样的人地比例下形成的规模过小的经营方式。作为这个问题的背景，除了现实中无法改变的人地矛盾之外，更重要的是，在经历了少说几十年、多达上百年的工业化过程之后，大部分农业劳动力向城市中的工业转移的任务并没有实现，城市化的过程远远落后于工业化的过程，大量剩余农业劳动力仍然滞留在极为有限的耕地上。城市化的滞后已严重影响到了农民收入的增加。

②内需不足

城市化滞后的一个直接结果，就是大量农民被甩在工业化的过程之外，这是一种分裂的工业化。于是，当工业开始大规模生产耐用消费品的时候，突然发现没有能够消费这些产品的大量消费者。

③城市发展受政治因素的影响大

从20世纪50年代以来，政府通过户籍制度等政策控制了农村人口转入城市，这些政策明显地延滞了城市化进程。此间，60年代的疏散、下放城市人口，“文化大革命”时期的知识青年上山下乡都对我国的城市化水平有直接影响。

④城市化发展不平衡

我国的城市发展和城市化在不同地区表现出较大差异，东部及沿海地区的城市发展较快，城市化水平较高，内地则发展缓慢。另外，大城市、特大城市数量多，而中小城市发展缓慢，这使得在城镇人口中，大城市和特大城市的人口所占比例较高。

(2)城乡一体化协调发展理论的论述

城乡一体化协调发展这种思路是把城市和农村放在一个系统中来考虑，全面规划、协调发展。在设计它们的发展时要做到优势互补，并使它们的发展成果相互连接、相互为用，从而使城乡发展形成相互促进的良性循环。这种发展模式可以避免城市、农村片面发展可能带来的弊端，而且成为越来越多国家和地区的实践。但是，这需要全面而慎重的设计。城乡一体化协调发展应坚持的基本原则包括：

①优势发展的原则。中国地大物博，一个地区总有自己的自然资源、人文地理、经济和技术等方面的优势。只有寻求优势、因地制宜地发展城乡社区，这种发展才能持久。

②整体发展的原则，即要对城乡发展通盘规划，使城乡社区有机地匹配组合，发挥出比它们各自简单相加更高的社会效益。

③互益发展的原则。一个城乡社区的发展一般应以增益其他社区为前提，如一个新城市的建立，就要考虑它对于周围乡村发展的利弊。

④地区平衡发展的原则。城乡发展应当在不同地区的经济、政治、文化、环境与人口等方面力求平衡和协调。此问题是与城市布局理论密切相关的。

**2. 谈谈你对中国城市化道路的看法。**

**答：**我对中国城市化道路的看法主要包括：

(1)城市化道路的理论主张

城市化道路，在中国有特定的含义，主要是指以什么类型城市为主实现城市化。我国官方对城市类型的划分是：50 万人口以上的城市为大城市；20 万～50 万人口的城市为中等城市；20 万人口以下的为小城市(镇)。在我国，关于城市化道路的理论主张有以下几种：

①小城镇重点论

小城镇重点论认为，我国应当主要依托小城镇来实现城市化。我国不能照搬西方的城市化模式。在中国要将多数农业人口变为非农业人口，依靠现有的城市根本不可能，新建城市也存在许多现实困难。因此，应通过发展“面广、量大”的小城镇来加速城市化的实现。

②中等城市重点论

中等城市重点论主张选择以发展中等城市为主体的城市化道路。走西方发展大城市的道路，客观条件不允许，也容易出现现代城市病；而在农村就地实现城市化，由于传统农业社会惰性力太强，阻力太大，同时自然条件也不允许。只有采取“中间突破、带动两头”的办法，即有计划地建设和发展中等城市，才能解决我国的城市化问题。

③大城市重点论

根据城市化发展的一般规律和我国的基本国情，在我国城市化的现阶段，必须选择以大城市为主体的城市化模式。在工业化初期，城市化具有突破人为控制的自然冲动，以人口向大城市的聚集为基本模式；而在工业化基本实现后，城市化则表现为集中度相对分散化。中国目前尚处在工业化与城市化的第一阶段，不具备分散发展小城镇的条件。

④并举论

进入 90 年代以后，上述观点在继续交锋的同时，也出现了相互取长补短的趋势。并举论认为我国的城市化应当走大、中、小城市(镇)并举的道路的观点，便是在分析以上各种观点利弊基础上提出来的。

以上观点各有道理，又都存在一定缺陷。比较而言，“并举论”似更具合理性，更符合城市化的国际惯例。但鉴于我国过去长期实行计划经济体制与城乡分割政策，旧体制与政策的滞后效应不可能在短期内消除，改革只能循序渐进，这就必然对现阶段我国的城市化道路选择产生影响。

(2)我国城市化进程中面临的问题

参见本章考研真题与典型题详解论述题第1题答案。

(3)我国城市化发展契机

中国制造业的发展会成为快速城市化的一个重要契机。目前，我国有许多行业的产值已经在世界上占据绝对优势地位，这无疑是为我国提供了一次加速国民经济结构调整，迅速实现工业化的机会。中国成为“世界工厂”的过程，会对我国加速实现城市化起到重要的推动作用。

**3. 结合当下中国社会出现的“城市病”，从集中和分散角度谈谈你的对策。**(南航2018年研)

**答：**城市病是指人口过于向大城市集中而引起的一系列社会问题，表现为人口膨胀、交通拥堵、环境恶化、住房紧张、就业困难等，城市病将会加剧城市负担、制约城市化发展以及引发市民身心疾病等。

(1)集中

任何城市都是集中过程的产物。伴随这一过程，人口及其活动聚集到特定地域。人口及其活动的集中首先能够产生巨大的经济优越性：

①集中可以降低生产成本；

②集中可以降低流通费用；

③集中有利于促进学习，刺激竞争；

④集中便于融资；

⑤集中便于提高管理效率，集中还能够产生巨大的社会优越性。

大城市优越的科学文化设施和集中的社会生活条件，不仅创造了丰富多彩的生活方式和更高的生活质量，而且创造了新的观念、新的交往方式、新的需要和新的语言，从而为人的素质的提高创造了前提。

(2)分散

分散是和集中相反的一种城市生态过程。伴随这一过程，城市人口及其活动分散到了郊区乃至远郊。导致分散过程发生的原因是多方面的。主要原因在于，随着集中过程的持续进行，城市规模越来越大，聚集程度越来越高，“物极必反”，集中所带来的各种优越性正在逐渐走向其反面：

①人口及其活动高度集聚，市区地价不断上升，中心商业区的地价更是高得惊人，导致企业生产、流通成本上升。

②集中带来了交通拥挤、堵塞，交通事故经常发生。

③人口和企业的过度集中导致城市的生态环境恶化。

④人口及其活动的过度集中导致城市居民的生存空间变得拥挤不堪。

⑤人口及其活动的高度集中还带来了严重的失业、犯罪等问题。

上述各种问题的出现，在相当程度上抵消了集中所带来的经济、社会优越性。在这种情况下，对市区过密的人口及其活动加以分散就显得有必要了。

(3)对策

①调整空间布局。改变过去的“单中心，摊大饼”的城市发展模式，采取多中心组团式发展，在城市之外构建一个中心，建设城市新区，成为另外一个组团，和“单中心”分开并形成互补。

②在发展中不断调整产业结构。随着城市的不断发展扩大，应该把制造业、重化工业逐步转移出去，重点发展服务业、文化创意产业等。一般情况下，随着产业结构的调整，“大城市病”也都会缓解。

③大城市的发展要和周边城市采取分工合作的方式。比如把零部件的生产转移到小城镇。

④走新型城市化道路。在科学发展观的指导下，以统筹兼顾为原则，以民生幸福为方向，以新型工业化为基础，遵循工业化与城市化、农村与城市、人口与城市协调发展的城市化规律，倡导建立政府主导、市场主体、社会参与的城市化机制，着力推进人口、资源、环境协调发展的集约型、可持续的城市化模式。

**4. 试论城乡差距。**(中央民大2016年研)

**答：**在任何社会，城市与乡村都存在发展水平上的一定差距，这些差距表现在政治、经济、社会等方方面面。而在中国，因为“二元户籍制度”的存在，这一发展差距更为明显，以致农业农村部原政策研究中心农村工业化城市化课题组于1988年提出了“二元社会结构”，用来指称新中国成立后通过一系列分割城乡、歧视农民的制度安排而人为构建的城乡隔离的社会结构。这一社会结构造成了乡村村民在政治、经济、社会福利等方面的边缘化。

(1)政治方面

中国的“二元户籍制”在一个主权统一的国家内，人为地把全体公民区分为农业户口和非农业户口，形成农民和市民社会地位完全不同的制度体系，这在当今世界上是绝无仅有的，也因此导致了中国农村社会在政治上的不平等，自1953年以来，我国农村与城市每一名全国人大代表所代表的人口数的比例经历了从8:1到4:1再到1:1的变化。这表明，在二元结构尚未松动的时期，农村社会在整个中国政治中缺乏代表性，丧失了一部分的权利，这是城乡不平等的结果，却也进一步加剧了城乡的不平等。

(2)经济方面

孙立平教授曾提出“社会断裂”，在他看来，“断裂”的一种表现即在城乡之间，在工业化和现代化的过程中，整个社会要从一个以农村为主的社会转变为一个以城市为主的社会。从目前我国的情况来看，如果不能顺利地实现这种转变，也将不会继续保持一个以农村为主的社会，而会形成一个断裂的社会。在中国，由于种种限制移民的政策，如户籍制度等，1985～1990年只有1.5%的农村人口转移出去。在一个工业化时代，大量人口继续被束缚在土地之上，造成的必然结果就是：由于对农产品需求的增加要远小于对非农产品需求的增加，农民从出售农产品中获得的收入，在人均的意义上越来越微不足道，农业越来越成为一个不能赢利的产业，甚至越来越不能成为一个产业，而成为农民自我消费、自我维持生存的一种自然经济活动。如果说在50年代到80年代农民还可以用农业的收入换来品种和数量有限的工业品的话，在今天，许多农民反倒已经无法做到这一点了。在这种情况下，如果农民不从事其他产业的经营的话，他们反倒比过去几十年更像小农。

从目前我国形势看来，农民之所以被甩在工业化和现代化的过程之外，一个基本的原因就是，大量的农村劳动力和农业人口导致农业的小规模经营，小规模经营无法实现农业的产业化。根据许多地方调查的结果，农民从农业中获得的收入，只够购买农业生产资料的费用。在这种情况下，农村和农民显然无法与日益工业化和现代化的社会成为一体。农村以第一产业为主的发展模式如果不能与现代化技术相结合，摆脱小农经济的生产模式，农民收入无法得到提高，更不用说赶上城市人高水平的收入。

(3)社会福利方面

①由于户籍制度的作用，农村社会无法享有与户籍制度相对应的城市人才能享有的社会福利，包括医疗、养老等，这进一步导致农村村民生活负担的加大，一场天灾或人祸就会轻易摧垮一个农村家庭。

②在教育、生育、基础设施等各个方面，国家和社会对农村的投入明显不如城市，这导致农村教育资源缺乏、基础设施不足等情况。最鲜明的是农村教育资源的匮乏，导致农民下一代向上流动困难，他们一出生便“输在起跑线上”，这又进一步固化城乡差距。

③城乡不平等不仅表现在农村，在城市也有明显表现。在中国，大量农民以农民工的方式流动到城市之后，并没有从事投资经营的资本，他们有的只是劳动力。他们中的许多人只能从事那些城市人不愿从事的以体力劳动为主的工作，特别是劳动强度大、劳动环境差或具有某种危险性的工作。而在北京、上海等大城市政府都制定了种种规定，明确规定许多工种是不许他们从事的。因此，他们事实上是被排斥在城市的主流劳动力市场之外的。更重要的是，一张农村户口使得他们在社会身份上无法成为他们居住和工作于其中的那个城市的一员。他们没有城市的户口，不能享受社会保险和其他城里人能够享受的社会福利。他们的孩子不能在城里的学校里念书。他们往往居住在狭小拥挤、秩序乱和卫生差的城乡结合部。同时，他们还要为取得在城里居住和工作的资格支付多种费用。

图海纳曾归纳过法国的社会结构：从一种金字塔式的等级结构变为一场马拉松。他的意思是说，过去的法国社会，是一种金字塔式的等级结构，在这样的一种结构之中，人们的地位是高低不同的，但同时又都是在同一个结构之中。而在今天，这样的一种结构正在消失，而变成一场马拉松。今天的法国，就像一场马拉松一样，每跑一段，都会有人掉队，即被甩到了社会结构之外。被甩出去的人，甚至已经不再是社会结构中的底层，而是处在了社会结构之外。他认为，现在法国还在继续跑下去的只有四五百万人，其余都是掉队的了。坚持跑下去的，就是那些被吸纳进国际经济秩序中去的就业者。图海纳所说的这种现象，实际上也正在今天的中国发生，最突出的便是城乡差距严重，所以中国亟待打破“二元户籍制”和“城乡二元结构”，才能使中国农村与城市在平等的社会环境中发展。

# 第十六章　集体行为与社会运动

## 16.1　复习笔记

### 【知识梳理(庖丁解牛)】

- 集体行为与社会运动
  - 集体行为的概念与分类
    - 集体行为的概念
    - 集体行为的基本类型
      - 聚众
      - 群众
  - 集体行为理论
    - 勒庞的集体心智理论
    - 布鲁默的循环反应理论
    - 特纳和克里安的即时规范理论
    - 格尔和戴维斯的相对剥夺理论
    - 斯梅尔塞的“价值累加理论”
  - 从集体行为到社会运动
    - 社会运动的概念
    - 社会运动的分类
    - 现代化与社会运动
  - 社会运动的形成与演变
    - 社会运动研究的两大基本传统
    - 当代西方社会运动理论
    - 社会运动的后果及影响

### 【考点难点归纳(去粗取精)】

**考点一：集体行为概述　★★**

**1. 集体行为的含义与类型(见表16-1)**

表16-1　集体行为的含义与类型

<table>
<tr><th>要点</th><th colspan="3">具体内容</th></tr>
<tr><td>含义</td><td colspan="3">指那些在某种社会因素的刺激下，许多人脱离或违背社会制度及常规而共同做出的组织性、结构性和秩序性比较差的行为</td></tr>
<tr><td rowspan="2">类型</td><td rowspan="2">聚众</td><td>含义</td><td>指由于共同的关注和兴趣而临时聚集在某个地点上的一大群人</td></tr>
<tr><td>特征</td><td>①有共同的关注和兴趣。<br>②人与人之间在地理位置上邻近，而且存在面对面互动</td></tr>
</table>

续表

| 要点 | 具体内容 | | |
|---|---|---|---|
| 类型 | 群众 | 含义 | 指虽然有共同的关注和兴趣，却分散在不同地点，相互之间虽然不存在互动，其行为在时间上和形式上却具有较高一致性的一大群人 |
| | | 特征 | ①有共同的关注和兴趣。<br>②在地理上足够分散，无面对面互动。<br>③无中介互动，且并未意识到彼此的存在，其行为也不是针对彼此而发生。<br>④行为上表现出较强的一致性，具有"不约而同"的特征 |
| | 公众 | 含义 | 指在分散在不同地点、不存在面对面互动，却出于对某个话题的共同兴趣和讨论而被吸引到一起的一大群人 |
| | | 特征 | ①所有人都有着共同的关注和兴趣。<br>②在地理上是分散的，不存在面对面互动。<br>③公众内部人与人之间存在着有意识的互动。公众的组织性和稳定性差 |
| | 社会运动 | 含义 | 指一种以集体认同和团结为基础，以非制度性和超制度性手段为主要行动方式，而且组织性比较好、持续时间比较长的追求某种社会变革的集体努力 |
| | | 特征 | ①社会运动是一种企图实现某种社会变革的集体努力。<br>②社会运动的参与者内部有比较强烈的团结感和集体认同。<br>③社会运动一般有较好的组织性，并且活动的持续时间比较长。<br>④社会运动在行动中主要采取非制度性或超制度性的手段 |

## 2. 聚众的类型（见表 16-2）

表 16-2　聚众的类型

| 类型 | 具体内容 |
|---|---|
| 偶合聚众与常规聚众 | 按引起人群聚集的刺激是否在预期之内可分为：<br>①偶合聚众。指由于某种不期然因素的刺激而偶然聚集在同一地点的一大群人。其根本特征在于：a. 偶然卷入，消极形成。b. 流动性强，整合性低。<br>②常规聚众。指因共同关注计划中的某个事件而聚集到同一地点的一大群人。其根本特征在于：a. 积极卷入，主动参与。b. 结构性强，共同行动的潜能大 |
| 行动聚众与表意聚众 | 按聚众是否表现出侵犯性的行为可分为：<br>①行动聚众。指针对人或物体做出攻击行为或破坏行为的聚众。其基本特征在于：卷入行动聚众的个体都处于一种兴奋状态，这种兴奋最终使个人失去理智，其行动受相互撩拨起来的冲动的驱使。最典型的有暴众和骚乱。<br>②表意聚众。指纯粹为了表达或宣泄某种情感，或在表达或宣泄某种情感的过程中自发形成的聚众 |

## 3. 群众现象的类型（见表 16-3）

表 16-3　群众现象的类型

| 类型 | | 具体内容 |
|---|---|---|
| 传言 | 含义 | 指对关于某个问题的未经确证的或不能确证的报道，通常以非正式的口头方式在人与人之间传播 |
| | 特点 | ①扩散过程中，不考虑消息的真实性；②传言卷入者呈现集体兴奋；③传言的社会互动较弱 |
| 恐慌和群众癔症 | | ①恐慌。指人们在面对某种现实的或臆想的危险时，所做出的高度情绪化的、规避性的或自我保护性的集体行为。<br>②群众癔症。指人们面对现实或想象中的威胁时，由于心理过度紧张而集体性地发生的不良身体反应 |
| 时髦和热潮 | | ①时髦。指许多人突然竞相追求某种新奇事物或追随某种行为方式的集体行为，通常持续时间比较短。<br>②热潮。指热烈追求新奇事物和行为的集体行为，比时髦的持续时间更短，人们在其中倾注的感情也更浓烈一些 |
| 灾事行为 | | 指为了应对灾事而产生的种种自发行为，是集体行为研究的重要内容 |

**拓展：**美国社会学家斯梅尔塞把集体行为产生的决定因素总结为六点：①结构性助长，是指某个特定的社会结构使得集体行为的发生成为可能；②结构性紧张，是指社会结构出现某种问题，这种问题为人们所普遍知晓并构成了巨大的心理压力；③潜在信念成为普遍情绪，是指人们在面临社会和心理压力的时候，某些潜在的信念或偏见甚至敌意，就会成为普遍的情绪；④诱发因素，这是集体行为的导火索；⑤行动动员，即使具备了前面全部四个因素，如果没有某些动员力量的出现，集体行为还是难以形成；⑥社会控制机制，集体行为最后是否发生以及发生的结局如何，还取决于社会控制机制。

## 考点二：集体行为理论（见表 16-4）★ ★★★

表 16-4　集体行为理论

| 理论 | 具体内容 |
|---|---|
| 勒庞的集体心智理论 | ①聚众在行为逻辑上是情绪化的、非理性的，在后果上是破坏性的。根本原因在于，每个人在独处时都是理性的、温和的。<br>②一旦进入一个群体，人们就会通过无意识、传染和暗示等心理过程而使心理趋于统一，形成一种所谓的“集体心理”。<br>③“集体心理”一旦形成，就会反过来控制和塑造个体心理 |
| 布鲁默的循环反应理论 | 集体行为发生的起因是个人性的烦躁。个人性的烦躁在经历躁动、集体兴奋和社会感染的循环反应过程后会发展为“社会不安” |
| 特纳和克里安的即时规范理论 | ①即使在集体行为中，个体的行为仍然是理性的，是受规范约束的，该规范不是平时的规范，而是他们根据现场情况即时创造的新规范。<br>②正是个体对这个即时创造的新规范的遵从，保证了集体行为的一致性 |
| 格尔和戴维斯的相对剥夺理论 | ①革命或集体暴力是“价值期望”没有得到满足时的攻击行为，能力与价值期望之间的落差会形成相对剥夺感。<br>②相对剥夺一直存在，真正能引起人们不满甚至反抗的是相对剥夺的突然加大 |

续表

| 理论 | | 具体内容 |
|---|---|---|
| 斯梅尔塞的“价值累加理论” | 基本观点 | ①集体行为是特定社会结构的表现，履行着特定的社会功能，即解决社会问题。<br>②集体行为本质上是一种通过重构社会行动系统的某些部分来解决社会问题的非常规方式 |
| | 社会行动的四大要素 | 包括：①价值；②规范；③动机；④设施。<br>这四个要素逐级构成一个层级控制系统。而在社会问题发生时，部分人突破层级控制体系，企图迅速重构社会系统，而引发了不同层级的集体行为 |
| | 集体行为的发生条件 | ①结构上的有利条件；②结构性紧张；③普适信念的发生和扩散；④诱发因素；⑤动员参与者；⑥“社会控制” |

拓展：关于集体行为理论的研究，一些研究者强调，异常聚集情境导致成员的异常心理，从而产生异常行为；另一些研究者认为，集体行为是普通的正常行为，只不过发生在特殊的情境中。因此，集体行为理论可分为作为异常行为的集体行为理论（如感染理论和会聚理论）和作为正常行为的集体行为理论（紧急规范理论和对弈理论）。

## 考点三：社会运动概述　★★★

### 1. 社会运动的类型

美国社会学家艾贝尔用两个维度来分类：一个是所寻求的变革的位置，另一个是所寻求的变革的程度，他将这两个维度交叉组合，得到社会运动的四种基本类型，如图16-1所示。

| 变革的程度 ＼ 变革的位置 | 个人 | 社会结构 |
|---|---|---|
| 部分 | （A）修正性运动 | （C）改良性运动 |
| 整体 | （C）救赎性运动 | （C）改造性运动 |

图16-1　艾贝尔关于社会运动的分类

### 2. 现代化与社会运动（见表16-5）

**表16-5　现代化与社会运动**

| 要点 | | 具体内容 |
|---|---|---|
| 现代社会基本特征 | 政治上 | 中央集权的民族国家逐渐取代传统松散的政治组织形式，整个社会在治理上更加统一，更有效率 |
| | 经济上 | 工业化和市场化水平提高，生产分工更加细密，生产组织更加严谨，市场一体化程度越来越高，范围越来越大 |
| | 组织形态上 | 科层制组织取代传统的血缘或地缘组织，成为人类活动的基本组织形式，前所未有地强调效率和规则 |
| 社会运动的发展 | | ①整个社会结构和过程的高度组织化和一体化，同时意味着社会问题的高度组织化和一体化。<br>②社会的高度组织化和一体化，也使社会运动的动员更加容易。<br>③理性主义精神的觉醒，使人们相信可以通过自己的努力去改变自己的命运 |

拓展：社会运动是一种有众多社会成员参加的，有明确改变社会的目标的集体行动。集体行为与社会行动都具有结构性很低的特点，但社会运动相对集体行为而言，其结构性要高得多。社会运动持续的时间较长，有比较明确的领袖和内部组织模式，有较为自觉的资源动员特征，有比较明显的政治色彩。

## 考点四：社会运动的形成与演变　★★★

### 1. 社会运动的形成与演变

社会学中有两个基本传统，一个是以勒庞关于聚众的研究为源头的西方社会运动研究传统，另一个是以马克思关于阶级革命的研究为源头的马克思主义研究传统。两大基本传统的具体内容如表16-6所示。

表16-6　社会运动研究的两大基本传统

| 要点 | 具体内容 |
|---|---|
| 马克思主义研究传统 | ①革命运动本质上是阶级斗争的表现，是阶级矛盾尖锐到一定程度后的必然产物，是不可避免的。<br>②只有革命才能彻底打破落后生产关系对生产力的桎梏，实现生产力的彻底解放，大步推动社会进步，因此革命是人类社会发展的必然步骤和手段之一。<br>③革命的目标及诉求、组织方式、所能取得的社会效果，从根本上取决于生产力发展所处的历史阶段 |
| 当代西方社会运动研究传统 | ①当代西方社会运动研究是从批判以勒庞为源头的集体行为理论开始的。<br>②社会运动是一种非理性的、高度情绪化的、具有社会破坏性的行为。<br>③人们之所以参与或卷入社会运动，是由于社会整合欠佳，社会结构崩溃，导致未能实现对所有领域、所有人群的制度化和组织化，未能让所有成员都接受既有的价值和规范 |

### 2. 当代西方社会运动理论（见表16-7）

表16-7　当代西方社会运动理论

| 理论派别 | 具体内容 |
|---|---|
| 资源动员论 | ①社会运动是理性地追求自己利益的正常行为。真正决定社会运动之兴衰成败的是一个运动的资源动员能力，包括获取的资源的总量和资源使用的效率。<br>②社会资源调动的关键在于领袖。社会运动领袖和组织的资源动员工作面临许多约束条件和竞争。<br>③二战后，美国社会运动出现专业化的趋势 |
| 框架建构论 | ①参与社会运动是一种理性的行动，潜在的社会运动参与者都是理性人。<br>②强调对思想的动员。社会动员工作的实质，是建构一个概念框架，并向潜在的运动参考者“推销”，努力说服他们接受。<br>③框架建构是一个竞争性的甚至对抗性的过程 |
| 政治过程论 | ①坚持社会运动参与者是理性人这个基本理论假设，更关注“政治机会结构”对社会运动的发生和过程的影响。<br>②社会运动本质上是居于体制内的当权派与遭到体制排斥的“挑战者”之间的对垒。<br>③抗争事件的发生与政治环境之间呈曲线关系。在最开放和最封闭的政治体制下都不容易爆发抗争事件，最容易发生抗争事件的是那些正在从封闭走向开放的“混合”体制 |

### 3. 社会运动的后果及影响（见表16-8）

表16-8　社会运动的后果及影响

| 要点 | 具体内容 |
| --- | --- |
| 社会运动影响的分类 | ①期然性外部影响；②非期然性外部影响；③非期然性内部影响；④期然性内部影响 |
| 衡量社会运动影响的标准 | ①看社会运动所追求的实质性诉求在多大程度上得到了满足。<br>②看社会运动在多大程度上改变了决策程序或过程。<br>③看社会运动在多大程度上改变了整个社会的文化和价值观 |
| 社会运动的影响 | 最受关注的是社会运动对政治和政策的影响 |

拓展：社会运动具有以下几种基本类型：①改革运动，是指通过改变社会结构的某些方面来改善整个社会；②革命运动，是指要推翻整个旧的社会结构，并以新的制度来取代的社会运动；③抵抗运动，又称抗拒取向的运动，即针对正在发生或已经发生的社会变迁而做出反应的运动；④表意运动，是旨在改变社会结构中的人的社会运动。

## 16.2　课后习题详解

**1. 什么是集体行为？集体行为可以分为哪些类型？**

答：(1)集体行为的概念

参见本章考研真题与典型题详解概念题第1题答案。

(2)集体行为的类型

①聚众。指由于共同的关注和兴趣而临时聚集在某个地点上的一大群人。

其基本特征是：

a. 有共同的关注和兴趣；

b. 人与人之间在地理位置上邻近，而且存在面对面互动。

②群众。指虽然有共同的关注和兴趣，却分散在不同地点，相互之间虽然不存在互动，其行为在时间上和形式上却具有较高一致性的一大群人。

其基本特征是：

a. 有共同的关注和兴趣；

b. 在地理上足够分散，无面对面互动；

c. 无中介互动，且并未意识到彼此的存在，其行为也不是针对彼此而发生；

d. 行为上表现出较强的一致性，具有“不约而同”的特征。

③公众。指在分散在不同地点、不存在面对面互动，却出于对某个话题的共同兴趣和讨论而被吸引到一起的一大群人。

其基本特征是：

a. 所有人都有着共同的关注和兴趣；

b. 在地理上是分散的，不存在面对面互动；

c. 公众内部人与人之间存在着有意识的互动，公众的组织性和稳定性相当差。

④社会运动。指一种以集体认同和团结为基础，以非制度性和超制度性手段为主要行

动方式，而且组织性比较好、持续时间比较长的追求某种社会变革的集体努力。

其基本特征是：

a. 社会运动是一种企图实现某种社会变革的集体努力；

b. 社会运动的参与者内部有比较强烈的团结感和集体认同；

c. 社会运动一般有较好的组织性，并且活动的持续时间比较长；

d. 社会运动在行动中主要采取非制度性或超制度性的手段。

**2. 关于集体行为，主要有哪些理论？各自的基本观点是什么？**

**答：** 参见本章考研真题与典型题详解论述题第2题答案。

**3. 什么是社会运动？从历史上看，社会运动的发展趋势是什么？这一趋势的成因是什么？**

**答：**(1)社会运动的概念

参见本章考研真题与典型题详解概念题第4题答案。

(2)社会运动的发展趋势

①在现代社会中，社会运动的发生要频繁得多，社会运动的总量要多得多，单个社会运动的规模、组织化水平和持续时间也是传统社会运动所无法比拟的。

②随着人类现代化水平的不断提高，社会运动的“繁荣”趋势似乎也在不断加强，这表现在一些发达社会中，社会运动几乎已经成为一个成熟的“部门”和“行当”，有着成型的职业生涯，养育了大批以“经营”社会运动为职业的“运动家”和大批在社会运动组织中就业的“专业人员”。

(3)社会运动趋势的成因

社会运动在现代社会中的繁荣，与现代化所造成的社会新趋势有关。现代化社会的基本特征和对社会运动的影响如下：

①现代化社会基本特征

a. 政治方面，中央集权的民族国家逐渐取代传统松散的政治组织形式，整个社会在治理上更加统一，更有效率。

b. 经济方面，工业化和市场化水平提高，生产分工更加细密，生产组织更加严谨，市场的一体化程度越来越高，范围越来越大。

c. 组织形态方面，科层制组织取代传统的血缘或地缘组织，成为人类活动的基本组织形式，前所未有地强调效率和规则。

②现代化社会对社会运动的影响

a. 整个社会结构和过程的高度组织化和一体化，同时意味着社会问题的高度组织化和一体化。

b. 社会的高度组织化和一体化，也使社会运动的动员更加容易。

c. 理性主义精神的觉醒，使人们相信可以通过自己的努力去改变自己的命运。

**4. 社会运动是怎样形成和演变的？在这个问题上，有哪些重要的理论观点？**

**答：** 在社会运动的形成和演变的问题上，总的来看，社会学中有两个基本传统，一个是以前面提到的勒庞关于聚众的研究为源头的西方社会运动研究传统，另一个是以马克思关于阶级革命的研究为源头的马克思主义研究传统。

(1)社会运动研究的两大基本传统

①马克思主义传统

a. 革命运动本质上是阶级斗争的表现，是阶级矛盾尖锐到一定程度后的必然产物，是不可避免的。

b. 只有革命才能彻底打破落后生产关系对生产力的桎梏，实现生产力的彻底解放，大步推动社会进步，因此革命是人类社会发展的必然步骤和手段之一。

c. 革命的目标及诉求、组织方式、所能取得的社会效果，从根本上取决于生产力发展所处的历史阶段，因为这个历史阶段对革命阶级的视野和能力构成了根本性的限制，限定了它所能达到的高度。

②当代西方社会运动研究传统

a. 当代西方社会运动研究是从批判以勒庞为源头的集体行为理论开始的。

b. 社会运动也是一种非理性的、高度情绪化的、具有社会破坏性的行为。

c. 人们之所以参与或卷入社会运动，是由于社会整合欠佳，社会结构崩溃，以致未能实现对所有领域、所有人群的制度化和组织化，未能让所有成员都接受既有的价值和规范。

(2)当代西方社会运动理论

①资源动员论

资源动员论认为社会运动是理性地追求自己利益的正常行为。真正决定社会运动之兴衰成败的是一个运动的资源动员能力，包括能够获取的资源的总量和资源使用的效率。社会资源调动的关键在于领袖。社会运动领袖和组织的资源动员工作面临许多约束条件和竞争。二战后，美国社会运动出现了专业化的趋势。

②框架建构论

框架建构论接受社会运动参与者的理性假设，但强调对思想的动员。社会动员工作的实质，是建构一个概念框架，并向潜在的运动参考者“推销”，努力说服他们接受。框架建构是一个竞争性的甚至对抗性的过程。

③政治过程论

政治过程论认为社会运动本质上是居于体制内的当权派与遭到体制排斥的“挑战者”之间的对垒。因此，影响社会运动状态的关键因素是一个社会的“政治机会结构”。“政治机会结构”包括政治体制的开放程度、在体制内部，精英之间保持立场和行动一致的程度、体制内精英支持社会运动的意愿和可能性以及国家镇压社会运动的能力和倾向。

**5. 社会运动的后果和影响有哪些？怎样分析这些后果和影响？**

**答：**(1)社会运动的后果和影响

①社会运动一般都有比较明确的诉求，但其所造成的影响和后果却常常超出预期。可以将社会运动的影响区分为：

a. 期然性后果，是指有意识追求的，从而在意料之中的后果；

b. 非期然性后果，是指并未有意识去追求的，从而是超出意料之外的后果。

社会运动既可以对外部产生影响，也可以对内部产生影响。将这两个方面组合起来，可将社会运动分为四个方面：期然性外部影响；非期然性外部影响；非期然性内部影响；期然性内部影响。

②关于社会运动影响的其他观点

a. 程序性影响，即一个运动在进入有关当局的决策过程方面所取得的成绩；

b. 结构性影响，即一个运动在改变有关当局的政治、法律或其他制度方面所取得的成就；

c. 敏感度影响，即一个运动在改变有关当局和民众的价值、认知及态度，从而提高他们对该运动所关注的敏感度方面所造成的影响；

d. 实质性影响，即该运动在达到其具体目标和要求方面所取得的成就。

③在社会运动多种可能的影响中，最受关注的是其对政治和政策的影响。在现代社会中，任何社会运动都或多或少地具有政治性，都会对国家和政府造成影响，因此社会学家最关注社会运动对政治的影响。

④社会运动的影响并不限于国家政治和公共政策方面，它对社会价值观念和文化的影响也是非常深远的。比如，社会运动可以改变人们对集体抗争的观念和心态，从而影响他们参与公共事务的态度和方式；可以改变积极分子本身的心理和行为，使他们变得更加合群或更加孤僻。

(2)分析社会运动的后果和影响

①衡量社会运动的后果和影响的标准

a. 社会运动所追求的实质性诉求在多大程度上得到满足；

b. 社会运动在多大程度上改变了决策程序或过程；

c. 社会运动在多大程度上改变了整个社会的文化和价值观。

②不同社会运动的影响的差异性分析

a. 社会运动的内部因素是造成社会运动的影响存在差异的因素，包括该运动所采取的组织形式及行动策略。社会学家甘姆森认为科层化程度越高、权力越集中、内部越团结的团体越容易取得成功，也有学者指出，运动的效果及影响与运动所采取的组织形式和行动策略没有关系。

b. 社会运动所面临的外部环境是造成社会运动的影响存在差异的另一因素。主要包括两个方面：一是公共舆论。它是一种含有多层结构的表层意识，是由公众的各种意见和态度构成的集合体，公众可以不必直接参与社会运动，但是他们的意见和态度会对社会运动的涉及双方产生重要影响。二是政治体制，不同政治体制对社会运动的控制倾向和能力是不同的。政治体制既可以成为社会运动的阻力，也可以成为社会运动的动力。

## 16.3　考研真题与典型题详解

### 一、概念题

**1. 集体行为**(南京师大2017年研；浙江工商2017年研；中央财大2015年研)

**答：** 集体行为是指那些在某种社会因素的刺激下，许多人脱离或违背社会制度及常规而共同做出的组织性、结构性和秩序性比较低的行为。它与“制度化行为”或“常规化行为”相对，而不是与“个体行为”相对。制度化行为是指接受稳定的、共同的角色期待指引的行为，又称常规行为。

2. 集合行为的匿名效应(华中农大2018年研)

答：集合行为的匿名效应是指集体行为发生时，多数的个人在人群中处于匿名状态，社会约束力就随之下降；从而，更多人因为可以不承担后果而越轨，追求"法不责众"。集体行为，是指那些在某种社会因素的刺激下，许多人脱离或违背社会制度及常规而共同做出的组织性、结构性和秩序性比较低的行为。

3. 安全阀制度(中大2016年研；北科大2013年研)

相关试题：安全阀(山东大学2018年研)

答：安全阀制度是一种社会安全机制。科塞发现敌对情绪和冲突是有区别的，敌对情绪不等于冲突。如果敌对情绪通过适当的途径得以发泄，就不会导致冲突，就像锅炉里过量蒸汽通过安全阀适时排除而不会导致爆炸一样，从而有利于社会结构的维持。科塞主张社会应将这种机制制度化，并成为安全阀制度。准确地说，安全阀制度就是在不毁坏结构的前提下使敌对的情绪得以释放出来以维护社会整合的制度。科塞认为安全阀制度对于任何社会都是必要的，对于僵化的社会尤为必要。

4. 社会运动(中央财大2014年研)

答：社会运动，是指一种以集体认同和团结为基础，以非制度性和超制度性手段为主要行动方式，而且组织性比较好、持续时间比较长的追求某种社会变革的集体努力。社会运动发展的趋势是组织化和一体化，不同于以往的隔离与零散状态，组织化和一体化的社会运动更具有社会影响力，它超出时空、阶级和意识形态的限制，使得社会运动吸引更多的力量参与，更能达到社会运动的初衷。

5. 相对剥夺(复旦2019年研)

答："相对剥夺"最早由美国学者斯托弗提出，其后经默顿的发展，成为一种关于群体行为的理论。它是指当人们将自己的处境与某种标准或某种参照物相比较而发现自己处于劣势时所产生的受剥夺感，这种感觉会产生消极情绪，可以表现为愤怒、怨恨或不满。简单而言，相对剥夺是一种感觉，这感觉是我们有权享有但并不拥有。

## 二、简答题

1. 试结合集合行为理论的相关观点，分析现阶段我国"群体性事件"发生的原因和化解办法。(中央财大2012年研)

相关试题：

(1)控制转让理论(概念题，南航2018年研)

(2)论述集合行为的基本理论。(论述题，南京林业大学2017年研)

答：(1)集合行为理论的相关观点

集合行为又称集体行为、大众行为，是指一种人数众多的自发的无组织行为。集合行为一般具有下列三个特征：

①人数众多。它是同一时间内采取相同行动的许多人共同做出的。

②无组织性。它通常是自发的、非理性的，它变化无常，很少处于均衡状态。

③行为者相互依赖。集合行为中的个人都不是独立地行动的，而是与他人相互依赖、相互影响的。

(2)现阶段我国"群体性事件"发生的主要原因

群体性事件是指由某些社会矛盾引发，特定群体或不特定多数人聚合临时形成的偶合群体，以人民内部矛盾的形式，通过没有合法依据的规模性聚集、对社会造成负面影响的群体活动、发生多数人语言行为或肢体行为上的冲突等群体行为的方式，或表达诉求和主张，或直接争取和维护自身利益，或发泄不满、制造影响，因而对社会秩序和社会稳定造成重大负面影响的各种事件。我国的“群体性事件”，如集体上访、集体讨薪、非法集会、阻塞交通、聚众闹事等，其主要原因是传统社会向现代化社会转型的负面影响、人民内部矛盾、法治不完善、社会心理、心态失常等。

(3)从集合行为理论解释我国“群体性事件”的化解办法

①斯梅尔塞的基本条件说

斯梅尔塞认为，集合行为实质上是人们在受到威胁、紧张等压力的情况下，为改变自身的处境而进行的尝试。集合行为的发生有六个“必要且充分”的基本条件：a. 环境条件；b. 结构性压力；c. 普遍情绪的产生或共同信念的形成；d. 诱发因素；e. 行为动员；f. 社会控制能力。按照斯梅尔塞的观点，如果没有了集合行为发生的条件，那么群体性事件就失去了发生的可能。

②模仿理论

该理论认为，当人们面临突发事件时，他们往往会处于丧失理智状态，失去自我控制能力，出现哭泣、吼叫、模仿等简单的初级行为。这时他们便会本能地彼此模仿，力求与在场的多数人的行为一致，由此导致集合行为的产生。群体性事件的发生是大多数人失去理智模仿他人行为的结果，如果在面临突发事件时人们可以理智地面对，就可以避免群体性事件的发生。

③感染理论

该理论认为，集合行为是人们情绪感染的结果。在群体性事件中，当人们被愤怒的情绪感染时，群体性事件极有可能爆发。根据该理论，应采取措施尽早阻止人们情绪的爆发，并控制引起情绪事件的传播途径。

④紧急规范论

该理论认为，在集合行为中虽然没有群体规范，但面临突发事件时，人们之间通过互动会产生一种“紧急规范”。紧急规范一旦产生，同样会对在场者形成规范压力，迫使他们去仿效和遵从，从而产生集合行为。根据该理论，要避免群体性事件的发生就必须在群体性事件的初期避免破坏行为的出现。

⑤匿名理论

匿名是指人没有明显的群体或个人标志。匿名理论认为，在集合行为中个体之所以会做出他平时很少出现甚至根本没有做过的越轨行为，是因为他处于匿名地位。从这个理论来看，要避免群体性事件最好是避免陌生人所组成的群体，并且在解决群体性事件时不能由陌生人出面，在处于匿名状态时，愤怒的人是具有强攻击性的和弱社会约束力的。

⑥控制转让理论

该理论认为，正常情况下，每个行动者都控制着自己的行动，而在集合行为中，行动者已经把对自身行动的控制转让给他人。这种控制转让并不是一时冲动的感情用事，不是对外界刺激的本能反应，而是理性行动者采取的有目的的明确行动。该理论的假设是，群体性事件的参与人是理性的，那么解决这一类的群体性事件的方案也是明确的，只要提供他们所认为能解决他们所要得到的利益的方法，他们的群体行为也就不攻自破。

**2. 集体行为的基本含义是什么？集体行为发生的原因和条件各是什么？**

**相关试题：**

**(1)集合行为**(概念题，南京师大 2017 年研；河北大学 2014 年研)

**(2)结合实际试分析集体行为产生的原因。**(山东大学 2017 年研)

**答：**(1)集体行为的基本含义

集体行为是指不受现有社会规范控制的，没有明确目的和行动计划的众多人的共同行为，集体行为是众多人的社会互动的结果。

(2)集体行为发生的原因

①在阶级社会里，社会不平等是发生集体行为的主要原因。

②意外事件的发生是导致集体行为的一个重要原因。

③变革中的规范和模式的不明确，也会产生集体行为。旧的规范和模式不适用了，而新的规范和模式又没有产生出来，使人们无所适从，从而发生集体行为。

④价值观念的改变也是发生集体行为的一个原因。人们改变对事物的态度和价值观念，追求一种新的目标和新的生活方式，但这种新的目标和新生活方式是什么，并不明确。

(3)集体行为发生的条件

①接触与摩擦

集体行为是众多人的共同行为，首要条件是人们必须发生接触，许多人为了一个共同感兴趣的问题而聚集到一起，发生接触，互相摩擦，使人们极易接受刺激和做出极快的反应，这种反应不是经过深思熟虑的，是感情的冲动，是非理智的。

②情绪感染

在人群密集的场合，情绪极易感染，而且这些感染是循环式的、连锁式的反应过程。

③集体激动

情绪感染进一步发展，就会促成集体激动。集体激动时，除了情绪的互相感染继续发展之外，还有两个特点：

a. 集体中的每个成员的感情都被充分地激发出来，形成一个激动的人群；

b. 在集体激动的前提下，人们将不顾旧的行为规范的控制，做出一些非规范的行为和事情来，当集体情绪发泄完了以后，集体行为就宣告结束。

**3. 分析集体行为对社会的影响应该从哪几个角度出发？**

**答：**集体行为对社会的影响应该从以下几个角度出发：

(1)自发性

集体行为不是有组织、有领导的群众行为，而是一种自发的、一哄而起的聚众行为。

(2)狂热性

在集体行为过程中，每个人都处于狂热状态中，情绪激动，缺乏理智，没有明确的目的，很少考虑自己行动的结果，感情发泄似乎成了目的。

(3)非结构性

集体行为既不遵守旧的行为规范，也没有创造出新的固定的行为规范，而且这种行为没有严格的组织纪律。把群众的行动统一起来的，不是组织纪律和固定的行为规范，而是集体激动的情绪和共同关心的事物。

(4)过渡性

集体行为只是暂时的过渡性社会行为，不可能持久，由感情冲动而采取的行为有三种发展前途：

①发泄一下感情，减轻了内心的紧张，即告结束。

②找到新的行为规范，并被社会接纳，使之制度化，集体行为也告结束。

③集体行为转化为有组织有领导的社会运动。

**4. 试简述斯梅尔塞的“值累加理论”。**(南开2016年研)

**答：** 斯梅尔塞认为，与任何社会结构都有其社会功能一样，集体行为也是特定社会结构的表现，履行着特定的社会功能，那就是解决社会问题。他借助经济学描述产品价值增值的术语，提出了一个解释群体行为的社会学理论——“值累加理论”，分析造成群体性事件发生所需的社会条件。斯梅尔塞认为，所有的群体性行为、社会运动甚至革命的发生，都是由6个方面的因素相互作用产生的。斯梅尔塞认为不能单纯地从心理的角度来解释集体行为，而应该将集体行为的形成与社会结构联系起来。斯梅尔塞提出，只有在以下六个因素不断累加影响下，才会导致集体行为的发生。

(1)结构上的有利条件

不同的社会有不同的结构特征，某些结构特征更有利于集体行为的产生，某些则否。比如，以银行、证券、期货等融资方式为核心的现代金融体系就比以熟人借贷为核心的传统金融体系更容易发生金融恐慌。

(2)结构性紧张

即由特定条件和事件引发的结构上的不和谐、不安定，比如自然灾害导致粮食供应紧张、食品价格飞涨、金融体系崩溃。

(3)普适信念的发生和扩散

普适信念的功能在于，提供一个通用的、超越个人具体处境的概念框架，引导人们对当前形势的理解、评估和态度选择——当前的问题是什么、问题的根源是什么、谁应该负责、应该如何解决等等。

(4)诱发因素

某种突发的事件导致了人们受到情绪上的强烈刺激，从而成为导火索，导致了集体行为的发生。例如，足球场上裁判的一次误判，常常会直接导致对立球迷们闹事。

(5)动员参与者

即把那些受影响的人群发动起来，让他们投入行动。

斯梅尔塞认为，这五个因素之间存在递进关系，只有在前一个因素已经具备的前提下，后一个因素才可能发生；并且只有同时具备上述五个条件，集体行为才可能发生。

除上述五个因素之外，还有第六个因素——“社会控制”，即动用社会力量阻止集体行为的发生。社会控制可以从上述五个环节中的任何一个环节入手。与其他五个因素的作用方向相反，这个因素的功能是促退而不是促进集体行为。在斯梅尔塞看来，只有上述五个促进因素同时具备，并在与社会控制这个促退因素的角力中胜出之后，集体行为才有可能发生。

**5. 康豪瑟的群众社会理论。**(南航 2017 年研，复旦 2016 年研)

**答：**“群众社会”是西方学术界在对法西斯主义等极权政体进行理论反思的过程中产生的一个概念，在 20 世纪四五十年代非常流行。1959 年，康豪瑟出版了在学术界具有深远影响的《群众社会政治》一书，目标是解释“群众运动”何以能够兴起，其社会根源、条件和机制是什么。群众社会理论，又称大众社会理论，该理论认为，工业化、城市化和现代化造成人们之间传统的联系被打破，劳动分工和社会差异增大，社会被原子化，个体之间彼此相互隔绝，只有通过正式的司法、契约和大众传播相互联系。

(1)“群众”概念的界定

①康豪瑟所说的“群众”，不是中国所说的政治意义上的“群众”，而是社会学意义上的“群众”，指那些没有被整合到任何社会群组中去的、一盘散沙式的普通大众。

②任何阶级都有可能产生“群众”，因此，“群众运动”并不特指任何阶级的运动，与阶级斗争没有对应关系。康豪瑟认为，“群众运动”由于缺乏组织性，容易走向极端主义，因此是民主制度的敌人。

(2)理论的基础

①所有关于“群众社会”的理解都是以精英与非精英的两分法为基础的，康豪瑟的理论也不例外。综合前人的观点，康豪瑟认为，“群众社会”就是这样一种社会：一方面，社会中的精英缺乏自主性，没有形成足够稳健的价值观念和制度安排，在组织上容易让非精英进入，在行为上容易受非精英影响；另一方面，非精英缺乏独立的群体生活，因此容易受到精英的操纵和动员。

②这样一种不管是精英还是非精英都缺乏独立性和组织性的“群众社会”，非常容易被那些长于蛊惑的极端分子利用：他们把无知的“群众”煽动起来，进而利用强大的、激进的“群众”力量挟制那些温和然而软弱的精英，结果使群众运动在整个社会中泛滥。

(3)群众运动与西方民主制度之间的关系

他发现，群众运动与社会结构及其变迁之间没有必然的正面或负面联系。他认为，民主化过快和过慢都容易引发群众运动；城市和工业化的快速推进会破坏原来的社会联系纽带，造成大批被“连根拔起”的人，也会增加群众运动的危险。

(4)对该理论的评价

①康豪瑟的理论通篇强调社会纽带在防止群众运动、维护社会秩序过程中的砥柱作用：丰富的社会联系可以使精英和非精英有效地保持自己的独立性，抵制群众运动的诱惑，而缺少社会联系所造成的孤独感和漂泊感则使人容易受群众运动的牵引。

②这一观点在后来的社会运动研究中受到长期而持续的批判，因为大量实证研究表明，那些积极参加社会运动的人往往是那些社会联系非常广泛的人，那些离群索居的人反倒不容易参加社会运动。

## 三、论述题

**1. 西方社会运动理论主要有哪几种？这些理论的主要区别是什么？**

**答：**(1)西方社会运动理论主要有以下三种：

①资源动员论

a. 社会运动是理性地追求自己利益的正常行为，真正决定社会运动之兴衰成败的是一个运动的资源动员能力，包括获取的资源的总量和资源使用的效率。

b. 社会资源调动的关键在于领袖，社会运动领袖和组织的资源动员工作面临许多约束条件和竞争。

c. 二战后，美国社会运动出现了专业化的趋势。

②框架建构论

a. 参与社会运动是一种理性的行动，潜在的社会运动参与者都是理性人。

b. 强调对思想的动员。社会动员工作的实质，是建构一个概念框架，并向潜在的运动参考者"推销"，努力说服他们接受。

c. 框架建构是一个竞争性的甚至对抗性的过程。

③政治过程论

a. 坚持社会运动参与者是理性人这个基本理论假设，更关注"政治机会结构"对社会运动的发生和过程的影响。

b. 社会运动本质上是居于体制内的当权派与遭到体制排斥的"挑战者"之间的对垒。

c. 抗争事件的发生与政治环境之间呈曲线关系。在最开放和最封闭的政治体制下都不容易爆发抗争事件，最容易发生抗争事件的是那些正在从封闭走向开放的"混合"体制。

(2)三种理论的主要区别主要表现为：

①动员对象不同。资源动员论强调对资源的动员，而框架建构论强调对思想的动员。

②关注点不同。与资源动员论和框架建构论相比，政治过程论更关注"政治机会结构"对社会运动的发生和过程的影响。

**2. 试论集合行为的基本理论。**(南京林业大学 2017 年研)

**答：**集合行为的基本理论有以下五种：

(1)勒庞的集体心智理论

社会学关于集体行为的研究起源于法国社会心理学家勒庞的聚众研究。勒庞于 1895 年发表了《聚众：一个关于大众心理的研究》一书，认为聚众在行为逻辑上是情绪化的、非理性的，在后果上是破坏性的。这种状况的根本原因在于，每个人在独处时都是理性的、温和的；一旦进入一个群体，就会通过无意识、传染和暗示等心理过程而使心理趋于统一，形成一种"集体心理"。"集体心理"一旦形成，就会反过来控制和塑造个体心理。

(2)布鲁默的循环反应理论

美国芝加哥学派的代表人物帕克和布鲁默对个体臣服于集体心理的过程进行了深入的分析，认为这个过程实际上是一个"循环反应"过程。个人性的烦躁与盲目在社会互动与社会感染下会发展为"社会不安"。循环反应过程分为三个阶段：躁动、集体兴奋和社会感染。

(3)特纳和克里安的即时规范理论

特纳和克里安不同意集体行为发生就意味着社会处于失范状态，处于其中的个体是非理性的，是不受规范约束的观点。他们认为，即使在集体行为中，个体的行为仍然是理性的，是受规范约束的，只不过这个规范为新规范。正是个体对这个即时创造的新规范的遵从，保证了集体行为的一致性。环境所具有的高度不确定性是集体行为得以发生的前提。在新情况的处理中，人们互相模仿与强化行为模式从而形成新的规范。这种理论被成为"即时规范理论”。

(4)格尔和戴维斯的相对剥夺理论

戴维斯的“J曲线理论”从更宏观的社会心理结构，即一个社会中相对剥夺心理的状态及其变化趋势来分析集体行为。格尔认为，革命或集体暴力是“价值期望”没有得到满足时的攻击行为，能力与价值期望之间的落差会形成相对剥夺感。戴维斯认为，相对剥夺一直存在，真正能引起人们不满甚至反抗的是相对剥夺的突然加大。

(5)斯梅尔塞的“值累加理论”

美国社会学家斯梅尔塞认为，集体行为是特定社会结构的表现，履行着特定的社会功能，那就是解决社会问题。集体行为本质上是一种解决社会问题的非常规方式。社会行动具有价值、规范、动机、设施等四个要素，这四个要素逐级构成一个层级控制系统。而在社会问题发生时，部分人突破层级控制体系，企图迅速重构社会系统，而引发了不同层级的集体行为。同时集体行为发生需要有结构有利、结构性紧张、普适信念的发生和扩散、诱发因素、动员者参与以及社会控制等六个条件。

## 四、材料题

2010年2月20日至21日，关于山西一些地区要发生地震的消息通过短信、网络等渠道疯狂传播，由于听信“地震”传言，山西太原、晋中、长治、晋城、吕梁、阳泉六地几十个县市数百万群众2月20日凌晨开始走上街头“躲避地震”，山西地震官网一度瘫痪。21日上午，山西省地震局发出公告辟谣。

**请阅读以上案例，根据相关社会学知识，说明该现象属于何种社会行为，相关社会学理论解释是什么，该行为有什么危害，该如何避免和预防。**(广西民大2018年研)

**答：**(1)该行为的属性

这是一种集合行为。集合行为又称集体行为、大众行为，是指一种人数众多的、自发的无组织行为。谣言是从不知名的来源发出、通过非正式的途径而传播的信息。它往往是人们在某一广泛关心的事件情况不明，没有确切的事实根据的情况下，利用集体想象构造出来的。谣言传播本身就是一种集体行动，它也是各类集体行动的一个重要组成部分，是集体行动中的一个信息渠道。谣言可以是凭空捏造的，也可以通过对正确信息的加工、歪曲而成。

(2)有关集合行为的社会学理论解释

①斯梅尔塞的基本条件说

斯梅尔塞认为，集合行为实质上是人们在受到威胁、紧张等压力的情况下，为改变自身的处境而进行的尝试。集合行为的发生有六个“必要且充分”的基本条件：a. 环境条件；b. 结构性压力；c. 普遍情绪的产生或共同信念的形成；d. 诱发因素；e. 行为动员；f. 社会控制能力。按照斯梅尔塞的观点，如果没有了集合行为发生的条件，那么群体性事件就失去了发生的可能。

②模仿理论

该理论认为，当人们面临突发事件时，他们往往会处于丧失理智状态，失去自我控制能力，出现哭泣、吼叫、模仿等简单的初级行为。这时他们便会本能地彼此模仿，力求与在场的多数人的行为一致，由此导致集合行为的产生。群体性事件的发生是大多数人失去理智模仿他人行为的结果，如果在面临突发事件时人们可以理智地面对，就可以避免群体性事件的发生。

③感染理论

该理论认为集合行为是人们情绪感染的结果。当人们被愤怒的情绪感染时，群体性事件极有可能爆发。根据该理论，应采取措施尽早阻止人们情绪的爆发，并控制引起情绪事件的传播途径。

④紧急规范论

该理论认为，在集合行为中虽然没有群体规范，但面临突发事件时，人们之间通过互动会产生一种“紧急规范”。紧急规范一旦产生，同样会对在场者形成规范压力，迫使他们去仿效和遵从，从而产生集合行为。紧急规范理论往往将集合行为中最先出现又迅速得到其他人效法的某种行为方式看作是“紧急规范”。根据该理论，要避免群体性事件的发生，就必须在群体性事件的初期避免破坏行为的出现。

⑤匿名理论

匿名是指人没有明显的群体或个人标志。匿名理论认为，在集合行为中个体之所以会做出他平时很少出现甚至根本没有做过的越轨行为，是因为他处于匿名地位。人处于匿名时，没有明确的个人标志，不必承担破坏规范的后果，由此而产生责任分散的心理，同时，匿名状态也会使人的群体遵从性降低，这两个因素都会降低人的社会约束力，使他容易从事越轨行为。从这个理论来看，要避免群体性事件最好是避免陌生人所组成的群体，并且在解决群体性事件时不能由陌生人出面，在处于匿名状态时，愤怒的人是具有强攻击性和弱社会约束力的。

⑥控制转让理论

该理论认为，正常情况下，每个行动者都控制着自己的行动，而在集合行为中，行动者已经把对自身行动的控制转让给他人。这种控制转让并不是一时冲动的感情用事，不是对外界刺激的本能反应，而是理性行动者采取的有目的的明确行动。当人们认为保持自主地位所付出的代价超过所获利益时，他们就可能将控制转让给他人。控制转让的目的是为了最大限度地获取效益。大多数成员转让控制并非必然导致恐慌或聚众生事，也有可能导致某种秩序井然的活动，转让控制的结果如何取决于接受转让的行动者最初采取的行动。如果接受转让者控制不了形势，就可能出现集合行为。

(3)集合行为的危害

集合行为的组织化和制度化程度都比较低，程度难以控制，成员行动不再受仔细的思考和审慎的判断的控制，卷入行动聚众的个体因为与他人的共同兴奋而获得一种力量感，获得一种自我膨胀和不可战胜的感觉，从而容易做出破坏性行为，对社会具有潜在的危害性。

(4)集合行为的避免及预防

传言和谣言的终结有两种方式：①由于很快出现了有力的事实肯定或否定了传言和谣言的内容，得到证实的传闻就进入了正式的传播渠道，而被否定的传闻则立即寿终正寝；

②传言或谣言在长期得不到事实证明或否定后自行消失。

避免和预防集合行为，要结合理论。理论假设是，群体性事件的参与人是理性的，那么在解决这一类群体性事件的方案也是明确的，只要提供他们所认为能解决他们所要得到的利益时，他们的群体行为也就不攻自破。

# 第四编　社会运行与社会建设

## 第十七章　社会问题

### 17.1　复习笔记

【知识梳理(庖丁解牛)】

- 社会问题
  - 什么是社会问题
    - 社会问题的含义
    - 社会问题构成要素
  - 社会问题的一般特征及其类型
    - 社会问题的一般特征
      - 普遍性和变异性
      - 复合性和周期性
      - 破坏性和集群性
    - 社会问题的类型
      - 普遍性与特殊性社会问题
      - 结构失调性与功能失调性社会问题
  - 社会问题的理论研究
    - 社会整合理论
    - 文化失调理论
    - 社会解体理论
    - 价值冲突理论
  - 社会转型与社会问题
    - 当代中国社会问题的成因
    - 当代中国社会问题的特征：交织性、突发性、多面性
    - 当代中国突出的社会问题
      - 人口问题
      - 环境问题
      - 犯罪问题

【考点难点归纳(去粗取精)】

**考点一：社会问题概述　★★**

**1. 社会问题的含义与特征(见表17-1)**

表 17-1 社会问题的含义与特征

| 要点 | | 具体内容 |
| --- | --- | --- |
| 含义 | | ①广义。泛指一切与社会生活有关的问题；<br>②狭义。特指社会的病态或失调现象，在社会运行过程中，由于存在某些障碍因素，影响社会全体成员或部分成员的共同生活，对社会正常秩序甚至社会运行安全构成一定威胁，需要动员社会力量进行干预的社会现象 |
| 特征 | 普遍性和变异性 | ①普遍性。指社会问题无所不在、无时不有的特性。<br>②变异性。指社会问题在不同地区、不同民族和不同时间里各具特点的性质。具体又可分为空间和时间上的变异性 |
| | 复合性和周期性 | ①复合性。源于社会系统的复杂性，是指社会问题的产生原因、表现形式以及社会后果等方面的复杂性质。<br>②周期性。源于社会冲突的永恒性，是指社会问题在一定时期内反复出现的特性；表现为社会问题在一定时期内反复出现，危害社会运行安全 |
| | 破坏性和集群性 | ①破坏性。指社会问题对社会运行和人们的社会生活具有威胁、损害的破坏性作用。<br>②集群性。指社会问题往往不是单个独立地出现，而是成群成串地出现，这使得社会问题的破坏性作用更大 |

## 2. 社会问题的类型（见表 17-2）

表 17-2 社会问题的类型

| 类型 | 具体内容 |
| --- | --- |
| 普遍性社会问题与特殊性社会问题 | 按社会问题产生的历史条件与地区差异可分为：<br>①普遍性社会问题。指在一定时期内普遍发生在各个地区或国家的社会问题。<br>②特殊性社会问题。指在一定时期内发生在某类或某个地区或国家的社会问题 |
| 结构失调性社会问题与功能失调性社会问题 | 按社会问题产生的根源可分为：<br>①结构失调性社会问题。指由于社会结构失调而产生的社会问题。<br>②功能失调性社会问题。指由于社会结构存在某些障碍或病变而没有发挥应有功能所产生的社会问题 |

拓展：当代社会学家认为，社会是一个有机整体，如果社会生活的某一方面由于社会变迁的作用，与社会其他方面以及与社会整体之间发生脱节和功能失调，必然导致社会秩序紊乱，出现混乱状态，从而影响到社会多数成员的正常生活，成为社会问题。

## 考点二：社会问题的理论研究（见表 17-3） ★★★

表 17-3 社会问题的理论研究

| 理论 | 具体内容 |
| --- | --- |
| 社会整合理论 | ①社会整合是指社会不同的因素、部分结合成为协调统一的社会整体的过程，又称社会一体化。<br>②该理论主要分析的问题：a. 社会整合形成的原因；b. 社会整合与个人是什么关系；c. 团体意识对社会和个人起什么作用。<br>③社会整合有两种基本类型：a. “机械团结”；b. “有机团结” |

续表

| 理论 | 具体内容 |
| --- | --- |
| 文化失调理论 | ①该理论认为，现代的许多社会问题都是由人们的道德观念不能与技术发展相适应引起的，这种文化严重失调现象是现代社会问题产生的主要根源。<br>②社会变迁是一种文化现象，应该从人的文化方面而不是人的生物本性中去寻求社会变迁的原因。<br>③当一种文化具备必要的思维能力，并存在一定需求时，它就会通过组合现存的物质文化要素和非物质文化要素，产生新的要素，这就是发明。社会变迁就是社会在一种发明打破旧均衡状态后做出调节以寻求新的均衡的过程 |
| 社会解体理论 | ①社会解体是指社会规范对社会成员的约束力减弱、社会凝聚力降低，使原有的社会秩序无法维持下去，而逐渐被新的社会制度替代的过程。<br>②该理论认为，以亲属、情爱、朋友等关系为内容的非正式关系对人们社会行为的影响远比正式的社会关系（如同事关系、上下级关系等）更为重要 |
| 价值冲突理论 | ①由于所处的社会地位和经济利益不同，人们对同一问题会有完全不同的价值评判标准和不同的立场、态度等，因而在采取某种措施改变某一社会现象时，常常会引起群体间无休止的冲突。<br>②提倡研究社会利益，主张以价值冲突观点来研究社会问题。<br>③主张以交涉、达成协议和使用权力三种方法来解决社会问题中存在的利益与价值分裂的情况 |

**拓展：**社会问题的原因可以从以下几个方面来认识：①人类社会的发展以及人为破坏造成自然生态失衡；②社会生产力发展落后、总供给和总需求不平衡，是产生各种社会问题的根本原因之一；③社会制度的不完善、社会体制的不健全也是产生社会问题的基本原因；④政策失误也是产生某些社会问题的原因之一；⑤社会问题还源于社会价值观念的冲突或社会态度的变化，其中心理因素起了很大的作用。

## 考点三：社会转型与社会问题（见表 17-4）★ ★★★

表 17-4 社会转型与社会问题

| 要点 | 具体内容 | |
| --- | --- | --- |
| 当代中国社会问题的成因 | ①历史遗留问题。指在我国社会转型加速期之前（1978 年以前）就已经存在的社会问题，一直延续到今天并对中国社会转型产生重大影响，如区域发展不平衡的问题。<br>②转型中的社会问题。指与社会结构、社会运行机制转换相伴生的社会问题，如社会保障问题、物价问题 | |
| 当代中国社会问题的特征 | 社会问题的交织性 | 由于我国社会结构全面转型，各种社会问题交织在一起，互相联系、互相影响、互相牵连，不同问题互为解决的前提 |
| | 社会问题的突发性 | 社会转型速度很快，导致大量社会问题会在短时期内大量产生，如果政府部门的应对措施不力或者应对迟缓，就会使社会问题在短时期内迅速扩展并聚集破坏力量，对社会运行产生巨大影响 |
| | 社会问题的多面性 | 在社会转型过程中，各种价值观念充斥着社会，人们对同一社会现象的看法不一、评价不一 |

续表

| 要点 | 具体内容 | |
|---|---|---|
| 当代中国突出的社会问题 | 人口问题 | 指人口的数量、质量以及人口结构等要素与人类的物质资料生产和社会的良性运行及发展不和谐、不相称的现象 |
| | 环境问题 | ①环境问题是一个世界性的社会问题，西方发达国家在公众舆论的压力下率先重视并致力于解决环境问题。<br>②我国是一个发展中国家，在社会现代化进程中同样深受环境问题的困扰，对环境问题重要性的认识也有一个逐渐深入的过程 |
| | 犯罪问题 | 中国作为一个处于转型中的迟发展国家，势必要经历经济高速发展带来的高犯罪率，同时还要承担社会结构急剧变化引发的犯罪问题 |

拓展：社会问题一般经过三个阶段，即群体警觉阶段、寻求对策与政策制定阶段、改革即解决问题阶段。在三个阶段中，不同群体的利益和价值互相发生摩擦。

## 17.2　课后习题详解

**1. 构成社会问题的要素是什么？**

答：参见本章考研真题与典型题详解简答题第1题答案。

**2. 为什么说社会问题具有普遍性？**

答：社会问题的普遍性是指社会问题无所不在、无时不有的特性。

(1)社会问题无所不在是空间上普遍性的表现，即社会问题在任何社会、任何民族、任何国家或地区里都是普遍存在的。

(2)社会问题无时不有是时间上普遍性的表现，即从人类社会诞生之时起，社会问题就始终伴随社会的运行与发展，一刻也没有消失过。

**3. 试以我国当前存在的某一个具体的社会问题为例，分析该问题产生的社会原因及其特征。**

答：以人口问题为例，分析该问题产生的原因及其特征。人口问题是指人口的数量、质量以及人口结构等要素与人类的物质资料生产与社会的良性运行及发展不和谐、不相称的现象。

(1)我国人口问题产生的原因

①历史原因。二十世纪五六十年代错误的政策导向的影响，人口过速增长，人口基数过于庞大，使得人口增长的趋势一直延续到今天。并且目前我国的人口结构、性别结构也出现了问题。

②社会转型原因。我国目前正处于社会转型时期，社会结构涣散，社会运行机制处于不良状态，导致我国社会保障、教育等体系出现问题，出现了人口的身体素质不高，人口的文化素质较低等现象。

(2)我国人口问题的特征

①交织性

社会问题的交织性是指各种社会问题交织在一起，互相联系、互相影响、互相牵连。我国人口问题与贫困问题、劳动失业问题也是交织在一起、相互影响的，解决其中任何问题都会涉及到其他问题。

②多面性

社会问题的多面性是指在社会转型过程中，各种价值观念充斥着社会，人们对同一社会现象的看法不一、评价不一，被有些人视为十分严重的社会问题，在另外一些人看来可能是社会进步的表现；被一些人认为要动用社会力量来解决的社会现象，另外一些人却可能认为无须社会干涉，应该由其自生自灭。针对我国目前的人口问题的解决办法，有人认为应该继续坚持计划生育政策，但是有的人却认为应该实施开放二胎政策。

③复杂性

我国人口问题的成因是复杂的、多因素的，表现为：

a. 我国人口的基数大，新增人口多。

b. 我国的文化传统是多子多福，而且还有较严重的重男轻女现象，因此，这也是导致我国人口增多的原因。

c. 我国五六十年代的人口政策失误也加速了我国人口的增加。

d. 我国目前处于社会转型时期，价值观多元但模糊，社会各种运行机制出现问题，这对于人口质量的提高有较大阻碍作用。

**4. 试从“文化堕距”概念和理论的角度分析相关社会问题及其产生的原因。**

**答：**文化堕距是美国社会学家奥格本在他的文化失调理论中提出的，他认为社会变迁是一种文化现象，应该从人的文化方面寻求社会变迁的原因。

(1)概念与理论

“文化堕距”又称“文化滞后”，是美国社会学家威廉·奥格本在研究文化变迁的特性时提出的，后被用于有关文化变迁或社会解体的研究中。它是指因文化丛中某一部分的变迁快于其他部分而产生的不平衡状态。一般说来，物质文化要比非物质文化(有时也称为“适应性文化”)发展速度更快。这种滞距持续时间长短不一，有时甚至要经历许多年。文化失调理论认为，现代的许多社会问题都是由于道德观念不能与技术发展相适应引起的，这种文化严重失调现象是其产生的主要根源。

(2)相关社会问题的分析及其产生原因

文化堕距来自于文化失调理论，目前我国犯罪问题可以用此理论来解释。改革开放以来，我国的犯罪率有几次高峰期，并且呈现出越来越高的趋势。虽然我国在改革开放以来，经济有了极大的增长，人们的生活水平也有了很大的提高，这些物质部分有了很大的改变；在人的精神文化方面，人们的价值观也在改革开放中发生了重大变化，更加多元化，但是也出现了很大一部分的价值观混乱的情况，精神文化部分没有得到同样的发展，导致犯罪率上升。

**5. 当代中国的犯罪状况有哪些特点？**

**答：**中国作为一个处于转型中的迟发展国家，势必要经历经济高速发展带来的高犯罪率，同时还要承担社会结构急剧变化引发的犯罪问题。当代中国犯罪状况的特点主要包括：

(1)改革开放以来，我国犯罪率逐渐呈上升之势，并且出现了三个增长高峰，在2000

年以后的增长率下降，但是在2009年时受到金融危机的影响，又出现了大幅度上升。这些高峰期的出现与我国的改革开放大致同步。

(2)目前我国正处在发展的高峰期阶段。我国自1978年改革开放以来，犯罪率呈现急剧上升的状态。

(3)犯罪行为种类越来越多，使得社会治安形势越来越错综复杂。其中，暴力犯罪、财产犯罪等案件大量增加。在犯罪案件中，有一类犯罪引起了社会的广泛关注，即官员的贪污腐败案件。进入21世纪之后，这类案件有涉案官员的级别高、涉案金额大、涉案人员多的发展趋势。

## 17.3 考研真题与典型题详解

### 一、选择题

根据有关社会问题的社会解体理论，未达到社会解体程度而较常见的社会解组的状态，除文化冲突外，主要还有以下何种表现形式？(　　)(中国青年政治学院2007年研)

A. 文化滞后　　B. 失范　　C. 价值崩溃　　D. 社会解体

【解析】社会解组有三种形式：①失范，即社会生活中没有一套现存的社会规则和规范来指导人们应该如何行动；②文化冲突，即社会生活中两种相互对立的价值规范和行为方式并存，使人们无所适从；③价值崩溃，即价值规范与行为方式完全紊乱，人们各行其是。

【答案】BC

### 二、概念题

1. 社会问题(吉大2018年研；宁夏大学2018年研；浙江理工2018年研)

答：社会问题有广义和狭义之分：①广义上，泛指一切与社会生活有关的问题；②狭义上，特指社会的病态或失调现象，是指在社会运行过程中，由于存在某些使社会结构和社会环境失调的障碍因素，影响社会全体成员或部分成员的共同生活，对社会正常秩序甚至社会运行安全构成一定威胁，需要动员社会力量进行干预的社会现象。

2. 结构失调性社会问题(南航2018年研)

答：结构失调性社会问题，是从社会问题产生的根源的角度划分的一种社会问题。它是指由于社会结构失调而产生的社会问题。社会结构，是指社会各组成要素相互联系的联结方式。当这种联结遭到破坏而扭曲变形，或这种联结方式与社会发展不相适应时，就会产生结构性失调。这种失调的社会后果有两个方面：一是导致社会秩序混乱，二是导致社会运行迟滞，这两种情形都将产生结构失调性社会问题。

3. 社会解体(河北大学2015年研)

答：社会解体是与社会整合相对应的一个概念，是指社会规范对社会成员的约束力减弱、社会凝聚力降低，使原有的社会秩序无法维持下去，而逐渐被新的社会制度替代的过程。其主要表现为形式主义泛滥、各种规范因素的作用减弱，处在这种社会状态中的每一个人，其社会义务观念必然混乱，导致社会中的各个成员往往只关心自己的兴趣、利益、自由、权利和享乐等，互不信任，造成社会的混乱。

## 三、简答题

**1. 什么叫社会问题？请简述社会问题的构成要素。**（华中农大2010年研）

**答：**（1）社会问题的含义

①广义上，泛指一切与社会生活有关的问题。

②狭义上，特指社会的病态或失调现象，是指在社会运行过程中，由于存在某些使社会结构和社会环境失调的障碍因素，影响社会全体成员或部分成员的共同生活，对社会正常秩序甚至社会运行安全构成一定威胁，需要动员社会力量进行干预的社会现象。

（2）社会问题的构成要素

①必须有一种或数种社会现象产生失调情况。

②这种失调影响了许多人的社会生活。

③这种失调引起了社会多数成员的注意。

④这种失调必须运用社会力量才能予以解决。

**2. 很多农村小学面临撤离和合并，分析此现象对于村庄发展的影响。**（北大2016年研）

**答：**中国大规模的“撤点并校”实践始于20世纪90年代末期，作为其结果，大量的农村小学和教学点不断消亡。我国农村广泛进行的以“撤点并校”为导向的学校布局调整对村庄发展带来的积极和消极影响如下：

（1）积极影响

①一定程度上促进了教育资源合理配置，有利于缩小城乡差距，促进教育公平。

②减少政府及当地财政支出。

（2）消极影响

①由于部分教育权力运作的不透明与乡村家长和学生意见的缺失，以及裁撤本身缺少前期调研而过于简单化、盲目化、急速化，基层在“撤校”的实践中缺乏对当地人口密度、交通状况、农民收入等的考察，导致“撤点并校”这一国家政策在基层的实施效果出现偏差，有些家庭的孩子甚至不得不绕远路上学，家长迫不得已在县城买房。可见，虽然“撤点并校”本身是减少了政府财政支出，但成本几乎转移到了村民身上，导致乡村家庭负担加重。

②现代化的过程其实是城市化的过程，在这一进程中，乡村文化和乡村社会已然遭受了严重冲击并开始衰落，而“撤点并校”运动造成这一趋势的加速，中国传统文化里一村一校文化的消失，必然给乡村带来极大的不适应感，也会导致乡村文化的衰落和乡村社会荒芜的加速。

③“撤点并校”带来更为深层的乡村文化断裂和乡土认同的迷失。在双重隔离下乡村认同感渐渐丧失，越来越成为身在异乡的陌生人，如此的分隔教育造就的不再是认识乡村、接纳乡村、亲近乡村的一代人，他们的心灵将是漂泊无根的，是贫乏而不是丰厚的，是分裂矛盾而不是统一的，他们通过学校教育无法获得完整的自我认同与爱的归属感，后果便是吉登斯所说的自身存在性焦虑的出现和持续。

④“撤点并校”后一部分家庭迁出乡村，在城市买房，这又在一定程度上导致乡村人口流失。

## 四、论述题

**1. 以中国的现实社会问题为例阐述社会问题的一般特征。**(河北大学 2018 年研)

**答:** 一般地说，社会问题的特征主要表现为：普遍性和变异性、复合性和周期性、破坏性和集群性。

(1)普遍性和变异性

①社会问题的普遍性是指社会问题无所不在、无时不有的特性。

a. 社会问题无所不在是空间上普遍性的表现，即社会问题在任何社会、任何民族、任何国家或地区里都是普遍存在的。

b. 社会问题无时不有是时间上普遍性的表现，即从人类社会诞生之时起，社会问题就始终伴随社会的运行与发展，一刻也没有消失过。

②社会问题的变异性是指社会问题在不同地区、不同民族和不同时间里各具特点的性质。具体又可分为空间和时间上的变异性。

a. 空间上的变异性表现为在不同的地区、民族或社会里，社会问题的表现形式和性质各不相同。

b. 时间上的变异性表现为在不同历史时代里，各地区、民族或社会的社会问题的表现形式和性质各不相同。

③所有这些社会问题的表现形式和性质是各不相同的，这是社会问题在空间上的普遍性与变异性的统一。同样地，在各个历史发展阶段和社会运行时期，各民族、各地区或社会以及各社会形态里，社会问题不仅普遍存在而且其表现形式和性质也是各不相同的，这是社会问题在时间上普遍性与变异性的统一。

当代中国的社会问题既不同于以往中国的社会问题，也不同于其他国家的社会问题，有其自身的规律和特点。如中国的农民工问题。

(2)复合性和周期性

①复合性

a. 社会问题的复合性是指社会问题的产生原因、表现形式以及社会后果等方面的复杂性质，即社会问题是由多种因素复合而成的，常常是几种社会问题同时并存，并引起一系列破坏性的社会后果。

b. 复合性源于社会系统的复杂性。社会运行是多种社会力量叠加、复合、交融的过程，也是多种社会矛盾相互冲突而保持动态平衡的过程。在这一过程中，各种社会力量和社会矛盾既有相互协调的一面，也有相互冲突的一面，前者是推动社会运行的力量，后者是阻碍社会运行的因素，也是导致社会问题的根源。如果能有效地调解这种冲突，则有可能将阻碍社会运行转化为推动社会运行。

②周期性

a. 社会问题的周期性是指社会问题在一定时期内反复出现的特性。

b. 周期性源于社会冲突的永恒性。虽然我们可以调解社会冲突但不可以消除社会冲突，因为社会冲突也是社会运行的动力之一，没有社会冲突也就不会有社会运行。正因为如此，经过调解的社会冲突会在一定程度上得到缓解，但在一定时期内又会凸显出来，只不过是以另一种形式出现而已。当社会冲突激烈到一定程度时，就表现为社会问题。

(3)破坏性和集群性

①社会问题的破坏性是指社会问题对社会运行和人们的社会生活具有威胁、损害的破坏性作用，如犯罪问题危害了人们的正常生活，破坏了社会运行的正常秩序。可以说，破坏性是社会问题最基本的特征。量多、面广的社会问题的破坏性作用，正是引起社会多数成员普遍关注的主要原因。

②社会问题的集群性是指社会问题往往不是单个独立地出现，而是成群成串地出现，这使得社会问题的破坏性作用更大。众多集群出现的社会问题往往有一个或数个核心，其他社会问题都是核心社会问题所引发、所衍生的。

**2. 什么是社会问题？对社会问题的界定有哪几种不同的分析视角？**

**相关试题：**

**(1)试以价值冲突理论分析中国现代化发展历程中出现的社会问题**(论述题，南京师大2018年研)

**(2)试评述社会问题的主要理论。**(安徽师大2018年研)

**(3)简述社会病理学理论的主要观点。**(简答题，山东大学2017年研)

**答：**(1)社会问题的含义

参见本章考研真题与典型题详解简答题第1题答案。

(2)对社会问题界定的分析视角

①社会病理学

斯宾塞把社会看成是一个结构复杂的有机体，政府是有机体的头脑，邮政服务是有机体的神经系统，警察是有机体的长手臂。各部门相互依赖，凡妨碍有机体正常运行的人们或情况皆可视为社会问题。社会问题就像有害菌体侵袭人类健康一样影响人类社会，必须加以清除。他认为，社会病态是指社会关系中不协调的现象，包括个人违背了社会道德的期望，无法适应社会生活，无法以独立自给的姿态奉献社会，并促进社会平稳持续进展。同时，剧烈的社会变迁使某些个人的社会化无法顺利进行甚至失败等。

②社会解组论

社会解组论认为，社会是一个复杂而充满活力的系统，是一种有组织的情境，在这个社会系统中，各个部分是相互联系、相互协调的。一旦出现某事件改变了某部分功能，其他部分必须重新协调以适应这种变化，否则会使各部分彼此间脱节，丧失其效用。各部分之间缺乏适应或适应不良就会产生社会解组现象，逐渐造成社会问题。

③价值冲突理论

价值冲突理论认为，由于所处的社会地位和经济利益不同，人们对同一问题会有完全不同的价值评判标准和不同的立场、态度等，因而在采取某种措施改变某一社会现象时，常常会引起群体间无休止的冲突。该理论提倡研究社会利益，主张以价值冲突观点来研究社会问题，认为冲突不仅是社会生活中的一个主要事实，而且也是许多社会问题的主要成分之一，所有的社会问题都源于“文化价值上的冲突”。正是由于社会生活中存在着群体间价值观念的差异，一系列社会问题才产生。价值冲突理论主张以三种方法来解决社会问题中存在的利益与价值分裂的情况，这三种方法是交涉、达成协议和使用权力。

④偏差行为理论

偏差行为是指社会成员的行为偏离了某地位所规定的角色行为，违反了社会所期望的规范。一种观点认为，社会问题或偏差行为的产生不完全是价值冲突的结果，也不一定是社会解组造成的，而是社会提供给人们的机会不均等，使得一部分人通过合法的途径可以顺利达到目标，而另一部分人却没有合法的途径，只好铤而走险，参与偏差行为。另一种观点认为，偏差行为的产生虽受社会解组的影响，但并非由社会解组直接造成，偏差行为是不恰当的社会化的结果。偏差行为理论强调的是角色，把研究重点放在偏差行为产生的原因、偏差行为的系统以及对偏差行为的社会控制等方面。

⑤标签论

标签论源自米德的互动理论。标签论认为，社会问题就是对违反社会规范或社会期望所产生的社会反应。在社会群体中，偏差的产生是源于社会为那些犯法、构成偏差的人制定规则，并且还将这些规则应用到特别人物身上，将他们贴标签为“外来者”。因此，偏差并非个人行动的本质，而是由个别人利用规则制裁犯罪者而产生的结果，偏差行为者亦即被贴上标签的人，偏差行为即为人们加以标签的行为。

⑥社会建构主义

社会建构主义认为，社会问题的出现是社会建构的结果。社会建构主义强调主观行动对客观事实的建构，它要搞清楚人们主观讨论的焦点问题本身是什么，即“人们主观认定的社会问题实际上是什么样子的”，“怎样将问题开始认定为问题的”，“其他人对被认定为问题的概念的反应是什么”，“将这种事态界定为问题的后果是什么”等等。

⑦批判理论

批判理论对社会问题的研究视角与前面几种理论有很大的不同，它的主要着眼点放在宏观社会结构、社会制度与阶级关系方面。批判理论认为，社会问题之所以成为问题，完全是由统治阶级或者是政治权力和其他强权一手造成的，社会问题产生的根源是不平等、不合理的社会制度。因此，恢复人的基本价值，调整统治阶级与被统治阶级之间的关系，是解决社会问题最深层和最根本的方法。

**3．请使用相关社会学知识和理论尝试解释和分析人口问题、贫困问题、环境问题的原因和形成机制，并提出自己的看法。**

**相关试题：**

**(1)简要评述贫困文化论。**（中央民大2018年研）

**(2)环境问题的结构功能主义模式。**（南航2018年研）

**答：**(1)人口问题产生的原因、形成机制及看法如下：

①马尔萨斯的人口论

马尔萨斯认为，在人类永恒的性欲驱使下，人口以几何级数增长，而土地、粮食和其他物质资源则是以算术级数增长。这样，人口的增长将会导致资源的过度开发和利用，同时也降低劳动力的价值和食物供应量，最终会使更多的人生活在贫困之中。为防止人口过快增长，马尔萨斯提出通过战争、疾病和贫困来对人口进行“积极抑制”。

按照马尔萨斯的观点，人口问题产生的原因在于人口的生物性自然规律，而人口的形成机制是人口与土地增长级数之间的差别。虽然人口在呈几何级数增长，但是土地、物质等人类所需的物质资源是以算术级数在增长，人口增长的速度远远超过自然物质资源的增长速度，势必会带来物质资源供应不足，造成二者发展不相协调导致人口增长成为影响自身发展的社会问题。

②个人看法

马尔萨斯人口论的意义在于，他向人们提出了人类该如何积极地预防人口的过快增长和过度人口问题。但是，他过于强调人口增长的生物性自然规律，对影响人口增长的社会、文化适应性机制及弹性发展认识不够，其提出的预防人口过快增长的积极抑制方法，也有失偏颇。

个人认为，人口问题是关乎人自身发展的重大问题，涉及到人的自然性与社会性的关系问题，一方面，人有繁衍后代、延续生命的自然需求，另一方面，人又不得不考虑整个社会的承受能力。因此，处理好人口问题，既要满足人类的自然增长需要，又要对其超出必要限度的想法和行为进行有效规范和控制。就这一点而言，我国制定并推行计划生育政策是必要且合理的。

(2)贫困问题产生的原因、形成机制及看法如下：

①贫困问题的理论解释

a. 个体主义观点

贫困的个体主义观点一般将贫困的原因归咎于个人，认为任何人都有同样的、通过努力工作获得发展的机会，如果一个人陷于贫困，那肯定是由于个人的原因。这些原因包括个人经济上的失败、遗传因素、个人的道德品质和不良生活方式、家庭环境等。

b. 贫困文化论

按照贫困文化论的解释，贫困本身实际上表现为一种自我维持的文化体系，即贫困文化。穷人由于长期生活于贫困之中，结果形成了一套特定的生活方式、行为规范和价值观念，诸如屈从意识、不愿意规划未来、没有实现理想的能力以及怀疑权威等等。此种类型的亚文化一旦形成，便会对周围的人，特别是对穷人的后代，产生影响，从而代代相传，贫困本身也就得以在此种文化的约制与保护下不断延续。

c. 结构主义理论

结构主义理论对贫困的解释主要包括功能论、冲突论、转型论等不同观点。

功能论认为，贫困是所有社会都普遍存在的一种现象，它的普遍存在证明了其自身的合理性，即它对社会系统一定发挥着某种功能，满足着社会运行的某种需要。

冲突论认为，社会中的贫困现象主要是各种社会资源(特别是权力资源)分配不平等的结果。穷人由于在社会的经济过程、政治过程以至社会生活中所拥有的资源很少，长期处于无权、受忽视和受歧视的状况，不能维护和获取自身的正当利益，所以陷于贫困，甚至长期延续其贫困状况。

转型论主要是从社会变迁的角度看待贫困问题，认为特定的社会转型过程也可以改变贫困者的构成，“制造”新的贫困阶层。

②个人看法

个人认为贫困问题更多地不是个人问题，而是社会层面的问题，因为贫困问题的长期存在，其严峻程度已经足以影响整个社会的良性运行和协调发展。因此，贫困问题的解决，既要鼓励倡导个人的努力争取，同时更加强调和注重外部社会条件的创造和改善，推动、激励个人主动从贫困的困境中摆脱出来。为此，冲突论所倡导的促进社会资源，特别是权力资源的公平分配，对穷人进行赋权、维护其正当权益的做法，是非常值得去尝试的。

(3)环境问题产生的原因、形成机制及看法如下：

①环境问题的理论解释

社会学关于环境问题的阐释大致上有三种主要模式，即结构功能主义模式、社会冲突论模式和建构主义模式：

a. 结构功能主义强调社会均衡，它认为社会系统是一个有机整体，由对社会系统发挥功能的、相互联系的各个子系统共同组成，一个子系统的变化会引发其他子系统的相应变化。

b. 社会冲突论强调社会系统内部的紧张与对立，它认为社会秩序是建立在强制基础上的，社会系统内部始终存在着不平等，特别是权力分配的不平等。掌握权力的人总是压制没有权力的人，并规定着社会上“适当”的价值观和行为方式，控制着整个社会的进程。

c. 建构主义将人类社会与自然环境之间的关系理解为一种文化现象，环境问题之所以产生，或者特定的环境状况最终被“确认”为环境问题，实际上反映的是不同群体之间意见竞争的暂时结果，这种结果的出现源于一系列互动工具与方法的使用，并且涉及到权力的运用。

②个人看法

个人认为环境问题的产生很大程度上是由于工业革命以来人类对自然的不合理开发和利用造成的人与自然之间不协调的关系。作为人类生存与发展的外在条件，环境与环境问题必须受到人们充分认识和关注。人类既能用科技手段利用自然、改造自然、征服自然，也能借助于科技力量保护自然、发展自然。因此，为了更好地维护资源、保护环境，应该倡导理性的社会行动，抑制和约束超前消费、不合理消费、过度消费的人类行为。

**4. 论述失业的社会危害。**(中央财大 2018 年研)

**答：**失业是指具有劳动能力和劳动意愿的劳动者未能获得但目前正在寻找有报酬或经营收入的社会劳动的行为。失业的社会危害主要包括：

(1)失业会直接对社会经济造成损失

失业在一定程度上使得人力资源被闲置与浪费。对于个人而言，失业会导致其劳动能力在此期间被永久浪费，造成人力资源的磨损。另外，失业使劳动者减少或丧失经济收入，从而使其不得不减少社会消费，无法创造劳动价值，甚至还有可能限制下一代劳动力的再生产。

(2)失业会造成各种社会问题

①贫困。在失业的情况下，社会成员正常的经济生活中断，收入大幅度下降或丧失，因而处于困窘的境地。另一方面，我国相关的社会保障制度尚不完善，如果失业问题长期无法解决，失业人口的基本生活将会受到很大影响，进而有很大可能陷入贫困。

②贫富分化。失业人口更容易沦为社会贫困阶层，而这也直接会导致社会收入差距拉大，甚至造成少数家庭的基本生活失去依托。

③不良职业盛行。由于失去生活来源，部分失业人员因生活所迫，只能从事一些不良职业。当然，不能说这些失业人员主观上愿意从事一些不体面的职业，如果其能顺利找到

正当职业谋生，他们中的很大一部分就有可能脱离不良职业。

④犯罪。有些失业人员由于受自身文化素质和技能所限，就业门路狭窄，靠正常手段和渠道谋生困难。这部分经济状况较差和教育水平较低的失业者，其自我约束力也相对较差，遇到某些诱因就有可能走向犯罪。

(3)失业问题会在一定程度上对政府与政权造成威胁

①群体压力问题。严重的失业会造成大量城乡人口的贫困，在一定意义上，这些贫困的失业者已经成为一个巨大的特殊群体。在农村，由于农民负担加重和生产成本的上升，外出务工又会比较困难，贫困人口数量不断增加。城市中，由于失业者无事可做，贫困人口迅速攀升。

②对政府决策产生影响。严重的下岗失业问题对群众的心理承受能力造成了较大的冲击，许多实际问题只能通过上访的途径才能解决。

③集体行动。部分下岗失业者的下岗时间与地点往往比较集中，且其保持着较强的群体性，很容易形成共同的行动目标，从而转化为影响社会稳定的集体行为。

④一定程度上影响政权基础。严重的失业问题，一定程度上导致公众对于执政党和政府的不信任，直接危及到政权的存在基础。

## 五、材料题

1. 据某一期的《瞭望》新闻周刊报道，在过去一年里，中国的经济社会资源更加朝着有利于全面、协调、可持续发展的目标合理配置，经济社会发展进入近十几年来最好的时期；与此同时，一些社会问题形势十分严峻，一些不同于其他国家和地区发展经验的特殊因素须引起高度警惕：

——农民失地引起的社会矛盾加剧，在目前快速的工业化和城市化过程中，失地农民的境况已经成为一个严重的社会问题。上访事件明显增多，其中相当一部分是因失去土地而又未得到妥善安排、公正补偿的农民。按征用土地量和农民人均土地量的保守估算，目前全国有约4000万失地农民，导致这一现象的原因主要是土地征用的法律制度严重滞后于发展，造成土地征用补偿安置费偏低。

——收入差距进一步扩大。根据2004年全国5万户城镇住户抽样调查结果，上半年最高10%收入组人均可支配收入13322元，是全国平均水平的2.8倍；而最低10%收入组人均可支配收入1397元，仅为全国平均水平的29%。高低收入组人均收入之比为9.5:1，比去年同期9.1:1有所扩大。区域之间、行业之间的收入差距同样呈扩大趋势。

——就业局面依然面临长期困难。从劳动力供求总量上看，城镇新生劳动力加上现存的下岗失业人员，每年城镇需要就业的劳动力达到2400万人，每年新增的就业岗位最多900万个左右，劳动力供大于求的矛盾十分突出。此外，大学生就业难成为新的就业问题。

——减少贫困仍然是新世纪的重任。改革开放以来，中国贫困人口从2.5亿减到2900万，贫困发生率从30%降至3%。但目前农村的绝对贫困标准是农民人均年纯收入在625元以下，低于人均年收入约900元的联合国国际贫困测算标准。中国目前正处在减贫的瓶颈阶段。

——反腐败要注重政治体制改革。从中国纪检机构、监察机构、检察机构、审计机构投入反腐败的大量人力物力来看，反腐败的力度和成本很大，但腐败大案要案新案仍不断出现，所以应当渐进地推进政治体制改革，完善社会主义民主法制，完善干部任免的公开、公正程序，逐步建立公务人员的财产申报制度、离职资产审查制度等。

——可持续增长受到资源、能源和环境的严重制约。中国人均资源占有量较低，资源利用率低，浪费严重，污染物排放总量长期居高不下，远远超过环境自净能力。一些流域、城市的水和大气污染十分严重，部分地区生态破坏的程度还在加剧，土地荒漠化日趋严重。

——注意经济快速增长时期的社会心态变化。近两年，中国经济高速增长，但是低收入群体的生活满意度却在下降，这主要是因为基本食品的价格在经济高速增长中也有了较大幅度上涨，占其总消费支出50%～60%的食品支出的增加直接影响了他们的生活满意度，而且日益扩大的贫富差距，更影响了他们的社会态度和信心。

提问：社会问题主要有哪些理论？运用相关社会问题理论分析上述社会问题。（华中农大2010年研）

答：(1)社会问题主要理论

①社会整合理论

社会整合，是指社会不同的因素、部分结合成为一个协调统一的社会整体的过程，又称社会一体化。社会学常论及的社会整合有文化整合、制度整合、规范整合和功能整合。

涂尔干认为，社会问题的产生与社会整合程度的高低有密切关系。他在《自杀论》(1897年)一书中，运用社会整合理论对自杀这一社会病态现象做了精辟的分析，认为自杀的原因在于社会整合程度的不同，社会整合程度过高或过低都容易引起自杀，只有适度的社会整合才是有利于社会生活的。

②文化失调理论

美国社会学家奥格本在研究社会变迁时提出了文化失调理论。他认为，社会变迁是社会在打破旧均衡状态后做出调节以寻求新的均衡的过程。由于调节并不是迅即发生的，因此常常会产生文化失调现象。一般地说，文化中的物质部分首先变迁，其次是文化中的精神部分，最后是文化中的风俗、习惯发生变迁，这种现象称为“文化滞后”或“文化堕距”。文化失调理论认为，现代的许多社会问题都是由于我们的道德观念不能与我们的技术发展相适应引起的，这种文化严重失调现象是现代社会问题产生的主要根源。

③社会解体理论

社会解体是与社会整合相对应的一个概念，它是指社会规范对社会成员的约束力减弱，社会凝聚力降低，使原有的社会秩序无法维持下去，而逐渐被新的社会制度所替代的过程。

社会解体主要表现为形式主义泛滥、各种规范因素的作用减弱，处在这样社会状态中的每一个人，其社会义务观念必然混乱，导致社会中的各个成员往往只关心自己的兴趣、利益、自由、权利和享乐等等，社会成员之间互不信任，造成社会的混乱。处于社会解体中的个人，必然造成家庭、亲友、近邻乃至城市地区的解体，这一系列解体是产生社会问题的主要原因。

④价值冲突理论

价值冲突理论认为，由于所处的社会地位和经济利益不同，人们对同一问题会有完全不同的价值评判标准和不同的立场、态度等等，因而在采取某种措施改变某一社会现象时，常常会引起群体间无休止的冲突。该理论提倡研究社会利益，主张以价值冲突观点来研究社会问题，认为冲突不仅是社会生活中的一个主要事实，而且也是许多社会问题的主要成分之一，所有的社会问题都是源于"文化价值上的冲突"。正是由于在社会生活中存在着群体间价值观念的差异，才导致一系列社会问题的产生。

(2)问题分析

①农民失地引起的社会矛盾加剧问题。由于快速的工业化和城市化，失地农民越来越多，用文化失调理论分析，土地征用的法律制度严重滞后于发展，造成土地征用补偿安置费偏低，无法保障失地农民往后的生活；用社会整合理论分析，这些失去了原本生活资料、没有得到相应保障的农民又很难融入新的产业结构中去，大多数被社会排斥在外，导致上访事件增多，农民不配合工作等。所以要缓解这个问题，就要完善土地征用的法律制度，为底层农民提供相应的社会保障，通过发展教育和政策支持为他们创造谋生就业的途径。

②收入差距进一步扩大，必然会带来很多问题，可运用社会整合理论及文化失调理论来分析。由于社会中资源的分配越来越向少数人集中，社会中的大部分人越来越边缘化，差距越来越大，社会剥夺感会越来越强，从而导致问题。并且相关政策的缺乏，必然加大问题的严重性。所以政府应该做好宏观调控，提供政策支持，缩小差距。

③就业局面依然面临长期困难。从文化失调理论来分析，一方面，国家就业政策的发展跟不上社会经济的发展；另一方面，大学生就业观念存在问题，导致就业过程中存在"高不成，低不就"现象。我国处于社会转型时期，需要不同岗位的人才，要解决就业问题，既需要国家适时转变就业政策，也需要转变大学生的就业观念，以适应我国社会发展的需要。

④贫困问题。按照贫困文化论的观点，要消灭贫困，不能仅在物质上帮助穷人，还需要彻底改造贫困文化。只有穷人抛弃其贫困亚文化，接受社会主流价值观，融入主流社会生活，才有可能真正脱贫。从文化失调理论来分析，应该加大政府和社会组织的政策、制度方面的支持力度。

⑤腐败问题。可运用文化失调理论来分析。我国在官员监督方面的制度还非常缺乏，所以必须要完善制度，推进政治体制改革，完善社会主义民主法制，完善干部任免的公开、公正程序，逐步建立公务人员的财产申报制度、离职资产审查制度等。

⑥资源浪费、污染物、生态破坏等问题，是由于人们追求金钱至上，不顾环境污染而导致的。从文化失调论来看，是因为人们的价值观念没能跟上社会的发展。因此，需要政府和社会各界加大宣传教育，提高人们的文化水平，和人们对环境的认识。

⑦经济高速增长，低收入群体的生活满意度却在下降，这主要是因为基本食品的价格在经济高速增长中也有了较大幅度上涨，占低收入群体总消费支出较大比重的食品支出的增加直接影响了他们的生活满意度，而且日益扩大的贫富差距，更影响了他们的社会态度和信心。从社会解体理论来看，这个问题如不及时缓解，会带来更大的破坏性。政府要加大政策的支持，比如生活保障、医疗保障、就业保障等。

2. 材料一：根据世界银行的报告，全世界目前至少有1亿人生活在极端贫困线以下，根据联合国的标准，到2015年，世界极端贫困人口将达到42亿。中国目前同样面临着严重的贫困问题。若按我国政府年人均收入683元的绝对贫困标准线，到2005年中国农村没有解决温饱的贫困人口有2365万人，但若按人均1天消费1美元的联合国最低标准，中国贫困人口不少于2亿，仅次于印度位列世界第二。

材料二：西部民族地区一直是我国最主要的贫困地区。目前，全国有592个国家级贫困县，其中民族自治县有258个，西部地区就占了224个，占了民族贫困县的86.8%。这里不仅贫困人口多，而且还有相当的贫困深度。西部地区国家级贫困县的数量众多，并且集中连片分布在各省区的贫困地区。各省区的省级贫困县主要也是民族自治县，有的贫困状况甚至超过国家级贫困县。另外，非贫困县和散杂居住的少数民族人口的贫困问题也日益严重。

提问：运用社会学相关理论分析上述问题。（华中农大2011年研）

答：贫困问题仍然是当今世界突出的社会问题之一。

(1)贫困的概念

贫困，从最基本的意义上说，是个人或家庭缺乏必要的资源，因而不能达到一个社会的基本生活水准的现象。现代社会中对于贫困的理解和把握总是表现为操作性的。通常，人们将个人或家庭的收入或支出低于某一水平定义为贫困。

(2)关于贫困的理论解释

①个体主义解释

按照个体主义的解释，任何人都有同样的通过努力工作获得发展的机会，如果一个人陷于贫困，那肯定是由于个人的原因。接受这种解释的人，往往不满意政府针对穷人的福利计划，认为这类计划实际上是在鼓励穷人继续实施其不适当的行为。

②贫困文化论

刘易斯认为，贫困本身实际上表现为一种自我维持的文化体系，也就是贫困文化。贫困文化具有传递性，贫困本身得以在此种文化的制约与保护下不断延续。贫困文化是全世界许多城市穷人的共同特点。按照贫困文化论的观点，要消灭贫困，不能仅在物质上帮助穷人，还需要彻底改造贫困文化。

③结构性解释

a. 马克思主义在分析资本主义社会中的贫困现象时指出，贫困产生的根本原因在于生产资料占有的不平等。要解决资本主义社会中的贫困问题，只有彻底改变资本主义制度。

b. 当代冲突学派的社会学家认为，社会中的贫困现象主要是各种社会资源(特别是权力资源)分配不平等的结果。反贫困的重点在于调整社会资源分配，特别是权力资源的分配，通过各种组织与制度创新，增进穷人的权力，从而能够有效地利用社会经济机会，维护和获取正当利益，摆脱其贫困状况。

c. 功能主义社会学家认为，贫困是所有社会都普遍存在的一种现象，它的普遍存在证明了其自身的合理性，即它对社会系统一定发挥着某种功能，满足着社会运行的某种需要。

d. 二元劳动市场论认为，现代社会中明显存在两种类型的劳动市场：一种是收入高、待遇好、福利优越的劳动市场，凡能进入此种市场就业的人自然成为富人；另一种是收入低、待遇差、福利低劣的劳动市场，凡是只能进入此种市场就业的人，注定就是穷人。

e. 福利制度论认为，现代社会为了维护社会稳定而发展起来的福利制度，实际上并没有彻底消灭贫困现象，反而促成了贫困的再生产。一方面，有限的社会救助远远不足以使贫困者脱贫，只能维持其贫困的生活状况；另一方面，由于福利制度的存在，导致了各种形式的福利投机和福利依赖，阻碍了贫困人口的削减。

f. 从社会变迁的角度看，特定的社会转型过程也可以改变贫困者的构成，“制造”新的贫困阶层。

④贫困理论的新进展

随着社会的发展和研究的深入，人们对于贫困的理解正在发生变化。一些学者通过对“把贫困看做一种客观事实的观点”提出质疑，批评现有的对于贫困的理解具有单一化倾向，呼吁对现有贫困研究进行反思，主张采用建构主义视角，深入解析贫困问题的界定过程及其影响，并倡导行动取向的研究策略。

(3)人们为了从不同的角度描述和理解贫困，将贫困分成了不同的类型：绝对贫困与相对贫困；过渡性贫困与持续性贫困；公开性贫困与隐蔽性贫困；制度性贫困、区域性贫困与阶层性贫困。

材料一中，体现了贫困类型中的制度性贫困，是指由于社会制度决定了生活资源在不同地区、不同区域、不同群体和个人之间的不平等分配，从而导致了特定地区、区域、群体或个人处于贫困状态。由于城乡二元体制的长期存在，我国农村地区在资源、机会、国家制度等方面与城市地区相比处于劣势，所以我国农村地区的贫困问题较为突出。社会学理论中结构性解释将贫困现象看做社会结构(包括社会制度结构)的产物。所以此理论强调从制度层面改变社会中的各种不公平的现象，让每个人享有平等的实现自己人生目标的权利，逐渐消除由于结构性的原因而出现的贫困现象。

材料二中，体现了贫困类型中的区域性贫困，是指在相同的制度安排下，由于各个地区在自然条件和社会发育程度方面的差异，从而导致特定区域生活资源供给的相对缺乏，贫困人口相对集中。这种现象可以用瓦伦丁等人为代表的“贫困处境论”来解释，该理论更加强调穷人所处的特殊处境对于形成贫困亚文化的作用，这种文化是穷人无从选择的结果。西部地区由于地理位置相对处于劣势，导致本地区存在贫困现象的地区较多，在一定程度上促成了贫困人口代代相传的现象。所以我国要继续推进西部大开发战略，在政策上给予这些地区更多的优惠政策，帮助其发展自身，逐步摆脱贫困落后的面貌。

3. 材料一：近年来，我国经济社会迅猛发展、城市化进程不断推进，征地拆迁的规模急剧扩大，由征地拆迁引发的冲突成为农村社会矛盾和冲突的主要形式。根据国家信访局统计，群体性上访事件60%与土地有关。土地纠纷已经成为税费改革后农民上访的头号焦点，占社会上访总量的40%，其中征地补偿纠纷又占到土地纠纷的84.7%，每年因为征地拆迁引发的纠纷在400万件左右。

材料二：转型期的中国社会矛盾尖锐，社会不公问题突出，长期处于社会底层的农民工被拖欠工资的现象普遍存在，讨薪一度成为社会热点。权利抗争中的无奈致使一部分农民工以自杀方式捍卫自身的权利，自杀式讨薪引起社会的普遍关注。

材料三：2010年7月11日，广西靖西县发生上千人的群体性事件，来自靖西县新甲乡庞凌村的村民堵塞当地国道和县城交通。村民们穿着写满抗议字眼的衣服、并举起“还我家园，还我河流”“净化河流，美化靖西”等大布条。广西信发铝厂长期污染使村民长期不满。7月11日，未与村民们协商，广西信发派出挖掘机在凌晚屯的山地自行掘路，引发与村民纠纷，并发生群殴。13日下午，一些村民组织游行，堵塞国道和县城交通，并向前来化解纠纷的干部和维护秩序的民警投掷石块。

请结合上述三则材料：(华中农大2017年研)

(1)分析城镇化过程中农村社会问题的特点；

**(2)探讨当下农村社会治理的困境；**

**(3)及其化解机制。**

**答：**(1)上述材料分别反映了城镇化过程中失地农民的维权问题、农民工的讨薪问题以及由农村环境污染导致的暴力事件。城镇化过程中的社会问题具有如下特点：

①大多是在经济建设的大背景下，由利益纠纷引起的；

②相比较矛盾中的他方，农民处于弱势地位，维权困难；

③农村社会问题的复杂性不断加深，社会矛盾不断凸显。

(2)有人认为，中国农村社区治理面临的困境主要表现为：乡镇政府越权过度干预、非法势力干扰村庄治理、村民政治冷漠。也有人认为，我国社会主义新农村建设中，存在着以下困境：社会主义新农村建设资金投入不足、管理较为混乱；农村基础设施建设和农业生产条件改善投入不足；农村人口整体素质偏低、思想观念比较保守，制约了社会主义新农村建设进一步发展；农村的社会保障与服务制度不健全等等。

结合上述材料与观点，可以看出，农村社会治理困境是在社会转型过程中不断凸显的，具体表现在：

①农民、农民工群体的利益缺乏法律保障，因此，在经济建设的过程中，免不了发生矛盾与冲突。

②城乡二元格局中，农村对城市的依附性，使得农村、农民处于不利地位，而且这种不利不断被强化。

③农村作为自治组织的困境，大多或被忽视，或被强制施压行政任务。

(3)化解机制

化解农村治理困境，要强化基层治理，明确政府、农民与社会各主体的角色定位，具体如下：

①合理划分政府职能，规范政府行为

满足公共需求、提供公共服务是现代政府的基本职责，也是衡量政府管理水平和能力的重要指标，这就要求政府进一步转变职能、创新观念，逐步建立长期发挥作用的制度安排，形成政策支持的长效机制。

②加大财政资金投入，强化财政服务意识

只有公共财政资金大幅度向农村倾斜，才能扩大公共财政覆盖农村的范围和领域，同时，调整农村公共财政的管理和使用结构，合理配置农村的公共资源，加强对农村基础设施建设、农村义务教育普及、农村劳动力转移培训、农村公共卫生建设、农村社会保障制度建设等方面的财政投入。

③打破传统的城乡二元社会结构格局，形成以城带乡新机制

a. 对我国传统的管理体制进行改革。

b. 推进城镇化进程，带动农村发展。

④加强农村社会保障制度改革与建设，完善农村社会保障体系

a. 应把农民工的社会保障制度纳入统筹范围。

b. 应进一步完善农村的社保法规。

c. 多渠道筹措农村统筹基金及养老基金。

# 第十八章 社会控制

## 18.1 复习笔记

【知识梳理(庖丁解牛)】

- 社会控制
  - 社会控制概述
    - 社会控制的含义
    - 社会控制的分类
    - 社会控制的一般特征
      - 普遍性与阶级性
      - 统一性与强制性
      - 多重性与闭环性
    - 社会控制的功能与意义
    - 社会转型与社会控制
  - 社会控制体系
    - 社会控制手段
      - 组织控制手段
      - 制度控制手段
      - 文化控制手段
    - 社会控制过程
      - 决策环节
      - 实施环节
      - 监控环节
      - 反馈环节
    - 社会控制的度
      - 社会控制的度的三个维度：控制力度、控制刚度、控制网络致密度
      - 考察社会控制是否适度的三个角度：历史、社会稳定、社会成员自由程度
      - 适度的社会控制的意义
  - 社会越轨与社会控制
    - 社会越轨的含义
    - 社会越轨的类型
    - 社会越轨产生的原因
    - 社会越轨的控制

【考点难点归纳(去粗取精)】

**考点一：社会控制概述 ★★**

**1. 社会控制的含义与类型**(见表18-1)

表 18-1 社会控制的含义与类型

| 要点 | 具体内容 | |
|---|---|---|
| 含义 | ①广义上是指社会组织体系运用社会规范以及与之相应的手段和方式，对社会成员的社会行为及价值观念进行指导和约束，对各类社会关系进行调节和制约的过程。<br>②狭义上是指对社会越轨者施以社会惩罚和重新教育的过程 | |
| 类型 | 按控制对象划分 | ①对于意志的社会控制。舆论、暗示、个人理想、社会宗教、艺术和社会评价之类等基于伦理的社会控制。<br>②对于情感的社会控制。法律、信仰、礼仪、教育和幻想等基于政治的控制手段 |
| | 按功能性质划分 | ①积极性控制。运用舆论、宣传和教育等措施引导社会成员的价值观和行为方式，积极预防社会越轨行为的产生。<br>②消极性控制。运用惩罚性手段对已有社会越轨行为进行制裁 |
| | 按控制的性质划分 | ①硬控制。又称正式控制，利用法律、纪律、政权等对社会成员的价值观和行为方式进行控制。<br>②软控制。又称非正式控制，利用舆论、风俗、习惯、伦理道德等对社会成员的价值观和行为方式进行控制 |
| | 按社会控制的作用力方向划分 | ①外在控制。经由外在压力实施的控制，既包括负向的惩罚等制裁措施，也包括正向的鼓励等奖励措施。<br>②内在控制。通过群体规范的内化而取得的控制，它是社会化的结果 |
| | 按控制手段的来源因素划分 | ①组织控制手段。组织控制的具体形式有两种：一种是组织权威，另一种是组织规章。组织权威表现为下级服从上级，组织规章表现为按章办事。<br>②制度控制手段。制度调节社会行为的范围比较广泛，对所有的社会成员均有制约性。<br>③文化控制手段。文化控制手段有两个主要特征：一是非刚性，二是广泛性 |

## 2. 社会控制的一般特征与功能(见表 18-2)

表 18-2 社会控制的一般特征与功能

| 要点 | 具体内容 | |
|---|---|---|
| 特征 | 普遍性与阶级性 | ①社会控制的普遍性是指社会控制作为一种维系社会秩序的必不可少的机制，存在于任何社会、任何历史时代之中。<br>②社会控制的阶级性是指作为上层建筑的一个组成部分，社会控制的内容和形式始终体现了统治阶级的利益和意志 |
| | 统一性与强制性 | ①社会控制的统一性表现为控制手段、控制范围与控制准则的统一性。<br>②社会控制的强制性既是阶级性的需要，又是统一性的保证 |
| | 多重性与闭环性 | ①社会控制的多重性是指各种控制手段的控制作用叠加在控制对象之上，使其同时受到多种控制手段的作用。<br>②社会控制的闭环性是指社会控制系统是具有反馈回路的闭环控制系统 |

续表

| 要点 | 具体内容 |
|---|---|
| 功能与意义 | ①为社会成员提供合乎社会目标的社会价值观念和社会行为模式，调适人际关系，制约和指导社会成员的社会行为。<br>②规定各社会群体或社会集团的社会地位、社会权利和义务，限制它们之间利益竞争的范围，调整它们之间的利益关系，避免产生大规模的对抗性冲突。<br>③协调社会运行的各个系统，调节它们之间的关系，修正它们的运行轨道，控制它们的运行方向和运行速率，使之功能耦合、结构协调、相互配套，尽量使各社会运行系统同步运行，促进社会的良性运行和协调发展 |

拓展：社会控制不但有维持秩序、促进发展的积极作用，也可能会对人与社会的发展起阻碍作用，这种消极作用就是社会控制的反功能，包括：①不合理的社会控制不能维护多数人的利益；②僵硬而有力的社会控制不利于人们对合理目标的追求。

## 考点二：社会控制体系 ★★★

### 1. 社会控制手段(见表18-3)

表18-3 社会控制手段

| 控制手段 | 具体内容 |
|---|---|
| 组织控制 | ①含义。指某一具体的社会组织运用组织指令、组织规章对该组织内成员或构成该组织的各个亚组织的行为进行指导和约束的方式。<br>②特点。包括：a. 范围小，即控制范围局限于该组织内部；b. 实行层级控制，即在社会组织体系内部，上一级组织对下一级组织实施控制。<br>③具体形式。组织指令和组织规章 |
| 制度控制 | ①含义。指以全社会的名义颁布行为准则，并对全体(社会个体、社会群体和社会组织)的社会行为进行调节与制约的方式。<br>②具体形式。政权与法律 |
| 文化控制 | ①含义。指以人类在长期的共同生活中创造的、人类共同遵从的行为准则和价值标准对社会成员进行控制的方式。<br>②具体形式。包括：a. 伦理道德；b. 风俗习惯；c. 信仰信念；d. 社会舆论 |

### 2. 社会控制过程(见表18-4)

表18-4 社会控制过程

| 控制过程 | 具体内容 |
|---|---|
| 决策环节 | 指处于层级控制顶端的控制者为社会控制的方向和社会控制的度做出具体规定的过程 |
| 实施环节 | 指控制手段施加于控制对象、产生控制作用的具体过程，也是一个控制与反控制的过程 |
| 监控环节 | 指决策机构对实施过程和控制对象进行监督、核查和调控的过程 |
| 反馈环节 | 指控制过程的输出结果对控制过程产生影响的过程，实际上是一个信息沟通过程 |

### 3. 社会控制的度的三个维度(见表 18-5)

表 18-5 社会控制的度的三个维度

| 维度 | 具体内容 |
|---|---|
| 控制力度 | 用来表明社会成员的社会活动空间的大小，力度越大，表明社会活动空间越狭小；反之，表明社会活动空间越宽广 |
| 控制刚度 | 用来表明越轨行为受到社会制裁的可能性大小以及制裁强度的高低。刚度越大，表明越轨行为受到制裁的可能性越大，受到的制裁越严厉；反之，表明制裁的可能性越小，受到的制裁越轻微 |
| 控制网络致密度 | 用来表明社会规范的严密程度。致密度越大，表明受到控制的社会行为越多；反之，表明受到控制的社会行为越少 |

### 4. 考察社会控制是否适度的三个角度(见表 18-6)

表 18-6 考察社会控制是否适度的三个角度

| 角度 | 具体内容 |
|---|---|
| 历史的角度 | 考察社会控制是否符合社会历史的发展规律 |
| 社会稳定的角度 | 社会井然有序、人民安居乐业是社会稳定的重要标志，也是适度社会控制的表现之一 |
| 社会成员自由程度的角度 | 适度的社会控制就是能最大限度允许社会成员自由活动的社会控制形式。过度控制不适当地限制了人类社会活动空间，欠度控制则不适当地放纵了人们的社会行为，这对社会的运行和发展都是不利的 |

**拓展：**社会舆论发挥控制作用的机制是：社会舆论形成之后在一定范围内占主导地位，它会对人们的行为发生潜移默化的引导作用，会使少数人因为与众不同的言行而产生心理压力。人们为了缓解这种压力，会使自己的言行与众人保持一定程度的一致，于是社会控制作用发生。

## 考点三：社会越轨与社会控制 ★ ★★★

### 1. 社会越轨的含义与类型(见表 18-7)

表 18-7 社会越轨的含义与类型

| 要点 | 具体内容 |
|---|---|
| 含义 | 社会越轨，又称越轨行为、离轨行为或偏离行为，是指社会成员(包括社会个体、社会群体和社会组织)偏离或违反现存社会规范的行为 |
| 类型 | ①违法行为。指违犯法律规定的行为，犯罪行为是违法行为中的一种特殊类型，它是指触犯刑律而应受到刑法处罚的行为。<br>②违警行为。指违反有关维护社会治安和公共秩序的规则、规定、条例的行为，严重的违警行为有可能转化为违法行为。<br>③违规行为。指一切不按常规办事的行为，这是最常见的一种社会越轨 |

### 2. 社会越轨产生的原因(见表 18-8)

表 18-8　社会越轨产生的原因

| 原因 | | 具体内容 |
|---|---|---|
| 生物学解释 | | 把人类生物、生理方面的特征作为社会越轨的原因，又称体质理论。该理论认为社会越轨是由于人的体质中的生理缺陷造成的 |
| 心理学解释 | | 以奥地利心理学家弗洛伊德的精神分析理论为代表。该理论认为，人的人格由三部分构成，即本我、自我和超我，三者之间应该有一个协调、平衡的关系。社会越轨产生的原因是人格中的超我和自我没有得到充分的发展，破坏了本我、自我和超我三者之间的平衡关系，使本我得不到应有的控制，从而导致个人越轨行为；此外，超我过分发展，也会导致社会越轨，因为严重的、无时不在的犯罪感也会使一个本来正常的人做出不正常的行为来 |
| 社会学解释 | 默顿的社会失范理论 | 默顿认为，失范是在人们用社会认为合法的手段不能实现自己的文化目标时发生的，而对于这种情形的一个共同的反应，就是越轨行为，即用不符合社会规范的手段来实现自己的文化目标，并根据文化目标和制度化手段的相互关系提出了五种适应模式：a. 附合；b. 创新；c. 形式主义；d. 隐退主义；e. 反抗。越轨行为（包括犯罪行为）就是文化目标与制度化手段之间矛盾的产物，在上述五种适应模式中，除第一种模式外，其他四种模式都是程度不同的越轨行为 |
| | 塞林的文化冲突理论 | 美国社会学家塞林的文化冲突理论区分了两种文化冲突：纵向文化冲突和横向文化冲突。塞林认为，文化准则的冲突必然导致行为的冲突，而犯罪就是行为规范之间的冲突 |
| | 科恩的亚文化群理论 | 亚文化群理论认为，一个人可能在一个有一种稳定的、但与主文化的价值体系不同的价值体系的群体内生活，这样的群体被称为亚文化群。个体如果长期生活在亚文化群体里，受其价值体系的影响，就可能犯罪 |

### 3. 社会越轨的控制

社会越轨，作为一种违反社会规范的社会行为，是社会控制的主要对象。但是，社会越轨有消极性、积极性和中性三种不同的性质。具体内容如表 18-9 所示。

表 18-9　社会越轨的性质

| 性质 | 具体内容 |
|---|---|
| 消极性社会越轨 | 指一种对社会共同生活和社会发展起消极阻碍作用的越轨行为，这种社会越轨破坏社会运行的正常秩序，侵害社会有机体，需要严格加以控制 |
| 积极性社会越轨 | 指一种对社会发展起积极推动作用的越轨行为，这种社会越轨是打破因循守旧、推动社会发展的动力之一 |
| 中性社会越轨 | 指一种对社会共同生活和社会发展的影响不十分明显的、介于消极与积极之间的越轨行为，这类社会越轨多出现于日常社会生活之中 |

**拓展：** 从稳定社会秩序与维护社会正义的角度，我国的社会控制应该注意以下几个方面：①周密地推进改革，减少社会解组现象，制定社会政策，减轻对弱势群体的伤害；②建立社会预警系统；③重建社会道德体系；④加强法治建设。

## 18.2 课后习题详解

**1. 社会行为是如何受到制约的？**

答：社会通过组织控制手段、制度控制手段和文化控制手段对社会行为形成制约。

(1)组织控制手段。组织控制手段是指某一具体的社会组织运用组织指令、组织规章对该组织内成员或构成该组织的各个亚组织的行为进行指导和约束的方式。组织控制的具体形式有两种：组织指令和组织规章。

(2)制度控制手段。制度控制手段是指以全社会的名义颁布行为准则，并对全体(社会个体、社会群体和社会组织)的社会行为进行调节与制约的方式。

(3)文化控制手段。文化控制手段是指以人类在长期的共同生活中创造的、人类共同遵从的行为准则和价值标准对社会成员进行控制的方式。文化控制手段有三个主要特征：非直接强制性、自觉性和广泛性。

**2. 社会控制与个人自由的关系是什么？**

答：社会控制与个人自由的关系具体表现为：

(1)个人相对自由是在自觉地遵守社会规范的前提下实现的。社会控制是对个人的社会行为的控制和引导，并非对个人所有行为的控制和指导。

(2)过度控制不适当地限制了人类社会活动空间，欠度控制则不适当地放纵了人们的社会行为，这对社会的运行和发展都是不利的。

(3)合理适度的社会控制将有助于社会稳定繁荣，也有助于人的个性全面发展以及创造性的发挥。反之，则不利于社会进步，也是对个性的压抑。

总之，任何社会中个人的自由都不是绝对的，个人的绝对自由也是不可能实现的。因此，社会控制仅仅是限制和制约了个人的绝对自由，而并没有限制和制约个人的相对自由。

**3. 何谓适度的社会控制？**

答：参见本章考研真题与典型题详解简答题第3题答案。

**4. 试分析社会越轨的功能。**

答：社会越轨，又称越轨行为、离轨行为或偏离行为，是指社会成员(包括社会个体、社会群体和社会组织)偏离或违反现存社会规范的行为。社会越轨的功能主要包括：

(1)积极功能

①划清行为禁区的界线。社会规范所划定的行为禁区时常不明确，模糊不清，直到有人做出某种行为被当作越轨，才使该规范有了确切的定义。

②社会越轨能带来社会体制中所需要的变化。社会规范具有原则性、概括性，不可能列出一切情况。有些规则必须要打破时，就会因为一些成员的越轨行为而使群体中的其他成员都意识到某一条规则不太合理，从而改变这个规则，帮助社会体系发挥积极作用。

(2)消极功能

①越轨行为的存在会毁掉他人守法遵规的动机。

②越轨会毁掉人们对有组织社会生活的必要的信心。

③越轨会破坏一个社会体系借以存在的人们的相互依赖关系，导致社会功能失调。

**5. 试以社会失范理论分析我国当前社会的社会越轨。**

**答：**(1)社会失范理论

社会失范是指当社会规范不得力、不存在，或者彼此相互矛盾时，个人和社会所出现的混乱、不知所措状态。最早由法国社会学家涂尔干在《自杀论》中提出。

美国社会学家默顿作了修正和发挥，以此解释社会越轨行为。他们认为，在理想社会状态下，社会结构为人们实现理想目标提供了比较充分的合法的制度化手段，社会合法目标、制度化手段之间是协调的。而“失范”则是理想目标和实现手段之间的背离，社会成员的行为缺乏明确的社会规范约束，出现一种社会规范权威失落，人们会采取不合法的手段，去实现自己的目标。例如当积累财富目标成为合法目标，但社会结构所提供的合法手段却极其有限，人们很难通过社会认可的合法手段和途径达到目的时，就会引发违反社会行为规范，并进而认为没有必要遵守这些行为规范的“失范后果”。当合法目标与制度化手段发生矛盾时，失范就具有合法性、必然性、正当性。

根据文化目标和制度化手段这两个社会因素的相互关系，默顿提出了五种适应模式：

①附合，认同文化目标，也遵从制度手段；

②创新，只认同文化目标，但不遵从制度手段；

③形式主义，放弃文化目标，盲目地遵从制度化手段；

④隐退主义，既不遵从文化目标，也不遵从制度手段，消极退缩；

⑤反抗，用新的目标和手段替代文化目标和制度手段。

(2)我国当前社会的社会越轨

我国社会转型中，政治、经济、文化等领域都出现了不同程度的失范问题。

①经济领域的诚信危机。经济主体为个人经济利益，不顾消费者权益，制造伪劣产品、诋毁竞争对手商业信誉的行为时有发生。这种越轨的行为违反了市场规律，影响了国家经济、社会的良性运行与和谐发展。

②政治领域的权力腐败。我国社会主义市场经济改革是自上而下进行的，在此过程中政府既是相关制度的制定者，同时又是市场经济的参与者，这就为权力寻租提供了空间。不法商人与权力拥有者形成新的权贵资本。公权力被滥用，异化为官员谋私的工具。

③社会领域的道德迷失。社会领域的道德迷失体现为公私观的价值颠倒、义利观的价值错位、变换价值的泛化。改革开放以来，我国由计划经济向社会主义市场经济转型。随着社会主义市场经济地位的确立，市场经济带来的弊端也逐渐显现。由于集体主义观念逐步消解，个体意识增强，金钱成为现代社会制约人的主要媒介。

就处于转型时期的中国而言，社会转型速度较快，社会分工快速发展，社会结构处于不断更新整合过程中。面对社会结构变革，旧有的社会规范和价值观念不能很好地适应社会现实，逐渐失去约束力；新的规范、价值观念和行为模式尚未形成或未被普遍接受，社会成员的行为缺乏明确的社会规范约束，出现社会规范真空或控制失灵的现象。因此，为避免社会失范的社会状态，我国应对价值规范进行重构，完善社会流动机制，加强法律制度建设。

**6. 法律作为一种社会控制手段有何特点？**

**答：**法律是对社会成员具有最强约束力的控制手段，它是由国家制定或认可，并依靠国家强力推行的社会规范体系。作为一种社会控制手段，法律具有阶级性、广泛性、强制性和稳定性的特征。

(1)阶级性。指法律是统治阶级意志的体现，其本质是实行阶级统治的工具。

(2)广泛性。指法律的控制范围遍及全体社会成员，社会主义法律的基本原则就是“法律面前人人平等”。

(3)强制性。指法律的实施以国家机器的强制力作为保证，对于触犯法律的社会成员，国家将运用强制力量予以制裁和惩罚。

(4)稳定性。指法律在一定时期内是稳定不变的，因为法律从酝酿到制定有严格的程序，而且法律的稳定性也有助于执法严明、规范明确，有利于社会稳定。

## 18.3　考研真题与典型题详解

### 一、填空题

1. 社会控制中的文化控制手段有______、______、______、______。(中国青年政治学院 2010 年研)

【答案】伦理道德；风俗习惯；信仰信念；社会舆论

2. 根据默顿的社会失范理论，越轨行为是______和制度化手段之间矛盾的产物。(中国青年政治学院 2007 年研)

【答案】文化目标

### 二、概念题

**1. 社会控制**(中华女子学院 2022 年研；河北大学 2018 年研；宁夏大学 2018 年研；南京师大 2017、2016 年研)

答：社会控制有广义和狭义之分：①广义上，社会控制是指社会组织体系运用社会规范以及与之相应的手段和方式，对社会成员(包括社会个体、社会群体及社会组织)的社会行为及价值观念进行指导和约束，对各类社会关系进行调节和制约的过程。②狭义上，社会控制是指对社会越轨者施以社会惩罚和重新教育的过程。

**2. 社会控制的刚度**(吉大 2005 年研)

答：社会控制的刚度用来表明越轨行为受到社会制裁的可能性大小以及制裁强度的高低。刚度越大，表明越轨行为受到制裁的可能性越大，受到的制裁越严厉；反之，表明制裁的可能性越小，受到的制裁越轻微。刚度是由社会控制实施过程的状况决定的，越是严格依据社会规范对越轨行为实施制裁，控制刚度越高。

**3. 社会控制的度**(吉大 2017 年研)

答：社会控制的度，是指社会规范对社会行为限制的程度。社会控制的度的三个维度包括：控制力度、控制刚度、控制网络致密度。三者之间应该有一个协调、耦合的关系。其中，力度和网络致密度是由社会预先规定好了的，刚度则是由社会控制实施过程的状况决定的。考察社会控制是否适度的三个角度包括：历史的角度、社会稳定的角度、社会成员自由程度的角度。只有当社会控制的力度、刚度和控制网络的致密度都符合这三个标准时，整个控制体系才是适度的社会控制。

**4. 越轨行为**（山东大学 2017 年研）

**相关试题：社会越轨**（宁夏大学 2017 年研；浙江工商 2017 年研）

**答：**社会越轨又称越轨行为、离轨行为或偏离行为，是指社会成员（包括社会个体、社会群体和社会组织）偏离或违反现存社会规范的行为。社会规范的功能是制约社会行为、调节社会关系和规定社会活动空间，它本身具有历史性和阶级性。由于人们的社会行为具有复杂性，社会成员自身的素质及阶级地位具有差异性，因此在实际的社会生活中，偏离或违反社会规范的越轨行为在任何社会都是不可避免的社会现象。

**5. 文化冲突**（南航 2018 年研）

**答：**文化冲突是指社会生活中两种相互对立的价值规范和行为方式并存，使人们无所适从的现象。美国社会学家塞林是文化冲突理论的主要代表人物，他在《文化冲突与犯罪》一书中，对文化冲突理论作了比较系统的论述。塞林首先区分了两种文化冲突：纵向文化冲突和横向文化冲突。其中纵向文化冲突是随着文明发展而发展，不同时期的文化互相冲突时产生的法律规范的冲突；横向文化冲突是指在同一时期内的，由于两种文化准则对立而产生的法律规范的冲突。

## 三、简答题

**1. 什么是社会控制？社会控制体系包括哪些部分？**

**相关试题：试论社会控制及其执行过程的特点。**（西北师大 2015 年研）

**答：**（1）社会控制的概念

参见本章考研真题与典型题详解概念题第 1 题答案。

（2）社会控制体系的构成部分

社会控制体系是通过社会控制手段、社会控制过程等方面实现的。

①社会控制手段分为三类：组织控制手段、制度控制手段和文化控制手段。

a. 组织控制手段是指某一具体的社会组织运用组织指令、组织规章对该组织内成员或构成该组织的各个亚组织的行为进行指导和约束的方式。组织控制的特点是范围小，即控制范围局限于该组织内部；实行层级控制，即在社会组织体系内部，上一级组织对下一级组织实施控制。组织控制的具体形式是组织指令和组织规章。

b. 制度控制手段是指以全社会的名义颁布行为准则，并对全体（社会个体、社会群体和社会组织）的社会行为进行调节与制约的方式。制度控制手段的具体形式有政权与法律。

c. 文化控制手段是指以人类在长期的共同生活中创造的、人类共同遵从的行为准则和价值标准对社会成员进行控制的方式。文化控制手段的具体形式有伦理道德、风俗习惯、信仰信念和社会舆论。

②社会控制过程是指社会控制手段发挥功能的动态运作过程，包括四个具体的环节，即决策环节、实施环节、监控环节和反馈环节。

a. 决策环节是指处于层级控制顶端的控制者为社会控制的方向和社会控制的度做出具体规定的过程。

b. 实施环节是指控制手段施加于控制对象、产生控制作用的具体过程，也是一个控制与反控制的过程。

c. 监控环节是指决策机构对实施过程和控制对象进行监督、核查和调控的过程。

d. 反馈环节是指控制过程的输出结果对控制过程产生影响的过程，实际上是一个信息沟通过程。

**2. 简述社会控制的涵义及类型。**（人大2007年研）

**相关试题：简述社会控制的类型。**（川大2015年研）

**答：**（1）社会控制的涵义

参见本章考研真题与典型题详解概念题第1题答案。

（2）社会控制的类型

①按控制对象划分

a. 对于意志的社会控制，包括舆论、暗示、个人理想、社会宗教、艺术和社会评价之类等基于伦理的社会控制。

b. 对于情感的社会控制，包括法律、信仰、礼仪、教育和幻想等基于政治的控制手段。

②按功能性质划分

a. 积极性控制，是指运用舆论、宣传和教育等措施引导社会成员的价值观和行为方式，积极预防社会越轨行为的产生。

b. 消极性控制，是指运用惩罚性手段对已有社会越轨行为进行制裁。

③按控制的性质划分

a. 硬控制，又称正式控制，利用法律、纪律、政权等对社会成员的价值观和行为方式进行控制。

b. 软控制，又称非正式控制，利用舆论、风俗、习惯、伦理道德等对社会成员的价值观和行为方式进行控制。

④按社会控制的作用力方向划分

a. 外在控制，经由外在压力实施的控制。它包括两种形式：负向的制裁措施和正向的奖励措施。

b. 内在控制，通过群体规范的内化而取得的控制。它是社会化的结果。个体幼年时期学习特定条件下的适当的、被期待的行为举止，从而习得了服从社会规范的动机（无论是否有外在压力）。

⑤按控制手段的来源因素划分

a. 组织控制手段

现代社会发达的分工体系，将社会个体置于各种社会有机联系之中，人们占据一定的社会地位，承担一定的社会责任与义务，分属于不同的社会组织。组织控制的具体形式有两种：一种是组织权威，另一种是组织规章。组织权威表现为下级服从上级，组织规章表现为按章办事。

b. 制度控制手段

“制度”是指具有普遍意义的、比较稳定的、有一定强制性的正式的社会规范体系。制度调节社会行为的范围比较广泛，对所有的社会成员均有制约性。

c. 文化控制手段

文化是人类在长期的共同生活中创造的，其中有一些人类共同遵从的准则和标准，这些准则和标准就是文化控制手段。文化控制手段有两个主要特征：一是非刚性，二是广泛性。

**3. 简述社会控制的三个维度。**（华中农大2018年研；人大2009年研）

**答：**(1)社会控制的度的三个维度

①控制力度。控制力度用来表明社会成员的社会活动空间的大小，力度越大，表明社会活动空间越狭小；反之，表明社会活动空间越宽广。

②控制刚度。控制刚度用来表明越轨行为受到社会制裁的可能性大小以及制裁强度的高低。刚度越大，表明越轨行为受到制裁的可能性越大，受到的制裁越严厉；反之，表明制裁的可能性越小，受到的制裁越轻微。

③控制网络致密度。社会活动空间犹如被渔网般的社会规范体系包围起来的空间，这就是社会控制网络。社会控制网络致密度用来表明社会规范的严密程度。致密度越大，表明受到控制的社会行为越多；反之，表明受到控制的社会行为越少。

(2)三者之间的关系

力度、刚度、网络致密度既是社会控制度的三个维度，同时三者之间也应该有一个协调、耦合的关系。其中，力度和网络致密度是由社会预先规定好了的，刚度则是由社会控制实施过程的状况决定的，越是严格依据社会规范对越轨行为实施制裁，控制刚度越高。

(3)考察社会控制是否适度的三个角度

①历史的角度

历史的角度即考察社会控制是否符合社会历史的发展规律。在社会历史各个发展阶段中，社会控制作为上层建筑的一个组成部分，也应该与当时的社会生产力水平相适应。从历史发展的角度来看，人类进入阶级社会之后，社会控制的度有越来越宽松的趋势。

②社会稳定的角度

社会井然有序、人民安居乐业是社会稳定的重要标志，也是适度社会控制的表现之一。欠度控制显然不利于社会的良性运行和协调发展；过度控制并不能带来长久的社会稳定、繁荣发展的社会运行，反而会引起巨大的社会动荡，陷入社会恶性运行状态。

③社会成员自由程度的角度

过度控制不适当地限制了人类社会活动空间，欠度控制则不适当地放纵了人们的社会行为，这对社会的运行和发展都是不利的。对于一个具体社会来说，在符合具体历史条件并确保社会稳定的前提下，该社会里社会成员的自由程度越高，则该社会控制体系与“适度社会控制”越吻合。适度的社会控制就是能最大限度允许社会成员自由活动的社会控制形式。

**4. 社会舆论及其特点。**（中央财大2009年研）

**答：**(1)社会舆论的含义

社会舆论是指多数人对社会生活中有争议的事件发表的有一定倾向的议论、意见及看法，简称舆论。

(2)社会舆论的特点

①社会舆论是蕴藏在人们思想深处的共同心理倾向，无形无体，却是一种巨大的精神

力量，对社会成员的价值取向和行为方式产生很大的影响。

②社会舆论的社会控制作用机制是通过广为传播的舆论，造成一种社会氛围，处在这种氛围中的社会成员自觉或不自觉地接受舆论的导向与制约。

③社会舆论具体作用方式是带有价值判断的社会评价，对某种具体的价值观或行为方向进行褒扬、赞赏，或进行批评、谴责。

④社会舆论可以是社会公众自发形成的，也可以是由政府部门或某一社会团体、社会组织有意识和有目的地通过大众传播媒介(如报刊、电台、电视等)广为宣传而形成的。

**5. 社会越轨的含义和主要类型。**(中央财大 2011 年研)

**相关试题：越轨行为的类型有哪些？**(华中农大 2011 年研)

**答：**(1)社会越轨的含义

*参见本章考研真题与典型题详解概念题第 4 题答案。*

(2)社会越轨的类型

①违法行为

违法行为是指违犯法律规定的行为，犯罪行为是违法行为中的一种特殊类型，它是指触犯刑律而应受到刑法处罚的行为。

②违警行为

违警行为是指违反有关维护社会治安和公共秩序的规则、规定、条例的行为，严重的违警行为有可能转化为违法行为。

③违规行为

违规行为是指一切不按常规办事的行为，这是最常见的一种社会越轨。年轻人的标新立异、着奇装异服以及不随俗等均属此类行为。

## 四、论述题

**1. 从社会安全阀制度谈谈你对社会控制适度的思考。**(中央财大 2011 年研)

**答：**对社会适度控制的思考可以从对社会安全阀制度的理解出发，进而从三个角度考察社会控制是否适度，最后得出适度社会控制的意义，具体分析如下：

(1)社会安全阀制度

①安全阀制度是一种社会安全机制，也是科塞用以证明冲突具有正功能的有力例证。科塞发现敌对情绪和冲突是有区别的，敌对情绪不等于冲突。如果敌对情绪通过适当的途径得以发泄，就不会导致冲突，从而有利于社会结构的维持。古代社会和现代社会都有这种现象，实际上这是一种社会安全的机制。科塞主张社会应将这种机制制度化，并称为安全阀制度。

②安全阀制度是在不毁坏结构的前提下，使敌对的情绪得以释放出来以维护社会整合的制度。科塞认为安全阀制度对于任何社会都是必要的，对于僵化的社会尤为必要。但是科塞并不认为安全阀制度是一个理想的制度，因为它没有使产生紧张和敌意的关系得到改变，社会仍然埋藏着巨大的隐患。

(2)考察社会控制是否适度的三个角度

与社会制度、社会文化一样，社会控制也是社会发展的产物，不存在既定的、一成不变的适度的社会控制模式，因而适度的社会控制是历史的、具体的。考察一个具体社会里的社会控制是否适度，可以从以下三个角度进行衡量：

①历史的角度

历史的角度即考察社会控制是否符合社会历史的发展规律。在社会历史各个发展阶段中，社会控制作为上层建筑的一个组成部分，也应该与当时的社会生产力水平相适应。从历史发展的角度来看，人类进入阶级社会之后，社会控制的度有越来越宽松的趋势，因为社会生产力的发展不仅意味着人类在自然界的活动获得了更多的自由，也意味着从社会关系中获得了更多的自由。

②社会稳定的角度

社会井然有序、人民安居乐业是社会稳定的重要标志，也是适度社会控制的表现之一。在欠度控制之下，管理松懈、纲纪废弛、民心涣散、社会动荡不安，显然不利于社会的良性运行和协调发展。但要特别注意的是，过度控制即使有可能带来社会稳定的局面，也只能是一种“万马齐喑究可哀”的局面，这种稳定局面只能是表面的、暂时的，稳定的背后必然蕴藏着深刻的社会危机。历史经验已经表明，过度控制并不能带来长久的社会稳定、繁荣发展的社会运行，反而会引起巨大的社会动荡，陷入社会恶性运行状态。

③社会成员自由程度的角度

过度控制不适当地限制了人类社会活动空间，欠度控制则不适当地放纵了人们的社会行为，这对社会的运行和发展都是不利的。对于一个具体社会来说，在符合具体历史条件并确保社会稳定的前提下，该社会里社会成员的自由程度越高，则该社会控制体系与“适度的社会控制”越吻合。适度的社会控制就是能最大限度允许社会成员自由活动的社会控制形式。

(3)适度的社会控制的意义

①社会控制的度，是指社会规范对社会行为限制的程度。适度的社会控制对社会的良性运行和协调发展有着十分重要的意义。

②正确把握社会控制的度，实现适度的社会控制，既是十分重要的，又是十分困难的。欠度控制不利于社会稳定，不利于社会秩序的维系，容易导致社会失序甚至社会动乱。过度控制不利于社会成员发挥积极性和创造性，使社会缺乏活力，最终不利于社会的运行与发展。适度的社会控制才能既发挥社会控制维系社会秩序的基本功能，又能充分调动社会成员的积极性和创造性。

**2. 运用社会控制理论谈社会秩序与社会活力的关系。**(吉大2019年研)

**答：**(1)社会秩序与社会活力的关系

社会秩序是指动态有序平衡的社会状态，表现为相对稳定的社会结构。社会活力是历史进步与发展的源泉与动力，表现为社会各阶层、各群体的积极性和创造性。秩序与活力是社会稳定的两个基本维度。建立合理的社会秩序，社会才能正常运行，激发社会活力才能为社会发展提供源源不断的动力。社会秩序与社会活力只有相互促进、互动共存才能促进社会的良性运行和协调发展。

(2)从社会控制理论角度分析

社会控制是指社会组织体系运用社会规范以及与之相应的手段和方式，对社会成员(包括社会个体、社会群体及社会组织)的社会行为及价值观念进行指导和约束，对各类社会关系进行调节和制约的过程。社会控制的功能体现为协调社会运行的各个系统，调节它们之间的关系，修正它们的运行轨道，控制它们的运行方向和运行速率，使之功能耦合、结构协调、相互配套，使各社会运行系统同步运行，促进社会的良性运行和协调发展。

从传统型社会向现代型社会转型过程中存在着一个深刻的矛盾，即改革需要稳定的社会政治环境，但改革本身又可能引发社会政治的不稳定。当下中国的改革发展已经进入深水区，只有从优化社会控制的角度实现社会政治稳定，既维护社会秩序又增加社会活力，才能为中国继续深化改革提供一个稳定和谐的社会环境。

所以适度的社会控制对社会的良性运行和协调发展有着十分重要的意义。欠度控制不利于社会稳定，不利于社会秩序的维系，容易导致社会失序甚至社会动乱。过度控制不利于社会成员发挥积极性和创造性，使社会缺乏活力，犹如一潭死水，最终不利于社会的运行与发展。适度社会控制才能既发挥社会控制维系社会秩序的基本功能，又充分调动社会成员的积极性和创造性。

**3. 什么叫社会越轨？试用默顿的社会失范论解释当前中国社会的经济犯罪及其解决之道。**（华中农大 2017 年研）

**答：**（1）社会越轨的概念

参见本章考研真题与典型题详解概念题第 4 题答案。

（2）默顿的社会失范理论

默顿是 20 世纪著名的美国社会学家，他对犯罪原因问题进行了深入的探讨。默顿在其著名的《社会结构与失范》中将涂尔干的失范观点应用于分析美国社会，发展了自己的失范理论。他认为失范是指这样一种社会状态：社会所规定的目标同决定达到这些目标的规范不一致。默顿从价值上将社会结构划分为两大类：明确的文化目标，即为社会所有人规定的合法的奋斗目标；达到这些目标的社会认可的制度性手段。默顿认为，人们在社会中分享共同的价值，文化价值为社会树立起发展的目标，同时社会也为人们提供制度化的合法手段，默顿所指的文化目标是社会依据它的规范体系认为是值得有、值得存在的东西；制度化手段是社会认为可合法获得文化目标的方式。这两大因素相互作用，形成了潜在的社会失范状态。

默顿认为，失范就是在人们用社会认为合法的手段不能实现自己的文化目标的时候发生的，是由所处文化规定的目标与社会为实现这些目标所提供手段之间相脱离的一种表现。而对于这种情形的一个共同的反应，就是越轨行为（当触犯刑律时即为犯罪行为），即用不符合社会规范的手段来实现自己的文化目标。当下层阶级的人们无法用合法的手段去实现成功目标时就会产生挫折、愤怒等紧张情绪，这种紧张情绪在那些缺乏合理机会的人中造成一种失范状态，使他们有可能用犯罪或少年犯罪的手段去实现成功。

根据默顿的理论，其将个人的社会适应方式不同，可以将人们各自所采取的目标和手段的结合类型分为五种类型：附和型模式、创新型模式、形式主义型模式、隐退主义型模式与反抗型模式。

（3）如何看待中国的经济犯罪

社会失范在经济生活领域里的表现包括欺诈、诋毁、贬低、引诱、胁迫、虚假广告、贿赂等"不正当竞争行为"。上述这些交易失范行为既破坏了市场价值规律和基本道德原则，又损害了消费者和其他经济主体的合法利益，使受害者产生不满情绪和相对的剥夺感，并将此情绪转向对党、政府和社会的不满。

中国的经济犯罪是发生在市场化改革、社会体制转轨的大环境之中的，市场环境中“利益至上”的原则极易诱发经济犯罪，同时，我国的一些社会制度和社会政策还不太完善，社会中不公平的现象还普遍存在，有些人可以依靠某些不正当的手段获得很高的社会地位和许多财富。此外有些人，由于自身原因比如贫困、残疾、疾病等原因通过社会上所普遍认为的合法的制度手段无法实现自己的目标，他们就会铤而走险做出社会越轨行为，有时甚至走向犯罪的道路。

一些社会成员为了实现取得较高社会地位和得到较多财富的目标，往往不接受社会规范的约束而采用非法手段，即他们由于被剥夺了合法地获取财富的机会，不可能通过正常的方式获得成功，因而只好求助于盗窃、抢劫之类的非法的、犯罪的手段。默顿认为这是下层社会财产犯罪率偏高的原因。

(4)解决措施

①重新进行道德伦理、价值取向定位。道德规范控制是社会控制的重要形式。目前，我国出现了各种道德体系冲突与道德价值多元化的倾向，道德对社会生活中人们行为的影响作用日益弱化，出现道德价值“疲软”的状况，如道德教育、思想教育、习俗制约、舆论评价等功能缩减。因此，在新的时期加强道德体系的“立范”工作，重新确立社会主义市场经济条件下的道德价值导向是一项十分重要而又紧迫的工作。

②完善社会规范实施的控制手段。转型期中国社会新的规范体系的确立除了主体内心的认可外，还须靠一定的外力来保证实施，社会控制是社会规范赖以实施的手段。

③控制“示范效应”和“失范效应”。控制示范效应与失范效应是指教育、引导社会成员避免在一切价值问题上全盘外移，即不顾层次地把他国的目标、手段连同社会标准体系一起吸收，或者完全效他国之范行事。

**4. 试论社会越轨与社会越轨的控制。**(人大2012年研)

**相关试题：论述中国社会中的越轨行为及控制。**(苏州大学2017研)

**答：**(1)社会越轨的含义

参见本章考研真题与典型题详解概念题第4题答案。

(2)社会越轨产生的原因

①生物学解释，即把人类生物、生理方面的特征作为社会越轨的原因，因此这种解释又称体质理论。这种理论认为社会越轨是由人的体质中的生理缺陷造成的。代表理论有体态理论和染色体理论。

②心理学解释，即从人们的心理方面寻找社会越轨的原因，其中以奥地利心理学家弗洛伊德的精神分析理论为代表。该理论认为，人的人格由三部分构成，即本我、自我和超我。本我、自我和超我三者之间应该有一个协调、平衡的关系。社会越轨产生的原因是人格中的超我和自我没有得到充分的发展，破坏了本我、自我和超我三者之间的平衡关系，使本我得不到应有的控制，从而导致个人越轨行为。但是，超我过分发展，也会导致社会越轨，因为严重的、无时不在的犯罪感也会使一个本来正常的人做出不正常的行为来。

③社会学解释，社会越轨产生原因的理论主要有：社会失范理论、文化冲突理论、亚

文化群理论。这些理论的共同特征是不赞成从生物学因素和心理学因素去寻求社会越轨产生的原因，而主张从社会环境、社会关系和社会结构中研究社会越轨产生的社会原因。

(3)社会越轨的控制

社会越轨，作为一种违反社会规范的社会行为，是社会控制的主要对象。但是，社会越轨有消极性、积极性和中性三种不同的性质，对这三种性质的社会越轨要做具体分析，做不同程度的控制。

①消极性社会越轨是一种对社会共同生活和社会发展起消极阻碍作用的越轨行为，这种社会越轨破坏社会运行的正常秩序，侵害社会有机体，是要严格加以控制的，要将这类社会越轨限制在不足以危害社会运行安全的范围内。

②积极性社会越轨是一种对社会发展起积极推动作用的越轨行为，这种社会越轨是打破因循守旧、推动社会发展的动力之一。虽然社会控制对这类社会越轨也有制约作用，但社会可以通过社会宣传、舆论导向等手段倡导这类社会越轨，如鼓励破除阻滞社会发展的陈规陋习等等。这类社会越轨较多地出现在社会转型或社会革命时期。

③中性社会越轨是一种对社会共同生活和社会发展的影响不十分明显的、介于消极与积极之间的越轨行为，这类社会越轨多出现于日常社会生活之中，如赶时髦、追求新潮等等。由此可见，对不同性质的社会越轨要具体分析、区别对待，这样才能充分发挥社会控制维系社会秩序、推动社会发展的功能。

**5. 社会学是如何看待社会越轨的？请列举几种相关的理论视角并结合实例进行分析和说明。**(中大 2008 年研)

**相关试题：从文化冲突理论视角对社会越轨进行简要解释。**(川大 2014 年研)

**答：**(1)社会学看待社会越轨的三种理论视角：社会失范理论、文化冲突理论和亚文化群理论。

①社会失范理论

默顿从价值上将社会结构划分为两大类：一类是目标；一类是达到目标的手段。默顿所指的文化目标是社会依据它的规范体系认为是值得有、值得存在的东西；制度化手段是社会认为可合法获得文化目标的方式。

默顿认为，失范是在人们用社会认为合法的手段不能实现自己的文化目标时发生的，而对于这种情形的一个共同的反应，就是越轨行为(当触犯刑律时即为犯罪行为)，即用不符合社会规范的手段来实现自己的文化目标。

②文化冲突理论

文化冲突理论将引起社会越轨的原因归结为不同文化之间的冲突，认为不同的民族、阶层、地域的人，信仰、信念、价值观念、行为模式各不相同，当不同集团的利益和目标发生矛盾时，往往会引起冲突，这种冲突往往导致越轨。

a. 美国社会学家塞林的文化冲突理论区分了两种文化冲突：纵向文化冲突和横向文化冲突。纵向文化冲突是指随着文明的发展而发展的，不同时期的文化互相冲突时产生的法律规范的冲突；横向文化冲突是指在同一时期内由于两种文化准则对立而产生的法律规范的冲突。塞林认为，文化准则的冲突必然导致行为的冲突，而犯罪就是行为规范之间的冲突。

b. 塞林认为容易产生文化冲突的情形有四种：

第一，当某个文化集团的文化法律规范被扩展至另一个文化集团的领域之时。

第二，当某个文化集团的成员迁移到另一个不同文化的区域时。

第三，在相邻两种文化领域的边界接合处。

第四，当社会结构由简单趋于复杂化、文化价值由单一趋于多元化之时。

c. 评价：塞林的文化冲突理论是极富启发性的。他从文化冲突的角度指出了社会越轨的相对性，并将社会越轨归结为文化冲突的产物，这一理论对于现代社会的社会越轨状况具有很强的解释力和预测力。

③亚文化群理论

亚文化是由各种社会因素和自然因素的差异造成的一种区域性文化或群体性文化的统称。亚文化群理论认为，一个人可能在这样一个集团或群体内生活，这个群体有一种稳定的但与主文化的价值体系不同的价值体系，这样的群体被称为亚文化群。个体如果长期生活在亚文化群体里，受其价值体系的影响，就可能产生犯罪。

(2)结合实例分析

①塞林的文化冲突理论。例如，一个原籍意大利西西里的黑人在美国新泽西州居住的时候，把一个勾引他16岁女儿的男子杀死了，因而被警方逮捕。他对自己因此被捕感到迷惑不解，因为在西西里这是一种保护家庭名誉的行为，是正义的。塞林指出，这显然是两种不同文化规范之间的冲突。

②科恩的亚文化群理论。例如，美国社会的民主性支持下层阶级青少年追求与中产阶级青少年相同的目标，但事实上，社会并没有为每个人提供达到这种目标的相同手段。当下层阶级青少年最终感到失望时，就会发展出一种与社会文化相背离的文化，这就是青少年犯罪亚文化。他认为，少年亚文化群通常是在社会下层阶级的居住区形成的，因而犯罪团伙基本上是产生在下层阶级青少年中的现象。

**6. 在看待越轨的问题上，生物学、心理学、社会学有什么差别？**

**相关试题：越轨的生理学解释及其局限性。**(复旦2016年研)

**答：**在看待越轨的问题上，主要有生物学视角、心理学视角和社会学视角三种视角：

(1)生物学视角

生物学视角，即从人类生物、生理方面出发去研究越轨，特别是犯罪型越轨的发生原因。迄今为止，只有少数研究发现越轨与生物学因素的确有密切关系，但是，与生物性因素相关的医学方法对越轨的解释则具有较大的可信性，并且越来越流行。

(2)心理学视角

①越轨行为与人的性格类型有关。例如，外向型个性的人，相对于内向型个性的人来说，出现越轨行为的可能性要大一些。

②越轨行为与社会学习有关。例如，孩子们在电视上看到暴力场面就可能在游戏中加以模仿，通过这种学习和模仿的方式，即使不用在实际生活中身体力行，孩子们也学会了怎样行使暴力。

③越轨行为产生的主要原因是挫折。挫折可以由于缺乏金钱、爱情和其他东西而产生。当某一需要未能满足时，人们可能会遭受挫折。遭受挫折的强度如何，取决于需要、冲动

和欲望受到妨碍的程度大小。反过来，攻击的程度与人们如何受挫有关。

④越轨行为与人格结构的内部不平衡有关。弗洛伊德认为，越轨产生的原因是人格中的超我和自我没有得到充分的发展，破坏了本我、自我和超我三者之间的平衡关系，使本我得不到应有的控制，从而导致个人越轨行为。

(3)社会学视角

①社会失范理论

失范，就是在人们用社会认为合法的手段不能实现自己的文化目标的时候发生的，而对于这种情形的一个共同的反应，就是越轨行为(当触犯刑律时即为犯罪行为)，即用不符合社会规范的手段来实现自己的文化目标。默顿根据文化目标和制度化手段这两个社会因素的相互关系，提出了五种适应模式：

a. 附合，既接受社会的文化目标，又遵循社会认为合法的制度化手段。

b. 创新，是指人们认为社会的文化目标是正当的，是应当努力去获得的，但他们又不情愿或不能够用被社会认可的制度化手段来实现这些目标，因此，只得用那些为社会所不允许的手段来实现。这样，他们就常违反规范或触犯法律。

c. 形式主义，是指已经失去了社会中的文化目标，而盲目地坚持那些制度化手段的现象。

d. 隐退主义，既反对文化目标，也反对达到这些目标的制度化手段。

e. 反抗，既反对惯常的目标，也反对社会倡导的手段，他们期望在变革之后有一种新的目标和新的手段。

②文化传递理论

文化传递理论认为，就其本身而言，失范并不一定导致越轨。要想变成越轨者，人们必须有机会去学习越轨。那些习得了赞成越轨行动的观念的人，比其他人更有可能采取越轨的方式。也就是说，越轨在某些区域，被作为一种文化持续地传递给其成员。

③冲突理论

冲突理论者认为，社会不存在一个所有社会成员共享的、相同的目标和价值。相反，他们认为，社会上有权有势的人同那些没有权力和没有地位的人的价值观大不相同。无权无势的人之所以越轨频率高，是因为社会规则和法律是社会权势集团参与制定的，并没有反映出他们认同的目标和价值以及看待事物的方式。

a. 文化冲突论

文化冲突理论又可以分为两种不同的视角：其一，由不同民族、宗教、职业等方面的文化差异而引起的越轨。其二，由不同性别、生活方式、地理位置等亚文化差异而引起的越轨。

b. 阶级冲突论

阶级冲突论，即马克思主义的冲突理论。该理论认为，越轨的根源是阶级冲突，而不是一般的文化差异。资本主义社会中最严重的犯罪是财产犯罪，实际上是穷人对富人的犯罪。而富人犯罪，如偷税漏税等，尽管所造成的危害比穷人犯罪大得多，但法律只是将其当作相对次要的问题看待和处理。

**7. 结合我国实际，试以社会失范理论分析我国当前的社会越轨。**（安徽师大2017年研）

答：（1）社会越轨的定义

参见本章考研真题与典型题详解概念题第4题答案。

（2）以社会失范理论分析中国当前的社会越轨

①社会失范理论

a. 涂尔干认为，社会失范是指社会中存在不明确的、彼此冲突的、分散的规范的地方，个人与他人就不存在有道德意义的关系，或者没有规定获得快乐的界限。

b. 默顿认为，社会失范是指社会所规定的目标同决定达到这些目标的规范不一致。他从价值上将社会结构分为目标和达成目标的手段两大类，并认为，人们在社会中分享共同的价值，文化价值为社会树立起发展的目标，同时社会也为人们提供制度化的合法手段。

c. 默顿所指的文化目标是社会依据它的规范体系认为是值得有、值得存在的东西；制度化手段是社会认为可合法获得文化目标的方式。而当社会失范发生时，人们用社会认为合法的手段不能实现自己的文化目标，从而会选择越轨行为（当触犯刑律时即为犯罪行为），即用不符合社会规范的手段来实现自己的文化目标。默顿根据文化目标与制度化手段之间的相互关系，提出了五种适应模式，参见本章考研真题与典型题详解论述题第6题答案。

②当前中国社会主要越轨行为

a. 经济犯罪现象增多

改革开放以来，随着我国经济的快速发展，犯罪行为、腐败现象逐渐增多，屡禁不止，经济腐败行为已经发生根本性的变化：由过去的个人行为转变为群体行为，群体之间互惠互利；官员犯罪级别、涉案金额、触及领域等呈扩大态势；由过去的单一行政部门蔓延到社会各个领域，犯罪情节极其严重。尽管我国反腐败斗争一直未放松警惕，但国内经济腐败现象仍未得到根本性的解决，严重损害了人民的利益，这是现今社会较为突出的越轨行为。经济犯罪现象增多是由于，在体制不健全和文化目标不成熟的双重作用下导致权力真空和漏洞，并从根本上激增了越轨行为的产生。

美国社会学家默顿把社会结构引入了社会失范的研究领域。默顿认为社会越轨行为同正常行为一样，是社会结构的产物，个人的具体行为与社会结构有紧密的联系，若社会结构失范则必然导致个体行为的越轨。默顿指出，如果社会结构的两种因素——即由社会所规定的目标和实现目标的制度化规范与手段——相互背离，就可能会引起社会越轨行为。当前，我国经济体制存在诸多漏洞，相应的法治建设也不健全，这种社会结构上的缺陷加剧了社会越轨行为的发生。

b. 集体组织感渐失

在国家形势发生好转的前提下，集体意识却趋向模糊，也反映出人们对当今社会结构与社会秩序的不同看法和态度。这种思维观念上的异质性，使得标准暂失，因而极易出现失范行为。

c. 价值观和道德感滑坡

涂尔干指出，如果社会处于失范状态，人的欲念和行为会由于缺乏有效的约束和控制而无限膨胀，因为不同的人对何为有效、适当的规范和行为的观念相去甚远。欲望的膨胀支配着人们的行为，使社会处于斗争和冲突的秩序混乱之中。一旦社会出现了失范行为，而未及时建立起合理的社会规范和社会道德体系，就会使整个社会处于混乱无序的状态，并向着有碍于其前进的趋势发展。

## 五、材料题

材料：

在分析美国社会的犯罪问题时，社会学家默顿指出："现代美国社会里人们追求的主要目标是金钱，一些因贫困上不起学、无专业技术的普通工人，由于地位低、工资不高、缺少就业机会等等，决定其不可能拥有较高的社会地位和较多的金钱。为了实现取得较高社会地位和较多金钱的目标，往往不接受社会规范的约束而采用非常手段，即他们由于被剥夺了合法地获取财富的机会，只好求助于非法的、犯罪的手段。"此即下层社会财产犯罪率偏高的原因。(华中农大2018年研)

请问：

(1)根据默顿的社会失范理论，越轨行为是如何产生的？

(2)"下层社会的财产犯罪"属于哪一种类型的越轨行为？

(3)除上述越轨行为，社会失范理论还描述了哪些越轨行为？

(4)试结合社会失范论分析当前中国社会经济犯罪的解决之道。

答：(1)在默顿看来，越轨行为(包括犯罪行为)就是文化目标与制度化手段之间矛盾的产物。而之所以产生这种矛盾，主要是因为社会所规定的目标同决定达到这些目标的规范不一致。他认为，人们在社会中分享共同的价值，文化价值为社会树立起发展的目标，同时社会也为人们提供制度化的合法手段。然而，某些情况下，人们用社会认为合法的手段无法实现自己的文化目标，从而矛盾产生，激发越轨行为。

(2)"下层社会的财产犯罪"，属于默顿提出的四种类型的越轨行为中的"创新"模式。默顿指出，创新是指人们认为社会的文化目标是正当的，是应当努力去获得的，但他们又不情愿或不能够用被社会认可的制度化手段来实现这些目标，因此，只得用那些为社会所不允许的手段来实现。这样，他们就常违反规范或触犯法律。

在默顿看来，下层财产犯罪是指贫困者与普通工人通过合法手段无法获取更多财富，而求助于非法的、犯罪的手段，这实际上是属于越轨行为中的违法行为，即违犯法律规定的行为，犯罪行为是违法行为中的一种特殊类型，它是指触犯刑律而应受到刑法处罚的行为。

(3)在默顿看来，由于文化目标与制度化手段的适应模式不同，除"创新"以外，还有形式主义、隐退主义和反抗三种越轨行为。

①形式主义，是指已经失去了社会中的文化目标，而盲目地坚持那些制度化手段的现象。

②隐退主义，既反对文化目标，也反对达到这些目标的制度化的手段。这些人多是放荡不羁的人，如嬉皮士、酗酒者、吸毒者，是一些社会的弃儿。

③反抗，既反对惯常的目标，也反对社会倡导的手段，他们期望在变革之后有一种新的目标和新的手段。

(4)当前中国社会经济犯罪的解决之道主要包括：

①从国家层面来看，应当加快社会结构的改革、发展与完善，以使中国社会中文化目

标与制度化手段良好地适应与配合。另一方面，政府应当适当修改公共政策，以使社会资源与权力分配更为合理与公平。

②从学校层面来说，其选择的教育内容应当符合社会主流价值观，并采取有效的方法和利用集中的时间，对受教育者进行教育。

③从家庭层面而言，父母应当对子女进行正确的教育，帮助子女树立正确的人生观与价值观，并在其学前教育中克服与矫正不正确的态度与行为习惯。

# 第十九章　社会政策

## 19.1　复习笔记

【知识梳理（庖丁解牛）】

- 社会政策
  - 社会政策的含义与类型
    - 社会政策的含义
    - 社会政策与公共政策
    - 社会政策的类型
    - 社会政策的理念基础
  - 社会政策理论的发展
    - 工业革命时期的社会政策理论
    - 19 世纪末 20 世纪初的社会政策理论
    - 福利国家时期的社会政策理论
    - 社会政策理论的多元化时期
  - 社会政策的一般过程
    - 社会政策的制定
    - 社会政策的执行
      - 意义及特点
      - 理论模型
    - 社会政策的评估
      - 评估标准
      - 评估程序
      - 评估方法
    - 社会政策的调整
      - 实施社会政策对社会问题的影响
      - 社会政策的调整：内容和方式
  - 中国社会政策的反思与前瞻
    - 中国社会政策的演变
    - 中国社会政策现状的特点
    - 新时代对社会政策创新发展提出新要求

【考点难点归纳（去粗取精）】

### 考点一：社会政策与公共政策 ★★

**1. 社会政策概述**（见表 19-1）

表 19-1　社会政策概述

| 要点 | 具体内容 |
|---|---|
| 含义 | 社会政策是国家或政府为解决社会问题、改善社会环境、促进社会公正、提升人民福利和实现社会发展而制定和实施的各种原则、方针 |

续表

| 要点 | 具体内容 | |
|---|---|---|
| 类型 | 按实施领域 | ①社会保障政策；②公共医疗卫生政策；③公共住房政策；④公共教育政策；⑤劳动就业政策；⑥社会福利服务政策；⑦针对特殊人群的社会政策；⑧其他领域的社会政策体系等 |
| | 按制定和实施的目标 | ①剩余型社会政策；②制度型社会政策；③发展型社会政策 |
| | 按不同主体 | ①单一型社会政策；②多元型社会政策 |
| | 按目标群体 | ①普遍型社会政策；②选择型社会政策 |
| | 按资金来源和运行过程 | ①纯福利型社会政策；②准市场型社会政策 |
| | 按内容之间的包含与被包含的关系 | ①总社会政策；②基本社会政策；③具体的社会政策 |
| | 背后所涉及的理念 | ①保守主义社会政策；②自由主义社会政策；③社会主义社会政策 |
| 理念基础 | 社会公正不仅是社会政策的目标，也应当是社会政策的理念基础：<br>①公正不会与“均等”“平均”的客观差异描述相混淆，所表达的是一种比较明确、鲜明的价值判断，即“是否合理”。<br>②公正与社会政策是密切相关的。从历史上看，社会政策同公正相随而行，公正的基本规则直接规定着社会政策的基本内容 | |

## 2. 公共政策概述(见表19-2)

表19-2 公共政策概述

| 要点 | 具体内容 | |
|---|---|---|
| 含义 | 公共政策是国家机关或执政党制定的旨在解决某一问题的具有权威性的行动准则 | |
| 表现形式 | 法律、规章、行政命令、政府首脑声明和指示、行动计划与策略等 | |
| 内容 | ①政治政策(外交、国防、人权等)。<br>②经济政策(财政、税收、金融、工业、贸易等)。<br>③社会政策(劳动、分配、福利、人口、教育等)。<br>④科教文卫政策(科技、教育、文化、体育、卫生等) | |
| 公共政策与社会政策的关系 | 联系 | ①从公共政策的发展历史及相关研究的产生历史来看，社会政策与其他的国家干预项目都是在市场经济的发展过程中逐步产生的。<br>②公共政策专门研究的形成，既与政府干预社会经济的范围扩大有关，又与各种科学的研究方法和手段的发展有关。<br>③社会政策主要涉及社会福利方面的政策，包括社会保险、社会救助、医疗卫生服务、房屋政策等。从政府活动的内容和策略的角度看，上述政策包含在公共政策之内 |
| | 区别 | 社会政策主要关注的是以社会供给的方式来满足一些特别的和个人的生活需求、社会需求，这个领域不仅与运用科学的知识和手段进行研究有关，还与伦理道德、价值观念有着密切的关系 |

拓展：社会政策是政府借助行政力量干预社会问题、解决社会问题的手段，有如下基本特征：①以改善民生为直接目的；②政府干预；③一定的排他性；④追求社会公平。

## 考点二：社会政策理论的发展（见表 19-3） ★★★

表 19-3 社会政策理论的发展

| 时期 | 理论派别 | 主要观点 |
|---|---|---|
| 工业革命时期 | 古典自由主义 | ①提出“经济人”假设，说明人都是受经济理性支配的动物，必然会关心自己的利益。<br>②基于人道主义“仁爱”“人性”和自然权利观念，宣扬人类的“自由、平等、博爱”，强调人是平等、自主的，人有权利得到社会平等的关心和尊重 |
| | 马克思主义理论 | ①认为工人阶级的一切苦难都来自资本家的剥削，因而将资本主义私有制视为革命的对象。<br>②认为解决社会问题的唯一途径就是彻底推翻资产阶级统治，建立生产资料公有制，实现人人平等、按劳分配的社会主义 |
| 19 世纪末 20 世纪初 | 社会民主主义 | ①强调人道主义精神，致力于政治民主化的追求、为工人阶级合法地争取权利，继承马克思主义社会平等的思想，倡导全民福利的思想。<br>②认为必须推动和强化国家、政府来承担责任，发挥作用，以此改善社会经济状况，提升劳工阶级的福利水平。<br>③社会民主主义主张通过改良的方式实现社会主义，虽然背离了传统的马克思主义，但是它的突出特点在于，对包括经济平等在内的更大程度的平等的重视，以及把社会政策视为实现社会主义的手段的思想 |
| | 凯恩斯主义 | 主张政府应干预经济和社会问题。政府应该施行一系列以工代赈的经济刺激方案，同时还需通过兴办大型公共工程，为失业者创造就业机会。另外，政府必须制定一系列社会政策和立法来保障民众的基本生活 |
| 福利国家时期 | 公民权利理论 | 马歇尔是第一个系统阐述公民权利理论的社会思想家，他认为公民权利分别以法律权利、政治权利和社会权利为特征逐渐显现出来 |
| | 新自由主义 | ①以弗里德里希·哈耶克为代表，主张实行个人自由和市场竞争而舍弃“福利国家”，限制政府在社会政策领域的作用，主张个人在市场竞争的环境里通过自己的努力获得报酬。<br>②新自由主义承认必要的社会政策对人的自由的保障，但是必须以人的自由作为一切幸福的首要条件 |
| 多元化时期 | 新社会民主主义 | ①全球化时代的人类社会面临许多共同的风险和问题。人们应该“超越左与右”之分，全面综合地分析社会风险，共同采取行动。<br>②在坚持政府社会政策主体地位的基础上，应该适度地强调个人对其自身的保障作用。<br>③建立“投资型社会”，运用再分配手段将财政支出更多地用于教育、就业等促进社会发展的公共服务事业中。<br>④致力于促进社会融合，倡导和鼓励社会各方力量参与到社会服务事业中，保障人们的生活，促进社会的发展 |
| | 新保守主义 | 主张应该更多地发挥家庭和社区的福利功能、恢复传统的价值观和个人的责任意识 |
| | 传统社会民主主义 | 坚持社会政策的集体主义价值观，反对靠市场调节来满足人们的福利需求 |
| | 社群主义 | 强调非正式群体和制度的保障功能、从地方社区挖掘人类社会互助精神 |

**拓展：**蒂特马斯将社会政策与社会福利模式分为三种类型：①社会政策的剩余福利模式，认为个人、家庭、市场是人们福利的首要提供者和满足者，国家是最后出台者。②社会政策的工作能力—成绩模式，认为一个人的福利状况应该以工作和贡献为基础。③社会政策的制度性再分配模式，认为社会福利是一个基本的社会制度，国家应该在市场以外按照需要的原则提供普及性的社会福利。

## 考点三：社会政策的一般过程 ★★★

### 1. 社会政策的制定（见表19-4）

表19-4 社会政策的制定

<table>
<tr><th>制定过程</th><th colspan="3">具体内容</th></tr>
<tr><td>确认政策问题</td><td colspan="3">①存在一种可以确认的客观情势；②出现了强烈的公众诉求；③形成了明显的政策需要</td></tr>
<tr><td>建立政策议程</td><td colspan="3">①政策议程的含义。指将政策问题纳入政治机构的行动计划的过程。<br>②政策议程的分类。公共议程（或公众议程）和政府议程（或正式议程）</td></tr>
<tr><td rowspan="3">制定政策方案</td><td>注意事项</td><td colspan="2">①目标必须具体、明确，应尽可能量化，并有特定时限。<br>②目标必须切实可行，应建立在现实条件之上，通过努力可以实现。<br>③不同层次的目标应当协调一致，具体目标不能和总目标相冲突。<br>④目标必须体现国家和社会利益，符合国家法律和社会公德</td></tr>
<tr><td rowspan="2">具体步骤</td><td>轮廓勾画</td><td>①要保证方案的多样性，以备选优。<br>②要保证方案轮廓整体上的完备性，每一方案都应包含行动原则、指导方针、基本措施、发展阶段等内容。<br>③各方案之间应具有互斥性，不能相互重复、包含</td></tr>
<tr><td>细节设计</td><td>按照所勾画的各种政策方案轮廓，确定实现政策目标的具体途径、措施和手段</td></tr>
<tr><td rowspan="2">政策方案选优</td><td>评估标准</td><td colspan="2">包括：①应能最大限度地实现政策目标；②消耗的资源应尽可能少；③实现政策目标的风险应尽可能小；④实施中产生的副作用应尽可能小</td></tr>
<tr><td>论证标准</td><td colspan="2">①政治可行性。指该政策获得政治资源支持的程度、现有的行政资源执行政策的行动力度和效能高低等。<br>②经济可行性。指执行政策方案所需的各种人、财、物及信息资源的获取程度。<br>③技术可行性。指在现有的技术水平下，能够实现目标的程度</td></tr>
<tr><td>政策方案合法化</td><td colspan="3">①政策合法化，是指政策方案通过一定程序获得合法地位的过程。<br>②不同的政策主体制定的政策，其合法化程序往往有所不同</td></tr>
</table>

### 2. 社会政策的执行

社会政策的执行是指将正式公布的政策方案加以贯彻、实施，以达到预期的政策目标的各种活动与整个过程。

（1）社会政策执行的意义及其特点（见表19-5）

表 19-5　社会政策执行的意义及其特点

| 要点 | 具体内容 |
|---|---|
| 意义 | ①社会政策执行是解决社会问题的根本性环节；<br>②社会政策执行将决定政策方案能否实现，以及实现的程度与范围；<br>③社会政策执行活动及其所产生的结果是制定后续政策的重要依据 |
| 特点 | 包括：①连续性；②整合性；③灵活性 |

(2)有关社会政策执行过程的理论模型(见表 19-6)

表 19-6　有关社会政策执行过程的理论模型

| 理论模型 | 代表人物 | 主要观点 |
|---|---|---|
| 四因素论 | 史密斯 | 影响政策执行过程的因素有四个：①理想化政策；②目标群体；③执行机构；④环境因素，包括影响政策执行与受政策执行影响的各种政治、经济、社会及文化因素 |
| 六因素论 | 密特与霍恩 | 用六个变项研究政策与执行之间的关系：①政策的标准与目标；②政策的资源；③组织间的沟通与有效执行；④执行机构的特质；⑤经济、社会与政治条件；⑥执行者的意向 |
| 循环理论 | 马丁·雷恩和弗朗希·F. 拉宾诺维茨 | 该理论将政策执行过程分为三个不同阶段：①纲领发展阶段；②资源分配阶段；③监督阶段。这三个阶段并非直线单向地运行的，而是相互循环的 |
| 中国模式 | 叶海平、李冬妮 | 将社会政策的执行细分为准备与实施两个阶段：<br>①准备阶段。包括制订计划、组织落实、宣传、物质准备、典型试验等内容。<br>②实施阶段。包括指挥、协调、监督、控制等方面的工作 |
|  | 陈振明 | 将注重政策宣传、重视政策试验、强调以点带面等视为政策执行过程的中国特色 |

## 3. 社会政策的评估(见表 19-7)

表 19-7　社会政策的评估

| 要点 | 具体内容 | |
|---|---|---|
| 含义 | 政策评估是指政府或专业政策分析机构根据社会政策的投入、政策执行过程、政策实际产出与政策现实影响之间的因果关系，判断政策投入、政策过程、政策产出是否直接导致了实际的政策影响，分析政策投入、政策过程、政策产出、政策影响等各方面的因素，理解社会政策的实际结果、影响与政策的预期目标是否一致 | |
| 评估标准 | 包括：①传统的理性标准；②公众的评估标准；③政治角度的评估标准；④法律角度的评估标准 | |
| 评估程序 | 准备阶段 | 包括：①确定评估的对象；②制定评估方案 |
|  | 实施阶段 | 全面收集政策制定、实施、产出、影响等方面的各种信息，整理、归类、统计和分析这些信息，运用适当的评估方法和技术，测算和分析社会政策实施的效果，得出社会政策评估的价值判断和技术分析结论，提出相关的社会政策建议，写出评估报告 |
|  | 总结和反馈阶段 | 在提交评估报告、结束评估工作之前，对评估过程进行再检查，对评估结果的可信性和有效性进行分析，要与社会政策设计、制定、执行、监督机构和人员及社会政策的目标群体进行必要的沟通和讨论，以便提高社会政策评估的效果 |

续表

| 要点 | | 具体内容 |
|---|---|---|
| 评估方法 | 目标达成评估 | ①社会政策目标是否顺利实现，实现程度如何，社会政策结果与目标是否一致；<br>②社会政策影响评估，它关心的是社会政策结果是否由社会政策目标造成，分析社会政策实施过程对实现社会政策目标的促进和妨碍作用 |
| | 公众导向评估 | 指将社会政策所作用的目标群体即公众的目标、需要、价值等作为评估的组织原则和价值标准，评估社会政策对公众的目标需要、价值的满足程度 |
| | 社会实验评估 | 运用类似于自然科学中的实验室分析方法，对社会政策实施效果进行检测评估 |

### 4. 社会政策的调整（见表 19-8）

表 19-8　社会政策的调整

| 要点 | 具体内容 |
|---|---|
| 实施社会政策对社会问题的影响 | ①社会政策可以完全（基本）解决社会问题。<br>②社会政策可以减轻社会问题的严重性。<br>③社会政策对社会问题并未产生实际效果，或只不过使问题改变了存在的方式。<br>④社会政策实施后，反而使社会问题的严重性加剧，或引起了新的社会问题。<br>⑤社会政策预防了社会问题的发生 |
| 内容 | ①功能的调整。功能是政策执行者为了满足目标群体的需要而提供的各种服务，政策的效果就是通过具体的功能来体现的。<br>②机构的调整。有的机构系专为实施某一政策而设，政策一旦终结，机构就随之撤销。有的机构同时承担几种政策的推行工作，某项政策的终止会导致该机构规模、经费等缩减。<br>③政策的调整，即改变或停止实施某一政策。在通常情况下，特别是相对于功能调整及机构调整而言，政策本身的调整所遇到的阻力要小 |
| 方式 | ①政策替代。用新政策取代旧政策，但政策所针对的问题不变。<br>②政策合并。旧的政策作为整体虽被终止，但其部分内容仍然适用，因而被合并到其他政策中。<br>③政策分解。将原来的政策的内容按一定的标准分解成几部分，每一部分各自成为一项新的政策。<br>④政策缩减。采用渐进方式对某一政策加以终结，这样可避免仓促终结所可能产生的剧烈反应 |

**拓展：**社会政策是减少社会排斥，促进社会融合的路径。社会排斥是社会成员希望参加社会活动，但是被自己不能控制的因素阻止了的现象，是社会成员的社会权利不能实现的问题。

## 考点四：中国社会政策的反思与前瞻 ★★★

### 1. 中国社会政策的演变（见表 19-9）

表 19-9　中国社会政策的演变

| 要点 | 具体内容 |
|---|---|
| 历史上的社会政策思想 | ①西周时期，执政者曾提出“保息六政”。<br>②战国时期，管子提出执政者居上为政时，应广施仁政，行“九惠之教”。<br>③民国时期，西方的社会政策思想和实践开始被引入中国，20 世纪 40 年代曾提出社会政策的基本纲领，但因当时处在战乱时期，这一纲领实际未能实施 |

续表

| 要点 | 具体内容 |
|---|---|
| 新中国成立后直到实行改革开放前的社会政策 | 包括：①社会保险制度；②"五保"制度和合作医疗制度；③优抚安置制度；④社会福利制度；⑤社会救济制度 |

## 2. 市场转型与中国社会政策的改革(见表19-10)

表19-10　市场转型与中国社会政策的改革

| 要点 | 具体内容 |
|---|---|
| 计划经济下推行的社会保障与社会福利的弊端 | ①不仅会使国家或企事业单位不堪重负，还会使职工个人产生依赖思想。<br>②不利于社会政策体系的建立、完善及其独特功能的发挥 |
| 社会政策的重要性 | ①经济体制转轨使社会福利的供给模式发生了变化。<br>②在市场经济条件下，公平和公正问题变得突出 |
| 改革开放以来，我国社会政策的变化 | ①在地位上，随着经济体制改革的深化，社会政策已日益从经济体制中剥离出来，成为一个相对独立的领域，并开始受到关注和重视。<br>②在内容上，社会政策的内容体系趋向完善，原先缺乏的失业保险项目得到了补充。<br>③在主体上，社会政策的实施主体虽然仍主要是政府，但开始强调社区、非政府组织、民间团体、家庭、个人的责任 |

## 3. 中国社会政策现状的特点(见表19-11)

表19-11　中国社会政策现状的特点

| 特点 | 具体内容 |
|---|---|
| 从属性 | 相对于经济政策而言，社会政策在一定意义上依然处于从属或依附地位 |
| 不完整性 | 补偿性社会政策和发展性社会政策内部，都存在着各种缺陷，需要加以补充、充实、改革和完善 |
| 不平衡性 | 由于城乡分割的二元社会格局的影响，我国目前的社会政策仍然存在着严重的城乡区别对待的问题，对农村户口的居民仍实行和城市居民大相径庭的处理方式 |
| 不稳定性 | ①主观上，市场经济条件下，政策不能通过立法的途径加以明确，而政府权力又弱化，其推行的阻力大大增加，政府就出台变通政策加以取代；变通的政策遇到阻力，政府就再做变通，其结果是使政策难以保持相对的稳定性。<br>②客观上，我国处在社会快速转型时期，旧体制迅速瓦解，新问题层出不穷，又受到人口城市化、经济全球化的挑战，这些都对社会政策的决策者形成了巨大的压力 |
| 低效性 | ①我国目前的社会政策在执行过程中针对性不强。<br>②我国目前的社会政策分属于不同的政府部门或准政府部门、社会团体管理和执行，缺乏统一的协调机构，这使得政策在执行过程中可能出现有的目标人群成员获得了重复支持，有的却得不到应有的支持的状况 |

### 4. 新时代对社会政策创新发展提出新要求(见表 19-12)

表 19-12　新时代对社会政策创新发展提出新要求

| 要点 | 具体内容 |
| --- | --- |
| 新时代人民的社会政策需求发生了新变化 | ①在新时代，困难群体更加需要融入社区，在职业发展中自我实现。<br>②社会质量理论给予的启示：人们在提升他们的福祉和个人潜能的条件下，更应该参与社区的社会与经济生活 |
| 社会政策应当有效地回应人民的美好生活需求 | ①社会政策应当有效回应公民包括困难群体多元化、多层次的需求。<br>②社会政策要为公民的体面生活提供足够的收入和服务保障。<br>③社会政策应当通过对困难群体、特殊群体的保护，从而有利于各个群体之间的融合。<br>④社会政策应当为公民尤其是困难群体的能力提升创造条件 |

拓展：近年来我国的社会政策发展中出现了一些新的趋势：①社会政策更加注重以人为本，以民生为基础，以满足民众基本需要和维护社会稳定并重为政策制订的原则；②近年来的社会政策更加强调社会公平和基本权利的保护；③近年来的社会政策更加强调向弱势群体倾斜，残疾人、农民工、长期贫困者、儿童等群体得到了更多的关注；④在社会政策的主体责任方面，中央政府责任明显增大，中央财政在社会政策行动中的投入增大，地区之间再分配(转移支付)水平提高；⑤在福利水平方面，这一阶段福利水平总体回升，政府社会开支占 GDP 的比例明显提高。

## 19.2　课后习题详解

### 1. 什么是社会政策，它有哪些特点？

答：(1)社会政策的含义

参见本章考研真题与典型题详解概念题第 1 题答案。

(2)社会政策的特点

①社会政策具有社会性目标。

②社会政策要体现全社会共有的价值。

③政府的社会政策的基本内容是向广大社会成员，尤其是其中的困难群体提供各种社会服务，以满足人们的基本需要。

### 2. 试述社会政策与公共政策的关系。

答：社会政策与公共政策的关系如下：

(1)二者之间的联系

①从公共政策的发展历史及相关研究的产生历史来看，社会政策与其他的国家干预项目都是在市场经济的发展过程中逐步产生的。

②公共政策专门研究的形成，既与政府干预社会经济的范围扩大有关，又与各种科学的研究方法和手段的发展有关。

③社会政策主要涉及社会福利方面的政策，包括社会保险、社会救助、医疗卫生服务、房屋政策等。从政府活动的内容和策略的角度看，上述政策包含在公共政策之内。

(2)二者之间的区别

①社会政策主要关注的是以社会供给的方式来满足一些特别的和个人的生活需求、社会需求，这个领域不仅与运用科学的知识和手段进行研究有关，还与伦理道德、价值观念有着密切的关系，因此也就成了一个不同于公共政策的研究领域。

②社会政策是社会新创造的一种公共物品，社会政策与公共政策是可并列的两个领域，可分为两个学科加以研究。

**3. 试述西方社会政策理论的发展演变过程。**

**答：**西方社会政策理论的发展演变过程主要包括：

(1)工业革命时期的社会政策理论

①古典自由主义

古典自由主义提出“经济人”假设，说明人都是受经济理性支配的动物，必然会关心自己的利益；每个人追求物质财富的活动虽然利己，但将它们合在一起就会促进人类的幸福。

②马克思主义理论

马克思主义理论认为工人阶级的一切苦难都来自资本家的剥削，因而将资本主义私有制视为革命的对象，认为解决社会问题的唯一途径就是彻底推翻资产阶级统治，建立生产资料公有制，实现人人平等、按劳分配的社会主义。

(2)19 世纪末 20 世纪初的社会政策理论

①社会民主主义

社会民主主义来源于社会主义，他们把对资本主义社会进行社会主义改造作为自己的任务，也作为自己争取工人群众和更广大的新中产阶级成员支持的手段。社会民主主义虽然背离了传统的马克思主义，但是它最突出的特点在于，对包括经济平等在内的更大程度的平等的重视，以及把社会政策视为实现社会主义的手段的思想。

②凯恩斯主义

凯恩斯主义主张政府应干预经济和社会问题。政府应该施行一系列以工代赈的经济刺激方案，同时还需通过兴办大型公共工程，为失业者创造就业机会。另外，政府必须制定一系列社会政策和立法来保障民众的基本生活。

(3)福利国家时期的社会政策理论

①以公民权利观念为基础的社会政策理论

马歇尔首次系统阐述了公民权利理论。公民权利包括法律权利、政治权利、社会权利和参与权利。公民权利主要经历了三个阶段：宗教改革之后出现的个人自由信仰宗教的权利、在资产阶级取代封建阶级以后人们取得的政治权利，以及在社会福利制度化之后人们获得的社会权利。

②新自由主义

新自由主义以弗里德里希·哈耶克为代表，主张实行个人自由和市场竞争而舍弃“福利国家”。新自由主义主张在尊重人的自由、不破坏市场原则的基础上，以适当的方式实施福利保障，这就是尽可能地在社会政策领域也贯彻竞争的原则，而不是用保护去代替竞争。

(4)多元化时期的社会政策理论

①新自由主义否定公民权利理念和福利国家制度，鼓吹市场自由竞争原则。

②新社会民主主义试图调和自由主义和社会民主主义的对立，主张混合社会政策，即

“第三条道路”。该理论由吉登斯等人提出来，旨在停止老派社会民主主义和新自由主义之间的争论和对立。

③新保守主义主张应该更多地发挥家庭和社区的福利功能、恢复传统的价值观和个人的责任意识。

④传统社会民主主义坚持社会政策的集体主义价值观、反对靠市场调节来满足人们的福利需求。

⑤社群主义强调非正式群体和制度的保障功能、从地方社区挖掘人类社会互助精神。

**4. 社会政策的一般过程包含哪些基本环节(程序)?**

**答:** 社会政策的一般过程包含以下基本环节:

(1)社会政策的制定

包括:①确认政策问题;②建立政策议程;③制定政策方案;④政策方案选优;⑤政策方案合法化。

(2)社会政策的执行

指将正式公布的政策方案加以贯彻、实施，以达到预期的政策目标的各种活动与整个过程。

(3)社会政策的评估

指政府或专业政策分析机构根据社会政策的投入、政策执行过程、政策实际产出与政策现实影响之间的因果关系，判断政策投入、政策过程、政策产出是否直接导致了实际的政策影响，分析政策投入、政策过程、政策产出、政策影响等各方面的因素，理解社会政策的实际结果、影响与政策的预期目标是否一致的过程。

(4)社会政策的调整

①调整内容。包括功能的调整、机构的调整和政策的调整。

②调整方式。包括政策替代、政策合并、政策分解和政策缩减。

**5. 简述我国社会政策现状的特点。**

**答:** 我国社会政策现状的特点主要包括:

(1)从属性

相对于经济政策而言，社会政策在一定意义上依然处于从属或依附地位。中国社会保障制度的改革始终是作为经济体制改革的配套措施而实施的。由于对社会政策未能给予应有的重视，导致我国目前的社会公平问题变得比较突出。

(2)不完整性

在现实中更重视补偿性政策，但发展性社会政策才能在根本上解决弱势群体的问题。补偿性社会政策和发展性社会政策内部也存在缺陷，需要加以补充完善。

(3)不平衡性

我国社会是城乡分割的二元结构，社会政策在城乡之间存在着不平衡性。城市户籍和农村户籍在享受社会政策福利待遇上有较大的差别。

(4)不稳定性

我国处在社会快速转型期，面临的新的社会问题层出不穷，同时受到经济全球化的挑战，市场经济体制对于社会政策的强制力有所弱化，这些都对社会政策的稳定性产生影响。

(5)低效性

我国的社会政策分属于不同的部门，缺乏统一的协调机构，这使得政策在执行过程中可能出现目标人群中，有些成员获得了重复支持，有些成员却没有得到应有的政策支持。

**6. 新时代人民的社会政策需要发生了什么变化？社会政策应当如何回应这些变化？**

答：(1)新时代人民的社会政策需求发生的新变化

在新时代，困难群体需求将呈现出新特点：在解决基本温饱问题后，困难群体更加需要融入社区，在职业发展中自我实现。在这方面社会质量理论给予我们有益启示，人们在提升他们的福祉和个人潜能的条件下，能够参与社区的社会与经济生活。社会质量包括社会经济保障、社会凝聚、社会包容以及社会赋权(增能)。这四个因素中，为公民提供社会经济保障是基础和前提，社会凝聚、社会包容和社会赋权(增能)，既是手段也是结果。

(2)社会政策应当有效地回应人民的美好生活需求

新时代人民需求的新变化对社会政策创新发展提出了新的更高的要求，主要体现在：

①社会政策应当有效回应公民包括困难群体多元化、多层次的需求。

②社会政策要为公民的体面生活提供足够的收入和服务保障。

③社会政策应当通过对困难群体、特殊群体的保护，从而有利于各个群体之间的融合。

④社会政策应当为公民尤其是困难群体的能力提升创造条件。

## 19.3 考研真题与典型题详解

### 一、概念题

**1. 社会政策**(浙江工商 2017 年研；华中农大 2010 年研)

答：社会政策是指国家或政府为解决社会问题、改善社会环境、促进社会公正、提升人民福利和实现社会发展而制定和实施的各种原则、方针，涉及社会保险政策、社会救助政策、就业促进政策、反贫困政策、医疗福利政策、教育福利政策、住房福利政策、老年福利政策、儿童福利政策、残疾人福利政策、农民工福利政策等。在解决社会问题、矫正社会失调、构建和谐社会、推进社会建设进程中，社会政策具有不可替代的独特作用。

**2. 发展型社会政策**(中央民大 2018 年研)

答：依据社会政策制定和实施的目标来分，可以将社会政策分为剩余型社会政策、制度型社会政策和发展型社会政策。发展型社会政策强调在应对社会问题和满足公民需要时，发挥对象的主体性，强调个人、家庭、社会和政府多种力量共同合作，同时也强调将社会政策、经济政策和社会发展相融合，使三者相互促进、相互支持。

**3. 社会保障**(宁夏大学 2016 年研)

答：社会保障是由政府和社会对基本生活有困难的群体给予物质帮助的活动和制度安排。它是从传统社会向现代社会转型的产物。社会保障是指国家和社会根据立法，对因社会和自然原因造成生活来源中断、基本生活发生困难的社会成员给予物质帮助，从而保障其基本生活，维持社会稳定的活动和制度。其责任主体是政府，具有强制性和福利性。

**4. 社会工作**(河北大学 2015 年研)

答：社会工作是指遵循以人为本、助人自助、平等公正的专业价值观，在社会服务及社会管理等领域，综合运用专业知识、技能和方法，帮助有需要的个人、家庭、群体和社区，整合社会资源、协调社会关系、预防和解决社会问题、促进社会稳定和谐的专业和职业。

## 二、简答题

**1. 简述社会政策执行的意义及其特点。**

答：(1)社会政策执行的意义

①社会政策执行是解决社会问题的根本性环节。

②社会政策执行将决定政策方案能否实现，以及实现的程度与范围。

③社会政策执行活动及其所产生的结果是制定后续政策的重要依据。

(2)社会政策的执行过程的特点

①连续性。社会政策的执行过程在时间上是连续的，尽管根据活动重点的变化对整个执行过程可作相对的阶段划分。为实现政策目标，各阶段之间应环环相扣，前后相继。

②整合性。社会政策的执行是一个非常复杂的过程，要采取各种措施与行动，要调动人、财、物、信息等多种因素。政策的执行过程是将各种活动与要素加以整合，以期获得最优整体效应的过程。执行机构应通过一定机制使上述动态与静态要素实现有序与协调。

③灵活性。在政策执行的整个过程中，由于内部、外部环境不断发生变化，往往会出现各种新情况、新问题。执行者与执行机构应根据新变化对既定的程序、策略作适时调整。

**2. 简述对社会政策的理解**(吉大 2022 年研)**；简述社会政策的实质**(东财 2013 年研)。

答：社会政策是政府制定的社会性政策，是政府为了解除人们的贫困、改善民生、促进社会公平而采取的干预行动。社会政策的实质是政府干预社会问题的一种手段，是政府借助行政力量解决因市场化和社会变迁而导致的困难群体、弱势群体的基本生活受损问题的措施。具体表现为：

(1)社会政策的核心是改善基本民生。几乎在所有国家，社会政策面对的都是困难群体、弱势群体的基本生活方面的问题。当民生问题有相当大的广度和深度，并可能影响民众的安全和社会的正常秩序时，政府会出台政策着手解决这些问题。

(2)社会政策是政府的干预行为。困难群体、弱势群体的基本生活方面的问题是由多种原因造成的。但是无论如何，当这些问题靠市场力量、当事人自己无法解决时，政府就应该进行干预，即由政府出面予以解决。政府被认为是民众利益的代表，它有责任为陷入困境、又没有能力挣脱的群体解决问题，社会政策是其基本的手段。

(3)社会政策的目的是解决严重的社会问题，促进社会公平。并不是所有社会问题的解决都需要社会政策，社会政策只面对大面积的、比较严重的社会问题。从社会管理的角度来看，政府制定和实施社会政策的直接目的是解决这些社会问题、维持社会秩序、进行社会管理和社会控制。从解决问题的具体方法来看，社会政策是通过向困难群体、弱势群体提供某些优惠和福利来解决问题的。

**3. 简述建立社会保障制度的作用和意义。**(河北大学 2016 年研)

答：社会保障制度是以政府为责任主体，依据法律规定，通过国民收入再分配，对由于各种原因而生活发生困难的国民给予物质帮助，保障其基本生活的制度。其形式包括社会保险、社会救助、社会福利。建立社会保障制度的作用和意义如下：

（1）社会保障制度是人民生活的安全网。社会保障的直接目的是保障国民的基本生活，使劳动者在年老、失业、生病、工作、伤残、生育时，基本收入不受影响，为人们提供一道维护社会安全的防线。

（2）社会保障制度是经济发展的助推器。社会保障是市场经济正常运行的必要条件。社会保障还通过征缴保险费（税），建立社会保障基金，影响储蓄和投资，进而影响积累和消费的比重，调节经济增长过热和消费过度膨胀，发挥平衡社会供需总量的作用，促进经济平稳发展。

（3）社会保障制度是社会矛盾的调节器。社会保障具有收入再分配的功能，能调节中高收入群体的部分收入，提高最低收入人群的保障标准，适当缩小不同社会成员之间的收入差别，起到化解矛盾、实现共享发展成果、促进社会关系和谐的作用。

（4）社会保障制度是社会政治的稳定剂。社会保障通过各种措施，为社会成员提供经济保障，调节社会矛盾，避免人们由于生存危机、心理失衡而导致社会冲突，造成社会震荡。社会保障制度具有社会减震器的功能，是预防政治动荡的稳定剂。

（5）社会保障对社会的文化发展、精神文明建设具有推动作用。社会保障通过文化福利设施普及文化教育，特别是通过“文化救助”使那些低收入、无经济能力享有文化生活的社会成员得到一定程度的文化滋养。

（6）社会保障的功能是在合理、适度的社会保障条件下获得的正面效果。反之，如果社会保障制度设计及其实施不够合理、不适度（不足或过度），则会产生不同程度的负面效果。

**4. 农村公共服务的提供方式以“项目制”进行，试问其对于农村社区的发展有什么影响？**（北大2017年研）

**答：** 分税制改革之后，农村公共服务的提供以“项目制”的方式进行，“项目制”实行对农村社区的影响表现在农村公共品供给效率、村庄自给能力、村庄权力结构、村庄社会组织四个方面。而这些影响有积极部分，也有消极部分。

（1）农村公共品供给效率

在制度实施过程中，有的村庄能够正确利用“项目制”的优点，调动各方资源发展自身，提高了资源利用效率和公共物品供给水平，实现经济发展，村民生活条件得到改善。然而也存在大部分村庄单纯为了政绩，一味集中资源“树典型”，以及无法解决村庄行动主体之间利益分配问题，导致农村公共品供给出现了“最后一公里”的难题。

（2）村庄自给能力

“项目制”是一种自上而下的财政转移体制，包括国家部门的“发包”机制、地方政府的“打包”机制以及村庄的“抓包”机制，也就是说，在后税费时代，村庄没有了以前的公共产品集体供给机制而一味依赖于政府的项目投资，导致基层政府缺乏主动性和创造性，丧失自给能力。

（3）村庄权力结构

在“项目制”影响下的农村，资源即权力，也就是说，只要手中拥有某种村庄建设或有利于“抓包”的资源，就能够在村庄中拥有一席之地。项目资源的注入使农村社会治理主体出现分化，在后税费时代，基层政府悬浮，农民也失去与政府讨价还价的资格，农村社会秩序开始受到威胁，乡村灰色势力膨胀，农村进一步原子化。

(4)村庄社会组织

“项目制”在原行政体制之外，形成了一种“项目权力”。这种权力与原行政体制相配合，构成了更为强大的国家权力。项目的持续输入过程，也是一个持续改变基层社会结构的过程，特别是在公共项目转化成为开发项目的过程中，所有结构转型的风险和压力都极有可能落在那些最基本的社会单位上，从而使基层民众成为系统风险的最终承担者。项目的持续实施和项目权力的形成，可能使基层社会原有的社会组织解体和重组，对村庄的发展造成意外的后果和影响。

## 三、论述题

**1. 试论影响社会政策执行的因素。**(河北大学2016年研)

**答：**社会政策的执行是指将正式公布的政策方案加以贯彻、实施，以达到预期的政策目标的各种活动与整个过程。影响社会政策执行的因素主要包括：

(1)政策问题、政策质量

政策问题的性质影响有效执行的因素主要表现在三个方面：①问题本身所涉及的范围；②问题本身的复杂程度；③随着问题的产生，需要调节的行为量的大小。

(2)执行主体

任何公共政策的执行活动最终都要依靠各级执行机关和执行人员来进行。执行机关掌握着实施政策的方法、技术和资源，是将政策贯彻于政策对象中去的执行者，政策执行人员的自身素质、政策水平、管理水平的高低直接影响着政策任务的完成程度。

(3)政策对象

政策执行能否达到预期目标，还与政策对象有着直接关系。政策对象认同、接受政策，政策执行者就有可能成功。反之，政策执行就有可能失败。

(4)外部环境

影响政策执行的外部环境包括自然环境和社会环境。

①自然环境

包括地理因素、生物因素等。一定的自然环境与一定的政策执行系统发生着这样那样的联系，影响着政策执行过程及其结果。因此，政策执行者应该正确认识和分析当地的自然环境条件，因地制宜，趋利避害，执行活动，实现政策目标。

②社会环境

a. 政治环境

政治环境不仅可能影响政策对象对政策的接受程度，而且还会影响到政策执行者所采取的行动。政治环境包括政治文化、民众的支持与大众传播媒介、国内政局与国际社会等方面。

b. 经济环境

政策执行会受到经济环境的制约和影响。通常，经济环境的变化很可能会影响政策对象，一般民众乃至执行者对政策目标的支持，也会影响执行者的执行效率和政策目标的实现。在一般情况下，某一社会的经济越是富有活力，就越有助于各项政策的有效执行；反之，不良的经济环境则会引起人们的认知上、情感上以及评价上的改变。就有些政策本身而言，其作用的发挥，也取决于它所处的经济环境。

c. 社会心理环境

一定的社会心理态势是政策能否有效地得以执行的重要条件。对政策的有效执行具有决定性作用的社会心理因素，就是广大民众特别是政策对象对所实施政策的心理承受力。政策能否有效地执行，与社会心理承受力有十分密切的关系。当民众的心理承受不了某项政策时，即使政策本身设计得再好，也是难以实施的，反之，如果某项政策符合民众的心理，那么它就会得到民众的拥护，就能够为民众所热心接受。

**2. 近年来我国生育政策的变化对家庭结构、子女教育和社会经济都产生了很大的影响，请联系实际谈谈你的认识。**(复旦 2016 年研)

**答：**(1)近年来我国生育政策的变化

我国生育政策的主要变化在于从独生子女政策变为全面二孩政策，即由一对夫妇只能合法地生育一个孩子转变为一对夫妇可以合法地生育两个孩子。其演变过程主要包括：

20 世纪 50 年代中期，中国人口自然增长率达到 22%，此时，中央政府就认识到要限制人口增长。1956 年 1 月，中央政府在《1956—1957 年全国农业发展纲要(草案)》中明确提出："在一切人口稠密的地方，宣传和推行节制生育，提倡有计划地生育子女。"

1957 年，《人民日报》曾整版刊发著名经济学家、人口学家、北京大学校长马寅初的《新人口论》，引起极大关注。文章主张控制人口数量，提高人口质量，但也受到反右批判。

1971 年，我国提出"要有计划生育"，提倡"一个不少，两个正好，三个多了"。

1978 年 3 月，计划生育政策被载入宪法。

1979 年 1 月，《人民日报》第一版对全国计划生育办公室主任会议进行报道，会议"提倡每对夫妇生育子女数最好一个，最多两个"。

1980 年 9 月，全国人大五届三次会议明确提倡"只生育一个孩子"，不久，党中央向党员、团员发公开信进行提倡，这标志我国一孩政策正式出台并全面实施。

1981 年，成立国家计划生育委员会。1982 年，党的十二大将计划生育定为基本国策。其后几年，一孩政策有所微调，主要是对农村稍作放开，"开小口、堵大口"，允许农村独女户生二胎。

2001 年底，《人口与计划生育法》通过，并于 2002 年施行。各地根据该法制定的"双独二胎"政策，陆续在全国推开。

2013 年 11 月，十八届三中全会决定，启动实施一方是独生子女的夫妇可生育两个孩子的政策。"单独两孩"政策逐渐落地实施。

2015 年 7 月，国家卫计委回应"全面放开二孩"问题表示，积极做好进一步调整完善生育政策的研究论证工作。

2015 年 10 月，中国共产党第十八届中央委员会第五次全体会议公报指出：坚持计划生育基本国策，积极开展应对人口老龄化行动，实施全面二孩政策。

(2)生育政策变化带来的影响

①对家庭结构的影响

a. 计划生育实施之后，中国家庭每户平均人口呈逐年下降趋势，家庭规模明显缩小，家庭呈现小型化趋势。同时，户口人均数的减少必然导致家庭类型的变化，随着计划生育的推行和家庭意识的变化，中国家庭结构从传统的四世同堂的扩大家庭向核心家庭转变，核心化趋势明显。

b. 计划生育带来了中国最具特色的“独生子女”一代，家庭功能和运转开始围绕“独生子女”这一“小皇帝”展开，家庭代际权力关系发生变化。

c. 二胎开放后，中国家庭允许生育的子女数变多，提高了一批家庭的生育意愿，中国生育率有所升高，但并不显著，这表明，二胎的开放能使中国家庭人均数有少量的提高，但由于现代社会生育观念转变和高额的抚育成本，中国家庭结构的小型化、核心化将依旧是一个持续的、不可扭转的趋势。

②对子女教育的影响

计划生育实施之后，每户家庭允许生育的子女数直接减少，导致“独生子女”成为中国家庭的“小皇帝”，家庭行为运转都以“独生子女”为中心，以孩子为重的教育观念普及至每户家庭。这一方面导致每户家庭都尽力培养孩子上学，这一代的教育水平普遍提高，但同时，家长对孩子的娇惯、宠溺又直接导致部分独生子女出现自我中心主义、不合群、不能吃苦等特征。

有观点认为，二胎开放将直接改变独生子女被宠坏的现象，因为他们有了兄弟姐妹，在与之互动相处的过程中，孩子们会学会合作、理解等团队协作精神。但不可忽视的是，二胎的开放将直接导致家庭教育成本的提高，在教育成本如此昂贵的今天，二孩无疑会加重家庭的负担。

③对社会经济的影响

a. 有观点认为，计划生育的管控直接导致了21世纪初中国人口红利的下降，中国进入“人口后红利时代”，即由于人口的减少，中国适龄劳动人口比例下降，中国以廉价劳动力为优势的发展模式受到挑战，这呼吁中国必须加快产业结构的调整升级。

b. 计划生育的实施直接导致了现阶段“老龄化”的中国家庭的养老负担的加重，家庭普遍形成“4 +2 +1”的格局，养老比过高，这呼吁中国继续变更传统家庭养老的养老模式，培育社会养老新力量。

c. 计划生育为现阶段的中国带来了一系列的社会问题，包括性别比失衡、农村男性婚姻挤压、失独家庭出现等。

# 第二十章　社会建设

## 20.1　复习笔记

【知识梳理(庖丁解牛)】

- 社会建设
  - 社会建设的概念
    - 社会建设的主要关怀
    - 关于社会建设的综合性定义
  - 社会建设的相关理论
    - 与广义的社会建设相关的理论
      - 社会有机体论
      - 社会团结论
      - 社会整合论
      - 社会冲突论
      - 发展理论
      - “现代人”理论
      - 社会公正论
      - 风险社会论
      - 社会主义社会本质论
    - 与狭义的社会建设相关的理论
      - 社会福利论
      - “公民社会”论
  - 社会建设的操作性观点
    - 善治的观点
    - 制度主义的观点

【考点难点归纳(去粗取精)】

**考点一：社会建设的概念　★★★**

**1. 社会建设的含义**

社会建设是一项系统的、持续的社会工程，主要是指遵循社会运行和发展规律，在经济增长和政府改革等基础上，通过制度建设和政策引导，发展社会事业，保障和改善民生，创新社会治理，增进社会融合，促进社会的可持续性，从而全面提升当代人的福利水平，并为后代人福利水平的提升创造条件，实现社会和谐与永续发展。社会建设的核心内涵是发展社会事业、完善公共服务以保障和改善民生，促进经济、社会、政治、文化与生态环境各个子系统之间的关系协调。

### 2. 社会建设的主要关怀（见表 20-1）

表 20-1　社会建设的主要关怀

| 要点 | 具体内容 |
| --- | --- |
| 秩序关怀 | 强调社会建设主要是化解社会矛盾和冲突，追求社会秩序与和谐。它所针对的是中国现代化过程中矛盾多发的特殊阶段 |
| 民生关怀 | 主要针对中国现代化进程中经济社会发展严重失衡的实际情况，强调发展社会事业、完善公共服务、推动社会进步以改善民生质量的重要性 |
| 风险关怀 | 认为社会建设的重要内涵是反思现代化进程，建立健全社会风险的识别、处理和防范机制，改进国家在风险管理中的作用，坚持总体国家安全观，重视社会安全与国家安全之间的关系 |
| 结构关怀 | 主要是针对中国现代化进程中出现的快速和失常的结构分化现象，强调优化社会结构的重要性 |
| 价值关怀 | 主要针对的是中国现代化进程中客观出现的价值观念多样化以及某种程度上的信仰危机，强调建设主流价值观念对于凝聚社会共识、促进社会整合的重要性 |
| 历史关怀 | 强调社会建设的历史性，应从历史发展的角度对社会建设进行具体分析 |

拓展：在中国特色社会主义新时代，习近平总书记关于社会建设的系列重要讲话具有丰富内涵，其内容包括以下几个要点：①坚持以人民为中心的发展思想；②把握“提高保障和改善民生水平”“加强和创新社会治理”两个方面重点；③不断提高社会治理社会化、法治化、智能化、专业化水平。

## 考点二：社会建设的相关理论 ★★　★★★

社会建设的有关理论可区分为三种类型：与广义的社会建设相关的理论、与狭义的社会建设相关的理论，以及社会建设的操作性观点。

### 1. 与广义的社会建设相关的理论

广义的社会建设是指整个社会的建设，即包括政治子系统、经济子系统、思想文化子系统、社会生活子系统和生态环境子系统等在内的整个社会大系统的建设和管理。

（1）社会有机体论

社会有机体论强调社会的整体性、联系性和变化的内生性。马克思主义的社会有机体论的主要观点和对社会建设的启示如表 20-2 所示。

表 20-2　马克思主义的社会有机体论

| 要点 | 具体内容 |
| --- | --- |
| 观点 | ①社会的本质是人与人之间交互作用的产物，是各种社会关系的总和。<br>②社会各个组成部分以及各种社会活动之间是紧密相连的，社会本身是一个有机统一而又充满内部矛盾的整体 |
| 启示 | ①揭示了社会的五个子系统，赋予中国特色社会主义建设经济、政治、文化、社会和生态文明“五位一体”以科学性。<br>②揭示了社会建设必须与经济、政治、文化和生态环境等系统的建设相协调，尤其是与经济发展相协调，应在经济发展的基础上推动社会建设。<br>③揭示了在不同的物质生活生产方式的基础上，有着不同的社会建设内涵、方式、目标与实际结果。<br>④揭示出随着社会的不断发展和进化，社会有机整体的结构日趋复杂，社会内部的分化日趋细密，由此导致社会有机体的管理和调节日益复杂，难度日益加大 |

(2)社会团结论(见表20-3)

社会团结是指把个体结合在一起的社会纽带，是一种建立在共同情感、道德、信仰或价值观基础上的个体与个体、个体与群体、群体与群体之间的，以结合或吸引为特征的联系状态。

表20-3 社会团结论

| 要点 | 具体内容 |
| --- | --- |
| 观点 | ①涂尔干认为，正常发展的社会分工在促进现代社会团结方面具有极端的重要性，社会分工是社会团结的物质基础。<br>②涂尔干强调促进社会分工正常发展的同时，也主张利用各种规范，包括法律与道德，来约束人们迅速膨胀的欲望，同时发展社会中介组织，促进社会活动的组织化和各部分之间的协调，由此防止失范与社会解组 |
| 启示 | ①在现代化进程中推动社会建设要有新思路，不能拘泥于传统经验，应该着眼于研究现代社会的趋势，发现并利用其自身的积极因素，同时采取有效措施，抑制和防范其消极影响。<br>②应当注意防范现代化进程中个人主义的极端膨胀，防止社会的失范和原子化，以免威胁到社会整体的运行和发展。<br>③在现代化进程中应高度重视规范建设和社会组织建设，充分发挥法律和道德在协调社会关系中的作用 |

(3)社会整合论(见表20-4)

社会整合论明确主张整合是现代社会的中心问题，致力于揭示促进社会整合的具体机制和过程。最为突出的代表人物是美国社会学家帕森斯。

表20-4 社会整合论

| 要点 | 具体内容 |
| --- | --- |
| 观点 | ①帕森斯从社会行动分析入手揭示社会整合的力量，认为行动者在追求其行动目标时，面临着规范取向或文化价值观的约束。<br>②帕森斯认为，社会秩序的维持有赖于社会中四类制度性结构的功能发挥及其彼此间的功能耦合，这四类制度性结构分别是：经济制度、政体、法律、家庭与教育以及宗教制度 |
| 启示 | ①加强社会建设、促进社会整合是现代社会系统正常运行的客观需要。<br>②应当在保证价值观的合理性、包容性以及变化性的基础上，构建社会共同价值观，并发挥其社会整合作用。<br>③在使社会主流价值观为社会上大多数成员所接受方面，应坚持教化与约制"两手抓"。<br>④应促进社会主要制度性结构的功能发挥以及彼此间的功能耦合 |

(4)社会冲突论

西方社会冲突论的代表人物包括米尔斯、科塞、达伦多夫、柯林斯等人。其中以达伦多夫最为突出，他的社会冲突论观点如表20-5所示。

表20-5 社会冲突论

| 要点 | 具体内容 |
| --- | --- |
| 观点 | ①每个社会都以其内部一部分成员压制其他成员为基础，凡是有社会生活的地方就存在着冲突，冲突无法彻底被消除。<br>②权威结构是形成冲突的最终原因。权威结构是指具有权威的统治地位和没有权威的服从地位的结合。<br>③冲突团体的组织状况、不同社会组合中权威结构的一致性程度、权威结构与其他地位结构之间的相关关系、社会成员在统治地位与服从地位之间的流动等可以影响冲突的强度和烈度。 |

续表

| 要点 | 具体内容 |
|---|---|
| 观点 | ④建立冲突调节机制的条件：a. 冲突团体必须具有一致的价值前提；b. 冲突团体必须达到一定的组织化程度；c. 冲突团体必须共同遵守一些正式的冲突规则 |
| 启示 | ①社会建设不能回避社会矛盾和冲突的客观存在，不能企图消灭任何形式的矛盾与冲突。<br>②社会建设应当在正视各种社会矛盾与冲突的基础上，认真研究它们产生的社会原因以及可能的社会危害。<br>③对于冲突的重视和研究，目的在于避免冲突的发生或缓解冲突对社会的负面影响。<br>④社会建设的一个重点是建设协调社会关系、化解社会冲突的常规机制，着眼于提升社会包容和缓和冲突的能力 |

(5)发展理论(见表20-6)

发展研究是第二次世界大战以后兴起的一个跨学科的重要研究领域，该领域最初关注的是发展中国家的发展问题，后来演变为关注全球发展问题。

表 20-6 发展理论

| 要点 | 具体内容 |
|---|---|
| 观点 | 社会学的发展理论主要包括现代化理论、依附理论和世界体系论等，这些理论的核心是讨论发展中国家如何才能发展或为何不能取得发展 |
| 启示 | ①非西方社会在追求发展的过程中，一定要坚持独立自主，保持头脑清醒，避免照搬西方的发展理论和模式，要走具有自身特色的发展道路。<br>②必须高度重视追求什么样的发展的问题，必须对发展保持科学的态度，坚持以人民为中心的发展观，充分认识到以下方面：<br>a. 发展不应只等于经济增长，还要追求社会进步；<br>b. 发展应当是以人为中心的、全面的、可持续的发展；<br>c. 发展应当考虑不同的文化背景和社会的实际需要；<br>d. 发展不应以破坏环境为代价，不能忽视后代人满足其需要的条件与能力 |

(6)"现代人"理论(见表20-7)

美国社会学家英克尔斯和史密斯提出的"现代人"理论认为，一个社会的现代化，不能仅仅关注经济增长和制度变革，还要关注社会中的人，关注人们的价值观念和行为方式。

表 20-7 "现代人"理论

| 要点 | 具体内容 |
|---|---|
| "现代人"的内涵 | ①乐于接受新的生活经验、新的思想观念和新的行为方式。<br>②准备接受社会变革。<br>③具有形成个人看法的能力，并且愿意考虑各方面的不同意见。<br>④能够积极地搜寻形成个人意见的知识和信息。<br>⑤注重面向现在与未来，有守时惜时的习惯。<br>⑥对自己的能力充满自信，相信人能够通过学习以控制其生存环境，相信自己或与他人合作能够应对生活的挑战。<br>⑦无论是在公共事务还是在私人生活中都倾向于制订长期计划。<br>⑧信赖自己生活的世界，相信在人类控制之下存在一个合理合法的社会。 |

续表

| 要点 | 具体内容 |
| --- | --- |
| “现代人”的内涵 | ⑨重视专门技术，有着愿意根据技术水平高低领取不同报酬的心理基础。<br>⑩支持正规教育和技能训练，乐于看到自己的后代离开传统所认可的职业而从事新的现代职业。<br>⑪了解并尊重别人，特别是对弱者的自尊给予更多的保护。<br>⑫了解生产及过程，积极认识自己的本职工作 |
| 启示 | “现代人”理论启示我们关注社会建设中的个人，关注个人心理状态、价值倾向以及行为方式对现代社会成长的影响 |

(7)社会公正论(见表20-8)

表20-8　社会公正论

| 要点 | 具体内容 |
| --- | --- |
| 观点 | 社会公正是维持社会团结、激发社会活力的重要价值基础和相应制度安排，是一个社会得以维系并正常运行的先决条件 |
| 启示 | ①要高度重视在发展中促进社会公正，充分认识到社会公正是社会和谐的基本条件。<br>②要坚持社会主义公有制，并致力于不断发展完善之。<br>③要把提高效率同促进社会公平结合起来，强调初次分配和再分配都要处理好效率和公平的关系，再分配更加注重公平。<br>④要切实加强制度建设，确保制度设计能够体现并维护社会成员的权利公平、机会公平、规则公平和分配公平。<br>⑤要结合现阶段的实际情况，优先实现“底线公平”，就是确保每个公民都有基本的生活保障，过上有尊严的生活 |

(8)风险社会论(见表20-9)

“风险社会”的概念源于德国社会学家贝克在1986年出版的《风险社会》一书，贝克也由此成为风险社会论的首要代表人物。

表20-9　风险社会论

| 要点 | 具体内容 |
| --- | --- |
| 观点 | ①现代社会风险实际上是现代控制风险制度自身的一种后果，并具有更强的不确定性。<br>②现代社会风险超越时间和空间，远远超出其地理上的起源并扩展开去，影响到社会中的所有群体，甚至具有全球性影响。<br>③现代社会中的新型风险正在成为社会和历史的主宰力量，西方国家已经从“工业的”或“阶级的”社会转向一种新型的“风险社会”。<br>④在社会构成方面，风险社会呈现出了明显的个体化特征。<br>⑤要管理新型社会风险，应该谋求科学理性与社会理性的协同，并建立风险管理的合作模式 |
| 启示 | ①在推进社会建设的进程中，要清醒地意识到我国正在发生的社会变化，高度重视促进社会整合、防范社会风险以维护社会安全的重要性。<br>②要认真研究当前中国所面临的社会风险，注意揭示社会转型时期各种类型的风险共生的客观情况及其给风险管理带来的巨大挑战，着力提高防范和抵御重大风险的能力。<br>③要积极探索适合中国社会风险特点的新型风险管理模式和机制，审慎地检视国家和科技在风险管理中的作用，研究具有国际视野的多元化的、合作主义的风险管理策略的可能性和具体路径，推动必要的组织、制度以及观念的变革 |

(9)社会主义社会本质论(见表20-10)

表20-10　社会主义社会本质论

| 要点 | 具体内容 |
| --- | --- |
| 观点 | 社会主义社会的本质具有如下特点：<br>①追求社会和谐和人的全面发展，推进社会建设成为建设和发展社会主义的内在要求。<br>②基本社会关系的非对抗性质。社会主义社会已经初步消灭了私有制以及基于阶级利益的社会对抗，其内部主要是在根本利益一致基础上的矛盾与冲突。<br>③人民群众当家作主，其利益受到高度重视 |
| 启示 | ①应该坚持社会主义道路不动摇，坚持社会建设的社会主义方向。<br>②要敢于正视发展进程中的矛盾和问题，通过努力工作和制度建设，在发展中不断完善社会主义制度，最大限度地增加社会和谐因素，最大限度地减少社会不和谐因素，不断推进社会建设。<br>③要坚定不移地全面加强党的领导，提高党把方向、谋大局、定政策、促改革的能力和定力，确保党始终总揽全局、协调各方 |

## 2. 与狭义的社会建设相关的理论

狭义的社会建设主要是指与政治、经济、思想文化、生态环境等各子系统并列的社会子系统的建设，主要是社会子系统自身的培育和社会事业的发展。

(1)社会福利论(见表20-11)

表20-11　社会福利论

| 要点 | 具体内容 |
| --- | --- |
| 观点 | ①发展社会福利，可以促进社会团结和社会认同，保障公民的基本生活权利，提升社会成员的生活质量，防范社会运行的风险。<br>②"第三条道路"的社会福利思想体现为，主张对民主社会主义和新自由主义的折中调和，强调有限的国家干预与有限的市场调节相结合，主张社会福利中的国家责任、社会责任和个人责任平衡，主张社会福利水平与经济发展水平相适应 |
| 启示 | ①社会福利是一个不断变化、发展的概念，在不同的历史时期和不同的国家有着不同的内涵，发展什么样的福利、如何发展福利取决于特定的社会经济和思想文化条件。<br>②在经济发展的基础上推进社会建设，就是通过政府干预解决市场失灵问题，即结合政府和市场的力量，为在市场竞争中福利受损或者难以增进福利的社会成员提供保护，以此促进社会团结和社会共同体意识，践行社会主义的基本价值。<br>③吉登斯等人主张的"第三条道路"虽然对中国社会福利的发展具有一定的方向上的启示，但是与我国目前的经济发展水平和社会福利水平不相适应，也不符合马克思主义的基本观点。因而现阶段我国必须在坚持社会主义道路的基础上，建立和完善现代福利制度，强调国家通过完善再分配等多种手段，以增进全体社会成员的福利 |

(2)"公民社会"论(见表20-12)

表 20-12 “公民社会”论

| 要点 | 具体内容 |
| --- | --- |
| 观点 | 主张一个介于个人与国家之间的相对独立的社会领域的存在，认为这个领域的存在有其内在的价值，并在保障公民自由和权利、提供社会福利、促进社会团结、推动社会自治等方面发挥着重要作用 |
| 新趋势 | ①对“公民社会”的界定更为清晰、更为具体，从而减少了这一概念的抽象思辨的色彩。<br>②新时期的“公民社会”理论更加清晰地指出了“公民社会”存在的合理性。<br>③新时期的“公民社会”理论更加全面地讨论了“公民社会”与国家的关系。<br>④新时期的“公民社会”理论提出了“全球公民社会”的议题 |
| 启示 | ①要坚持以人为本，坚持以人民为中心，重视保障公民自由和权利，增进公民福利，这是推进社会建设的重要出发点。<br>②在社会建设中充分发挥人民群众的作用，鼓励公众参与，促进社会自治是非常重要的，这与“共建共治共享”的社会建设理念是一致的。<br>③尽管“公民社会”在很大程度上是一种建构，它在现实社会中也并不是完美的，甚至会被滥用和误导，但是这种建构所映射的国家与市场的缺陷，是我们在推进社会建设过程中应当特别加以注意防范的。<br>④中国现代化进程中国家与社会之间呈现某种程度的分离与融合的新型关系是一个客观事实和趋势，社会力量正在崛起为一种新兴力量，我们必须正视并积极引导，培育社会建设的内在动力，促进国家力量与社会力量之间的有机整合。<br>⑤在积极培育社会力量的同时，我们还是要加强和完善国家的作用，致力于国家与社会的共生共强 |

## 3. 社会建设的操作性观点(见表 20-13)

表 20-13 社会建设的操作性观点

| 观点 | 具体内容 | |
| --- | --- | --- |
| 善治的观点 | 关注点 | 强调随着社会经济的变革，公共事务的管理方式应当发生变革，以促进公共利益的最大化 |
| | 本质特征 | 政府与公民对公共生活的合作管理，是政治国家与公民社会的最佳关系 |
| | 基本要素 | 包括：①合法性；②透明性；③责任性；④法治；⑤回应；⑥有效 |
| | 主要观点 | 作为一种理论的治理有五种主要观点：<br>①意味着一系列来自政府但又不限于政府的社会公共机构和行为者；<br>②表明在现代社会，国家正在把原先由它独自承担的责任转移给“公民社会”；<br>③明确肯定了在涉及集体行为的各个社会公共机构之间存在着权力依赖；<br>④意味着参与者最终将形成一个自主的网络；<br>⑤意味着在公共事务的管理中，除了政府发号施令或运用权威外，还存在着其他的管理方法和技术，政府有责任使用这些新的方法和技术来更好地对公共事务进行控制和引导 |
| 制度主义的观点 | 关注点 | 强调在社会研究和社会建设中关注制度的重要性 |
| | 在中国的应用 | 首先关注的是中国社会不均衡变迁这一现象，以及由此现象所导致的制度供给不足问题 |

续表

| 观点 | 具体内容 | |
|---|---|---|
| 制度主义的观点 | 对社会建设的启示意义 | ①要清醒地意识到社会中客观存在的制度建设滞后现象，努力通过发挥人的主观能动性，利用现代社会科学与自然科学所积累的知识与技术，加快建立健全与社会利益关系变化相适应的制度安排。<br>②加强制度建设应当致力于促进制度的公正，确保制度不是服务于特权阶层、垄断部门、特殊地区，确保制度设计不为社会上的强势人群所左右，不会出现“制度俘获”现象，使制度成为少数人维护和扩大自身利益的工具。<br>③必须高度关注制度的执行，努力满足制度执行的条件要求，以免出现社会快速转型时期的制度形式化现象 |

拓展：中国在社会建设方面实施的战略包括：①精准扶贫，做到6个精准：扶持对象精准、项目安排精准、资金使用精准、措施到户精准、因村派人精准、脱贫成效精准。做到5个“一批”：发展生产脱贫一批、易地搬迁脱贫一批、生态补偿脱贫一批、发展教育脱贫一批、社会保障兜底一批。②全面二孩政策，全面实施一对夫妇可生育两个孩子政策，积极开展应对人口老龄化行动。③健康中国战略，完善国民健康政策，为人民群众提供全方位全周期健康服务。

## 20.2 课后习题详解

**1. 如何理解社会建设概念的一些现实关怀？**

答：社会建设的现实关怀主要包括：

(1)对社会建设的秩序关怀

秩序关怀强调社会建设主要是化解社会矛盾和冲突，追求社会秩序与和谐。它所针对的是中国现代化过程中矛盾多发的特殊阶段。

(2)对社会建设的民生关怀

民生关怀主要针对中国现代化进程中经济社会发展严重失衡的实际情况，强调发展社会事业、完善公共服务、推动社会进步以改善民生质量的重要性。

(3)对社会建设的风险关怀

风险关怀认为社会建设的重要内涵是反思现代化进程，建立健全社会风险的识别、处理和防范机制，改进国家在风险管理中的作用，坚持总体国家安全观，重视社会安全与国家安全之间的关系。

(4)对社会建设的结构关怀

结构关怀主要是针对中国现代化进程中出现的快速和失常的结构分化现象，强调优化社会结构的重要性。社会建设的关键是协调人与人、人与社会以及人与自然的关系。

(5)对社会建设的价值关怀

价值关怀主要针对的是中国现代化进程中客观出现的价值观念多样化以及某种程度上的信仰危机，强调建设主流价值观念对于凝聚社会共识、促进社会整合的重要性。

(6)对社会建设的历史关怀

历史关怀强调社会建设的历史性，应从历史发展的角度对社会建设进行具体分析。

**2. 如何理解社会公正论对当今社会建设的启示？**

**答：**(1)社会公正论

社会公正是维持社会团结、激发社会活力的重要价值基础和相应制度安排，是一个社会得以维系并正常运行的先决条件。社会正义原则提供了一种在社会的基本制度中分配权利和义务的办法，确定了社会合作所产生之利益和负担的适当分配，从而促成一个组织良好的社会。

(2)马克思主义的公正论

马克思主义批判了西方学者的社会公正理论，揭示了资产阶级公正观的虚伪性，指出生产关系决定公正原则，生产资料占有的不平等决定了资本主义社会不可能是一个能够真正实现公正的社会，追求社会公正的根本目标是消灭私有制，最终消灭阶级。

(3)社会公正论对社会建设的启示意义

①要重视在发展中促进社会公正，充分认识到社会公正是社会和谐的基本条件。

②要坚持社会主义公有制，并致力于不断发展完善之。

③要把提高效率同促进社会公平结合起来，强调初次分配和再分配都要处理好效率和公平的关系，再分配更加注重公平。

④要切实加强制度建设，确保制度设计能够体现并维护社会成员的权利公平、机会公平、规则公平和分配公平。

⑤要结合现阶段的实际情况，优先实现“底线公平”，就是确保每个公民都有基本的生活保障，过上有尊严的生活。

**3. 试析以人民为中心的发展思想与加强社会建设的关系。**

**答：**坚持以人民为中心是对新时代坚持和发展中国特色社会主义根本目的、根本动力、根本方法、根本价值的深刻探索。这一重要思想不仅限于经济发展领域，也涉及政治、社会、文化、生态、党建、军队、外交等各个方面，是中国特色社会主义事业全部实践的中心内容、整体要求。以人民为中心的发展思想与加强社会建设的关系主要有以下几个方面：

(1)在经济建设方面，作为习近平新时代中国特色社会主义经济思想主要内容的新发展理念集中体现了以人民为中心。

新发展理念既将人民作为发展的出发点和落脚点，又将发展作为契合出发点和落脚点的第一要务。通过创新发展，把人才作为支撑发展的第一资源，激发亿万群众的创造活力，提高发展的质量和效益，以更好更多的发展成果造福人民。通过协调发展，解决区域发展不平衡、城乡发展不协调、产业结构不合理、经济发展和社会发展“一条腿长、一条腿短”等问题，筑牢人民群众根本利益一致性的基础。通过绿色发展，为人民群众创造良好生产生活环境。通过开放发展，用好国际国内两个市场、两种资源，为人民群众生活水平提高夯实基础。通过共享发展，使全体人民在共建共享发展中有更多获得感，使全体人民朝着共同富裕方向稳步前进。

(2)在政治建设方面，习近平总书记强调，人民当家作主是社会主义民主政治的本质特征，用制度体系保证人民当家作主。

发展社会主义民主政治就是要体现人民意志、保障人民权益、激发人民创造活力。扩大人民有序政治参与，保证人民依法实行民主选举、民主协商、民主决策、民主管理、民主监督。发挥社会主义协商民主重要作用，推动协商民主广泛、多层、制度化发展。

(3)在文化建设方面，习近平总书记指出，满足人民过上美好生活的新期待，必须提供丰富的精神食粮。

为此，要聚焦文化发展中的不平衡不充分问题，深化文化体制改革，完善公共文化服务体系，深入实施文化惠民工程，丰富群众性文化活动，推进文化共创共享。人民的精神文化生活是由包括文艺作品在内的各种文化产品供给的。要坚持以人民为中心的创作导向，把满足人民精神文化需求作为文艺和文艺工作的出发点和落脚点，在深入生活、扎根人民中进行无愧于时代的文艺创造。把人民作为文艺表现的主体，把人民作为文艺审美的鉴赏家和评判者，把为人民服务作为文艺工作者的天职，繁荣发展社会主义文化。

(4)在社会建设方面，必须以保障与改善民生、加强和创新社会治理为重点，让改革发展成果更多更公平惠及全体人民，使人民的获得感、幸福感、安全感更加充实、更有保障、更可持续。

为此，要抓住人民最关心最直接最现实的利益问题，扎密扎牢民生保障网。要坚决打赢脱贫攻坚战。要实施健康中国战略，为人民群众提供全方位全周期健康服务。要通过推动社会治理重心向基层下移，发挥社会组织作用，打造共建共治共享的社会治理格局，弘扬生命至上、安全第一的思想，保护人民人身权、财产权、人格权。

(5)以人民为中心的发展思想还体现在生态文明建设、党的建设、军队建设等多个方面。

比如在生态文明建设方面，习近平总书记指出，良好的生态环境是最公平的公共产品，是最普惠的民生福祉。在党的建设方面，习近平总书记指出，人民群众反对什么、痛恨什么，我们就要坚决防范和纠正什么，把党建设成为始终走在时代前列、人民衷心拥护、勇于自我革命、经得起各种风浪考验、朝气蓬勃的马克思主义执政党。在军队建设方面，习近平总书记指出，建设一支听党指挥、能打胜仗、作风优良的人民军队，是党在新形势下的强军目标。

**4. 试论制度建设在社会建设中的重要性。**

**答：**制度建设在社会建设中非常重要，主要表现为：

(1)制度具有较完整的规范体系、组织体系和工具系统。它通过调整社会成员之间的关系，决定资源的使用以及利益分配，从而维护社会整体秩序、促进社会融合、激励创新。

(2)制度建设滞后会阻碍社会进步。社会成员的需求会随着经济社会环境等外界条件的变化而变化，这客观上要求制度同步适应。新制度不能及时产生，会导致社会成员之间的行为和利益分配失去约束，加剧社会矛盾，甚至导致某种程度的社会秩序危机。

(3)制度建设不完善会导致社会不公，使得其仅仅服务于特定成员，制度沦为少数成员维护和扩大其自身利益的工具。这会加剧社会分化，引起社会矛盾。

## 20.3　考研真题与典型题详解

### 一、概念题

**1. 社会福利**(陕西师大2022年研；人大2010年研)

**答：**社会福利有广义与狭义之分：①广义的社会福利是指政府和社会团体为提高社会

成员的物质和精神生活水平而采取的种种措施；②狭义的社会福利专指对社会生活有困难者进行帮助。社会福利的主要内容有：社区医疗保健网络、社区文化娱乐设施、劳动就业培训与指导中心。

**2. 善治**

**答：** 善治既是治理发展的一个过程，又体现着治理的理想状态。善治的本质特征在于它是政府与公民对公共生活的合作管理，是政治国家与"公民社会"的最佳关系。善治的观点由统治向治理的转变而来，强调随着社会经济的变革，公共事务的管理方式也应当发生变革，以促进公共利益的最大化。善治的基本要素包括六个方面：合法性、透明性、责任性、法治、回应、有效。

**3. 公民社会**（东财 2013 年研）

**答：** 公民社会又称"市民社会""民间社会""文明社会"等，是指一个介于个人与国家之间的相对独立的社会领域。这个领域的存在有其内在的价值，并在保障公民自由和权利、提供社会福利、促进社会团结、推动社会自治等方面发挥着重要作用。

## 二、简答题

**1. 斯宾塞的社会有机体理论。**（中央财大 2007 年研）

**答：** 斯宾塞把进化论用于社会学研究，认为社会是一个有机体，社会的进化和生物的进化遵循着同一条规律，通常把斯宾塞的社会学理论称为社会有机体理论。

（1）斯宾塞的社会学理论建立的原则基础

①将社会理解为有机体的"社会有机论"思想，体现他对社会的静态研究。

②认为社会进化是自然地、渐进地实现的"社会进化论"思想，体现他对社会的动态研究。

（2）斯宾塞的社会有机体理论的观点

认为社会不过是一些独立的个人集合体。在一切发达的社会有机实体中，都存在三个系统：

①支持系统，它保证向社会供给必需的产品；

②分配系统，它保证社会有机体各部分的联系；

③调节系统，它保证社会各个组织部分服从于整体。

承担这三大系统功能的是各种社会设置，如家庭、礼仪、政治、教会、职业和工业。正是这些设置构成了资本主义社会的和谐运行和发展的机制。

**2. 迪尔凯姆认为机械团结社会与有机团结社会各有哪些特征？**（南京理工 2011 年研）

**答：** 迪尔凯姆把社会团结区分为机械团结和有机团结两种类型，二者的特征如下：

（1）机械团结社会的特征

机械团结存在于不发达社会和古代社会，是建立在社会中个人之间的相同性或相似性即同质性基础上的一种社会联系。它的主要特征为：

①社会中个人之间的差异很小，集体成员具有类似的特质，即情绪感受类似、价值观类似、信仰也类似。

②由于人与人之间没有产生分化，这样的社会呈现出高度的一致性。

③个人的行动总是自发的、不假思索的和集体的。

④社会成员的相互依赖性低，社会联系的纽带松弛。

⑤社会同宗教联结在一起，宗教观念渗透了整个社会。

⑥要求绝对一致的压力不断压抑着人的个性，个性得不到应有的发展。

⑦社会成员信仰、情感、意愿的高度同质性只有在分工不发达时才是可能的。

⑧机械团结的社会的法律特征是压制性制裁，这种法律表现了集体意识的力量，其任务是严惩那些破坏了风俗习惯和法律的个人。它把任何威胁或违反集体意识的行为规定为犯罪，对罪犯的惩罚不是合理地分析他对社会规范的实际破坏程度，也不考虑惩罚是否合适，实施惩罚仅仅是为了表达社会成员对集体的激情，对违反集体意识的行为的义愤，从而强化人们的集体归属感，巩固社会秩序的基础。

(2)有机团结社会的特征

有机团结是随着社会分工的出现而出现的，主要发生在现代发达的社会。它的主要特征为：

①有机团结是建立在社会分工和个人异质性基础上的一种社会联系方式。由于分工的出现和发展，导致个人之间的差异性不断扩大，同时也使社会成员之间的相互依赖性越来越强。

②分工越细，个性越鲜明，每个人对社会和其他人的依赖性越深，因而社会整体的统一性也就越大。分工越来越承担了原先由共同的集体意识所承担的角色。每个成员都意识到自己是一个单独的个体，必须依赖他人，造成人们彼此的相互依赖感、团结感和自己与社会的联系感。

③有机团结社会的法律是恢复性的，其功能是把分化的个人组织起来，使之有序地相处，维护个人与群体之间的相互依赖关系，即拨乱反正，把已经变得混乱不堪的关系重新恢复到正常状态。

**3. 简述第三部门对现代社会的贡献。**(复旦 2013 年研)

**答：**第三部门是对介于政府与私营企业之间的社会组织的统称，包括筹款机构、慈善组织、宗教组织等等。第三部门对现代社会的贡献主要包括：

(1)第三部门可以提供公共部门尚未提供的公共物品。由于意识形态导向和管理成本的存在，政府在提供公共物品上总是有所选择的，而不是所有的都提供。

(2)第三部门可以满足不同人群对公共物品的多样化需求。由于人们对公共物品的需求并非完全一致，所以已有的公共物品总会使一部分人感到不够满足。在这种情况下，人们可以选择在市场上寻求替代产品。但如果这种消费成本太高，大多数人不能够承担，可以通过第三部门的机制来解决问题。

(3)第三部门组织可以向弱势群体提供他们所需要的物品。弱势群体常常无力按市场价格获得所需要的物品，而公共部门提供的物品又往往不能完全满足他们的需求。这种情况下，第三部门的慈善组织、社区组织和社会服务组织等所提供的无偿的或低于市场价格的服务就会有助于提高弱势群体的生活质量。

(4)第三部门组织常常是更可靠的物品和服务提供渠道。因为第三部门组织不是以营利为目的，因此一般不会故意从消费者信息不足的缺陷中获取利益——而私人部门常常会有这种倾向。因此第三部门组织和消费者之间更容易建立起信任关系。

(5)第三部门是公民参与的一条重要途径。第三部门组织可以表达多样化的社会利益和社会需求。在社会上，不同的个人和群体往往有着不同的需求和利益诉求。这种诉求也可以通过组成第三部门组织来向社会合法地进行呼吁，这种途径更宽广因此也更容易实行。

(6)第三部门是倡导公民意识和志愿精神的实践领域。在现代市场经济体制之下，私人部门的利己主义的行动特征深深影响着社会，带来了许多社会问题。而第三部门中所体现出来的公民对于社会的责任感等等，提升社会成员的精神境界，从而促进社会精神文明的建设。

**4. 简述晏阳初的“愚贫弱私论”。**(复旦2013年研)

**答：**晏阳初认为，中国的平民普遍都具有“愚、贫、弱、私”四大疾病，这是定县调查研究的结论。

(1)“愚”，是指那时中国最大多数的人民不但缺乏知识，甚至目不识丁，他们普遍认为读书只是“读书人”的事，与普通老百姓无关，他们中80%以上都是文盲。

(2)“贫”，是指中国最大多数人民的生活贫困，不少人是在生与死的夹缝里挣扎。

(3)“弱”，是指中国最大多数人民是无庸讳辩的“东亚病夫”，人民的生死存亡只得付之天命，科学治疗和公共卫生也根本谈不上。

(4)“私”，是指中国最大多数人民不能团结，不能合作，缺乏道德陶冶和公民常识，可以说是“一盘散沙”。

因此，晏阳初主张“以文艺教育以救愚，以生计教育以救穷，以卫生教育以救弱，以公民教育以救私”，使农民人人都成为“有智识力、生产力、强健力和团结力”的新民。

## 三、论述题

**1. 试论迪尔凯姆社会团结的思想，这一思想对于增进社会和谐有何重要启示。**(中央财大2008年研)

**答：**(1)迪尔凯姆社会团结论的主要观点

①从一定意义上讲，社会团结论是在社会有机体论的基础上，进一步探讨社会成员能够协调一致并形成整体的具体机制，特别探讨了在人类社会走向现代化的进程中如何实现这种机制的顺利转换。该理论体现在法国社会学家迪尔凯姆和德国社会学家滕尼斯等人的思想中，尤其以迪尔凯姆为代表。

②迪尔凯姆认为，社会团结是指把个体结合在一起的社会纽带，是一种建立在共同情感、道德、信仰或价值观基础上的个体与个体、个体与群体、群体与群体之间的，以结合或吸引为特征的联系状态。

③迪尔凯姆区分了两种类型的社会团结：a. 机械团结，即通过强烈的集体意识将同质性的个体结合在一起的团结类型，主要体现于工业社会之前的传统社会中；b. 有机团结，即建立在社会成员异质性和相互依赖基础上的团结形式，主要体现于工业社会以来的社会中。

④现代社会团结所遭受的威胁主要来自以下几个方面：

a. 高度分工的个人与群体活动的相互配合不够。

b. 与高度分工相联系的日趋增长的异质性和个性。

c. 阶级制度与外在的不平等。

⑤迪尔凯姆在强调促进社会分工正常发展的同时，也主张利用各种规范，包括法律与道德，来约束人们迅速膨胀的欲望，抑制极端的个人主义，使个人在规范的制约下追求适度的目标实现，同时发展社会中介组织，促进社会活动的组织化和各部分之间的协调，由此防止失范与社会解组。迪尔凯姆非常强调道德规范的调节在促进社会团结中的重要作用。他认为现代社会危机本质上是一种道德危机。由此，他倡导建立与现代社会分工相适应的多层次的社会道德体系。

(2)社会团结论对当前社会建设的重要启示

①在现代化进程中推动社会建设要有新思路，不能拘泥于传统经验，应该着眼于研究现代社会的趋势，发现并利用其自身的积极因素，同时采取有效措施，抑制和防范其消极影响；

②应当注意防范现代化进程中个人主义的极端膨胀，防止社会的失范和原子化，以免威胁到社会整体的运行和发展；

③在现代化进程中应高度重视规范建设和社会组织建设，充分发挥法律和道德在协调社会关系中的作用。

**2. 叙述社会冲突理论的发展，并运用该理论的某一观点或某位学者的观点对当今中国的现实问题进行分析。**（中大2007年研）

**相关试题：**

**(1)功能冲突论者科塞如何阐述说明群体内冲突的功能和外群体冲突的功能？**（中国青年政治学院2010年研）

**(2)简要阐述科塞关于社会冲突的功能思想。**（中国青年政治学院2008年研）

**答：**(1)科塞的冲突理论

①社会冲突的根源

科塞把社会冲突的根源归为两类：物质性原因、非物质性原因。

②社会冲突的类型分析

a. 现实冲突与非现实冲突

现实性冲突是指“那些由于在关系中的某种要求得不到满足以及由于对其他参与者所得所做的估价而发生的冲突，或目的在于追求没有得到的目标的冲突”。现实性冲突就是为达到某种目标而作为手段的冲突。非现实性冲突是指至少冲突中的一方为“释放紧张状态的需要”而发起的冲突。

b. 紧密关系中的冲突

在初级群体中更容易引起冲突和敌对，在次级群体中则相对较少。在次级关系中，参与者之间的紧密关系是一种片面的关系，并不牵涉到参与者的整个个性，因而敌对情感往往能相对自由的表达出来，冲突并不一定带有敌意和攻击性；相反，在初级关系中，参与者之间是全部的投入，情感投入越大，越趋向于抑制不满情感的表达，但是当不满积累起来，一旦爆发就会非常激烈，并对参与者之间的关系形成威胁。

c. 内群体冲突与外群体冲突

内群体冲突是那些发生在群体内部的冲突，外群体冲突是那些发生在群体之间的冲突。群体内部以及群体间冲突的激烈程度与群体成员的人格投入程度有关。

d. 意识形态下的冲突

意识形态下的冲突，是指作为集体的代表参与的、以集体的目标为动机的那些冲突。科塞认为以集体的目标为动机的冲突要比以个人目标为动机的冲突“更激进、更冷酷无情”。

③社会冲突的功能

a. 群体内冲突的功能

从冲突的性质来看，如果群体内冲突的双方不涉及群体基本的、核心的价值观念，那么冲突就会对社会结构发挥积极的功能；如果群体内冲突的双方涉及群体基本的、核心的价值观念，那么冲突就会造成社会结构的毁灭。从群体的内部结构来看，如果群体需要成员以全部人格投入，且压制冲突，那么爆发冲突使群体有解体的可能；如果群体只需要其成员部分人格的参与，且允许冲突的存在，那么爆发冲突能够消除成员对抗的紧张状态，从而对社会结构具有稳定和整合的功能。

b. 外群体冲突的功能

外群体冲突有利于群体内部的整合，它可以把其他方面毫无联系或对立的个人或群体相互联系起来，并把他们带进一个公共的社会活动领域。这种结构助长了有各种不同目的的联合和联盟的相互交叉往来，因而阻止了同盟沿一条线分裂。通过这种方式，社会系统中不同的子系统找到了新的位置，并确定了他们之间新的权力关系，进而构造更广阔的社会环境。

c. 社会冲突与社会变迁

现实性冲突是社会变迁的主要促进因素。现实性冲突所造成的社会变迁对社会系统是有益的，因为它能使社会系统更加关注个人的需求，增加社会系统的团结，使社会系统更有效地适应变化了的环境。暴力冲突对社会变迁有积极的功能，因为它可以提醒社会和上层决策人物注意人们的愤怒和苦难。

(2)科塞的冲突理论对我国现实的启示

根据科塞的理论，长期积累的矛盾一有机会爆发就会对社会造成破坏。科塞的冲突理论对于我国的社会主义建设大有启示，能够帮助我们揭示冲突的起因、功能，有助于找到化解矛盾的正确途径和有效方法，形成处理矛盾、冲突的机制，有助于更好的促进社会建设。

①要建立合理的利益调节机制

根据科塞关于冲突根源的观点，冲突很大程度上源于物质利益分配上的不均。改革开放以来，多元利益主体并存，各利益主体之间的差距进一步扩大，矛盾日趋激烈。建立一套完善合理的利益调节机制需要从以下几方面着手：

a. 要健全资源公平分配机制。

b. 要健全社会保障体系，发挥其利益补偿机制的作用。

c. 要改革就业制度，形成统一、开放、平等、有序的劳动力市场。

②要完善社会管理与社会稳定机制

完善的社会管理与稳定机制可以实现公共资源均等化，最大限度激发社会创造力，增加社会和谐因素，从而维护社会安定团结。

a. 要完善利益矛盾的表达机制、信访制度，畅通其他社情民意渠道，建立社会舆论汇集和分析机制等。

b. 要建立社会风险预警机制。

c. 要完善流动人口管理与服务机制。

**3. 参照依附理论，试论不发达国家的现代化过程。**（东财 2013 年研）

**答：**（1）依附理论

依附理论是从宏观角度研究发达国家和发展中国家的政治经济不平等关系，兼及发展中国家不发达的根源和发展道路的国际关系理论。20 世纪 60 年代中期由拉丁美洲一些经济学家首先提出。该理论认为，经济落后的主要原因不是由于社会内部的传统性，而是发达国家与不发达国家之间的不平等交换造成的。发达国家的剥削与控制导致了拉美国家对其的依附性发展，形成了不发达的发展。主张改变不合理的国际分工和贸易关系，同时加强发展中国家内部的改革与调整；建立国际经济新秩序；不断调整各国相互关系，力求和谐发展。

（2）不发达国家的现代化过程的特点

①发展逻辑的改变

普雷维什认为，后来者国家在进行现代化时所面临的这些不利因素，使得他们的现代化过程不能不具有许多与早发展现代化国家不同的特点。其中最主要的一个特点就是国家在现代化过程中所起的重要作用。这一方面是因为大规模行动所需要的大量资源无法靠民间私人力量在短期内迅速积累起来，必须要有国家的介入，二是因为大规模的行动以及由此可能导致的迅速的社会变化也需要更加有效的集中控制和协调。

②"后发展"国家的经济特征

格申科伦指出，落后国家开始进行工业化时，虽然可以通过采借先进国家成果的方式来加快自己的发展，因而存在着潜在的优势，但是利用这些优势所必需的条件与落后国家的现实条件之间存在着巨大的反差。因此，要使潜在的优势变为现实的优势，就需要创造出一系列新的条件。在这些条件形成当中，一些基本制度的建设和发展具有重要作用。

③"后发展"国家的政治特征

美国政治学家亨廷顿从政治发展的角度论述了落后国家现代化过程所具有的特点。亨廷顿指出，与早发展国家已经形成的稳定而有效的政治系统相比，后发展国家中普遍存在着政治不稳定的问题。他认为，这种普遍存在的政治不稳定状况不是源于这些国家的现代化程度低，而是社会飞速变革，以及新的社会集团被迅速动员起来涌入政治领域，而同时政治制度发展缓慢的结果。

**4. 社会治理与社会管理的区别。**（北大 2017 年研）

**相关试题：社会治理与传统的社会管理有什么区别？如何认识我国社会治理中的国家与社会的关系？**（中大 2018 年研）

**答：**（1）社会管理与社会治理的概念

①社会管理

社会管理有广义和狭义之分。从广义上说，社会管理就是把社会看作一个有机整体，通过运用计划、沟通、协调、控制、指导等手段，使社会系统协调有序、良性运行的过程。从狭义上讲，社会管理是政府和民间组织运用多种资源和手段，对社会生活、社会事务、社会组织进行规范、协调、服务的过程，其目的是为了满足社会成员生存和发展的基本需求，解决社会问题，提高社会生活质量。

②社会治理

社会治理的概念起源于20世纪末，其内涵丰富并具有弹性。社会治理理论强调多元的分散主体达成多边互动的合作网络。按照全球治理委员会的界定，社会治理是各种公共或私人机构和个人管理其共同事务的诸多方式的总和；社会治理是使相互冲突的或不同的利益得以调和并且采取联合行动的持续的过程。

(2)社会管理和社会治理的区别

主要在于以下六个方面：

①二者的主体不同

虽然社会管理是从政府和公民社会组织两个方面进行的管理行为，但其重点突出政府的主导性作用，因此其主体相对单一，主要是各级政府及其职能部门；而社会治理强调合法权力来源的多样性，其来源既可以是政府机关，也可以是社会组织、企事业单位、公民等，因此其主体呈现出多元化的特征，相应的社会治理的全过程也是多元的，体现了民主性的特点。

②主体承担的职责不同

社会管理的主要内容在于政府对社会进行管理，因此政府承担主要职责，政府的作用具有不可替代性；而社会治理更多强调多元化主体共同承担责任，他们之间关系紧密，彼此之间存在着较好的合作关系；国家和政府承担的责任日益减少，而各种社会组织、私人部门和公民自愿团体日益发挥着重大作用。

③二者的实现形式不同

社会管理表现为主体从自身主观愿望出发来管理和控制社会，因此社会管理的实现形式是单一的自上而下型；而社会治理体现了民主发展的新趋势，它重视主体之间的合力作用，鼓励主体自主表达、协商对话，并形成共识，从而形成代表最广大群众根本利益的公共政策，因此其实现形式是立体式的多元互动型。

④二者的实践路径不同

社会管理的践行需要政府运用权力对社会事务进行部署和控制，带有行政命令性的色彩；而社会治理具有多种实践路径，除政府运用权力外，还包括市场、法律、文化、习俗等多种方式。

⑤二者体现的价值观不同

社会治理必须是在法治的基础上进行的，因而可能会导致社会管理的效果不理想和处理社会事件的不公正。相对于权威性的社会管理而言，社会治理必须是在法治的基础上进行的，因而更加有利于社会稳定和社会事务的处理。

⑥二者的结果不同

从结果上看，社会管理体现为刚性的、静态的、被动的管控，是主体与客体之间的管理与被管理状态；而社会治理则体现为柔性的、动态的、主动的治理，是多元平等主体之间的最佳状态。

**5. 中国社会现阶段有哪些风险？如何化解？请结合理论进行解释。**（南京大学2017年研）

**答：** 乌尔里希·贝克指出，现代性已经发生断裂，20世纪后半叶之前的现代社会是古典工业社会（阶级社会），它已经被一种新的社会形式——风险社会所取代。与阶级社会不同，风险社会关注的是如何避免、减弱、改造或疏导在发达的现代性中系统地产生的风险和威胁。

（1）中国社会现阶段的风险

2011年，"9·11"十周年之际，乌尔里希·贝克曾给东方早报撰文"恐怖主义的风险"，在文章中，贝克强调恐怖主义也是现代社会的重要风险，但与此同时为了不可预知的恐怖主义风险而发起的反恐战争，使得自由与民主的价值被悄悄破坏。在文中，贝克将恐怖主义、金融危机、气候危机和有组织犯罪看做是现代社会面临的风险，而解决的唯一途径就是跨国合作。但中国作为东方发展中国家，与西方发达国家面临的风险有一致的地方，也有显著的不同。中国现阶段的风险具体如下：

①市场经济与社会风险

市场机制是资本主义最为核心的准则与规范主轴，是现代社会风险的重要来源。

a. 市场经济的逐利本质决定了人类风险偏好和投机本能的最大释放，极大地刺激了社会风险的"制度化"。

b. 市场经济运行的自发性也使自身诸如盲目生产、无序竞争等固有的制度缺陷难以克服，"制度化"的风险威胁日益严重，其中东南亚金融危机就是最好的例证。

c. 市场运行的失误不仅会导致经济动荡，也可能诱发更大的政治风险，更可能因为市场利益驱动而产生新的技术风险和自然风险。

②科学技术与社会风险

工业主义是现代性的第二个制度维度，它以在商品生产中对物质世界的非生命资源的利用为主要特征，这种利用体现了科学技术的关键作用。长久以来，科学技术凭借着"第一生产力"的美誉，毫无顾忌地改变着人类与自然接触的频率、范围、方式与影响力，不但加重了自然风险的发生和扩散，还使风险结构从自然风险占主导逐渐演变成人为的不确定性占主导。事实上，与科学技术有关的社会风险来源于两个方面：

a. 对高科技本身"权威地位"与"安全性"的动摇，即科学技术"未预期的后果"成为对未来的最大威胁，就像我们正在广泛使用的各种医学、化学制品的副作用已经难以预料。

b. 对科学技术的非理性运用，即明明知道危险将会发生却还是跨出了不惜代价的一步。这已经不是认知能力有限的问题，而是科技道德面对利益时的失范。可见，科学技术在推动生产力发展的同时，也是社会风险的潜源流。

由于保护经济复苏和增长仍然在目前的中国享有无可置疑的重要地位，所以在运用科技提高生产力的努力中，相伴随的风险总是而且还在受到忽略。现实中的"受益"，已经容不得我们思考在未来发生的灾难。另外，科学技术发展的较低水平进一步增加了社会风险的系数，因为没有适当的技术知识，风险以及规避它们的可选择方案都是不可能被认识到的。

③生活政治与社会风险

现代社会风险多是在政治层面爆发，它们不一定取决于事故和灾难发生的地点，而越来越取决于官僚机构和政治决策。随着现代个人、制度以及社会的反思性的提高，解放政治向生活政治的转变逐渐成为现实。政治开始关注个人的生活方式与选择决策，变成一种认同的、选择的、自我实现的政治。

当前的中国，人们的风险意识和风险认知水平不断提高，但风险焦虑也随之而来。因为人们既可能由于过度敏感和恐惧而陷入更加恶劣的风险处境中，也可能由于不得不依赖专家系统备受风险的困扰。

④军事力量与社会风险

在军事领域，现代国家的意义不仅表现于在边界明确的领土范围内对暴力工具实行成功的垄断，更是由于暴力工具与工业主义之间的特殊关联而越发彰显。高科技与军事垄断的结合急剧地改变了战争的性质，使其进入了“全面战争”以及后来的核战时代。民族国家之间永无休止的原子、生物、化学等武器的军备竞赛制造了更多令人恐惧的能够毁灭世界的力量，战争的正面破坏变成了潜在的威胁。

不仅如此，以跨国恐怖主义为代表的“暴力的非政府组织”，作为新的全球活动主体在与国家、经济界、市民社会的竞争中已经站稳了脚跟。他们运用遗传工程、通讯交往、人造智能等技术进步，使恐怖主义的武装危险急速增长。贝克甚至指出，跨国恐怖主义的袭击活动使得民族国家的军事与战争逻辑突然失效，我们可能正面临战争个人化的挑战。

（2）解决中国现阶段风险的主要措施

①提高政府威信，这是未来五到十年提高政府的社会治理能力和社会控制能力，保持社会稳定持续发展的一个关键环节。要建设服务型政府，健全公共机构内部的组织机制、绩效机制、责任机制、惩罚机制，逐步提高政府公信力。

②改变社会治理方式。现代社会的多样性表明社会治理过程再不能像过去一样了，保持高度的一致性的时代已经永远过去了。因此，未来的社会治理模式，特别是未来 5 到 10 年乃至 30 年的社会治理模式，应该是在“多样性”的环境下，考虑政府治理方略，在发挥每一个人的积极性、每一个人的个性的前提下考虑政府治理方略。

③抓紧出台关于社会收入分配方面的改革方案，特别是限制权力对市场的介入，建设一个分配公正的社会。改革现阶段的分配制度，做好精准扶贫工作，努力扩大中等收入群体。

④应该发挥中国的传统批判或“国民性批判”的精神，注重“理性启蒙”，要给官员以“公仆意识”教育，给知识分子以“责任意识”教育，给我们老百姓以基本“权利意识”教育。总之，要给全社会以合理化的“规则意识”教育，而不仅仅是道德说教。

**6. 根据中国社会建设的实践论述国家和社会的关系。**（苏州大学 2017 年研）

**答：**新中国成立后到改革开放前这一段历史，国家与社会的关系总体上来看是同质的，国家全面主导和控制社会，政治权力渗入社会生活的方方面面，国家与社会之间形成一种单向度的关系。按照政治体系理论，即是说政治体系只有产品的输出，没有产品的输入和产品输出后的信息反馈，造成了一种国家强、社会弱的国家与社会的关系模式。

改革开放后几十年的历史，我国迎来了社会主义改革开放的新时期，国家与社会关系也发生了极大的改变，演变的主要特点表现在三个方面，即由同质型向异质型的转变、由传统型向现代型的转变、由一元化向多元化的转变。

(1)社会和国家的互构机制

①社会与国家互构的法理机制

在现代法治社会中，国家以法律的名义向社会利益做出承诺，政治权力运用的目的在于达成社会中所有成员的集体利益，因而政府所做的一切必须是社会成员普遍期望实现的。这样的国家才能体现社会的公共意志，才能获得“众望所归”的合法性权力。而公共意志、“众望所归”的实质是社会成员对社会普遍利益认同的形式，这种公共意志既是社会成员对社会生活进行共同参与的重要基础，也是现代国家政治及其权力运作的实践依托。

不同的社会主体(如个人、群体、局部社会)总有其特殊利益，并以特殊意志表现出来。符合社会普遍利益的特殊利益，以及与公共意志相一致的特殊意志，才能得到公共认可，才能进入到一种政治安排之中，而被社会的法律秩序体系视为是有效的。

社会与国家互构的法理机制，是指规定社会与国家在其中各起何种作用的一个法理框架。这一共同的法理框架内含了利益的合理性与权力的有效性，既制约国家权力，也监护社会利益。利益共同体与权力国家之间的相互契合是社会与国家的互构关系的一个基点。

②社会与国家互构的解释机制

我们面对着两类行动方式：一类是社会主体自觉设计的政治安排，是制度性行动，处于社会的表层结构；另一类是从生活中自发生长出来的经验习性，是非制度性行动，处于社会的深层结构。

从二者的关系角度，可以引申出社会与国家互构的“解释机制”，这就是在国家的制度性行动合法性和程序正当性的前提下，在社会成员利益要求的合理性前提下，建立政府与社会、官方与民间之间的相互解释的沟通渠道。

(2)社会转型加速期，利益共同体与权力系统的互构

①历经改革开放以来40多年的巨变，我国单一的全民所有制转变为以公有制为主体的、多种所有制并存的形式，计划经济体制转变为市场经济体制，以市场机制取代了以往的行政强制模式，在产权方面实行了改革和重构等等。这些社会转变，造成了社会成员的分化和丛化，造就了社会利益主体的多元并立、利益结构的多样形质。

②在利益共同体的社会中，追求更高的个人利益，甚至是个人利益的最大化，成为社会成员、社会群体的重要价值目标。与此同时，社会主体间的利益关系的统筹协调、重组和再造，是这一利益共同体正在经历的现实过程。这种社会的现实需求规定了我国当代的政治共同体，即国家、政府和政党的重要责任和职能。

③作为具有最高权威的政治共同体，国家各个方面的品格，如自我意志、权力理念和管理能力，呈现出普遍化和公共化的发展趋向。

(3)社会建设在调整社会与国家关系上的作用

①从正向上说，社会建设就是要在社会领域或社会发展领域不断建立和完善各种能够合理配置社会资源和社会机会的社会结构和社会机制，并相应地形成各种能够良性调节社会关系的社会组织和社会力量。

②从逆向上说，社会建设就是根据社会矛盾、社会问题和社会风险的新表现、新特点和新趋势，创造正确处理社会矛盾、社会问题和社会风险的新机制、新实体和新主体，更

好地弥合分歧，化解矛盾，控制冲突，降低风险，增加安全，增进团结，改善民生。

③社会建设要以改善民生为重点。对代表着国家的政府来说，为了实现改善民生的目标，必须着力转变职能，建设服务型政府，更加合理地配置公共产品。而对社会组织来说，通过国家、政府营造的社会参与氛围、提供的社会参与平台、不断完善的社会参与机制，在发展社会事业上，敢于面对挑战，做出自己应有的贡献，把自己培育成真正合格的社会发展主体。

④社会建设会更加有效地化解社会，调节社会与国家的关系。现在我国社会进入了不协调因素的活跃期和社会矛盾的多发期，进入社会结构深刻变动、社会矛盾容易激化的高风险期，以维权与侵权形式表现出来的矛盾尤其突出，种种矛盾把公平正义的问题推到了社会的舞台。以改善民生为重点的社会建设，正是通过制度安排的社会公平来促进百姓认可的社会公平，来化解、缓解社会与国家的矛盾。

**7. 论述国际社会治理社会问题的趋势并举例。**（浙江理工 2017 年研）

**答：**国际社会治理社会问题的趋势主要表现在以下几方面：

（1）国际间积极寻求跨国的国际合作，趋向于共同解决社会问题

①社会问题具有普遍性，决定了世界上许多国家会同时面临一样的社会问题，包括人口问题、环境问题和贫困问题等。这些问题绝不是靠一个国家的力量能单独解决的，也不是只解决一国问题就可以的，所以必须全球社会通力合作，秉持共商共建共享的全球治理观，推动构建人类命运共同体，一起解决共同面临的社会问题。

②在贫困问题治理上，中国共产党领导中国致力于通过推进区域政治经济合作，帮助广大发展中国家特别是最不发达国家实现真正发展。中国积极推动"一带一路"建设，帮助不少亚洲国家落实基础设施建设，促进贸易投资，提高中亚等国家人民的生活水平，帮助他们摆脱贫困。

③在环境问题治理上，2015 年，习近平在联合国发展峰会上提出"倡议探讨构建全球能源互联网，推动以清洁和绿色方式满足全球电力需求"。

④为了解决全球金融市场不稳定问题，2013 年以来，中国积极推动各国加强国际宏观经济政策协调，加强金融风险管控，推进国际货币基金组织和世界银行的份额改革，提升发展中国家话语权，从而有力推动了全球金融治理格局的完善与发展。

（2）本国内从"社会管理"到"社会治理"

在社会管理实践中，人们逐渐认识到：社会的制度结构或关系，不只是政府内部的结构和关系，还包括社会部门的结构和关系，政府对于公共事务的影响只是众多因素中的一个因素，事情越复杂，政府的局限性越明显。因此，一个好的社会运行方式，还必须包括社会的广泛参与，即以社会治理替代社会管理，唯此，才能充分调动社会积极性，既节省成本有效率，又能提高效能促进社会和谐。

以公平问题为例，社会公平问题已经渗透到社会各个领域、各个层面，表现在人们的行为和心态上，并时而通过一些突发事件表现出来。社会公平问题来源于政策、法规、机会、公共资源、生存发展环境诸多方面，如何构建一个公平公正的社会环境，实属当下人民的最大期待。改革开放多年来，人民群众的物质生活水平得到极大改善，但是，由于利益格局不合理引发的过激反应日趋凸现，诸如土地征用、房屋拆迁、医患冲突、环境事件，

经常成为人们关注的新闻热点和焦点。不得不承认，利益格局调整是当前社会体制改革的一个重要背景。改革难度之大，问题之多，矛盾之复杂，涉及人群和部门之广泛，实为改革开放以来之最。

(3)社会治理从问题治理到风险预防

①德国社会学家乌尔里希·贝克提出风险社会理论，认为现代社会的风险大多不同于传统社会的自然风险，而是来自于人为的制度性风险，且这些风险大多具有全球性的特征，虽极具隐匿性，但是一旦爆发就会产生极大的破坏力。所以贝克提出除了要寻求全球合作以外，还要提高反思性现代性，即做好风险预防。

②在现代社会，科学的不确定性带来更多风险，除了应对已经出现的社会问题外，风险预防也慢慢受到世界各国的重视，环境污染和食品安全即是典型，法律上的“预防原则”已经开始慢慢地运用于环境治理和食品安全领域。1974 年，德国正式通过《空气法》，该法规规定：“当面临不确定危险或风险的情况时，即便是确实的损害尚未发生或者损害发生之因果关系在科学知识上尚未明确，通常即被要求做出保护措施”。此后，德国将“预防原则”用于处理酸雨、全球变暖等问题，法国、意大利、加拿大等国家也开始在其环境法中借鉴这一原则。可见，除开问题的处理，风险预防已经越来越成为国际社会处理社会问题的标准规则。